군사학총서 13

예비전력의 이론과 실제

이원희

충남대학교출판문화원

예비전력의 이론과 실제

발행일 2015년 2월 16일 **발행인** 정상철 **저자** 이원희
펴낸곳 충남대학교출판문화원 **주소** 대전광역시 유성구 대학로 99 **전화** 042-821-6045
홈페이지 cnupress.co.kr **E-mail** cnupress@cnu.ac.kr

ISBN 978-89-7599-529-3 93390
정가 16,000원

예비전력의 이론과 실제

머리말

제1차 세계대전이 발생한 지 벌써 100주년이 지나고, 2015년은 6 · 25전쟁이 발발한지 65주년이 된다. 지나온 인류 역사는 크고 작은 전쟁으로 점철된 고난의 역사였다. 1945년부터 1990년까지 45년 동안에 전쟁이 없었던 시기는 단 3주밖에 없었다고 하지 않는가? 그렇다면 지구상에서 전쟁은 왜 끊임없이 발생하며, 이를 방지할 수는 없는 것일까?

한스 모겐소(Hans J. Morgenthau)나 케네쓰 월츠(Kenneth N. Waltz)와 같은 세력균형 이론가들은 다극체제 또는 양극체제일 때 국제질서가 안정되어 전쟁이 일어나지 않는다고 하였지만 오간스키(A.F.K. Organski)와 같은 세력전이(勢力轉移) 이론가들은 도전국이 패권국을 따라잡는 세력전이가 일어날 때 체제가 점차 불안전해지고, 도전국이 국제질서에 대한 불만족 국가일 때 전쟁의 가능성은 더욱 높아진다고 하였다. 1914년 6월 28일 보스니아의 수도 사라예보에서 울려 퍼진 두 발의 총성이 제1차 세계대전으로 비화하였지만 그 이면에는 제국주의의 충돌과 발칸지역의 민족적 대립, 그리고 세력균형의 변화가 주요 원인으로 작용하였다.

21세기 한반도 주변정세는 격랑의 물결 속에서 심한 요동을 치고 있다. 미국의 쇠퇴, 중국의 부상(浮上), 일본의 우경화 그리고 러시아의 부활로 요약되는 최근의 동북아 정세는 이미 세력균형의 변화가 시작되었고, 북한의 '핵과 경제 병진' 노선과 4차 핵실험 준비는 한국의 외교 · 안보적, 경제적 입지를 더욱 좁게 만들고 있다. 이는 점차 새로운 위기가 가까이 도래하고 있음을 의미한다.

오늘날 대한민국이 처한 대내 · 외 안보환경이 통일을 다투던 삼국시대나 사색당파로 국론이 분열되었던 임진왜란 직전의 조선시대, 그리고 남로당이 득세하고 각종 위기설이 난무하던 6 · 25전쟁 직전의 상황과 과연 무엇이 다른 것인가?

클라우제비츠는 '전쟁은 안개 속 같은 불확실성 속에서 국가의 운명을 거는 참으로 무서운 도박'이라고 했다. 전쟁은 수많은 인명피해를 동반하고 힘들게 쌓아놓은 경제발전을 한 순간에 무너뜨리며, 국제질서와 사회질서마저도 흩트려 놓기 때문이다. 그래서 좋은 전쟁은 없고 오직 나쁜 전쟁, 더 나쁜 전쟁만 있을 뿐이다. 이러한 전쟁을 미연에 방지하는 길은 오직 굳건한 안보뿐이다.

필자는 30여 년의 군 생활을 마치고 현재는 국가산업단지의 직장예비군 지휘관으로 근무하고 있다. 국가 운영의 두 축이라 할 수 있는 안보와 경제 분야를 직 · 간접적으로 모두 경험하는 기회를 가진 셈이다. 참으로 고맙고 감사한 일이다. 이 책은 오늘의 나를 있도록 해준 조국과 군에 감사하는 마음을 담아 "현장에 답이 있다"는 철학과 신념으로 집필하게 되었다. 제2차 세계대전시 '사막의 여우' 로멜 장군도 "나는 탁상 위의 전략은 믿지 않는다"고 하면서 현장의 실상을 무엇보다 중요시하지 않았던가?

『예비전력의 이론과 실제』는 필자의 박사학위 논문인 「포괄안보시대 예비전력의 발전요인 분석과 효율적 운영방안에 관한 연구」(2012)를 토대로 작성하였다. 학위논문을 준비하는 동안 예비전력과 관련한 단편적인 자료는 많았지만 이를 종합 정리한 서적이 부족했던 것이 못내 아쉬움으로 남았고 그 아쉬움은 이 책을 집필하게 되는 동기가 되었다.

이 책은 충남대학교 군사학총서로 발간되었으며, 총 3개 Part로 구성되어 있다.

Part Ⅰ「예비전력의 이론과 역사」에서는 예비전력과 동원, 위기관리에 대한 이론과 삼국시대로부터 현재에 이르기까지 예비전력의 역사를 고찰하였다.

Part Ⅱ「외국의 예비전력 운영」에서는 예비전력 운영 경험이 풍부한 미국, 한국의 안보상황과 유사한 이스라엘, 확고한 동원대비태세를 갖추고 있는 스위스의 예비군 제도와 운영사례를 분석하고, 북한의 예비전력 운영실태를 살펴본 후 한국의 예비전력 발전을 위해 벤치마킹할 부분을 도출하고자 하였다.

Part Ⅲ「예비전력의 운영사례 및 효율적 운영방안」은 본 책자의 핵심부분이라고 할 수 있다. Part Ⅰ, Ⅱ에서 분석한 내용을 토대로 안보환경의 변화, 전쟁양상의 변화, 국방정책, 동원역량 등의 4가지 예비전력 발전요인별로 구분하여 한국 예비전력의 발전방향을 종합하여 제시하였다. 특히, 여기에는 예비전력 전문가들과 지역 및 직장예비군 지휘관들이 그동안 제시한 건설적 의견들을 최대한 반영하고자 노력하였다.

주지하는 바와 같이 군사학은 전쟁을 연구하는 학문이다. 전쟁이란 무엇이며, 어떻게 전쟁을 억제할 것인가? 만약 전쟁이 발발하면 어떻게 승리할 것이며, 이를 위해 평시 무엇을 어떻게 준비해야 하는가를 연구한다. 이러한 측면에서 『예비전력의 이론과 실제』는 한반도에서 전쟁이 발발시 승리하기 위해 군사력의 한 축인 예비전력에 대해 어느 분야를 어떻게 준비해야 할 것인가에 대한 방향을 제시하고 있다. 군의 간성이 되고자 하는 후배들은 물론 군 지휘관과 관련분야에 근무하는 간부, 그리고 예비군 지휘관들에게 많은 도움이 되기를 바란다.

이 책이 발간되기까지 많은 분들의 도움이 있었다. 먼저 필자를 군사학이라는 학문의 길로 인도해 주시고, 이 책이 출판될 수 있도록 허락하고 조언을 해주신 한국 군사학의 태두 풍석(風石) 이종학 교수님과 교정을 봐주신 최정화 연구위원님께 깊이 감사드린다. 충남대학교 평화안보대학원 윤석경 원장님과 군사학부장 길병옥 교수님, 고봉준 · 김강녕 · 최병학 · 송인진 교수님, 정성진 · 엄영호 · 김재삼 · 팽준호 · 황우웅 · 장재환 · 김성진 장군님의 성원에 대해서도 감사드린다. 삼성중공업(주) 박영헌 부사장님과 박갑진 · 한민호 전무님의 배려와 군의 선 · 후배 및 사관학교 동기생, 죽마고우들의 응원도 큰 힘이 되었다. 또한 나의 부족함을 사랑으로 채워 준 아내 서정애와 든든한 아들, 사랑스런 딸들에게도 고마움을 전한다. 끝으로 이 책의 발간에 협조하여 주신 충남대학교출판문화원장 민경택 교수님과 직원 여러분들에게 진심어린 감사의 마음을 전한다.

2014년 12월

저자 **이 원 희**

목 차

part II 외국의 예비전력 운영

Part Ⅰ

예비전력의 이론과 역사

시작하는 글

1. 연구배경 및 목적

가. 연구배경

군사력은 크게 상비전력과 예비전력으로 대별된다. 상비전력은 주로 평시의 전쟁 억제 및 전쟁 초기 대응전력으로 운용하게 되고, 예비전력은 전쟁이 지속됨에 따라 주전력으로 운용하게 된다. 전시 또는 국가비상사태 발생시에는 국가의 모든 역량이 총동원되어 전쟁을 수행하게 되므로 예비전력은 상비전력 못지않게 국가안보의 중요한 비중을 차지하게 된다. 그러므로 모든 국가는 안보와 경제적인 측면을 동시에 고려하고 유사시 상비전력과 예비전력을 효율적으로 운용하여 최대한의 시너지 효과를 발휘할 수 있도록 이를 조화 있게 발전시켜 나가고 있다.

2010년의 천안함 피격사건과 연평도 포격도발사건, 2013년의 북한의 3차 핵실험과 미사일 발사 등 지속되는 북한의 안보위협과 동북아 지역의 긴장 고조, 2014년 한 · 미간에 결정한 '조건에 기초한 전시작전통제권 전환' 등을 계기로 국민들의 안보현실에 대한 관심이 증대되고 있다. 급변하고 있는 동북아 안보환경하에서 유사시 국가안보의 한 축을 담당하게 될 예비전력을 어떠한 방향으로 육성 · 발전시켜 나갈 것인지에 대한 기본설계와 연구, 그리고 실천이 그 어느 때보다 필요한 시점이라고 하겠다. 포괄 안보시대를 맞이하여 한국 예비전력의 발전요인을 분석, 효율적 운영방안을 도출하고자 하는 연구배경은 다음과 같다.

첫째, 탈냉전 이후 미국과 소련 중심의 양극체제가 붕괴됨으로써 안보개념과 위협대상도 과거의 정치 · 군사 중심의 전통적 안보개념에서 재난 · 사이버테러 · 환경오염 등 초국가적 · 비군사적 위협까지 포함하는 포괄적 안보개념[1)]으로 변하고 있다. 이러한 안보개념의 변화에 따라 예비전력의 운영개념도 그에 맞게 조정할 필요가 있다.

둘째, 최근 설문조사에 의하면, 많은 국민들은 북한의 군사적 위협보다 오히려 자연재해나 대형재난의 위협을 더 크게 느끼고 있는 것으로 나타나고 있다. 이처럼 대다수의 국민들은 과거의 전통적 안보위협 못지않게 현실적으로 그 발생 빈도가 높은 태풍 · 지진 · 환경오염과 같은 각종 재해 · 재난, 원전 방사능 유출, 해킹 및 사이버 테러, 조류독감 · 구제역 · 광우병과 같은 가축질병, 전염성 질환 등에서 많은 불안을 느끼고 있다. 2014년 4월에 발생한 세월호 침몰사건과 같은 인위적 재난 발생시에도 국민들의 생명과 재산을 보호하기 위한 군의 역할을 기대하고 있는 것이다. 따라서 국내 · 외의 재난복구활동 등은 물론 보이지 않는 새로운 위협에 대한 국민 불안을 해소하기 위한 대응수단으로서 예비전력을 효과적으로 활용할 필요가 있다.

셋째, 국내 · 외 안보환경의 급변에 따라 확고한 군사대비태세가 요구되

---

1) 안보의 개념은 제2차 세계대전 이후 현실주의 패러다임으로 '절대안보'(Absolute Security)개념으로 정형화되었고, 탈냉전과정에서 '공동안보'(Common Security), '협력안보'(Cooperative Security)개념으로 발전되었으며, 최근에는 '포괄적 안보'(Comprehensive Security)개념이 대두되었다. 포괄적 안보는 국가안보에 직접적인 영향을 미치는 정치 · 군사적 위협은 물론이고 경제, 환경, 에너지, 사회 등 모든 분야에서 야기되는 위협에 대처하는 종합적 안보개념을 의미한다.

고 있다. 북한의 김정은은 3대 세습체제를 구축하고 '핵과 경제의 병진'노선을 추구하면서 사이버 테러, 무인항공기 침투 등 비대칭수단을 활용한 대남 위협을 지속하고 있다. 만약 북한이 우리가 예상치 못하는 수단과 방법으로 한반도의 특정지역에 침투 · 도발해 온다면 예비군들을 어떻게 동원하여 도발을 응징할 수 있는가를 심각하게 고민해 봐야 한다.

넷째로 예비군들은 '제복 입은 시민'으로서 민과 군의 교량적 역할을 할 수 있어야 한다. 1995년 지방자치제도가 실시된 이후 정착단계에 접어들면서 국가안보에 대한 지방자치단체의 역할도 증대되고 있다. 그러나 지방행정기관은 전시대비 업무보다는 평시의 민생 안정을 위한 업무가 주를 이루고 있어 국가 안보문제에 대해서는 다소 소홀한 것이 현실이다. 이러한 맥락에서 예비군들이 지역사회의 발전과 안정에 기여할 수 있도록 그 임무와 역할을 확대하고, 예비군 훈련장의 개방 등 상호교류 및 협력을 통해 시민들에게 더욱 가까이 다가가야 한다.

나. 연구목적

국제사회는 탈냉전 이후 이념적 문제로 인한 체제간의 대립은 감소되고, 자국의 이익을 증진시키기 위한 다차원적인 국제협력과 포괄적 동맹관계가 더욱 중요시되고 있다. 이러한 가운데 동북아지역에서는 미국을 비롯한 일본 · 중국 · 러시아 등 강대국들의 역내 영향력 확대를 위한 치열한 경쟁이 진행 중에 있으며, 한반도에서는 한국의 대북지원 및 남북관계 개선 노력에도 불구하고 북한의 핵 · 미사일 발사실험 등으로 군사적 긴장상태가 지속되고 있다. 주지하다시피 북한에게 핵개발은 단순한 군사력만의 의미를 갖는 것이 아니고, 대외적으로는 북한 정권을 유지하기 위한 수단이요 경제적 지원을 받기 위한 협상의 카드이며, 대내적으로는 최근 들어 혼란을 보이고 있는 북한 내부체제를 결속하기 위한 수단이기도 하다.[2] 앞으로 북한 내에 급변사태가 발생하거나 정치 불안, 경제난, 주민의 불만 고조 등으로 내부통제가 불안할 경우에는 이를 해소하기 위하여 예상치 못한 시간과 장소, 방법으로 국지도발을 감행할 가능성이 높다.

국내 정치권에서는 아직도 다양한 이념논쟁이 계속되고 있고, 국내 · 외 경기둔화로 인해 금융시장 불안 및 경기침체 가능성마저 대두되고 있다. 더욱이, 2015년 12월 1일을 기해 한국군으로 전환될 예정이었던 국군의 전시작전통제권이 2014년 10월, 제46차 한미안보회의에서 조건에 기초하여 전환하기로 합의하였다. 이에 따라 그 시기는 북한의 핵과 미사일 위협에 대한 대응능력이 갖추어지는 2020년대 중반이 지나야 가능할 것으로 추정된다. 사회적으로는 저출산 · 고령화시대가 심각한 문제점으로 대두되어 병력감축 및 현역병의 복무기간 단축 등이 논의되고 있다. 예비전력도 이러한 다양한 상황변화에 기민하게 대응하여 변화와 혁신이 필요하다.

본 책자의 연구 목적은 포괄안보시대 예비전력의 발전요인을 분석하여 한국의 상황에 맞는 효율적 운영방안을 제시하는데 있으며, 세부 목적은 다음과 같다.

첫째, 북한의 교도부대, 노농적위대, 붉은청년근위대 등 예비전력 운영실태와 남 · 북한간의 예비전력 수준을 비교 · 평가하여 불시 대남도발에 대한 대응방안을 모색하고자 한다. 최근 들어 북한은 핵 및 미사일 발사실험, 사이버 테러, 무인항공기 침투 등 다양한 형태의 비대칭수단을 이용하여 한국을 위협하고 있다. 앞으로도 북한은 예상치 못한 수단과 방법을 이용해 기습도발을 감행할 것이며, 예비전력은 이러한 북한의 비대칭위협에

---

2) 이원희, 「북한의 핵무기 위협과 한국의 대응방향」, 『전쟁철학』(서울 : 백산서당, 2009), p. 222.

대한 효과적인 대비수단이 될 수 있다.

둘째, 예비전력분야 선진국가들의 강점을 벤치마킹하여 한국의 현재 상황에 접목함으로써 예비전력의 발전을 도모하고자 한다. 이를 위해 예비전력을 상비전력과 함께 세계 도처의 분쟁지역에 투입하고 있는 미국[3], 안보상황이 한국과 유사한 이스라엘, 예비전력을 억제전력으로 효과적으로 운영하고 있는 스위스를 대상으로 하여 예비전력 운영의 특징과 역사적 사례를 분석할 것이다.

셋째, 한국 예비전력의 역사와 시대별 운영사례를 살펴보고, 6 · 25전쟁 이후 북한의 대남 침투 · 도발시 예비군의 전투수행사례를 분석, 교훈을 도출함으로써 미래 예비전력의 발전방향을 모색하고자 한다.

넷째, 직장예비군은 한국 전체 예비군의 1/4을 차지하고 있으면서도 그 동안 이에 대한 연구는 부족하였다. 따라서 현장 경험을 토대로 직장예비군에 대한 제도의 실상을 세밀히 파악하여 이에 대한 개선방안을 제시하고자 한다.

이상과 같은 연구목적을 달성하기 위해 예비전력의 발전요인을 안보환경의 변화, 전쟁양상의 변화, 국방정책, 동원역량의 4가지로 도출하였으며, 발전요인별로 한국 예비전력의 효율적 운영방안을 제시하였다.

---

3) 오늘날 미 장병들은 120개 국가에서 근무하면서 전쟁을 억제하고, 동맹국을 훈련시키며, 국가의 핵심자원 보호 등의 임무를 수행하고 있다. '2010년 한미 예비전력 교류회의 귀국보고서'(육군본부, 2010. 11)에 의하면 해외파병 중인 미 예비군은 이라크 10,094명, 아프가니스탄 4,341명, 아이티 219명, 코소보 128명, 독일 69명, 케냐/에티오피아 27명 등이다.

2. 연구범위 및 방법

가. 연구범위

본 책자에서는 다음과 같은 네 가지 분야에 중점을 두고 작성하였다.

첫째, 예비전력이라고 하면 통상 예비군과 경찰, 민방위대원, 상근예비역 등 인적 자원 위주로 생각하게 되지만 이러한 인적 자원 이외에 전시 동원할 수 있는 물적 자원 등도 예비전력에 포함된다. 이처럼 예비전력은 광범위한 분야이기 때문에 여기에서는 핵심전력인 예비군 위주로 기술하였다.

둘째, 북한의 예비전력에 대한 비교연구이다. 북한은 현존하는 가장 큰 위협으로서 이들을 아는 것이 유사시 전승을 위한 첫 걸음이기 때문이다. 물론 아군의 예비전력과 상대하게 될 북한 특수전부대의 편성 · 조직으로부터 전술까지 폭넓게 알아야 하겠지만 여기서는 대칭전력인 북한의 교도부대, 노농적위대, 붉은청년근위대의 편성, 훈련 및 동원체제[4] 등에 대한 강 · 약점을 도출하여 한국 예비전력 운영에 참고하도록 하였다.

셋째, 역사적인 측면에서 한국 예비군 제도의 발전과정과 운영사례 등을 살펴보았다. 한국은 시대적 상황에 따라 위기에 대처할 수 있도록 다양한 형태의 예비전력 제도가 존재하고 있었다. 삼국시대의 화랑도와 경당, 고려시대의 광군, 조선시대의 속오군, 잡색군, 민보체제 등이 바로 그것이다. 정부수립기에도 호국군, 국민방위군 제도 등이 운영되었으며, 이들은 오늘날 예비군 제도의 토대가 되었다. 또한 6 · 25전쟁 이후 북한의 도발 · 침투

---

4) 흔히 동원체제, 동원체계, 동원제도 등을 혼용하여 사용하고 있는데 이는 서로 다른 개념이다. 동원체제는 동원체계와 동원제도를 합한 개념으로서, 동원체계란 국가의 공권력과 동원대상인 인적 자원 및 물적 자원 간의 관계를 묶는 방식으로서 '개념적인 틀'의 성격을 지니고 있고, 동원제도는 이러한 동원체계가 생활방식으로 실체화된 것으로 관계법령, 동원담당기구, 동원절차 등을 서로 엮은 것을 말한다. 정원영, 「우리나라 동원제도는 이렇게 운용됩니다」, 『향방저널』 통권 제487호(2011), p. 14.

에 따라 예비군이 동원되어 작전에 투입된 몇 가지 사례를 분석하여 교훈을 도출하였다.

넷째, 예비전력을 효과적으로 운용하고 있는 외국의 장점을 한반도의 현실에 맞게 적용하기 위해 미국, 이스라엘, 스위스를 선정하여 이들에 대한 사례를 연구하였다. 그 이유로, 미국은 세계 곳곳의 분쟁지역에 예비전력을 투입하여 전쟁을 수행한 경험이 풍부한 나라이기 때문이다. 효율적인 예비전력 운영방법을 찾는 데 있어 경험보다 더 좋은 연구방법은 없기 때문이다. 다음으로 이스라엘은 '중동의 화약고'라는 말처럼 언제 전쟁이 발발할지 모르는 나라로, 북한과 대치하고 있는 분단된 한국의 안보상황과 매우 비슷하기 때문이다. 또한, 4차례의 중동전에서 모두 승리한 사례는 배워야 할 점이 많다고 판단된다. 그리고 지정학적으로 주변 강대국들에 둘러싸여 있는 스위스는 영세중립국임에도 불구하고 전통의 민병제도와 다원화된 비축제도 등 철저한 대비태세로 전쟁을 억제한 나라이다. 이는 손자의 부전승(不戰勝)을 실천한 대표적인 사례로 한국이 타산지석으로 삼아야 할 귀중한 사례로 평가된다. 특히 스위스는 최근의 안보환경 변화에 따라 수차례의 법률 개정을 통해 군복무기간을 50세에서 42세로, 그리고 다시 30세로 단축하였고, 병력도 35만 명에서 22만 명으로 감축하였다. 이러한 개혁방안은 한국의 국방개혁 방향과 예비전력 운영방향을 설정하는데 많은 참고가 될 것이다.

나. 연구방법

연구목적을 달성하기 위하여 기존의 선행 연구자료들을 최대한 활용하였다. 연구자료는 각종 문헌과 역사자료, 국방부 등 군내 발간자료, 국내·외의 각종 학술연구 자료, 국방저널·향방저널 등의 간행물과 국방일보 등 일간지에 기고된 자료 등을 이용하였다.

예비군 운영 및 관리의 현 실태를 올바로 진단하기 위해 국방부, 각 군 본부 등은 물론 시 · 도 단위 수임군부대 및 예비군 지휘관과의 직접 협조를 통해 그 실태를 조사하였다. 다만, 일반적인 사항은 최근에 실시된 설문자료를 인용하였다. 그리고 비교적 연구자료가 부족한 직장예비군에 대한 연구는 직장예비군 지휘관 소집교육간 제시되었던 문제점 등을 기초로, 개선이 필요한 사항 위주로 항목을 설정하여 설문조사를 실시하였으며, 국가산업단지에 운용되고 있는 통합직장예비군부대에 대해서는 현지방문조사를 통하여 연구의 신뢰도를 높였다.

그 외에 국방부, 병무청, 통계청 등 공공기관의 자료, 해외주재 대사관의 자료, 군의 해외출장자료 등을 활용하였다. 특히, 미국, 이스라엘, 스위스 등 외국의 예비군 제도와 남북한의 예비군 제도, 국방력 및 경제력 등에 대한 비교 · 분석을 통해 국가별 강 · 약점을 도출하고자 노력하였다. 연구의 제한사항으로는 직장예비군제도 자체가 한국에만 존재하는 제도로서 외국의 제도와 비교가 제한된다는 점, 관련자료가 대부분 비밀자료로 분류되어 있어 자료 접근이 어렵고 직장에서는 자기 회사의 자료공개를 꺼린다는 점 등을 들 수 있다.

Chapter 1

예비전력 이론

1. 예비전력과 동원

가. 예비전력의 개념

리차드 프레스톤(Richard Preston)은 전쟁의 양상을 시대적 사건을 중심으로 고전적 전쟁(Classical Warfare), 봉건적 전쟁(Feudal Warfare), 근대 제한전쟁(Limited Warfare), 총력전(Total War) 및 냉전(Cold War)의 5단계로 구분하였다.[1] 그러나 어떠한 형태의 전쟁이라고 하더라도 반드시 많은 인적 · 물적 피해와 폐해를 동반하기 때문에 좋은 전쟁은 없고 나쁜 전쟁만 있을 뿐이다. 따라서 어떠한 이유에서든 전쟁 자체를 합리화하거나 정당화할 수는 없다. 최선의 방안은 전쟁을 억제하는 것이고, 부득이하게 발생할 경우에는 피해를 최소화하고 전쟁에서 승리할 수 있도록 확고한 대비태세를 갖추는 것이다.

클라우제비츠(Carl Von Clausewitz)가 말한 바와 같이 '전쟁은 한 국가의 인적 자원과 물적 자원을 총동원하고 나아가 정치 · 경제 · 외교 · 정신력을 총결집하여 이루어지는 고도의 정치 · 외교의 행위'라고 할 수 있다. 이러한 전쟁은 한 국가의 명운(命運)을 좌우하기 때문에 가용한 모든 수단과 방법을 동

1) 육군대학, 『세계전쟁사』(상),(2004), p. 1-6.

원하여 총력전을 펼치게 된다.

대부분의 국가들은 전쟁에 대비하기 위하여 평시부터 상비군을 유지하고 있으며, 유사시에는 국가의 총역량을 군사력으로 전환시켜 총력전을 수행할 수 있도록 동원준비태세를 갖추고 있다. 그러나 평시부터 대규모의 군사력을 유지하게 되면 이를 운용하기 위해 막대한 비용이 소요되기 때문에 국가경제에 큰 부담으로 작용하게 된다. 따라서 평시에는 자국의 안보환경, 경제수준, 국제관계 등 제반 요소를 고려하여 적정 규모의 군사력만을 유지하고, 위기상황 발생시 예비전력을 동원하여 활용하는 것이 일반적인 추세이다. 또한, 개별 국가는 군사적 수단과 정치 · 경제 · 외교 · 사회 · 문화 분야의 다양한 수단을 이용하여 전력을 극대화하고, 자국의 능력만으로 제한될 경우에는 동맹국 또는 인접국가, 국제기구 등을 활용하여 국가안보의 역량을 강화해 나가고 있다.[2)]

예비전력에 대한 정확한 개념을 이해하기 위해서는 우선 국력(國力), 전력(戰力), 군사력(軍事力) 등에 대한 이해가 선행되어야 한다. 국력이란 국가목표 또는 국가정책을 달성하기 위하여 국가가 동원할 수 있는 총체적인 역량이며, 전력이란 국가가 국방목표를 달성하기 위하여 동원할 수 있는 역량을 말한다. 국력은 정책수행을 목적으로 하는 반면, 전력은 전쟁수행을 목적으로 하고, 국력이 군사적인 요소와 비군사적인 요소의 총화(總和)인데 비하여 전력은 군사적인 요소가 주체가 된다. 그러므로 국력과 전력은 상호 밀접한 관계를 가지고 있다. 국력이 강하면 전력도 강해질 수 있다고 하겠으나, 국력이 강하다고 해서 전력도 반드시 강하다고 할 수는 없다. 국력을 전력화시킬 수 있는 능력 및 정책에는 국가별로 차이가 있을 수 있기 때문이다.[3)]

---

2) 박휘락, 『전쟁, 전략, 군사입문』(경기 파주 : 법문사, 2005), p. 10.

3) 육군본부, 야교 8-0 『동원업무』(2002), p. 1-6.

레이 클라인(Ray S. Cline)은 유형의 국력요소와 무형의 국력요소가 조화롭게 작용할 때 더욱 큰 힘을 발휘한다고 주장하면서 다음과 같은 공식을 제시하였다.[4)]

Pp = (P+C+E+M) × (S+W)

국력 = (인구+영토+경제력+군사력) × (국가전략+국민안보의지)

국력이나 전력보다 하위개념인 군사력은 국가안보 또는 전쟁을 위하여 특별히 육성된 국가의 공식적이면서 전문적인 강제력으로서 통상 상비전력과 예비전력으로 구성되어 있다. 연구자에 따라서는 군사력을 상비전력, 예비전력, 군사 잠재력[5)]으로 분류하기도 한다. 상비전력이란 유사시 즉각적인 행동을 취할 수 있도록 미리부터 준비되어 있는 군사력으로서 전력의 양도 중요하지만 첨단무기 및 장비의 위력이 증대된 현대에는 그 질이 더욱 중요하다고 할 수 있다.

반면, 예비전력이란 상비전력에 대응하는 개념으로서 국가 잠재력을 전력화함으로써 생성되는 군사력을 말하며, 전시 동원할 수 있는 인적 · 물적 자원과 전 · 평시 향토방위를 위한 인적 · 물적 능력을 포함한다.[6)] 이처럼 예비전력은 유사시 동원을 통해 전력화되는 잠재적인 군사적 요소로서, 넓은 의미와 좁은 의미의 개념으로 구분할 수 있다.

넓은 의미로는 상비전력을 군사행동이 가능한 현존(現存) 즉응 군사력이라 할 때, 상비전력 이외의 인적 · 물적 자원으로 구성되는 총체적 전쟁수행

---

4) 군사연구회, 『군사학개론』(서울 : 플래닛미디어, 2014), p. 491.

5) 군사 잠재력은 필요한 시기에 상비전력 또는 예비전력으로 전환시킬 수 있는 국가의 총체적인 역량을 말하며, 주로 국가의 크기, 인구의 수, 경제력, 행정지원능력, 국민적 의지 등에 의해 결정된다.

6) 국방부, 『예비군 실무편람 2014』(2014), p. 444 ; 국방부훈령 제1518호(2013. 2. 26) 예비전력 관리 업무담당자 인사관리 훈령 제2조(정의).

능력을 의미한다. 이는 국력을 전력으로 결집시키는 것을 의미하므로, 국가동원대상인 인원 · 경제, 정보 · 과학기술 등을 비롯하여 민방위까지 절차에 의해 전력화할 수 있는 국력의 모든 요소를 총칭한다.

좁은 의미로는 군사동원을 통해 전력화할 수 있는 전력으로서, 전시 상비군 증 · 창설 지원, 손실 · 보충되는 인적 · 물적 자원과 전 · 평시 향토방위를 위해 소요되는 인적 · 물적 자원이 포함된다.[7] 통상 국방정책에서 예비전력이라 함은 좁은 의미의 개념을 말한다.

현대전은 전쟁기간이 짧아지고 개전 초기에 승패가 결정되는 경우가 많기 때문에 예비전력은 병력 규모의 크고 작음으로 평가하지 않고, 얼마나 신속히 인적 · 물적 자원을 동원하여 전력화할 수 있느냐가 중요하다. 그러므로 상비전력과 예비전력의 규모와 비중을 어떻게 설정하고, 유사시 예비전력과 군사 잠재력을 얼마나 신속하게 상비전력으로 전환하느냐가 전승의 관건이라고 할 수 있다. 상비전력이 크면 당장의 대비태세는 강화되나 국가경제에 부담이 될 수 있고, 반대로 예비전력의 규모가 커지면 동원이 복잡해지면서 국민들의 대비태세 피로감이 발생할 수 있다.[8]

예비전력의 중요성은 다음과 같은 몇 가지 차원에서 접근해 볼 수 있다. 먼저, 예비전력은 상비전력과 함께 국민의 생명과 재산을 지키기 위해 국가안보의 한 축을 담당하고 있다. 국가위기발생시 병력의 70%, 물자의 60% 이상을 동원에 의해 충당하고 있는 한국의 안보현실을 고려할 때, 유사시 예비전력의 동원 없이는 상비군의 임무수행 자체가 제한될 뿐만 아니라, 전쟁이 지속됨에 따라 산업물자, 수송 및 건설장비, 통신시설 등의 자원도 전시소요를 충당해 나가야 한다는 점에서 예비전력은 더할 나위 없이 중요

7) 정원영 · 정주성 · 문순영 · 안석기 · 이성윤, 『예비전력, 미래 국방력 건설의 또 하나의 선택』 (서울 : 한국국방연구원, 2005), p. 13.
8) 박휘락(2005), 전게서, p. 21.

한 전력이라 할 수 있다.

둘째, 국가 경제적인 측면에서 볼 때, 제한된 국가재정을 상비전력과 예비전력에 어떻게 효율적으로 배분하여 사용할 것인가 하는 문제는 국가발전과 직결된 문제라고 할 수 있다. 따라서 상비전력을 유지하기 위해서는 예비전력보다 훨씬 많은 국방비가 소요되므로 국가 입장에서는 평시에는 최소의 상비전력만을 유지하고, 나머지는 예비전력을 운영함으로써 예산을 절감하는 경제적 차원의 국가안보전략이 요구되는 것이다.

셋째, 현존하는 북한의 위협에 대한 초기 대응수단으로서도 예비전력은 대단히 중요한 역할을 하고 있다. 한반도의 짧은 작전종심과 전국 동원자원의 절반 이상이 서울, 경기 등 수도권 일대에 집중되어 있는 현실을 고려해 볼 때, 어떠한 동원체제를 갖추고 이들을 얼마나 신속하게 동원하느냐가 바로 전쟁의 승패와 직결된다고 해도 과언이 아니다. 더욱이 대부분의 정보를 한미연합정보체제에 의존하고 있는 한국의 입장에서는 전쟁개시 시기에 대한 사전 조기경보에 한계가 있기 때문에 한미연합 정보에 의한 동원시기와 초기 동원 응소율 및 전력화 정도가 무엇보다도 중요하다.

넷째, 한반도 주변에 위치하고 있는 현재 및 미래의 잠재위협에 대비하기 위해서도 예비전력의 강화는 필수적이다. 한국에 대한 최대의 위협은 북한이지만, 통일 전 · 후에도 새로운 잠재 위협국가의 등장 가능성을 배제할 수 없다. 21세기 들어 동북아 지역의 주변 강대국들은 견제와 세력균형(Balance of Power)을 유지한 가운데 자국의 영향력을 점차 확대해 나가고 있다. 중국과 대만의 양안(兩岸) 관계, 남북한의 분단 상황, 일본과 중국, 그리고 일본과 러시아 간의 해묵은 영토문제, 자원문제 등 잠재적 갈등요인으로 인해 동북아 지역의 분쟁 가능성은 상존하고 있다. 특히 최근 일본의 우경화와 중국의 군사 대국화는 동북아지역의 군비경쟁을 더욱 부채질하고 있다. 향후 남북한 간 화해무드가 조성되고 한반도의 통일 분위기가 조성되어 자연스

럽게 군비축소에 대한 논의가 이루어질 경우를 생각한다면, 한국은 축소된 상비전력을 더 감축하기가 사실상 쉽지 않기 때문에 협상을 유리한 방향으로 유도하기 위해 예비전력을 적절한 군비축소의 대안으로 활용할 수 있다.

다섯째, 앞으로 대규모의 전쟁은 대량살상무기(WMD : Weapons of Mass Destruction)[9] 등에 의해 인류의 공멸을 초래하게 될 위험성이 크다. 이에 따라 국가 간 전면전 위협은 점차 감소하고 있으며 오히려 민족, 종교, 영토, 인종, 자원 등의 문제로 인한 지역분쟁의 가능성은 증가하고 있다. 그러므로 세계 각국은 상비전력을 감소시키고 예비전력을 강화하는 정책을 추구하고 있는 것이다. 한국의 국방개혁 방향도 상비전력을 감소하고 예비전력의 비중을 증대하여 점차 정예화하는 방향으로 추진되고 있다. 향후 부대 증·창설, 전력손실 보충, 향토방위작전 등에 대한 예비전력의 비중이 더욱 증대될 것으로 전망된다.

이상에서 살펴본 바와 같이 예비전력은 국가안보 및 경제적인 측면, 당면 위협과 통일 후 잠재위협 대비측면, 장차전의 대비 측면 등에서 대단히 중요한 전력이라 할 수 있다. 사전 철저한 동원체제를 갖추고 예비전력을 강화해야 할 이유가 바로 여기에 있는 것이다.

나. 동원과의 관계

예비전력은 동원이라는 절차를 거쳐야만 사용 가능한 전력으로 전환된다. 따라서 예비전력과 동원은 상호 불가분의 관계라고 할 수 있다. 일반적으로 예비전력과 동원전력을 동일한 개념으로 이해하고 혼용해서 사용하

9) WMD는 생화학무기, 중·장거리 미사일, 핵무기 등과 같이 짧은 시간에 많은 인명을 살상하는 강한 파괴력을 가진 무기를 통틀어 이르는 개념으로 핵확산금지조약(NPT : Nuclear Non-Proliferation Treaty), 생물무기금지협약(BWC : Biological Weapons Convention), 화학무기금지조약(CWC : Chemical Weapons Convention) 등 여러 국제협약에서 대량살상무기의 개발을 금지하고 있다.

는 경우가 많지만 엄밀한 의미에서 차이가 있다. 예비전력은 국가잠재력을 전력화함으로써 생성되는 군사력으로서, 전시 동원할 수 있는 인적 · 물적 자원과 전 · 평시 향토방위를 위한 인적 · 물적 능력을 포함하는 반면, 동원전력은 예비전력 중의 일부가 국가 비상사태시 국가 안전보장을 위하여 동원절차에 의해 전력화되는 것을 의미한다. 따라서 예비전력의 범주에 동원전력이 포함된다고 할 수 있으며, 평시 편제가 전시 편제로 전환될 때 소요되는 인적 · 물적 자원이 바로 동원에 의해 보충되는 동원전력인 것이다.

동원이란 '전시, 사변 또는 이에 준하는 국가 비상사태[10]시 한 나라의 인적 · 물적 · 기타 제반자원을 국가안전보장에 기여할 수 있도록 효율적으로 통제, 관리, 운용하는 것'을 말한다.[11] 동원이란 용어는 근세까지는 주로 사람의 '징용'이나 물자의 '징발'이라는 뜻으로 사용되어 왔으나,[12] 제1차 세계대전 이후 전쟁의 규모가 커지고 전쟁형태가 총력전으로 변화됨에 따라 동원의 범위도 군사동원에서부터 국가 총동원까지도 포함하게 되었다. 넓은 의미의 동원, 즉 국가 총동원은 국가의 인력과 자원을 동원 집결하고 조직, 편성하여 전쟁을 준비하는 것으로 국가가 평시태세에서 전시태세로 전환하는 것을 말하고, 좁은 의미의 동원인 군사동원은 동원소집에 따른 편성부대 · 물자 · 장비 등을 현역에 복무케 하는 것이라 할 수 있다.[13]

---

10) '전시'란 국가상호 간의 무력투쟁 상태를 의미하고, '사변(事變)'이란 국가의 헌법질서를 문란시킬 목적으로 하는 무장반란 집단의 폭력 등으로 혼란한 경우를 말하며, '이에 준하는 국가비상사태'는 전쟁에 해당되지 않는 외적의 침입, 반란목적이 없는 비무장집단 및 군중에 의한 사회질서의 교란상태 또는 자연재해로 인한 상태를 의미한다.

11) 육군본부(2002), 전게서, p. 1-2.

12) 징용이란, 국가권력으로 국민을 일정한 업무에 강제적으로 종사시키는 일로서, 전시 · 사변 또는 이에 준하는 비상사태에 있어서 보통의 수단으로써는 군작전상 필요한 인적 자원을 확보하기 곤란할 때 보상을 지급하고 개인에게 권력적으로 필요한 역무 부담을 과하는 행정행위를 말한다. 징발이란, 남에게 물품을 강제적으로 모아 거두는 것, 즉 국가에서 특별한 일에 필요한 사람이나 물자를 강제로 모으거나 거두는 것으로 특히, 군이 민간으로부터 군수물자나 토지 · 시설 따위를 거두어들이는 것을 말한다.

13) 이종학, 『韓國軍事史 序說』(경주 : 서라벌군사연구소, 1991), p. 214.

각종 문헌상에 나타난 동원의 개념을 '언제, 누가, 무엇을, 어떻게, 왜'라는 요소에 의해 종합하면 다음과 같이 정리할 수 있다.

- 동원의 시기(언제) : 전시 · 사변 또는 이에 준하는 국가 비상사태시
- 동원의 주체(누가) : 국가(정부)
- 동원의 대상(무엇을) : 국가의 모든 유 · 무형적 자원
- 동원의 방법(어떻게) : 국가 공권력의 발동과 동원대상자원의 의지
- 동원의 목적(왜) : 국방목표 달성(국가의 안위 및 국익 보장)

동원은 대상자원과 범위, 시기, 형태, 방법 등에 따라 〈표 2〉와 같이 구분할 수 있다. 한국은 동원대상 자원을 전시에 동원하기 위하여 범위면에서 총동원 및 부분동원, 형태면에서 정상 및 긴급동원, 방법면에서 공개동원 제도를 적용하고 있다.

〈표 1〉 문헌상의 동원개념

구 분		내 용
국내문헌	한국 국방연구원	•전시 또는 이에 준하는 국가 비상사태시 전 국민의 통일된 국가질서 수호의 정신하에서 정부가 사태를 극복할 수 있도록 인적, 물적 자원의 활용을 직접 주도하는 일체의 활동
	비상기획 위원회	•전시 및 사변 등 비상시의 국가 목적을 달성하기 위하여 정치, 군사, 사회, 심리 등 국가의 모든 역량을 동원하는 국가의 총체적 행위
	국방 대학원	•전시 또는 이에 준하는 국가 비상사태에서 국가 안전보장상의 목표를 달성하기 위하여 국가의 인력, 자원, 재화 및 용역 등의 자원을 효율적으로 관리, 통제하는 국가 권력작용.(국가동원) •군대의 전부 또는 일부를 전쟁 혹은 기타의 비상사태에 대응할 수 있는 태세로 전환시키는 것.(군사동원)
	합동참모 본부	•전시 또는 이에 준하는 국가 비상사태시 한 나라의 인적, 물적, 기타 제반자원을 국가안전보장에 기여할 수 있도록 효율적으로 통제, 관리, 운용하는 국가의 권력작용
	육군본부	•전시 또는 국가 비상사태시에 한 나라의 인력, 물자, 재화 및 용역 등의 자원을 국가안전보장에 기여할 수 있도록 효율적으로 통제, 관리, 운용하는 국가 권력작용
	내무부 (안전행정부)	•군대의 평시 편제를 전시 편제로 바꿈 •전쟁에 필요한 여러 기관을 편제하여 병사를 소집함 •전시에 전쟁을 수행하기 위하여 나라 안의 모든 물적, 인적 자원을 동일한 관리 아래 집중함
외국문헌	미국	•국가자원을 모집하고 조직함으로써 전쟁 또는 국가비상사태에 대비하는 행위(The act of preparing for other emergencies through assembling and organizing national resources)
	일본 (국가총동원법)	•전시에 대처하여 국방목적을 달성하기 위하여 국가의 전력을 가장 유효하게 발휘시킬 수 있도록 인적, 물적 자원을 통제, 운용하는 것

출처 : 이종학 · 길병옥, 『군사학개론』(대전 : 충남대학교출판부, 2009), p. 368.

〈표 2〉 동원의 구분

구분	내 용
동원목적	•관수(官需)동원 •군수(軍需)동원 •민수(民需)동원
대상자원	•인원동원 : 병력동원, 전시근로소집, 인력동원 •물자동원 : 산업동원, 수송동원, 건설동원, 통신동원 •기타동원 : 재정경제동원, 홍보매체동원
동원범위	•총동원(Total Mobilization) : 전시 등 국가비상사태발생시 전 대상 자원을 동원계획에 의거 단계적으로 동원하는 것 •부분동원(Partial Mobilization) : 어느 특정지역에서 작전시 또는 작전의 전개가 예상될 경우, 일부지역의 자원에 국한하여 동원하거나 대상자원 중 일부를 제한하여 동원하는 것
동원시기	•전시동원(Wartime Mobilization) : 동원령이 선포되어 동원계획에 의해서 동원되는 것 •평시동원(Peacetime Mobilization) : 동원령이 선포되기 전에 전시 동원에 사전 대비하기 위하여 동원하거나, 대침투작전 및 민방위 업무 등을 위한 동원 또는 전시동원을 위한 계획된 훈련 등 평시에 이루어지는 동원
동원형태	•정상동원(Normal Mobilization) : 동원령 선포시 동원 주무부처에서 사전에 계획된 동원계획에 의거 동원지정된 자원을 동원하는 것 •긴급동원(Emergency Mobilization) : 사전 계획된 동원에 차질이 발생하거나 우발상황으로 인하여 추가 소요가 발생했을 경우에 실시하는 동원
동원방법	•공개동원(Open Mobilization) : 각종 언론보도 매체를 통해 동원령이 선포되었음을 알리고 동원하는 것 •비밀동원(Secret Mobilization) : 동원령을 공개적으로 선포하지 아니하고 비밀리에 동원하는 것

출처 : 이종학 · 길병옥, 『군사학개론』(대전 : 충남대학교출판부, 2009), pp. 368~369와 국방부 홈페이지 내용을 재구성.

동원의 목표는 국가의 이용 가능한 인적 · 물적 자원을 신속히, 효율적으로 동원하여 군 수요를 충족시킴과 동시에 민간수요를 충족시켜 민생의 안정을 도모하고, 지속적으로 경제력을 확보함으로써 총력전 수행에 만전을 기하는데 있다. 여기서 무엇보다 중요한 것은 바로 동원능력이다. 동원능력은 전쟁의 목표를 달성하기 위해 이용 가능한 국가의 인적 · 물적 · 기타 제반 자원을 효율적으로 조직하고 결집하는 것으로서, 전쟁소요를 충족시키고 전쟁지속능력을 보장하는 핵심요소라고 할 수 있다.

예비전력과 동원과의 상관관계를 살펴보면, 예비전력은 평시 국가의 잠재적 자원으로서 전쟁 또는 국가 비상사태 발생시 국가동원이라는 절차를 통해야만 작전임무를 수행할 수 있는 전력으로 전환된다. 여기서 중요한 것은 동원되는 자원의 소유권이 동원을 발령하는 국가에 있는 것이 아니라 개인이나 기업에 있다는 사실이다. 따라서 국가가 사전에 법령에 의해 마련된 동원절차를 거치지 않으면, 비상시라도 개인이나 기업소유의 자원을 국가로 전환시키는 데에는 많은 제한과 어려움이 따를 수밖에 없다.

이에 따라 대부분의 국가들은 전쟁 또는 국가 비상사태 발생시 총력전을 수행할 수 있도록 국가의 잠재 군사력을 현존 군사력으로 효과적으로 전환시킬 수 있는 동원준비태세를 갖추고 있다. 즉, 국가동원에 따른 국가와 국민의 부담을 최소화하기 위해 사전에 법령으로 동원절차를 명시해 놓고 있으며, 상비전력과 예비전력을 적절히 배합하여 최대의 전력을 발휘할 수 있도록 노력하고 있다.

다. 예비전력 이론

대부분의 국가들은 냉전이 종식된 이후 병력과 장비, 국방비를 점차 축소해 나가고 있다. 전쟁 양상의 변화, 국가별로 처한 안보상황 및 국방정책, 동원 역량 등에 따라 예비전력에 대한 다양한 논의가 이루어지고 있다. 이러한 예비전력의 역할에 대한 이론은 예비전력이 상비전력과 어떠한 관계에 있으며, 어떠한 역할을 하는지에 따라 보조전력론, 동반전력론, 핵심전

력론, 필수전력론 등으로 구분할 수 있다.[14)]

1) 보조전력론

보조전력론은 상비전력이 주전력이고 예비전력은 보조적인 역할을 한다는 주장이다. 즉 상비전력은 전쟁발발시 주요전력으로 운용되고, 예비전력은 상비전력에 대한 증 · 창설소요를 충족시키거나 손실 발생시 이를 보충해주는 역할을 하게 된다는 것을 의미한다.

예비전력의 '예비'에 대한 인식도 국가나 사람에 따라 상당한 차이가 있다. 예비(Reserve)의 사전적 의미는 '예비식량'과 같이 '필요할 때 쓰기 위하여 미리 마련하거나 갖추어 놓음' 또는 '예비검사'처럼 '더 높은 단계로 넘어가거나 정식으로 하기 전에 그 준비로 미리 초보적으로 갖춤 또는 그런 준비'를 말하는데 여기서는 전자의 의미로 사용된다. '예비'는 영어로 'Reserve', 'Spare' 등으로 번역되며, 예비군은 'Reserve Forces'로 번역하고 있다. 그런데 대부분의 경우 'Reserve'보다는 'Spare'로 인식하여 '현재 쓰지 않아서 남는', 또는 '여분(餘分)'의 뜻으로 받아들이는 경향이 있다. 이러다보니 예비전력을 상비전력의 보조전력으로 인식하게 되고 국민들의 관심 부족과 함께 국방정책 수립이나 국방예산 배정 등에서도 상비전력 중심으로 이루어지고 예비전력은 그 다음으로 받아들여지고 있는 실정이다.

2) 동반전력론

동반전력론은 예비전력을 단순히 상비전력의 보조전력으로 보는 것이 아니라 동반적인 역할로 인식하여 상비전력과 상호 대등한 전력으로 평가하는 것이다. 즉, 군사력을 크게 상비전력과 예비전력으로 대별해 볼 때 군

14) 이종학 · 길병옥, 『군사학개론』(대전 : 충남대학교출판부, 2009), pp. 374~375.

사력의 총합은 두 전력의 총합이라고 할 수 있다. 따라서 두 전력은 상호 대등한 관계이자 보완적 역할을 하고 있다는 것이다.

이에 따라 세계 각국은 국가경제에 부담이 되는 상비전력을 점차 감축하고, 그 공백을 보완하기 위하여 예비전력의 역할을 확대해 나가고 있는 추세이다. 실례로, 미국은 제2차 세계대전 이후 상비전력을 점진적으로 줄여왔으며, 걸프전이나 이라크전, 아프간전에서 보듯이 예비전력의 활용도는 꾸준히 높여가고 있다. 미국은 1970년대의 '총체전력정책'(Total Force Policy)[15]을 통해 예비전력의 역할을 강조한 바 있으며, 예비전력을 상비전력의 동반전력으로 인식하여 국가안보 차원에서 균형된 발전을 도모하고 있다.

3) 핵심전력론

현대전의 양상이 점차 다양하고 복잡한 형태로 변화함에 따라 상비전력만으로 전쟁에서 승리를 장담할 수는 없다. 따라서 전쟁이 발발하게 되면 국가의 모든 잠재역량이 총동원되어 총력전을 수행하게 된다. 상비전력은 평시 전쟁억제 및 전쟁초기 대응을 하고, 이를 토대로 동원된 예비전력이 전쟁수행의 주체가 되어 전쟁을 지속하면서 핵심 역할을 하게 된다는 주장이다.

다시 말해 총력전을 수행하는 현대전에서 전쟁의 승패는 결국 예비전력에 의해 좌우되기 때문에 예비전력이 곧 핵심전력이라는 것이다. 대표적인 사례로 이스라엘군은 현역군이 유사시 초동 대처 또는 전투근무지원 등의 역할을 하고, 예비군이 동원되어 전쟁수행의 핵심전력으로서의 임무를 수행하고 있다.

---

15) 1973년 국방장관 슐레진저는 현역과 예비군을 하나로 통합한 것이 '총체전력'이라 하였고, 1982년 와인버거 국방장관도 예비군이 동원되면 군인으로서 전문직업성을 갖춘 병사들이 되어야 한다고 강조하였다.

4) 필수전력론

전쟁을 수행하기 위해서는 막대한 인적 · 물적 자원을 필요로 한다. 전쟁 초기는 물론이고 전쟁이 지속됨에 따라 예비전력 소요는 점차 증대하게 된다. 전쟁의 승패는 부족한 인적 · 물적 자원을 어떻게 적기에 보충하느냐에 따라 결정된다고 해도 과언이 아니다. 따라서 충분한 예비전력은 전승을 위한 필수전력이자 상대 국가로 하여금 전쟁을 억제하는 역할도 하게 된다. 정보화 · 과학화된 현대전의 특성을 고려할 때, 인적 자원을 비롯하여 고성능 무기나 고가의 장비 · 탄약 · 물자 등을 평시부터 준비해 놓기에는 국가경제에 너무 많은 부담으로 작용하게 된다. 그런 까닭에 평시에는 적정 규모의 병력 · 장비 · 물자 등을 보유하고 있다가 전시가 되면 국가 총력전 개념에 의거 필요한 인적 · 물적 자원을 동원하게 되는데, 결국 이때 동원되는 예비전력이 전승을 위한 필수전력이라는 것이다.

한국은 그동안 예비전력을 보조전력, 즉 전시 증 · 창설 소요나 손 · 보충 자원으로 인식하여 왔다. 그러나 다양한 형태로 전개되는 현대전의 양상을 고려해 볼 때, 이제 예비전력은 상비전력과 대등한 동반전력일 뿐만 아니라 전쟁수행의 핵심전력이자 부족한 인적 · 물적 자원을 보충하여 전쟁 지속능력을 확대하는데 필요한 필수전력이라 할 수 있다.

2. 위기관리와 예비전력의 역할

가. 위기관리의 개념

전통적인 전쟁관에 의하면, 전쟁이란 정치의 최후 수단이며, 정치수단에 의한 해결이 실패하여 정상적인 정치관계가 단절되었을 때에 무력을 행사함으로써 전쟁이 일어나게 된다.[16] 그러나 1989년 동유럽 공산주의 국가들의 몰락과 1991년 구소련의 해체로 탈냉전시대가 도래함에 따라 국제정치 체제의 변화와 함께 그동안 지속되어 온 냉전시대의 갈등과 대립의 양상도 크게 변하게 되었다.

1) 위기의 개념

위기(Crisis)라는 용어의 어원은 그리스어의 Krinein, 즉 '분리한다'는 뜻을 가진 의학적 용어로서 환자의 상태가 좋아지거나 악화되는 전환점을 의미하며, 일반적으로 환자의 고열이 떨어져 정상적인 체온으로 돌아와 심한 통증이 줄어들면서 갑자기 좋아지는 전환점을 의미하고 있다.[17] 또한 한자의 위기(危機)라는 글자는 위태롭다(危)는 말과 기회(機)라는 말이 합성된 것이다. 오늘날 위기라는 용어는 군사적인 분야뿐만 아니라 안보위기, 에너지 위기, 금융위기, 식량위기 등과 같이 정치, 경제, 사회, 문화 등 모든 분야에 걸쳐 폭넓게 사용되고 있다. 이러한 위기라는 용어는 1962년 쿠바 미사일 위기사태 이후부터 사용하기 시작하여 오늘날까지 연구가 지속되고 있으며,[18] 위태롭기는 하지만 사태를 정확히 파악하여 적절히 조치한다면 오히

---

16) Raymon Aron, *Peace and War : A Theory of International Relations*, Garden City (New York : Doubleday & Company, 1966), p. 26 ; Henry A. Kissenger, "Force and Diplomacy in the Nuclear Age", *Foreign Affairs*, Vol. 34 No. 3 (1956), p. 354.

17) 조영갑, 『국가위기관리론』(서울 : 선학사, 2006), p. 24.

려 전화위복(轉禍爲福)의 좋은 기회로 작용할 수 있음을 시사해주는 말이라고 할 수 있다.

〈표 3〉 위기의 정의

구 분	내 용
Barton(2007)	조직과 조직의 구성원, 그리고 조직의 제품, 서비스, 재정적 상태, 명성에 심각한 손실을 끼치는 예기치 못한 사건들
Coombs(2007)	예측하지 못한 상태에서 발생한 사건이며, 잘못 대처할 경우 조직, 산업, 또는 스테이크 홀더(Stakeholder, 이해관계자)들에게 부정적인 영향을 미칠 수 있는 중대한 위협
Fearn-Banks (1996)	조직, 회사, 산업 및 이들과 관련된 공중, 제품, 서비스 그리고 명성에 부정적인 영향을 미칠 가능성이 높은 주요 사건들
Fink(2000)	개선되거나 악화되기 시작하는 전환점
Gilpin & Murphy (2008)	조직의 미래 성장과 이익, 혹은 생존에 위협을 가할 가능성이 있는 사건
길병옥(2008)	예측하지 못한 상태에서 발생한 사건
김영욱(2002)	조직의 일상적인 업무를 뒤흔들고 조직의 미래 활동에 위협을 주며 주요 공중과의 관계에 부정적인 영향을 주는 사건을 통틀어 지칭하는 것
정찬권(2010)	적대행위나 대규모 재난 · 재해 등으로 인하여 개인이나 국가의 생존이 심각하게 위협받을 가능성이 현저하게 증가하여 의사결정자들이 시간적 제약을 받고, 불확실성이 높은 상황에서 중대한 결정을 해야 하는 상황이나 사태
조영갑(2006)	적대행위의 현저한 증가로 중대한 목표나 가치가 심각한 위협을 받고 있을 때 비교적 짧은 시간에 대응책을 취해야 하는 예기치 못한 긴박한 상태

출처 : 길병옥, 「국가위기관리의 이론과 범위 : 개념과 적용」, 『공공행정연구』 제9권 제2호 (2008), pp. 55~77 ; 조영갑, 『국가위기관리론』(서울 : 선학사, 2006), p. 26 ; 정찬권, 『21세기 포괄 안보시대의 국가 위기관리론』(서울 : 대왕사, 2010), p. 29 내용을 재정리.

18) 정찬권, 「국가위기관리분야에 시민단체(NGO)참여 확산방안 연구」, 『한국위기관리논집』 제2권 제2호(2006), pp. 5~6.

비록 전시가 아닌 평시라 하더라도 인간은 알게 모르게 갈등과 분쟁, 그리고 전쟁의 위기 속에서 살아가고 있다. 이러한 위기는 가벼운 충돌 속에서 이루어지는 갈등(위험)관리단계, 도전적인 행위로 시작되어 일어난 대결 속의 분쟁(위협)관리단계, 대결이 더욱 치열해진 충돌로서 전쟁으로 돌입하느냐 아니면 평화적으로 위기를 종결짓느냐를 결정하는 위기(위기)관리단계로 진행하게 된다. 이러한 위기관리의 성공여부에 따라 전쟁 혹은 평화라는 극단적 선택을 해야 한다.

〈그림 1〉 위기의 발생과정

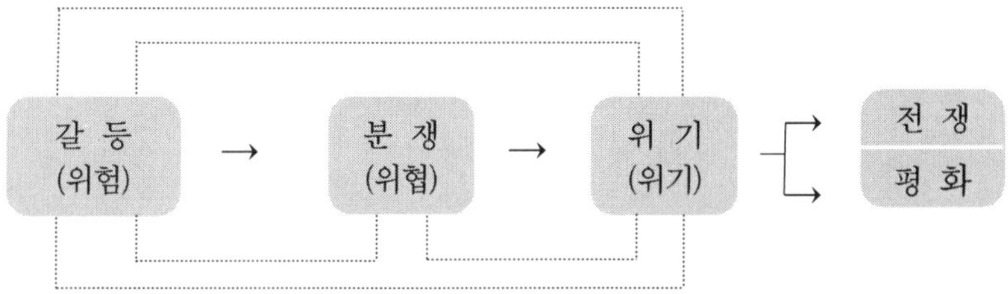

출처 : 조영갑, 『국가위기관리론』(서울 : 선학사, 2006), p. 27.

한국의 국가위기관련 법령은 전시대비 분야의 비상대비자원관리법, 재난분야의 재난 및 안전관리기본법, 국지도발 및 사회혼란분야는 민방위법과 통합방위법, 그리고 국가위기 대응 업무는 위기관리지침 등에 각각 분산되어 있다. 각종 법령에 명시된 통합방위사태, 민방위사태, 비상사태, 재난 등 위기와 관련된 용어는 〈표 4〉에서 보는 바와 같이 개념이 서로 다르고 용어 상호간의 관계도 미정립되어 있는 실정이다.

〈표 4〉 위기관련 용어

구 분	내 용
통합방위사태 (통합방위법)	'통합방위사태'란 적의 침투 · 도발이나 그 위협에 대응하여 갑 · 을 · 병종사태의 구분에 따라 선포하는 단계별 사태를 말한다.
민방위사태 (민방위기본법)	'민방위'란 적의 침공이나 전국 또는 일부 지방의 안녕 질서를 위태롭게 할 재난(이하 "민방위사태"라 한다)으로부터 주민의 생명과 재산을 보호하기 위하여 정부의 지도하에 주민이 수행하여야 할 방공(防空), 응급적인 방재(防災) · 구조 · 복구 및 군사 작전상 필요한 노력지원 등의 모든 자위적 활동을 말한다.
비상사태 (비상대비 자원관리법)	이 법은 전시 · 사변 또는 이에 준하는 비상시(이하 "비상사태"라 한다)에 국가의 인력 · 물자 등 자원을 효율적으로 활용할 수 있도록 이에 대비한 계획의 수립 · 자원관리 · 교육 및 훈련 등에 필요한 사항을 규정함을 목적으로 한다.
재난 (재난 및 안전 관리기본법)	'재난'이란 국민의 생명 · 신체 · 재산과 국가에 피해를 주거나 줄 수 있는 것으로서 다음 각 목의 것을 말한다. •자연재난 : 태풍, 홍수, 호우, 강풍, 풍랑, 해일, 대설, 낙뢰, 가뭄, 지진, 황사, 적조, 그 밖에 이에 준하는 자연현상으로 인하여 발생하는 재해 •사회재난 : 화재 · 붕괴 · 폭발 · 교통사고 · 화생방사고 · 환경오염사고 등으로 인하여 발생하는 대통령령으로 정하는 규모 이상의 피해

출처 : 국가법령정보센터(법령).

2013년에 대통령 훈령으로 만들어진 「국가 위기관리 기본지침」에는 국가위기의 개념을 '국가 주권 또는 국가를 구성하는 정치 · 경제 · 사회 · 문화 · 체계 등 국가의 핵심요소나 가치에 중대한 위해가 가해질 가능성이 있거나 가해지고 있는 상태'로 정의하고 있다. 국가위기에 대한 많은 학자들의 다양한 정의를 종합해 보면 결국 국가위기란 '국내 · 외적인 환경의 변화 때문에 국가가 위협에 처하였거나 처할 가능성이 높은 상황'이라고 정리할 수 있다.

이러한 국가위기의 종류는 여러 가지 기준에 따라 다양하게 분류할 수 있다. 위협에 사용된 폭력성의 정도에 따라 고강도 또는 저강도 위기, 지속정도에 따라 단기적 또는 장기적 위기, 위협내용의 성격에 따라 군사적 혹은 비군사적 위기, 위협요소의 발생소재에 따라 인위적 또는 자연적 위기, 유발원인의 종류와 개수에 따라 단일적 또는 복합적 위기, 발생빈도에 따라 일회적 또는 반복적 위기 등으로 구분된다.[19] 이외에도 지역을 기준으로 대내적 또는 대외적 위기로 분류할 수 있고, 시기를 기준으로 평시와 전시 위기로 구분할 수 있다.

국가의 위기상황에서 나타나는 일반적인 현상은 적대행위의 가능성은 현저하게 증가하는 반면, 반응할 시간은 극히 짧고, 중대한 목표나 가치가 심각한 위협을 받고 있다는 심리적 압박감 등으로 합리적인 판단과 의사결정이 제한을 받게 된다는 점 등을 들 수 있다.

2) 위기관리의 개념

복잡하고 다양한 삶을 살아가는 오늘날은 위기관리의 시대라고도 할 수 있다. 특히, 현대국가의 위기관리는 전통적인 안보개념에서 포괄적인 안보개념으로 전환됨에 따라 군사적 · 비군사적 분야가 모두 포함된 종합적이고도 체계적인 체제의 구축이 필요하다. 또한 국가위기 극복은 국가의 안전을 도모하고 국민의 생명과 재산을 보호하는데 그 목적이 있으므로 전쟁을 추구하는 파괴적인 위기 확대형 전략이 아니라 평화를 추구하고 상호 협력하는 위기 축소형 전략으로 발전시켜 나가고 있다.

「국가 위기관리 기본지침」에 의하면, 국가 위기관리는 '모든 국가적인 위기를 효과적으로 예방 · 대비하고, 대응 · 복구하기 위해 국가자원을 기획 · 조직 · 집행 · 조정 · 통제하는 제반 활동 과정'이라고 정의하고 있으며, 위기관리에 대한 국내 · 외 학자들의 정의는 〈표 5〉와 같다.

---

19) 김열수, 『21세기 국가위기관리체계론』(서울 : 오름, 2005), p. 33.

〈표 5〉 위기관리에 대한 정의

구 분	내 용
Coombs (1999)	위기상황에 대응하고 위기에 의해 야기되는 실질적인 피해는 줄이는 광범위한 활동으로, 조직차원의 문화 및 구조 등과 연결된 장기적이고 일관성 있는 활동
Fearn-Banks (1996)	조직에 부정적인 영향을 주는 사건들의 위험성과 불안요인을 감소시키고 조직이 능동적으로 대처할 수 있도록 하는 전략적인 계획
Gilpin & Murphy (2008)	비상사태를 피하기 위해 노력하고 위기발생에 대비하여 계획하며 필요할 때에는 그것을 실천에 옮기는 다각적인 조직차원의 노력
Giuffrida (1885)	위기로부터 국민의 생명과 재산을 보호하고 위험을 극복하기 위한 사업계획을 집행하는 일상화된 과정
Phil Williams (1976)	위기상황이 전쟁으로 확대되지 않도록 위기를 통제하고 조절하는 과정임과 동시에 다른 한편으로는 위기가 당사자 국가에 유리하게 해결되어 국가의 사활적 이익이 보호되고 유지될 수 있도록 하는 모든 노력
Pickett & Block(1991)	위기발생을 예방하고 위협을 최소화시키고, 이미 발생한 위기에 대해서는 신속하고 효과적으로 대응하며, 가능한 빠르게 정상 상태로의 복귀를 돕는 것
길병옥(2008)	당면한 위기악화를 방지하기 위해 가용한 모든 수단을 동원하여 사태를 수습함으로써 원상회복 또는 상황개선을 추구하는 과정
김열수(2005)	국가주권에 대한 위기나 정치, 경제, 사회, 문화체계 등 국가의 핵심요소나 가치에 대한 위해로부터 국가와 국민을 보호하기 위한 종합적이고 총체적인 제반 대응책과 보완책을 체계적으로 강구하는 것
이동훈(1999)	국가적 차원에서의 위기관리(Crisis Management)란 위기로부터 국민의 생명과 재산을 보호해 주고 위험을 극복하기 위해 사업계획을 집행하는 일련의 과정
정찬권(2010)	당면한 위기의 악화를 방지하기 위하여 가용한 수단과 방법을 동원하여 사태를 수습함으로써 원상회복 또는 상황개선을 추구하는 행위

출처 : 길병옥, 「국가위기관리의 이론과 범위 : 개념과 적용」, 『공공행정연구』 제9권 제2호(2008), pp. 61~62 ; 김열수, 『21세기 국가위기관리체계론』(서울 : 오름, 2005), pp. 38~39 ; 정찬권, 『21세기 포괄안보시대의 국가위기관리론』(서울 : 대왕사, 2010), p. 6을 재정리.

나. 위기관리 유형 및 예비전력의 역할

1990년대 들어 냉전체제가 종식된 이후 국가의 안보영역은 군사분야 위주의 전통적인 안보개념에서 정치 · 경제 · 사회 · 문화 · 환경 · 자원 · 기술과 각종 재해 · 재난 등의 비군사적인 분야를 포함하는 포괄적인 안보개념으로 그 범위가 확대 · 변화해 가고 있다.

각종 갈등요인이 군사적 충돌로 확대되어 국지적이거나 전면적인 전쟁으로 발전되는 것을 전통적 안보위협(Traditional Security Threat)이라고 하고, 그 외의 테러나 재난, 환경오염, 전염성 질환 등 한 국가의 경계를 넘어서 비군사적 요인으로 인하여 발생하는 각종의 안보위협을 초국가적 · 비군사적 안보위협(Transnational and Non-military Security Threat)이라고 한다. 또한, 전통적 안보위협과 초국가적 · 비군사적 안보위협을 모두 일컬어 포괄적 안보위협(Comprehensive Security Threat)이라고 일컫는다.[20] 이러한 포괄적인 안보개념하에서 국가위기의 개념도 새로운 환경변화에 대응하여 변화해 가고 있다.

「국가 위기관리 기본지침」에는 국가위기 유형을 침투 및 국지도발, 북한 내부 급변사태, 독도 우발사태, 사이버 침해 등의 전통적 안보분야 위기와 자연재난(태풍 · 홍수 · 호우 · 지진 등)과 사회재난(화재 · 붕괴 · 교통사고 · 금융마비 · 감염병 등)의 재난분야 위기로 구분하고 있다. 또한 국가위기의 유형은 지역적으로 분류하는 방법과 위기관리의 해결수단으로 구분하는 방법이 있다. 지역적 범주는 대외적 영역과 대내적 영역으로 나누어지고 대외적 영역은 다시 대북관계, 동북아 주변국관계, 국제관계 영역으로 세분할 수 있다. 해결수단으로는 군사적인 경우와 비군사적인 경우로 분류된다. 이를 토대로 영역별 국가위기 유형을 분류하면 〈표 6〉과 같다.

---

20) 박계호, 「한반도 위기발생시 미국의 역할 결정요인에 관한 연구」, 충남대학교 대학원 박사학위논문(2012), p. 21.

〈표 6〉 국가 위기의 영역과 영역별 위기유형

지역적 영역 \ 수단적 영역		군사적 영역	비군사적 영역
대외적 영역	대북관계 영역	1. 전면전 발발위기 2. 북한의 국지도발 3. 무장병력의 침투 4. 특정목표에 대한 북한공격과 위협태세 5. 남북한 군사력 균형 상태에 대한 심각한 위협 6. 북한과 주변국간의 군사적 충돌	7. 북한 내 정치적 급변상황 8. 북한 내 심각한 사회적 혼란사태 9. 집단탈북자/대량난민의 대남유입 10. 북한역내 외국인 자산에 대한 테러, 억류 및 구금 11. 돌발적 북한의 대외/대남 정책변화 12. 우리측 국민이나 자산에 대한 북한측의 테러
	대주변국 영역	13. 주변국의 대북 핵심 전략무기 지원 14. 지역에서 대량살상무기의 확산과 영토분쟁 15. 해상 또는 공중에서 주변국과 우발적 군사충돌 16. 주변국의 아국에 대한 의도적 군사압력/도발행위	17. 주변국들간의 전략적 균형관계 급변 18. 주변국들의 대한반도 정책 급변사태 19. 동북아 이외 지역에서 주변국들과 전략적 이해 상충
	대국제관계 영역	20. 동북아 이외 지역에서 군사적 개입 불가피 사태 21. 미국의 대한 군사지원 역량상 중대 결함 초래사태 22. 해상 및 공중 수송로상 위해 사태	23. 국제적 경제위기로 인한 안보상 위협발생 사태 24. 국제교역상의 심각한 경제적 충돌 25. 초국가집단에 의한 불특정 테러사태
대내적 영역		26. 불순세력에 의한 군사 쿠데타 27. 국내 무장봉기	28. 극심한 국내 정치 · 사회적 혼란사태 29. 요인암살 등으로 인한 도발적인 안보취약 사태 30. 사이버테러 및 정보체계 교란 31. 미확인 주체에 의한 공공시설 파괴 32. 생태계, 환경파괴, 심각한 에너지문제 33. 천재지변 및 대형 재난재해

출처 : 길병옥, 「국가위기관리의 이론과 범위 : 개념과 적용」, 『공공행정연구』 제9권 제2호 (2008), p. 59.

제한된 자원과 역량을 가지고 있는 정부로서는 많은 위기요인들을 동일한 수준으로 관리하기가 어렵다. 따라서 정부는 효율적인 위기관리를 위해 위기관리 시스템을 체계적으로 관리 및 운영하여야 한다. 한국의 국가위기관리기구는 군사적인 분야는 통일부, 국가정보원, 국가안전보장회의, 국방부, 합동참모본부 등이 해당 정부기구로 편성되어 있다. 비군사적인 분야는 주로 법령[21]에 규정된 임무와 역할에 따라 정부행정기관이 그 임무를 수행한다.

국가는 다양한 형태의 국가위기와 접하면서 모든 조직을 이용하여 국민의 생명과 재산을 보호할 의무가 있다. 이를 위해서는 평시부터 유형별로 위기관리 매뉴얼을 준비하여 관리하고 위기상황 발생시에는 이에 따라 적절한 조치를 취하여야 한다. 앞에서 살펴보았듯이 우선 국가의 위기유형이 군사적 영역인가, 비군사적 영역인가에 따라 가용수단과 방법이 완전히 다르다고 볼 수 있다. 군사적 영역에 대해서는 국방부 등이 국가방위요소[22]를 총동원하여 대응해야 할 것이며, 비군사적 영역에 대해서도 관련정부기관이 주축이 되어 대응조치를 취하되 대외적 영역과 대내적 영역에 따라 대응방법이 달라질 것이다. 중요한 것은 국가의 입장에서 보았을 때 국가위기상황에서 가장 신속하게 대응할 수 있는 수단이 무엇인가 하는 점이다. 평소부터 조직되어 있는 군과 경찰, 국가기관 및 지방자치단체 이외에 활용가능한 것이 바로 예비군과 민방위조직이라 할 수 있다. 특히 예비군은 그

21) 국가위기관리에 대한 법령으로는 안전관리종합대책(국무총리실), 비상대비자원관리법 · 민방위기본법 · 재난관리법 · 소방기본법(국민안전처), 원자력법(교육과학기술부), 재해구호법 · 전염병예방법(보건복지부), 환경정책기본법(환경부), 교통안전법 · 수난구호법 · 해양오염방지법(국토해양부), 산림기본법(산림청) 등이 있다.

22) 통합방위법 제2조에 의하면, "국가방위요소"란 통합방위작전의 수행에 필요한 다음 각 목의 방위전력(防衛戰力) 또는 그 지원요소를 말한다. ①「국군조직법」 제2조에 따른 국군, ② 경찰청 · 해양경찰청 및 그 소속 기관과 「제주특별자치도 설치 및 국제자유도시 조성을 위한 특별법」에 따른 자치경찰기구, ③ 국가기관 및 지방자치단체(①과 ②의 경우는 제외한다), ④「향토예비군설치법」 제1조에 따른 향토예비군, ⑤「민방위기본법」 제17조에 따른 민방위대, ⑥ 제6조에 따라 통합방위협의회를 두는 직장.

규모나 반응시간, 평소 준비상태 등에서 볼 때 비교적 활용하기가 용이한 전력이라 할 수 있다.

예비군은 1968년 창설된 이래 시대적 상황에 따라 그 임무가 지속적으로 변화하여 왔으며, 현재는 창설 당시의 향토방위임무 뿐만 아니라 전시동원에의 대비, 무장소요진압, 민방위업무지원 등 다양한 임무를 수행하고 있다. 물론 민방위조직이나 직장 등도 활용이 가능하지만 반응시간이나 질적인 면, 평소 훈련상태 등에서 많은 차이가 있다. 따라서 예비군은 군사적 영역뿐만 아니라 비군사적 영역에서 폭넓게 활용할 수 있는 유용한 전력인 것이다.

한국군은 창군 이래 국가방위의 기본적인 기능 이외에도 국가재난 발생시 적극적인 지원활동과 대민지원 등은 물론이고 경제발전의 역군으로서 국토개발에 참여해 왔으며, 기술 및 전문인력 양성, 그리고 국민교육도장으로서의 역할수행 등 국가발전에도 적극 동참하여 왔다. 또한 국가적 재난발생시에는 2004년에 제정된 '재난 및 안전관리 기본법'에 의거 적극적인 재난관리 및 지원을 위해 국방부내에 재난관리 조직을 편성 · 운영 중에 있다.[23] 이처럼 국가위기 발생시 다양한 임무를 수행하는 군의 한 축을 담당하는 예비전력은 군사적 영역뿐만 아니라 비군사적 영역에 대해서도 적극적 역할을 하도록 해야 한다. 테러, 대량살상무기, 마약과 범죄, 재해 · 재난, 환경파괴 등 보이지 않는 새로운 위협에 대해 예비군을 포함한 군의 역할 확대가 더욱 필요한 시점이다.

다. 비상사태와 훈련

위기관리와 관련하여 생각할 수 있는 것이 바로 동원의 전제조건인 '비상

23) 이원희, 「21세기 바람직한 민군관계의 발전방향」, 『군사학의 학문적 발전방향과 군사전략 연구 세미나 자료집』(2009), pp. 180~184.

사태'에 대한 논의이다. 현재 운용되고 있는 비상사태는 충무사태를 비롯하여 통합방위사태, 방어준비태세, 경계태세(진도개) 등이 있다.

충무사태는 국가비상시 각급 기관의 행동기준, 필요한 사전조치사항을 강구하기 위하여 비상상황 수준별로 구분, 선포하는 사태로 충무 3종사태, 충무 2종사태, 충무 1종사태로 나뉘어진다.

〈표 7〉 충무사태의 구분

사태구분	내용
충무 3종	적의 전쟁 도발 징후가 현저히 증가된 상황으로서 비상대비계획의 시행을 준비하는 단계, 군의 DEF-Ⅲ에 준하는 상황
충무 2종	적의 전쟁도발 징후가 고조되어 전쟁의 위협이 가일층 농후하고 군의 DEF-Ⅱ에 준하는 상황으로서 비상대비계획의 일부를 시행하는 단계
충무 1종	전쟁이 긴박한 상태이며, 군의 DEF-Ⅰ에 준하는 상황으로서 비상대비계획을 전면 시행하는 단계

출처 : 이재평 · 김희도 · 송준화, 『군사학개론』(경기 고양 : 법률시대, 2006), p. 201.

충무사태에 대비하여 정부에서는 1969년부터 충무계획이라는 체계적인 비상대비계획을 매년 수립하여 보완 · 발전시켜 오고 있다. 충무계획이란 전통적인 안보개념, 즉 전시 · 사변 또는 이에 준하는 국가비상사태시에 국가총력전을 수행하기 위해 정부기관이 어떻게 대비할 것인가를 정하여 놓은 것을 말하며, 충무계획 범주에는 자원동원계획, 정부기능유지계획, 국민생활 안정계획, 전시계엄계획, 전시민방위계획, 자유화행정계획 등이 포함된다.[24] 참고로 충무계획의 기본계획 지침 및 기본계획은 국무총리가 작성하여 대통령이 승인하며, 기본계획을 근거로 행정 각 부처 장관이 집행계획을 작성하여 국무총리의 승인을 받는다. 시 · 도지사가 분야별 시행계

24) 이백수 외, 『긴급예비군 편성 및 운용방안 연구』, 2012 국방정책 연구보고서(서울 : KRIS, 2012), pp. 18~19.

획을 작성하여 주무부장관의 승인을 받아 구 · 시 · 군에 하달하면 구청장 · 시장 · 군수가 세부 실시계획을 작성하게 된다. 이렇게 작성된 충무계획은 매년 국무총리가 대통령의 승인을 득하여 전국규모로 비상대비훈련을 실시하게 된다.

통합방위사태란 적의 침투 · 도발이나 그 위협에 대응하여 적의 침투규모 및 침투 · 도발한 지역의 구분에 따라 선포하는 단계별 사태를 말하며 갑종사태, 을종사태, 병종사태로 구분된다.

통합방위사태는 전 · 평시 국가의 총력전 개념에 입각하여 국가방위요소의 통합 및 지휘체계를 구성하여 위기를 극복할 수 있도록 하고 있다. 통합방위사태는 위기 고조에 따른 사전 준비를 위한 방어준비태세(DEFCON)와 달리 위기 고조에 따라 통합방위사태를 병종에서 갑종으로 격상하기보다는 상황을 고려하여 사태를 선포하는 것이다.[25)]

〈표 8〉 통합방위사태의 구분

사태구분	내용
갑종사태	일정한 조직체계를 갖춘 적의 대규모 병력 침투 또는 대량살상무기 공격 등의 도발로 발생한 비상사태로서 통합방위본부장 또는 지역군사령관의 지휘 · 통제 하에 통합방위작전을 수행하여야 할 사태
을종사태	일부 또는 여러 지역에서 적이 침투 · 도발하여 단기간 내에 치안이 회복되기 어려워 지역군사령관의 지휘 · 통제 하에 통합방위작전을 수행하여야 할 사태
병종사태	적의 침투 · 도발 위협이 예상되거나 소규모의 적이 침투하였을 때에 지방경찰청장, 지역군사령관 또는 함대사령관의 지휘 · 통제 하에 통합방위작전을 수행하여 단기간 내에 치안이 회복될 수 있는 사태

출처 : 통합방위법 제2조

적의 침투 · 도발이나 그 위협이 예상될 경우 통합방위작전을 준비하기

25) 통합방위본부, 『통합방위 실무지침서』(2012), pp. 60~64.

위하여 경계태세를 발령하고 필요한 지휘 · 협조체계를 구축하며 통합방위사태가 선포된 때에는 경계태세는 해체된 것으로 본다. 경계태세란 적의 침투 · 도발이나 그 위협이 예상될 시 통합방위작전을 준비하기 위하여 발령하는 것을 말하며 경계태세의 구분은 다음과 같다.

〈표 9〉 경계태세의 구분

구분	내용
경계태세 3급 (진도개 '셋')	평상시 상태 •기본임무를 수행하면서 기상 및 상황변화에 따라 대비할 수 있는 태세를 유지하는 단계
경계태세 2급 (진도개 '둘')	위기상황 예견 또는 인접부대 상황 발생시 •평상시보다 강화된 경계 및 전투태세 유지 •기본임무 외 추가적 임무수행 단계
경계태세 1급 (진도개 '하나')	중대한 위기상황 발생 또는 예견시 •최고 수준의 경계태세 및 전투태세 유지 •의명, 지정된 작전지역으로 출동하여 작전 개시

출처 : 통합방위본부, 『통합방위 실무지침서』(2012), p. 58.

방어준비태세는 당면한 상황에 대처하기 위하여 부대를 일정한 준비태세로 유지시키는 것으로 DEF-Ⅳ, DEF-Ⅲ, DEF-Ⅱ, DEF-Ⅰ이 있다.

국가의 위기가 고조됨에 따라 군사작전을 위해서는 경계태세(셋→하나), 방어준비태세(Ⅳ→Ⅰ)의 격상을 통하여 위기별 대비태세를 유지하고, 이를 지원하기 위하여 국가동원령 선포, 충무사태 선포, 계엄령을 선포하여 지원하는 체계를 갖춘다.[26]

26) 상게서, p. 64.

〈표 10〉 방어준비태세의 구분

구분	내용
D-IV	•정전시 사태
D-III	•국가긴장이 존재하는 군사적 개입 가능성이 있는 상태 •평시보다 강화된 방어준비태세
D-II	•적의 공격 징후가 있거나 고조된 상태 •임무에 따라 부대를 전개하고 최고의 준비상태로 전환하기 위한 예비조치를 취하는 방어준비태세
D-I	•전쟁발발 가능성이 높은 상태로서 최고의 방어준비태세가 요구되는 상태

출처 : 연합사 예규

국가비상대비훈련은 전시 · 사변 또는 이에 준하는 국가비상사태에 효율적으로 대처하기 위하여 충무계획의 실효성을 검토하고, 국가위기에 대한 관리능력 함양과 관련요원의 업무수행 절차 숙달을 위해 전국 또는 지역별로 실시하는 민 · 관 · 군 합동훈련을 말한다. 비상대비훈련은 정부연습(을지연습), 종합훈련(충무훈련), 자체연습 등이 있다.[27]

을지연습은 전국 규모로 실시하는데, 국무총리가 대통령의 승인을 받아 총괄하며 국민안전처 장관(비상대비 민방위정책관)이 연습의 제 분야를 계획 · 통제 · 평가한다. 국가기관 및 동원업체가 동시에 참가하며, 도상연습을 기본으로 하고, 필요시 실제훈련을 병행 실시한다. 충무훈련은 시 · 도 단위로 실시하는 실제훈련 위주의 지역별 종합훈련으로 연 2회 실시한다. 국민안전처(안전정책실)에서 주관하며 지방행정관서, 동원지정업체, 군부대 등이 참가한다. 자체연습은 중앙행정기관 및 시 · 도지사가 자체적으로 실시하는 훈련으로 주무부처 장관이 국무총리의 승인을 받아 실시한다. 사전과제를 부여하고 이를 관련기간별로 검토하여 문제 해결 방안을 제시하는 토의형

27) 학생중앙군사학교, 『동원관리』(2011), p. 27.

연습을 원칙으로 하고 도상연습과 실제훈련을 병행한다.

한국군은 한반도에서의 전쟁을 억제하고 대비태세를 강화하기 위해 한미연합방위체제를 근간으로 하여 을지프리덤가디언(UFG : Ulchi Freedom Guardian), 키리졸브(KR : Key Resolve), 독수리(FE : Foal Eagle)[28] 연습을 실시해 오고 있다. 정부주관의 을지연습은 1968년 1월 21일 북한 무장공비 청와대 기습사건을 계기로 '태극훈련'이란 이름으로 처음 실시되었다. 이것이 1954년부터 미군 단독으로 실시하고 있던 '포커스렌즈(Focus Lense) 연습'과 합해져서 1976년부터 을지포커스렌즈(UFL : Ulchi Focus Lense)라는 명칭으로 연습이 시작되었다. 을지포커스렌즈연습은 2008년 전작권 전환 대비차원에서 한국군 주도로 실시되면서 그 명칭도 을지프리덤가디언 연습으로 바뀌었다.

'중요한 결의'라는 의미의 키리졸브 연습은 한미연합사가 한반도 이외 지역에서 미 증원군을 수용하여 유사시 신속하게 전개할 수 있는 능력을 숙달하기 위하여 매년 봄에 연례적으로 실시하는 합동훈련을 말한다. 이 훈련은 안보상황의 변화에 따라 팀스프릿(Team Spirit, 1976), RSOI(Reception, Staging, Onward Movement and Integration of Forces, 1994), 키리졸브(2008)로 그 명칭이 변경되어 실시되고 있다. 2002년부터는 야외 기동훈련인 독수리연습과 통합하여 실시하고 있다.

---

28) 한미 연합특수작전 및 후방지역 방호작전과 공 · 지 · 해 작전의 능력을 향상시키기 위해 실시하는 쌍방 야외기동훈련을 말한다. 그 명칭은 1975년 연습에 참가한 미 제1특전여단의 상징인 '조랑말'(Foal)과 한국군 제1특전여단의 상징인 '독수리'(Eagle)에서 유래되었다.

비상대비사태 관련 용어

비상대비사태와 관련하여 자주 사용되는 일(日), 시간 등에 대한 정의는 다음과 같다.

- M(Mobilization)일은 국가동원령 선포일로서 대통령이 발령한다.
- D(Day of Attack)일은 공격 작전개시(예정)일을 뜻하고
- C(Commencement Day)일은 미증원군의 증원개시일을 의미한다.
- H-Hour는 작전계획 5027 2단계가 유효화되는 시점 또는 전술제대에서 수립한 작전계획이 유효화되는 시기를 말한다.

훈련과 연습

- 연습(Exercise)은 모의로 전시작전 시행절차를 숙달하는 의미로 작전 계획을 근거로 교리를 적용해 최대한 실제와 유사하게 한다. 합참이나 연합사 등 전구급 지휘부의 지휘소 연습이 큰 비중을 차지한다.

- 훈련(Training)은 개인과 부대가 임무를 효율적으로 수행할 수 있도록 기술적 지식과 행동방법을 숙련할 수 있도록 숙달하는 것을 의미한다. 참고로 2개 국가 이상이면 연합연습(또는 훈련)이고, 육 · 해 · 공군 중 2개 군 이상 참가하면 합동연습(또는 훈련)으로 불린다.

Chapter 2

한국 예비전력의 역사

예비군의 역사를 살펴보면 고대 그리스 · 로마시대의 시민군까지 그 기원을 거슬러 올라갈 수 있으나 근대적 의미의 예비군 제도는 나폴레옹(Napoleon)시대 이후부터 시작되었다고 할 수 있다. 한국의 역사 속에서도 지금의 예비군 제도와 유사한 여러 제도를 찾아볼 수 있는데 삼국시대에는 신라의 화랑도, 고구려의 경당이 있었고, 고려시대에는 광군, 조선시대에는 잡색군, 속오군, 민보제도가 있었으며 정부수립기에는 호국군, 국민방위군 등이 있었다. 이들 조직은 병농합일(兵農合一)개념에 의해 평상시에는 생업에 종사하다가 유사시에는 자위력을 발휘했던 시민군 제도로 오늘날의 예비군과 비슷한 역할을 수행하였다.

〈표 11〉 역사 속의 예비군

구분	삼국시대		고려	조선	정부수립기
	고구려	신라			
제도	경당	화랑도	광군	잡색군 속오군 민보	호국군 대한청년단 청년방위대 국민방위군 향토예비군

한국은 유사 이래 930여 회의 외침을 슬기롭게 극복하고 반만년의 역사를 이어오고 있다. 이는 국가가 누란의 위기에 처할 때마다 총력안보태세로 결집하는 한민족 특유의 단결력과 선조들의 상무정신이 있었기 때문이다. 고구려는 수 양제의 100만 대군을 살수에서 물리쳤고, 당 태종의 50만 대군을 안시성에서 물리쳤으며, 신라는 화랑도 정신으로 삼국통일의 위업을 이룩하였다. 고려는 호국사상을 바탕으로 4차례의 거란 침입과 7번의 몽고 침입을 끈질긴 항쟁으로 물리쳤다. 조선은 임진왜란과 병자호란을 맞아 이순신 장군과 수많은 의병들의 활약, 그리고 전 국민의 결사항전의지로 외침을 물리침으로써 오늘에 이르고 있다. 정부수립기에는 호국군, 국민방위군 등이 예비전력의 명맥을 유지함으로써 오늘날의 예비군 제도의 기틀을 마련하는데 기여하였다.

이와 같이 시대에 따라 국난을 극복하는 방법에는 여러 가지가 있었지만, 오늘날의 예비군과 같은 조직들을 중심으로 민 · 관 · 군이 혼연일체가 되어 외침에 대해서는 단호히 대응하였다. 이들의 국권을 사수하겠다는 굳센 의지와 호국정신이 대한민국 발전의 기초가 되었음은 주지의 사실이다. Chapter 2에서는 이러한 역사속의 예비군 제도에 대해 살펴보고자 한다.

1. 삼국시대

가. 삼국시대 군사사상과 방위체제

삼국시대는 기본적으로 중앙집권체제하의 전제왕권 또는 귀족정치시대였다. 대표적인 귀족회의는 고구려의 제가회의[29], 백제의 정사암회의[30], 신

29) 제가회의는 고구려 때 주요 국사를 심의 의결하던 귀족회의로 고구려 초기부터 행해졌으며, 부족장들이 모여 국가의 정책을 심의 의결하던 최고회의라 할 수 있다.

30) 정사암 회의는 백제 후기에 정사암에서 정치를 논의하고 재상을 뽑던 회의를 말하는데, 정사

라의 화백회의[31] 등을 들 수 있다. 군사조직도 정치제도와 마찬가지로 국왕의 지휘하에 귀속시켜 전국적인 군대를 편성하게 되었다. 즉 국왕은 전국 군대의 총사령관으로 강력한 군사지휘권을 가지고 있었으며, 직접 군대를 이끌고 전투에 참여하거나 귀족 출신의 무장을 파견하여 싸우게 하기도 하였다. 당시 독립된 단위부대를 '당(幢)'이라 하였고 부대장을 '당주(幢主)'라고 하였는데 파견된 이들 귀족이 당주가 되었던 것이다. 삼국시대에는 모두 성(城) 단위로 일정한 규모의 지방군대를 유지하고 있었는데, 지방의 행정조직이 곧 군사조직이었으며 성주(城主)는 군사지휘관을 겸하였다.

삼국시대에는 정복전쟁이 활발하게 전개되었다. 고구려 · 백제 · 신라는 상호 군사적 대립뿐만 아니라 중국의 한족과 북방민족, 왜구 등 이민족들의 끊임없는 군사적 도전을 받아왔다. 이에 따라 삼국은 각기 다른 전략과 전술을 개발하여 내 · 왜란에 대처하면서 국력을 신장시켰다.[32]

'상무정신'과 '다물정신'[33]으로 충실하게 무장했던 고구려는 만주일대와 중국 영토의 일부까지 점령하였고, 백제는 진취적인 기상으로 제해권을 장악함으로써 중국의 동해안 지방과 일본에 진출하여 해상왕국으로서의 위세를 떨쳤다. 신라는 반도의 동남쪽에 위치한 지정학적 특성으로 인해 삼국 중에서는 후진성을 벗어나지 못하였으나 무예를 숭상하고 화랑제도를

암은 사비(지금의 부여) 부근의 호암사에 있었다고 전한다. 『삼국유사』에 의하면 백제에서는 국가의 재상인 좌평을 뽑을 때 후보 3, 4명의 이름을 이 정사암 위에 봉함해 두었다가 뒤에 이를 열어 이름에 인적(印跡)이 있는 자를 재상으로 삼았다고 한다. 정사암회의는 백제 후기의 귀족 연합적인 정치운영 형태를 보여주고 있다.

31) 화백회의는 사로 6촌의 옛 부족회의인 남당(南堂)제도에서 유래한 것으로, 진골 이상의 귀족들이 참여하여 국가 중대사를 의논한 것으로서 대체로 20명 정도의 진골이 참여하였고 의장은 상대등이었다. 이 제도는 한 사람의 반대자도 없이 모든 사람들이 찬성해야 결정하는 만장일치의 제도였다.

32) 국방부 군사편찬연구소, 『삼국통일의 군사전략』(서울 : 정문사, 2002), 발간사.

33) 다물(多勿)이란, 송(宋)나라 사마광(司馬光)의 자치통감(資治通鑑) 중 「여어위복구토위다물(麗語謂復舊土爲多勿)」에서 유래되었다. 즉 다물이란 '옛 땅을 회복한다'는 뜻으로 쓰이던 고구려 때의 말로서 그 어원은 '되물리다'이다. 고조선과 부여를 계승한 고구려는 고조선의 역사와 영토를 회복하겠다는 이 '다물정신'을 건국이념으로 삼았다.

발전시키면서 전통문화를 기반으로 하여 내실을 확고히 다져 삼국통일의 위업을 달성하였다.[34)]

역사적으로 전쟁에서 승리했던 모든 국가들은 자국의 실정에 맞는 독특한 군사적 전통과 군사사상을 발전시켜 왔다. 군사사상이란 군사(軍事)와 사상(思想)의 개념이 복합된 뜻으로 '국가목표를 달성하기 위해서 장차 당면하게 될 전쟁에 대한 올바른 인식을 토대로 어떻게 전쟁을 준비하고 수행할 것인가에 대한 사고체계(思考體系)'라고 할 수 있다. 삼국시대의 군사사상은 〈표 12〉와 같다.

〈표 12〉 삼국시대의 군사사상

구 분	전쟁수행 신념	군사력 건설 / 운용
고구려	•상무정신(尙武精神)에 의한 불굴의 자위(自衛) 자립(自立)정신 •고조선의 옛 영토를 되찾는다는 '다물정신(多勿精神)'	•왕을 중심으로 전국을 군사조직화 •국민개병제의 총력전 체제 •청야입보(淸野入堡)[35)]와 이일대로(以逸待勞)[36)]의 선수후공 작전 •이소제대(以小制大) ※ 소수병력으로 대병력 격파
신라	•국가중흥을 위한 인재양성 차원의 화랑도 제도화 •세속오계(忠·孝·信·勇·仁)의 정신덕목은 통일의 원동력	•성(城)을 중심으로 한 지역별 공동체 방호 •연합군, 동맹군을 활용하는 전략적 사고의 우수성 •매복전술 발달
백제	•동아시아의 제해권 장악 •적극적이고 진취적인 자위의지(自衛意志) 정신 ※ 황산벌 전투 등	•국민개병제(전 국민이 전투요원) •거점 확보를 통한 점령지역 확보 •제해권 확보, 공세적 군사력 운용

출처 : 육군대학, 『동양의 군사사상』(2009), p. 15.

34) 육군대학, 『동양의 군사사상』(2009), p. 16.
35) 청야입보 전술은 주변에 적이 사용할 만한 모든 군수물자와 식량, 농작물 등을 거두어 성에

한편, 삼국 간에 벌어진 장기간의 전쟁은 사회 분화를 더욱 촉진하였다. 전쟁에 동원된 농민층의 경우, 급박한 군사정세에 따라 때로는 노약자도 징발되었으며, 복무기간이 제대로 지켜지지 않기도 하였다. 그들은 평상시에도 노역에 동원되었다. 그러한 상황에서 고리대가 성행하였고 일부 농민층은 몰락해 갔다. 지방의 유력가나 몰락한 농민의 일부는 재경지역으로 올라와 생존과 출세를 도모하였다. 그들은 장기간 전쟁이 지속됨에 따라 병력수요가 증가하고 신속한 동원력이 필요하자 모병에 응하기도 하였으며, 귀족에게 몸을 의탁하여 입신양명을 모색하기도 하였다. 세력을 확장한 귀족들은 정치적 · 군사적 필요에 따라 이들을 적극적으로 흡수하여 세력을 더욱 확대해 나갔다.

삼국시대의 전투수행방식은 대규모 기동전보다는 공성전[37]과 수성전[38]이 주를 이루었다. 고구려를 침공했던 수나라와 당나라는 추수가 끝난 가을철에 군량을 비축하고 이듬해 봄에 기동을 개시하여 하계에 작전을 수행하였는데, 이는 당시 상황을 고려해 볼 때 원거리에 따른 보급문제와 동절기 기동이 제한되었기 때문이다. 수 · 당의 침략에 대항하여 고구려가 구사한 전술은 성곽을 중심으로 한 청야입보와 이일대로 전법이었다. 이처럼

들어가 방어하는 전술로 견벽청야(堅壁淸野) 전술로도 지칭되었다. 한국에서는 고구려와 수나라의 전쟁(살수대첩), 임진왜란, 병자호란 등에서 활용되었고, 나폴레옹 전쟁과 제2차 세계대전 중 러시아 전역에서 러시아가 보여주었던 초토전술과 유사하다.

36) 이일대로 전법이란 손자병법의 군쟁(軍爭)편에 나오는 것으로서 36계의 4번째 계책이기도 하다. 한자로는 '편안함으로 피곤함을 기다린다' 또는 '실력이나 실체를 감추면서 적이 지치기를 기다린다'는 뜻이다. 즉 아군은 미리 편성된 방어진지에서 충분한 휴식을 취함으로써 전력을 비축한 뒤에 피로해진 적을 공격하여 승리를 취하는 전략이라 할 수 있다. 고구려는 청야입보와 이일대로의 이 두 가지 전법을 상황에 따라 병행하거나 분리하여 구사하였다.

37) 공성전(攻城戰)이란 성(城)이라는 전략적 요충지에 의존하는 적을 공격하는 것을 말하며, 적의 보급을 차단하는 것이 가장 중요하고 그 후에 방어선에 파상공세를 가하여 약한 부분을 부수고 돌파하는 것을 승리의 요결로 보았다.

38) 수성전(守成戰)이란 공성전의 반대 개념으로 미리 수성용 무기나 도구를 구비하는 것이 기본이다. 통상 화통, 화포, 장창, 뇌목(雷木) 등을 준비하여 적이 접근하는 거리에 따라 전투를 수행하였다.

고구려는 청야입보 전술에 따라 거점방어를 실시하였는데, 이러한 성곽중심의 방어체제는 당시 보병위주로 편성된 원정군인 수 · 당의 군대가 극복하기 힘든 전투수행 개념이었다.

나. 신라 : 화랑도

신라는 초기에 수도를 6부로 나누어 그 소속원을 군인으로 징발해 왕경(王京)을 수비토록 하다가 진흥왕 5년(544년)에 6부병을 통합하여 '대당(大幢)'을 편성하였다. 또한 점령 지역에는 주(州)를 설치하고 예하에 군사조직인 '6정(停)'을 편성하였는데 그 지휘관은 성골 출신의 장군으로 임명하였다. 신라는 핵심 군대인 6정을 보충할 군사적인 목적으로 화랑도를 제정하였다. 통일 후에는 고구려 · 백제 · 말갈 유민을 통합하여 중앙의 9서당(誓幢)과 지방의 10정으로 재편성하여 국방력을 강화하였다.

화랑도는 신라시대의 청소년 수련단체로 무사도(武士道)의 화신이라고 할 수 있다. 『삼국사기(三國史記)』[39]에 "귀한 집안의 자제 가운데 아름다운 남자를 뽑아, 곱게 가꾸고 단장시켜 화랑(花郎)이라 이름을 붙였다"(擇貴人子弟之美者, 傳粉粧飾之, 名曰花郎)고 한 기록으로 보아 화랑이란 "꽃처럼 아름다운 남자"를 지칭한다고 볼 수 있다.[40] '선랑', '국선' 또는 '풍월주'라고도 불린 화랑의 제정시기가 언제였는지 단정하기는 쉽지 않다. 현재까지 진흥왕대(540~576년)에 화랑이 제정되었다는 견해와 진흥왕 초년 민족의 전통을 받들어 민간청년의 애국운동인 화랑도가 차츰 발전하였다는 견해, 그리고 화랑제도의 설치

39) 삼국사기는 우리나라에서 현존하는 가장 오래된 역사책으로 고려 인종(仁宗) 23년(1145년)에 김부식 등 11명의 편사관이 인종의 명을 받아 편찬한 삼국시대의 정사를 말한다. 삼국사기는 편찬한 동기와 목적 및 그 성격을 제시한 「삼국사기를 바치는 글」과 본기(本紀) 28권, 연표(年表) 3권, 잡지(雜誌) 9권, 열전(列傳) 10권 총 50권으로 구성되어 있고 편찬에 참여한 사람들은 권 50에 수록되어 있다.

40) 이수광, 『신라를 뒤흔든 16인의 화랑』(서울 : 풀빛, 2010), p. 7.

연대는 진흥왕 10년 이후라는 견해 등이 있다.[41] 이를 종합해 볼 때 화랑제도는 진흥왕 때에 제정되어 삼국통일을 이룩할 때까지 점차 확대된 것으로 보인다.

화랑집단은 각기 화랑 1명과 승려 1명, 그리고 화랑을 따르는 다수의 낭도로 구성되었는데, 김대문은 『화랑세기(花郎世記)』에서 화랑도를 일컬어 "현명한 재상과 충성스런 신하가 여기에서 나왔고, 훌륭한 장수와 용감한 병사가 여기에서 생겨났다"고 평한 바 있다.

신라는 부족연맹 국가로서 고구려와 백제와의 생존경쟁에서 살아남기 위해 강력한 중앙집권국가를 구축하고자 했으나, 귀족들로 구성된 화백회의가 국가의 중요한 정책을 결정하고 있었기 때문에 강력한 왕권을 행사하는 것이 사실상 거의 불가능했다. 따라서 국왕에게 절대적으로 충성을 바치는 군사 집단이 필요했으며, 이것이 바로 화랑제도가 창설된 배경이라고 할 수 있다.

화랑도를 제정하기 이전에 남모(南毛)와 준정(俊貞)이라는 두 미녀를 선발하여 원화(源花)로 삼고 300여 명의 젊은이들을 거느리게 하여 이를 통해 인재를 등용하려 했다. 그러나 두 여인이 서로 질투한 끝에 준정이 남모를 자기 집으로 유인하여 술을 먹여 취하게 한 뒤 강물에 던져 죽여 버렸다. 이로써 준정도 죽음을 당하게 되고 원화제도는 폐지하게 되었으며, 그 대신 외양이 아름다운 남자 화랑을 뽑게 된 것이다. 562년 장군 이사부가 대가야를 정벌할 때 화랑 사다함(斯多含)의 행적이 나오는 것을 볼 때 화랑은 국가적으로 양성했던 것이 아니라 하나의 민간조직으로 존재했을 가능성이 큰 것으로 추정된다. 따라서 촌락공동체를 기반으로 한 청소년조직과 관청조직이 교묘하게 결합된 일종의 반관반민(半官半民)의 단체가 신라사회의 독특한 기풍

41) 이종학, 『신라 화랑 군사사 연구』(경주 : 서라벌군사연구소, 1995), p. 55.

혹은 종교와 접목되어 화랑으로 정립되었다고 보는 것이 타당하다.

화랑세기에 의한 화랑조직은 초기단계부터 540년경까지는 「원화-낭도」로 조직되었으나 원화제도에서 화랑제도로 개편된 540년 7월 이후에는 「풍월주-화랑-낭도」로 개편되었으며, 이후 풍월주(風月主), 국선(國仙) 등을 우두머리로 하여 그 밑에 화랑과 낭도들이 조직을 이루며 발전되어 왔다. 화랑세기에 등장하는 풍월주는 총 32명이지만 이외에도 비담과 관창 등 알려지지 않은 많은 화랑들이 있다. 32명의 풍월주는 평민이나 하층민이 아니라, 대부분 왕족으로서 왕족 여인들과 혼인하였다.

〈표 13〉 역대 풍월주(540~681년)

1	위화랑	9	비보랑	17	염장공	25	춘장공
2	미진부공	10	미생랑	18	춘추공	26	진공
3	모랑	11	하종	19	흠순공	27	흠돌
4	이화랑	12	보리공	20	예원공	28	오기공
5	사다함	13	용춘공	21	선품공	29	원선공
6	세종	14	호림공	22	양도공	30	천관
7	설화랑	15	유신공	23	군관공	31	흠언
8	문노	16	보종공	24	천광공	32	신공

출처 : 이수광, 『신라를 뒤흔든 16인의 화랑』(서울 : 풀빛, 2010), pp. 10~11.

풍월주의 중요한 임무 중의 하나는 가난한 낭도를 어떻게 재정적으로 도와주는가 하는 것이었는데, 모든 풍월주와 화랑들이 그들의 재물을 아낌없이 낭도들에게 나누어 주고 또 어려움이 있을 때 돌보아줌으로써 명망이 높았다. 당시 낭도의 신분은 골품이나 빈부를 가리지 않았고, 자질을 중요시하였으며 그렇기 때문에 골품제 사회에서 발생하기 마련인 여러 신분간의 갈등을 조절 · 완화시키는 완충제의 역할을 하였다. 이처럼 신라의 삼국통일 과정에 있어서 화랑이라는 조직의 힘은 거대하였던 것이다.

역사상의 기록을 종합해보면 화랑도는 위로는 진골 귀족으로부터 아래로는 일반 평민에 이르기까지 여러 신분에 속하는 수도에 거주하는 15~18세의 청소년들로 편성되었다. 이들은 대략 3년 정도의 수련기간을 정해 놓고 단체생활을 한 것으로 추정된다. 화랑들은 경주 남산을 비롯하여 멀리는 금강산, 지리산 등의 명산대천을 순례하면서 국토에 대한 애착심을 기르고 도의(道義)를 연마하였다. 삼국시대에는 불교가 융성하였지만 도교도 전래되어 산천 숭배나 신선(神仙)사상과 결합하여 귀족사회를 중심으로 환영을 받기도 했는데 화랑들이 산천을 순례한 것도 여기에 기인한 것이라고 할 수 있다.

최치원은 화랑도의 근본정신을 유 · 불 · 선 3교의 융합에서 나온 '풍류도'라고 규정하였다. 이는 신라가 삼국을 통일한 후 오랫동안 안정과 평화를 누리면서 군사적 목표를 상실한 채 일방적인 놀이의 성격이 강해지면서 나타난 변질된 화랑도의 성격으로 평가된다. 최치원은 『난랑비서문(鸞郎碑序文)』에서 "우리나라에는 현묘한 도(道)가 있다. 이를 풍류(風流)라 하는데 이 도(道)를 설치한 근원은 선사(仙史)에 자세히 실려 있거니와, 실로 이는 3교(유 · 불 · 선)를 포함한 것으로 모든 민중과 접촉해 교화했다"고 밝힌 바 있다. 이렇게 볼 때 신라는 불교 이전에 이미 선도(도가사상)를 널리 믿었던 것으로 보인다. 따라서 국선, 풍월주라는 용어도 선도에서 나왔다고 유추할 수 있다.

원광법사는 화랑의 도의적 수련을 위해 귀산(貴山)과 추항(箒項)에게 세속오계(世俗五戒)[42]를 내렸다. 수나라에 들어가 불법을 공부하고 돌아 온 원광법사는 용맹한 전사의 길을 가고자 계율(戒律)을 청하는 두 청년에게 불가(佛家)

42) 신라 진평왕 때 원광법사가 화랑인 귀산과 추항에게 일러준 다섯 가지 계명으로, ① 사군이충(事君以忠), ② 사친이효(事親以孝), ③ 교우이신(交友以信), ④ 임전무퇴(臨戰無退), ⑤ 살생유택(殺生有擇)을 말한다. 여기서 ①~③은 유교 윤리에 관한 것이고, ④는 당시 신라의 과제였던 통일전쟁에 관한 것이며, ⑤는 불교사상이 반영된 것이다. 귀산과 추항은 화랑과 낭도의 전형으로서 진평왕 19년(602년) 8월 아막성 전투(남원 운봉)에서 백제군과 싸우다 전사했다.

의 열 가지 보살계(菩薩戒)가 아닌 다섯 가지 덕목을 내려주었다. 이것이 바로 화랑정신의 요체로 자리잡게 된 세속오계이며 화랑들은 이 계율을 목숨보다 소중하게 여기면서 심신을 단련하였던 것이다.

화랑도는 낭도 스스로의 의사에 따라 '조국수호', 나아가서는 '이상세계 건설'이라는 원대한 공동목표를 위해 일정한 기간 동안 수련하던 단체였던 만큼 그 구성원간의 결속력은 매우 견고하였다. 화랑도에 의해 단련된 무사들은 국가에 대한 확고한 충성심과 적에 대한 강한 적개심을 가지고 있었는데 이는 종교적인 신앙으로 미화되기까지 하였다. 나라를 지키는 호국(護國)이 바로 불법을 지키는 호법(護法)과 동일한 것으로 생각하였는데 임전무퇴의 기상이 바로 이러한 신앙심의 발로라고 하겠다.

신라통일의 주역으로서 활동한 화랑으로 대표적인 인물은 김유신 장군을 비롯하여 황산벌전투에서 용맹을 떨치며 전사한 반굴(김흠순의 아들)과 관창(김품일의 아들)이 있다. 다른 화랑들이 역사에 기록되지 않은 것은 기록이 유실된 탓도 있겠지만 그 당시 화랑들이 나중에 장군이나 재상이 되어 활약했기 때문에 화랑보다는 장군이나 재상 등 더 높은 관직으로 그 인물들을 기록했기 때문으로 판단된다.

삼국통일 직후인 신문왕 때 최고 학부인 국학이 정비된 뒤에도 화랑도는 교육적 기능을 지니는 민간조직으로 여전히 기능을 발휘하고 있었는데, 이는 화랑도의 조직상의 특성 때문이었다고 할 수 있다. 화랑도는 하나의 전사단체로서 사태가 급할 때는 곧바로 군부대에 배속되어 작전에 동원되기도 하였으며, 수련기간이 끝난 뒤에는 국가 정규부대에 편입되어 정식 군인으로서 활동하기도 하였다.

다. 고구려 : 경당(扃堂)

고구려는 삼국 중에서 지리적으로 중국과 가장 근접하여 제일 먼저 한문이 전래되고 학문도 발달하였다. 소수림왕 2년(372년)에 국립대학인 태학(太學)을 세우고 귀족자녀들에게 5경(시경 · 서경 · 춘추 · 예기 · 주역), 3사(사기 · 한서 · 후한서), 삼국지 등의 경전과 기마, 궁술 등의 무예를 가르쳤으며, 이후 통일신라의 국학, 고려의 국자감, 조선의 성균관으로 이어졌다. 장수왕이 평양성으로 천도한 이후에는 지방의 여러 곳에 경당(扃堂)이라는 사립교육기관을 설립하여 평민층의 자녀들에게 경전과 무술을 가르쳤는데 교육적인 면보다는 군사적인 측면이 강하여 고구려가 대외전쟁에서 승리하는 데 크게 기여하게 되었다. 이처럼 태학이 상류층의 자제를 대상으로 교육하는 관학(官學)인데 반하여, 경당은 지방의 평민 자제들을 교육시키기 위하여 설립된 사학(私學)기관이었다.

고구려의 군사조직은 중앙군사조직과 지방군사조직으로 나눌 수 있다. 중앙군사조직으로는 수도의 5부(部) 조직에 군사를 배치하여 수도 방위를 담당하게 하였고, 지방군사조직은 전국을 동 · 서 · 남 · 북 · 중앙의 5부로 나누어 욕살(褥薩)이라는 지방장관이 다스리되, 각 부 아래에 여러 성(城)을 두고 성주(城主)에 의해 통치하도록 하였다. 성주는 행정 이외 군대 조직의 편성과 동원에 관한 책임을 지도록 되어 있었다.

지방의 기본적인 행정단위인 성(城)에는 일정한 수의 군대가 주둔하고 있었는데, 성의 군사를 보충하기 위한 것이 바로 경당이었다. 즉, 경당은 신라의 화랑도와 같은 미성년 집단의 전통을 이어받은 것이며, 여기서 평민들의 자제인 청소년에게 병서와 무예를 가르쳐 을지문덕과 같은 훌륭한 전략가를 배출시켰다. 또 매년 초에는 대동강에서 왕의 관전하에 두 패로 나뉘어 석전(石戰)행사를 벌이기도 했다.[43] 이렇게 볼 때 경당은 단순한 교육기관

이상의 군사적 중요성을 지니고 있으며 일반 백성의 지식함양과 계몽에도 크게 이바지하였다.

고구려는 광개토대왕과 장수왕의 대외 정복사업과 국력 신장에 따라 점차 일반 백성을 군대에 동원할 필요성이 증대되어 국민개병제를 실시하게 되었다. 경당은 국민개병제를 실시함에 있어서 지방의 평민을 군사조직에 편입시키기 위하여 촌락공동체 속에 남아있는 미성년 남자모임을 군사훈련기관으로 개편시킨 청년단체라고 할 수 있다.

『구당서(舊唐書)』와 『신당서(新唐書)』에 따르면, "책을 좋아하여 문지기 · 말먹이의 집에 이르기까지 거리마다 큰 집을 지어 경당이라 부르며 자제가 결혼하기 전에는 밤낮으로 이곳에서 책을 읽고 활쏘기를 익힌다"고 하였다. 궁술이 주요 교육내용의 하나였던 점에서 신라의 화랑도와 마찬가지로 단순한 교육기관에 그치는 것이 아니라 군사훈련기관으로서의 성격도 짙었던 것으로 유추할 수 있다. 이처럼 경당은 지방의 평민자제들을 대상으로 하여 촌락단위로 조직된 자치적인 공동체이며, 평시에는 도의를 닦으며 무술을 연마하다가 일단 유사시에는 지방군에 보충되어 전투에 임하는 청년단체로서 오늘날의 예비군과 같은 성격을 띤 조직이었음을 알 수 있다.[44]

이상에서 살펴본 바와 같이 군사의 보충을 목적으로 하는 청년단체가 고구려의 경당이었고, 신라에서는 화랑도의 모습으로 나타난 것이다. 중앙군의 보충을 위한 것이 신라의 화랑도와 같은 집단이었고, 지방군의 보충을 위한 것이 고구려의 경당과 같은 조직이었다. 이 두 조직은 모두 미성년집단이라는 점과 국가가 필요로 하는 도의와 무술을 연마했다는 점에서 공통점이 있다. 또한 삼국시대의 화랑도 및 경당은 성인이 아니라 청소년들을 대상으로 편성된 조직이라는 점에서 과거 한국의 학도호국단[45]이나 북한

43) 김홍, 『韓國의 軍制史』(서울 : 학연문화사, 2001), p. 35.
44) 정주작, 「예비군에 대한 사적 고찰」, 『군사평론』 제234호(1983), pp. 90~91.

의 붉은청년근위대, 이스라엘의 가드나와 유사하다고 할 수 있다.

2. 고려시대

가. 고려시대 군사사상과 방위체제

고구려의 전통과 기상을 이어받은 고려는 918년에 건국되어 936년에 후삼국을 통일한 후 1392년에 멸망함으로써 475년간 왕조를 지속하였다. 고려는 북진정책을 건국이념으로 내세워 고구려의 옛 땅을 수복하기 위해 북진정책의 전진기지로 서경(西京, 평양)을 건설하여 국경선을 압록강까지 북상시키려고 하였다.

고려는 이러한 진취적이고 공격전을 기초로 하는 군사전략으로 서희 장군이 강동 6주를 반환받았고, 강감찬 장군은 귀주대첩에서 대승을 거두었으며, 7차에 걸친 몽고의 침략에도 불구하고 40여 년 동안이나 강인한 의지와 투혼으로 끝까지 항쟁하였다. 몽고가 비록 국력은 강했지만 문화적 수준이 우월한 고려인의 자주 · 자립의지를 말살시키지는 못했던 것이다. 고려시대의 군사사상을 요약 정리하면 〈표 14〉와 같다.

---

45) 학도호국단은 1949년 4월 22일 중학생이상 대학생을 대상으로 창설하였으며, 905개의 중학교에 42만 명, 42개의 대학교에 2만 8천 명 총 44만 8천 명에 달하였다. 1960년 4 · 19혁명으로 학도호국단을 폐지했다가 월남 패망과 때를 같이하여 자주국방 · 총력안보라는 기치아래 1975년 6월 고등학교 및 대학에 다시 설치 · 운영하였다. 그러나 1979년 10 · 26사태 이후 간부학생들의 학도호국단 폐지와 학생회 부활 요구에 따라 1984년 폐지하게 되었으며, 1985년부터는 대학별 학생회 활동으로 대체되어 오늘에 이르고 있다.

〈표 14〉 고려시대의 군사사상

구 분	내 용
전쟁수행 신념	•호국불교를 바탕으로 한 자주 · 자립정신 •몽고와의 항전정신 •북진정책을 실천적 이념으로 삼은 철통같은 단결
군사력 건설/운용	•군사력의 중앙집권화 정책(광종) ※중앙군(2군 6위)/지방군/광군(예비군) •별무반 설치(숙종) : 여진족 섬멸 ※별무반의 기병에 의한 공세적 군사력 운용 •성(城)을 중심으로 한 총력전 •성(城)과 성의 연합전술 : 필요시 성 밖으로 기습

출처 : 육군대학, 『동양의 군사사상』(2009), p. 17.

고려시대 군의 구성은 중앙군과 지방군으로 구분된다. 중앙군은 경군(京軍)인 2군 6위, 지방군은 주현군(州縣軍)과 주진군(州鎭軍)으로 구성되어 있었으며, 전체 군사력에서 볼 때 지방군이 비중과 중요도에서 중앙군보다 우위를 차지하고 있었다. 고려 전기의 중앙군은 2군 6위라 총칭되는 8개 부대로 편제되어 있었는데 2군은 응양군(鷹揚軍)과 용호군(龍虎軍)으로 국왕에 대한 친위군의 성격을 가졌고 그 병력 규모는 응양군이 1천 명, 용호군이 2천 명으로 총 3천 명이었다. 6위는 좌우위(左右衛), 신호위(神虎衛), 흥위위(興威衛), 금오위(金吾衛), 천우위(千牛衛), 감문위(監門衛) 등으로 그 병력 규모는 4만 2천 명으로 중앙군은 총 4만 5천 명 정도였다.

이러한 중앙군은 개경에 거주하면서 군역을 담당하는 대가로 국가의 녹읍을 받는 직업군이라는 군반제적(軍班制的) 요소와 지방에서 번상(番上)[46] 입역(入役)하는 일반 농민이라는 부병제적(府兵制的) 요소가 모두 포함되어 있었다. 여기서 부병제란 병농일치의 징병제로서, 일정 규모의 토지를 지급받

46) 번상이란 지방의 군사가 군역(軍役)을 치르기 위해 번(番)의 차례에 따라 서울로 올라오는 것을 말한다. 따라서 번상병이란 중앙군의 보충을 위해 지방의 농민군 중 순서에 의해 교대되어 차출된 병사를 일컫는다.

은 농민이 전답을 경작하면서 농한기에 군사훈련을 받아 부병이 되면 상호 교대하여 수도권 또는 지방의 방위에 임하게 하던 제도를 말한다. 고려의 군제는 군반제적 요소와 부병제적 요소가 있으나 전체 군사력에서 농민 의무병이 압도적으로 많은 비중을 차지하고 있었으므로 병농일치의 부병제로 이해되어야 한다는 것이 정설이다.[47]

고려의 지방군은 중앙군과는 별개로 존재했던 군대로서 행정지역의 성격에 따라 군인의 성격에 차이가 있었다. 당시 지방행정구역은 5도(五道)·경기와 변방의 양계(兩界)로 성격상 확연히 구별되므로, 고려의 지방군은 지방행정구역의 성격에 따라 다르게 나타난 것이다. 이처럼 지방군은 5도와 경기에 배치된 주현군(州縣軍)과 북방 양계(兩界)의 주진군(主鎭軍)으로 대별된다. 주현군이란 기본적으로 '주(州)와 현(縣)에 산재해 있던 군인'들을 말하므로 이는 국경지대인 북계(현 평안도 지방)와 동계(현 함경도 지방)의 '양계(兩界)지방의 주(州)와 진(鎭)에 산재된 군사'들을 뜻하는 주진군과는 구별된다.[48]

주현군의 성립과정은 두 가지 면에서 살펴봐야 하는데, 그 하나는 지방의 토착 호족들이 지배하는 병력을 중앙정부의 통제 속으로 흡수하여 가는 광군(光軍)의 변천과정이며, 다른 하나는 중앙에서 지방으로 배치하는 중앙정부 아래 있던 진수군(鎭守軍)의 지방화 과정이다.[49] 일반적으로 광군은 주현군의 기원이 되었고, 주현군은 지방의 치안유지를 담당하는 경찰군 내지는 노동력을 담당하는 노동부대였다고 할 수 있다.

주진군은 진성(鎭城)내에 거주하는 상비군과 성외의 예비대로 편성되어 있었다. 상비군은 교대로 토지를 경작하면서 주둔하고, 예비대는 평상시에는 둔전을 경작하고 유사시에는 성내에 들어가 전투에 참가하는 민병대였

47) 국무총리 비상기획위원회, 『세계 동원의 역사』(서울 : 전광인쇄정보, 2004), p. 21.
48) 김홍(2001), 전게서, pp. 62~63.
49) 국방군사연구소, 『한국군사사연구 2』(1999), p. 88.

다.[50]

동원의 시행은 당의 부병제를 모델로 삼았으며, 번상병(番上兵)의 동원은 절충부사와 주자사가 협력하여 업무를 분담하였다. 지방 절충부에서 위사장(衛士帳)이라는 군적(軍籍)을 작성하여 매년 병부에 보고하면 중앙에서는 이 군적으로 현재의 병마수를 파악하고 이를 기초로 동원계획을 수립하였다. 군적은 매년 주현에서 올린 호적을 바탕으로 작성하였는데 이를 토대로 번상병을 동원하였을 것으로 추측된다. 번상병의 선발은 군적을 토대로 동원할 병사의 사정을 참작하여 미리 정해진 순차에 따라 3년에 1번을 원칙으로 하였으나 시행과정에서는 제대로 준수되지 못하였을 것으로 보인다.

군사의 동원은 재추회의[51]에서 결정하였고, 이때 동원할 병력의 규모, 동원지역 등이 결정되었다. 재추회의에서 발병(發兵)이 결정되면 최종적으로 통수권자인 국왕이 거병(擧兵)을 명령하였다.

나. 광군(光軍)

고려는 993년부터 1019년까지 27년 동안 14회에 걸쳐 거란(요遼)과 크고 작은 전쟁을 치렀다. 고려는 거란의 침공에 대해 소극적 방어로 일관하지 않고 배면을 공격해 퇴로를 차단하는 등 적극적으로 전쟁에 임하였다. 거란의 침입에 대비해 광군 30만을 조직하고 여진으로부터 기마 700필을 수입해 기병전력을 증강시킨 것도 국제동향에 관심을 기울이면서 정보수집을 게을리 하지 않은 결과였다.[52]

---

50) 이재 · 강성문 · 이현수 · 백기인 · 김대중 · 강석화, 『한민족 전쟁사 총론』(서울 : 교학연구사, 1997), p. 331.

51) 고려시대 중서문하성과 중추원을 합쳐서 양부(兩府) 또는 재추(宰樞)라고 불렀다. 재추회의란 고려시대 중서문하성의 2품 이상인 재신(宰臣)과 중추원의 2품 이상인 추밀(樞密, 추신)이 모여 국가의 중대사를 회의, 결정하는 합좌기구로서 여기에는 대외적인 국방 · 군사문제를 관장하는 도병마사(都兵馬使)와 대내적인 법제 · 격식을 다루는 식목도감(拭目都監)을 운영하였다.

고려사에는 "정종 2년(947년)에 거란이 침략하려 하므로 군사 30만 명을 뽑았는데, 이를 광군이라 하고 광군사를 설치하였다"(定宗二年 以契丹將侵 選軍三十萬 號光軍 置光軍司)고 기록되어 있다.[53] 광군은 후진(後晋)에 유학하던 중 거란의 포로가 되었던 최광윤(崔光胤)이 거란의 고려 침략계획을 감지한 뒤 이를 고려 조정에 알려옴으로써 설치하게 되었다. 광군의 조직과 병행하여 청천강 이북에 여러 진성(鎭城)이 축조되고, 이후 지속적으로 변경(邊境)에서의 축성이 활발하게 이루어졌다. 따라서 광군이란 거란군의 침입에 대비하여 현재의 황해도, 평안도에 조직된 특수군사조직, 즉 지방 호족(향리)의 지휘 하에 있던 농민으로 편성된 일종의 예비군 조직이라고 할 수 있다. 현종 원년(1010년)에 거란이 제2차로 침입하여 왔을 때에 강조(康兆)는 30만 군을 거느리고 출동하였다고 한다.[54]

광군은 편제상으로 조직되었을 뿐만 아니라 사실상 동원으로 충원된 군사조직이라 하겠다. 이러한 광군은 항상 전투할 준비가 되어 있는 상비군이라기보다 언제든지 동원이 가능한 예비군의 성격을 띠고 있었으며, 현종대(代)에 광군이 경북 예천의 개심사(開心寺) 석탑을 쌓는 일에 동원된 사례 등으로 미루어 보아 주로 전투보다 노역을 담당하였던 것으로 추측된다.[55]

『개심사 석탑기』를 살펴보면, 이 석탑을 세우는데 광군이 동원되었고, 이를 세운 주동인물이 예천지방의 향리(호족)이며 이들에 의해 광군이 지휘되었던 당시 사정을 알려주고 있다. 이런 사실로 미루어 볼 때 광군은 지방 호족의 지휘 아래에 있던 농민예비군이자 전국적인 군사조직으로 고려 초의 정치 형태인 호족연합 정권적인 성격을 반영하는 것으로 보아도 좋을 것이다. 또한 개심사 석탑 축조공사에는 차(車) 18량(兩), 우(牛) 1천 필(匹)과 광군

---

52) 국방부 군사편찬연구소, 『고려시대 군사전략』(서울 : 삼한정보기획, 2006), pp. 98~102.
53) 『고려사』 권제81, 3장, 지35 병1 오군 정종 2.
54) 이기백, 『고려병제사 연구』(서울 : 일조각, 1980), p. 163.
55) 김홍(2001), 전게서, p. 63.

46대(隊)가 동원되고 있음을 알 수 있다. 따라서 광군이 대를 단위로 하여 조직되었음을 알 수 있다. 고려 중앙군의 부대조직에 있어서 대는 25명으로 이루어진 최소의 부대단위로 이를 적용시 개심사 석탑의 조성에 동원된 광군의 인원수는 1,150명으로 추산된다.[56)]

정종 2년(947년)에 광군의 수장으로 광군사(光軍司)를 설치하였는데 후에 그 명칭이 광군도감(光軍圖鑑)으로 고쳐졌다가 현종 2년(1011년)에 다시 광군사로 복구되었다. 광군사의 존재는 광군이 비록 각지의 호족 아래 농민으로 조직된 예비군이라 하더라도 중앙정부의 전국적인 통제아래 통일된 군사조직이었다는 점을 시사해 준다.

광군의 지휘통솔은 중앙정부에서 임명된 인물이 관장한 것이 아니라, 지방 호족의 징발에 의하여 조직된 점을 고려하여 호족에게 지휘권을 부여한 듯하다. 그러므로 엄밀한 의미에서 광군은 지방통치를 맡고 있던 호족들이 조직한 지방군이라고 할 수 있다. 이는 성종 2년(983년) 이후 처음으로 12개 도에 지방관(地方官)이 파견되었다는 기록을 통해서도 알 수 있다.

광군은 대부분 농민출신으로서, 병력수는 대략 30만 명에 달하였다. 왕권이 미약했던 당시 상황을 고려해 볼 때 이 정도 규모의 병력을 중앙정부가 직접 편성하기는 어려웠을 것이고, 지방 통치를 담당하던 호족들이 편성했을 것으로 판단된다. 당시 중앙정부는 이들을 관리할 능력이 없었을 뿐만 아니라 운용에 필요한 재정을 부담할 형편도 되지 못하였다. 그럼에도 불구하고 광군은 고려 군사력의 주축이 되어 북진정책의 추진과 외적을 방어하는데 기여하였다.

광군은 거란이 세 차례에 걸쳐 침략해 왔을 때 이를 막아내는데 결정적인 역할을 하였으며, 정종 대에 이르러 서경 천도를 실행에 옮기게 하는 역할

56) 이기백(1980), 전게서, pp. 166~167.

도 수행하였다. 호족출신 세력가들이 진을 치고 있는 개경을 떠나서 새로운 왕도를 건설함으로써 그가 뜻하는 왕씨(王氏) 정권의 강화를 꾀하려고 한 것으로 보인다. 군주들은 광군에 대한 군사력을 강화하는데 주력하면서 동시에 호족들을 광군의 지휘관으로 임명하거나 중앙정부에 광군사를 두어 그들을 통제하게 함으로써 왕권을 강화하기 위한 수단으로 이용하기도 하였다.[57)]

이처럼 광군은 고려 초기에 지방에 토착하고 있는 호족들이 지배하는 군사력을 중앙정부의 통제 속으로 흡수하는 집권화 과정에서 생겨난 조직으로서 고구려의 옛 영토를 되찾아 그 영광을 재현하려는 정종의 의지를 실현하는데 크게 기여하였으나, 지방제도의 변천에 따라 주현군(州縣軍)으로 개편하게 되었다. 호족의 지휘 하에 있던 광군과 중앙에서 지방으로 배치되었던 진수군(鎭守軍)이 모체가 되어 지방군인 주현군을 형성하였는데 현종 9년(1018년)경에 조직이 완성 단계에 이르렀다.

이러한 광군이 폐지된 것은 바로 주현군이 조직되는 시기라고 추측할 수 있다. 주현군을 구성하는 보승(保勝) · 정용(精勇) · 일품(一品)군 중에서 지방군으로서의 성격을 가장 잘 나타내는 것이 일품군이므로 결국 광군은 주현군 중의 하나인 일품군으로 개편되었다고 할 수 있을 것이다.[58)] 그 시기는 대략 지방제도의 재정비 시기인 현종 3년(1012년)에서 현종 9년(1018년)사이라고 추정된다.

그러나 그 이후에도 기광군(奇光軍)이라는 용어가 나타나고 있는데 기(奇)라는 문자는 병제(兵制)상에서 선발된 선봉(先鋒)군이라는 뜻으로 사용된 예가

57) 박영규, 『한권으로 읽는 고려왕조실록』(서울 : 웅진닷컴, 2004), p. 132 ; 일부 학자는 광군이 직접 전투에 참가한 일은 없었고, 전투보다는 오히려 노역에 더 동원되었을 것으로 판단하고 있다. 김홍(2001), 전게서, p. 63.

58) 고려사(高麗史)에 향리들이 장교로 임명되는 것이 일품군이고, 또 일품군이 일명 공역군(工役軍)이라고도 불리는 노동부대의 성격을 지니고 있었음을 통해 이들이 지방군임을 잘 알 수 있다.

있으므로 기광군도 특별히 선발된 일부의 광군으로 해석할 수도 있고, 또한 기라는 글자에는 원래 여(餘)의 뜻이 있으므로 이를 잔여의 광군이란 뜻으로 해석할 수도 있을 것이다. 이러한 광군에 대한 연구는 주현군의 기원에 대한 연구와 그 맥을 같이 하고 있다고 하겠다.

3. 조선시대

가. 조선시대 군사사상과 방위체제

조선은 1392년 건국 이래 1910년 멸망 때까지 518년간 존속하면서 수많은 외침을 받았다. 조선시대에 임진왜란, 병자호란을 비롯한 크고 작은 국난을 당할 때마다 이를 극복할 수 있었던 정신적 원동력은 바로 충효정신이라 할 수 있다. 예로부터 충(忠)과 효(孝)는 우리 민족의 전통적인 인간관계의 규범이자, 생활철학이었으며, 윤리적인 근간인 동시에 민족생존을 위한 전쟁수행의 신념이었다. 또한 우리 민족은 강한 공동체의식을 갖고 있었으며, '내 고장은 내 손으로 지킨다'는 향토방위 정신에서 출발한 국토수호 정신의 근간 역시 충효정신이라고 할 수 있다.

임진왜란시 승병인 서산대사가 '자식이 되어서는 효도를 위해 죽고, 신하가 되어서는 충성을 위해 죽어야 한다. 사람으로서 충효가 없으면 그 나머지는 볼 것이 없다'고 주장한 바와 같이, 충효는 애국애족의 정신적 원동력이 되었던 것이다. 이러한 충효정신을 바탕으로 한 조선시대의 군사사상을 요약하면 〈표 15〉와 같다.

〈표 15〉 조선시대의 군사사상

구 분	내 용
전쟁수행 신념	•충(忠) · 효(孝) 정신에 바탕을 둔 민족생존 정신 •향토방위 정신에 바탕을 둔 국토수호 정신
군사력 건설/운용	•조선 초기 -중앙군(5위) : 왕권/치안유지 -지방군(진관제) : 수령이 전시 군사지휘관 역할 수행 •조선 중기 : 제승방략(制勝方略)의 방위체제 -자전자수(自戰自守)하는 진관제도의 원칙을 깨뜨리고 적의 주 접근로상의 지형 이점을 이용해 집중적으로 병력을 배치, 운용(일종의 중점방어체계) -당시 왜구의 침입경로가 비교적 일정함을 감안해 변방 요새지를 중심으로 군사를 집중 배치함

출처 : 육군대학, 『동양의 군사사상』(2009), p. 18.

조선시대의 방위개념은 청야입보의 소극적 방어개념이었다. 견성청야(堅城淸野) 또는 청야견벽(淸野堅壁)[59]이라고도 불리는 이 방위개념은 제승방략에 의한 수비방책의 기본원리이다. 이 개념은 외부의 침략이 있을 경우 침략군이 사용할 수 있는 식량과 도구 등을 모두 치우고 지역주민과 병사들은 성곽에 의해 보호되는 요새로 입성하여 이를 지킴으로써 원정군의 보급상 약점을 극대화하여 스스로 물러나게 만든다는 소극적 방어개념이다.

이러한 청야입보는 인구가 증가될 경우 이를 적용하는데 한계가 있으며, 적이 견고하게 구축된 요새를 우회하여 신속히 기동한다면 그 효과를 기대하기 어렵다는 취약점이 있다. 실제로 병자호란시 청 태종이 잘 준비된 조선의 요새를 우회하여 신속히 남하하는 공격전술을 택함으로써 조선의 방위개념을 무력화한 사례에서도 청야입보 개념의 취약점을 발견할 수 있다.[60]

---

59) 견성청야(堅城淸野)란 성을 견고하게 지키고 들판에 곡식을 남기지 않는 전략을 말하고, 청야견벽(淸野堅壁)이란 들판에 사람과 곡식을 깨끗이 거두어 성안에 들이고 성벽을 굳게 지키면서 되도록 나가서 싸우지 않는 수비책을 말한다.

조선시대 군사편제의 변천과정을 보면, 중앙의 군사편제는 초기(태조~세조)에는 중군 · 좌군 · 우군의 3군부체제를, 중기 이후(세조~고종)에는 중위 · 좌위 · 우위 · 전위 · 후위의 5위체제(五衛體制)를 구축하였다. 이는 고려의 2군 6위의 전통 위에서 변화된 것이다. 5위를 구성하는 병종은 13종이나 되었으나 실질적인 전투력은 시취(試取)에 의해서 편입되는 직업군인인 갑사(甲士)가 핵심이었다. 5위는 국방군이라기보다는 국왕의 시위와 수도 서울의 경찰임무를 맡고 있었다.

조선시대 지방의 국방체제는 크게 보아 초기의 진관체제(鎭管體制)와 중기 이후의 제승방략체제로 대별 할 수 있다.[61] 먼저, 진관체제란 행정조직 단위인 군(郡), 현(縣)을 군사조직 단위인 진(鎭)으로 편성하고 각 도(道)의 수령으로 하여금 군사 지휘관의 임무를 겸하게 하여 거진을 중심으로 자전자수(自戰自守)하게 하는 일종의 지역책임 방어체제이다. 즉, 진관체제는 현재의 예비군 제도처럼 '내 고장은 내가 지킨다'는 개념으로서 지역별로 역(役)을 담당하는 남자들을 기록해 두었다가 전쟁발발시에 징병하여 그 지방의 관리가 이들을 통솔하여 대적하는 전쟁수행 개념이며, 수군도 육군과 같은 방식으로 시행되었다.

진관체제는 감사와 병사(병마절도사)가 있는 주진(主鎭)과 첨절제사가 있는 거진(巨鎭), 고을수령들이 주로 관할하는 제진(諸鎭)으로 나뉜다. 거진을 중심으로 몇 개의 제진을 묶은 것이 바로 진관이다. 형식상으로는 도(道)내의 진관을 감사와 병사가 지휘하지만, 실제로 각 진관은 독립적 방어 단위로 지방관의 책임하에 전투를 수행한다. 진관체제하에서의 실질적인 군사 지휘

---

60) 국무총리 비상기획위원회(2004), 전게서, p. 32.

61) 조선시대 지방의 군사편제를 좀 더 세부적으로 살펴보면, 초기(태조~세조)에는 영진군(營鎭軍)체제를, 중기(세조~인조)에는 진관체제를, 후기(인조~고종)에는 영장체제를 구축하였으며, 국경지역인 양계지방의 방어체제는 초기(태조~세조)에는 익군체제를, 중기(세조~인조)에는 제승방략체제를 구축하였다.

관계는 '주진의 절도사-거진의 첨절제사-제진의 동첨절제사'로 연결되는 일원적 계통이 확립되어 있었다. 진관체제하의 지방군은 정병 3개월, 수군 6개월의 복무를 마치면 농민으로 돌아가 일반 국민으로서 요역(徭役)[62]의 부담을 져야 했다. 이러한 진관체제의 장점으로는 여러 지역에서 동시다발적으로 전투에 임할 수 있기 때문에 지연전 수행에 유리하고, 하나의 진관이 무너지더라도 다른 진관이 방어에 나설 수 있다는 점을 들 수 있다. 그러나 지역단위로 분산되어 있는 까닭에 소규모의 병력으로 편성하게 되고 그만큼 전투력 발휘가 제한되는 단점이 있다.

다음은 제승방략체제이다.[63] '제승(制勝)'이란 말은 '적을 제압하여 승리를 거둔다'는 뜻이고 '방략(方略)'이란 '적과 싸워서 이기는 전략'을 가리키는 말이다. 제승방략의 제안자는 지금도 논란이 되고 있지만 대체로 함길도 도절제사로서 6진 개척의 임무를 수행하던 김종서가 처음 저술한 것을 이일이 증보 · 개수한 것으로 알려져 있다.

조선이 건국될 당시에는 고려의 지방제도에 따라 함경도를 동북면, 평안도를 서북면으로 칭하였는데, 동북면은 영길도, 함길도, 영안도, 함경도 등으로 불리기도 하였다. 제승방략은 조선 전기에 동북면의 6진을 중심으로 여진족의 침략을 방비하는 여러 가지 군사적 전략을 제시한 작전지침인데 오랑캐의 침입을 효과적으로 방어하는 전략뿐만 아니라, 그 침입을 미연에 차단하는 방법과 이미 침탈당한 인명(人命)과 우마(牛馬)를 되찾을 수 있는 방법까지 제시된 전략문서로서 일선 지휘관 사이에 전수되었기 때문에 조선 전기의 실록에는 나타나지 않는다.[64]

---

62) 국가가 백성의 노동력을 무상으로 징발하는 수취제도로서 요부(徭賦) · 잡역(雜役) · 호역(戶役) · 역역(力役) · 부역(賦役) 등이라고도 한다.

63) 제승방략의 전략은 두만강의 6진 지역에서 오랫동안 근무한 일선 지휘관 등의 경험에 의하여 작성된 것이고, 또 오랜 세월을 거치면서 여러 사람들의 지략을 모아서 성안된 것으로 판단된다.

제승방략은 전시가 되면 각 진영(鎭營)에 배치되어 있던 군사들을 전략적 요충지로 집결시킨 후 조정에서 파견된 장수가 지휘를 하는 형태를 취하고 있는데, 수비 위주의 익군체제[65]에다 대규모 또는 소규모의 공격체제를 가미한 전략으로서 수비와 공격의 전략을 모두 내포하고 있다. 제승방략은 수비와 공격형태로 나누어 전략을 강구하고 있는데, 제1권, 제2권의 열진방어(列鎭防禦)편이 6진을 방어하는 전략이고, 제2권의 6진 대분군편과 3고을(三邑) 분군(分軍)편이 오랑캐를 공격하는 전략이다. 여기서 3고을이란 부령, 길주, 명천을 말하고, 분군이란 말은 군사를 나누어 5위나 3위체제로 군사편제를 편성하는 것을 말한다. 이처럼 제승방략체제는 4군 6진을 중심으로 여진족의 침입을 방비하고 공략하는 전략으로서 수비와 공격을 병행하는 강온(强穩) 양면작전을 구사하고 있다고 하겠다.[66]

이상에서 보듯이 제승방략은 내 고장을 내가 지키는 진관체제와 달리 내 고장이 아니더라도 주요 요충지를 지키기 위해 군대가 출동하는 개념으로서 병력을 집중하여 운용하기 때문에 전투력이 강하고 대규모 전투를 수행할 수 있다는 장점이 있다. 반면에, 중앙에서 지휘권을 가진 경장(京將)이 오

---

64) 제승방략이라는 말이 처음으로 실록에 등장하는 것은 1555년 5월 을묘왜변이 일어났을 때에 당시 제주목사 김수문이 제승방략의 분군법에 의하여 왜구를 추격하여 큰 성과를 거두었던 기사에서부터였다. 그러나 이는 남방 제승방략을 의미하는 것으로서 지금은 전해지지 아니하므로 북방 제승방략과의 그 차이를 알 수 없다.

65) 조선의 지방군제는 8도에 육수군(陸守軍)과 기선군(騎船軍)을 두고 특별히 동북면(함경도)과 서북면(평안도) 국경지대에는 익군체제(翼軍體制)를 유지하였다. 익군조직은 국경지대의 경비를 강화하기 위해 군사적 기능이 강한 지역단위별 행정구역을 설치하고 국경지대를 요새화하기 위한 것이다. 즉, 일정한 지역에 몇 개의 군익(軍翼)을 두고 이것을 합쳐서 하나의 군사 단위로 삼는 것으로 이에 속하는 군인을 익군이라 하였다. 이에 의하면 함경도는 4군익도(함흥도 · 영흥도 · 길주도 · 경원도), 평안도는 5군익도(평양도 · 의주도 · 영변도 · 삭주도 · 강계도)로 나누되 각 군익도는 중 · 좌 · 우익의 3익으로 나뉘어 각각 익군이 소속되어 있었다. 이러한 군익체제는 하나의 군사적 유기체를 이루어 일원화된 지휘계통을 가지고 조직적인 군사행동이 가능하였다.

66) 김구진 · 이현숙, 「제승방략의 북방방어체제」, 『국역 제승방략』(서울 : 신흥인쇄(주), 1999), pp. 25~26.

기까지 기다려야 하고 그 시간 동안 지휘통제가 어렵다는 점, 그리고 여러 곳에서 집결된 조련되지 않은 병사를 중앙에서 파견된 경장이 지휘해야 한다는 부담과 상호 동화기간 부족으로 일체감이 약하다는 단점을 갖고 있다.

아울러 전쟁에서 승리하기 위해 전투지역의 지형지물을 효과적으로 이용하는 것이 무엇보다 중요함에도 불구하고 이 체제에서는 자기가 생활하던 곳을 떠나 생소한 지역으로 이동함으로써 지형숙지의 이점을 살릴 수가 없다. 이외에도 제승방략은 임진왜란 당시 이일의 상주전투와 신립의 탄금대 전투의 사례에서 보듯이 한 곳의 전선이 무너지면 그 후방은 무방비 상태가 되고 한번 패하면 다시 군사를 집결하기 어려운 단점을 가진 제도라고 할 수 있다.

나. 잡색군(雜色軍)

조선의 군역은 양인개병(良人皆兵)과 병농일치(兵農一致)를 원칙으로 하여 16세~60세에 이르는 양인의 장정들은 누구나 군역을 부담하여 현역 군인인 정병(正兵)이 되거나 군인의 비용을 충당하는 보인(保人)이 되어야 했다. 중앙에는 세조 때부터 삼군부를 5위도총부로 개편하여 중앙군인 5위를 지휘하게 하였고, 지방에는 각 도에 병영과 수영이 있어서 육군과 수군을 통할하였으며, 그 밑에는 여러 진(鎭) · 포(浦) · 보(堡)가 있었다. 여기에 복무하는 지방군은 양인 계층의 농민으로서 교대로 입번(入番)하고, 다른 때에는 농사에 종사하였다.

이러한 정규군 이외에 잡색군(雜色軍)이 있었다. 잡색군은 고려 · 조선시대 보병 · 수병 등의 정병을 제외한 여러 가지 직종의 임무를 수행하던 군인으로서 조선시대에는 군제의 하나로 편성되었는데 한마디로 조선 초기의 향토방위를 맡은 예비군이라 할 수 있다.

잡색군에 대한 기록은 고려시대 원종 9년(1268년) 이후 몇 가지가 발견되지만 그 성격이 명확하지 않고, 조선시대에 들어와서 비로소 체계적인 군대 조직으로 정비되기 시작하였다. 조선 초기 진관체제가 성립하기 이전에는 지방의 군사력으로 영진군(營鎭軍)과 수성군(守城軍) 등이 중심을 이루고 있었다. 하지만 이들은 해안지대를 중심으로 설치된 진(鎭)이나 도절제사 영에만 두어졌을 뿐 대부분의 내륙지방에는 군대가 존재하지 않았다. 잡색군은 이러한 모순점과 외부의 침략에 대비하기 위해 정규의 군역 부과자 이외의 각종 인정(人丁)을 망라하여 설치된 군대였다. 즉 잡색군은 조선 초기 영진군과 수성군이 배치되지 않은 내륙 지역에 설치하거나 혹은 정규군 이외에 외침에 대비하기 위해 따로 조직된 병종이라 할 수 있다.

잡색군은 태종 10년(1410년)부터 연호군(煙戶軍)을 재정비하는 것으로 시작하여 세종 때 하나의 병종(兵種)으로 성립되었다. 세종 7년(1425년)에 편찬된 『경상도지리지』를 보면 잡색군이 별패 · 시위패 · 영진군 · 수성군 · 기선군 등과 함께 하나의 병종으로 기록되어 있으며, 잡색군이 주요 목적인 지역 방비를 위해 정비된 것은 세종 21년(1439년)이었다.

잡색군 편성대상은 정규 군인이나 봉족(奉足)이 되지 않은 자들 가운데 현직 관리와 전함(前銜) 3품 이상인 자를 제외하였으며, 향리 · 관노 · 공사천구(公私賤口) · 목자 · 향교의 생도 등 군역 이외에 국역을 지거나 아예 국역을 지지 않는 자들이 망라되었는데 이들의 징발과 지휘권한은 수령에게 있었다. 징발 대상자가 원하는 바에 따라 마군(馬軍) · 보군(步軍)으로 편제되었다. 각계각층의 장정들로 구성된 이들은 25명이 1대(隊)로 편성되었는데, 10명 단위에 소패(小牌), 50명 단위에 총패(摠牌)라는 지휘자가 있으며, 수령 책임하에 훈련을 실시하였다.

일반적으로 보병이 많은 잡색군은 평상시에는 본업에 종사하면서 일정 기간만 군사훈련을 받아 유사시 향토방위 임무를 맡았는데, 일반군사는 월

1회의 진법훈련(陣法訓練)에 참가하였으나 이들은 진법훈련 등도 면제되었고, 각 진에 배치된 정규군인 영진군에 비하여 제2선에 위치하였기 때문에 군사적 기능을 기대하기 어려운 병종이었다. 더욱이 세조 3년(1457년)에 전국을 군사조직으로 묶은 진관체제가 완성되면서 이름뿐인 병종으로 변모되어 유명무실하게 되었다.

다. 속오군(束伍軍)

선조 25년(1592년) 4월 13일, 일본군이 침략함으로써 임진왜란이 시작되었다. 부산진성 전투에서 수군첨절제사 정발이 전사하고, 동래성 전투에서 동래부사 송상현마저 전사하는 등 잇따른 패전소식이 전해지자 조정에서는 제승방략체제에 따라 도원수와 군사를 보내 일본군의 북상을 막고자 하였다. 이일은 병조에서 군사를 뽑는 문서를 통해 병력을 모으고자 하였으나 모두 군사로 뽑히는 것을 모면하려는 사람들 뿐이었다. 이일은 명령을 받은 지 3일이 지나도록 불과 300명의 군사도 모집하지 못하였다.

임진왜란은 종래의 국지전과 달리 전면전 · 총력전의 양상으로 전개되었고 조총 등의 신무기와 새로운 전술이 등장한 전쟁이었다. 제승방략은 북방 야인의 침략을 방어하기 위한 소규모의 국지전에서는 유용한 전술이었으나 임진왜란과 같은 대규모의 전면전에서는 거의 구실을 다하지 못하였다. 부산에 상륙한 일본군이 불과 20일 만에 한양까지 진격할 수 있었던 것은 여러 가지 이유가 있지만 이러한 제승방략에 모순과 허점이 있었기 때문이었다. 이에 따라 전란 중에 유성룡이 진관체제의 복구를 주장하기에 이르렀으며, 조선 조정에서는 임진왜란이 진행 중이던 선조 27년(1594년)에 군제를 전면적으로 개편하기에 이르렀다. 유성룡은 지방군 조직의 바탕을 진관체제에 두고, 조직 편제는 속오법에 따르며, 훈련은 삼수기예에 두려고

하였다.

유성룡의 건의에 따라 명나라 척계광의 『기효신서(紀效新書)』를 참조하여 중앙에는 훈련도감[67], 지방에는 속오군이 설치되었다. 훈련도감의 군사는 포수(총병), 사수(활병), 살수(창검병)인 삼수병으로 편제되었다. 삼수병의 훈련방식은 종래의 궁술 위주에서 탈피하여 신무기인 조총, 창검 및 권법 등을 포함하였는데 이는 왜군을 물리치기 위한 기예 중심의 훈련방식이었다. 이 기예로 단련된 삼수병은 불과 11명의 인원으로도 소부대전술이 가능하였다. 이들 삼수병은 국가가 급료를 지급하는 용병적 직업군인이었기에, 국가재정이 곤란해지자 자연히 쇠퇴의 길을 걷게 되었다.[68] 속오군제는 기본적으로는 진관체제와 동일하나 양인(良人)뿐만 아니라 천민과 양반까지 포함된 혼성군이라고 할 수 있다.[69] '속오'란 말은 다섯(또는 셋) 단위로 묶어 놓았다는 뜻으로, 속오군은 속오법에 따라 속오지군 · 속오군병 · 속오군졸 · 편오군(編伍軍) · 초군(哨軍) · 민병 등 다양한 이름으로 불리다가 선조 30년(1597년) 속오군으로 명칭이 통일되었다. 속오군은 황해도 지역부터 편성이 시작되었으며, 진관체제가 재정비되면서 전국적인 편성이 이루어졌다. 정유재란 때에는 이들이 실전에 투입되어 일본군의 북진을 저지하는데도 일정부분 역할을 하였다.

속오군의 지휘권은 종전의 진관(鎭管)에 해당하는 영장(營將)이 가지고 있었으며, 대(隊) · 기(旗) · 초(哨) · 사(司) · 영(營)의 방식으로 편성되었다. 속오군은 편제상 영(營)을 최상의 단위부대로 삼고, 영에는 5개 사(司)를 두고, 1사에는

---

67) 훈련도감은 일명 '훈국(訓局)'이라고도 하며, 임진왜란을 극복하기 위해 당시 삼도 도체찰사였던 유성룡의 건의에 의해 선조 27년(1594년) 2월에 설치되었다. 전란 중 군사를 모집하여 병사 1인에게 1일 2되, 1개월 6말의 급료를 주고 전문적인 군사훈련을 시켜 기민(饑民)을 구제하고 동시에 정병(精兵)을 양성한다는데 그 목적이 있다. 훈련도감의 설치는 조선 전기의 병농일치에 입각한 번상병 중심의 5위 체제에서 용병과 상비군의 성격이 있는 급료병(給料兵)으로 국가를 방위하는 병농분리의 전문직업군의 조직을 등장시켰다.

68) 이재 · 강성문 · 이현수 · 백기인 · 김대중 · 강석화(1997), 전게서, p. 333.

69) 이덕일, 『설득과 통합의 리더 유성룡』(서울 : 위즈덤하우스, 2007), p. 258.

5개 초(哨), 1초는 3기(旗), 1기는 3대(隊), 1대는 화병(火兵) 1명을 포함한 11명의 병사로 조직되며, 사에는 파총(把摠), 초에는 초관(哨官), 기에는 기총(旗摠), 대에는 대총(隊摠)을 각각 지휘관으로 두었다. 따라서 한 개의 영에는 영장 1명과 파총 5명, 초관 25명, 기총 75명, 대총 225명 및 2,475명의 병사로 편성된 셈이다. 속오군의 총수는 인조 14년(1636년) 평안도를 제외하고 8만 6,000여 명이었으나 숙종 7년(1681년)에는 20만여 명으로 급증하여 조선 후기 지방군의 주축이 되었다.

속오군은 초기에 양인을 중심으로 양반과 천민까지 포함하여 편성하였으나 점차 천민 중심으로 바뀌어가다가 영조 중엽 이후에는 거의 모두가 천민으로 채워졌다. 이렇게 속오군이 천민 중심으로 바뀐 이유는 두 가지를 들 수 있는데 첫째는, 천민에 대한 국가의 지배력을 강화하고 역(役)의 불균형을 시정하면서 군액을 확대하려 한 점이고, 두 번째로는 중앙집권체제를 강화하려는 측면이 있다. 종래에는 국가의 힘이 미치지 않던 천민에 대해 속오군 편성을 계기로 하여 지속적으로 통제함으로써 이들에 대한 국가의 지배력을 강화하고, 노비를 많이 소유하고 있던 토호들의 물적 기반을 약화시켜 향촌민을 국가가 직접 지배하고자 하였던 것이다.

속오군제는 병농일치제에 따라 평상시에는 농사 등 일상생활을 하다가 1년에 한두 차례 있는 훈련과 점검 때에만 부대에 나가는 일종의 예비군이지만, 조선후기 지방군의 중추로서 각 지방의 주민이 대부분 이에 편성되었다. 이는 일종의 전시 동원병력이라고 할 수 있다. 속오군은 임진왜란 당시 비상 전시체제로 만들어진 탓에 조정에서는 이들에 대한 대우를 그다지 고려하지 않았다. 자전자수(自戰自守)한다는 원칙하에 편성되어 국가의 물질적 급여는 없었고, 부분적으로 보인의 지급이 이루어졌을 뿐이다.

정묘호란 직후인 인조 5년(1627년)에는 속오군의 조직과 훈련을 위하여 전담영장제(全擔營將制)가 실시되었다. 이 때 전담영장은 겨울철 농한기에 속오군을 소집하여 진법훈련과 포술, 검술 등 무예훈련을 실시하고 매년 1회씩 도(道) 전체의 병력을 소집하여 진법훈련을 시행하였다. 전담영장제의 실시에 따라 지방의 수령이 장악하던 행정권과 군사지휘권이 분리되어 수령은 병력의 소집과 동원만을 담당하고, 군사훈련은 무관 출신의 전담 관리인 영장이 담당하게 되었다. 그러나 이 제도는 지방 수령들의 반발을 불러일으키고, 능력 있는 무신의 부족과 재정이 뒷받침되지 못하는 등 여러 가지 어려움을 안고 있었다. 결국 병자호란이 일어난 다음해인 인조 15년(1637년)에 전담영장제는 폐지되고 수령들이 군사적인 업무까지 겸하게 되었다.

이상에서 살펴본 바와 같이 조선 후기에는 속오군이라는 향촌 자위의 농민군이 조직되어 있었다. 속오군의 지휘계통은 행정계통과 대부분 일치하는데 관찰사는 관할도의 행정 · 사법상의 최고 지위자로서 병사(兵使) 또는 수사(水使)를 겸하였고, 영장(營將)은 일반 백성과 직접 접촉하는 지방 수령이 겸임하였다.

그러나 조정에서는 군사적인 문제에 관한 한 외세의 침입에 대한 국가 방위보다는 국내 반란 세력의 위협으로부터 정권을 보호하고자 하는 목표가 더욱 절실하였다. 장기간의 평화가 계속되자 군사적인 대비태세는 더욱 악화되고 기강도 해이해지게 되었다. 홍경래의 난을 통해 이를 확인한 정약용은 『목민심서』를 통해 조정의 무능을 개탄하면서 「민보방위론(民堡防衛論)」을 주창하게 된다.

> 지금의 소위 속오(束伍)라는 것은 구차하게 그 숫자만을 채웠으며 어린 아이와 늙은이들을 섞어 대오를 편성한 것이다. 전립은 깨어진 오이와 같이 울퉁불퉁하고 전복은 등나무 덩굴이 얽혀 난잡하며, 100년이나 묵은 옛 칼은 자루만 남아 있고 칼날이 없으며, 3대를 내려온 부서진 총은 화약을 넣어도 소

리가 나지 않는다. 게다가 부대 편제의 수가 오래 비어 있어 명부에는 사람과 죽은 귀신이 서로 섞여 임시로 사람을 사서 하루의 병역에 응하고 있다.

다시 말해 수적으로 조선 지방군의 대다수를 차지하고 있던 속오군은 전투능력이 없는 무의미한 군대라는 것이 정약용의 주장이다.

홍경래의 난

- 홍경래(洪景來)의 난은 순조 11년(1811년) 음력 12년 18일부터 이듬해 4월 19일까지 홍경래, 우군칙(禹君則) 등이 평안도에서 일으킨 농민반란을 말한다. 서북지역인 평안도 지역은 정치권력으로부터의 소외와 농민들에 대한 차별대우로 인해 지역민들의 불만이 커지고 있었다. 과거에 실패한 홍경래는 조정에서 권문세가의 자제만 등용하고 서북인들은 문무고관으로 등용하지 않는데 대해 불만이 있었다. 이러한 사회적 모순과 당시 빈발했던 자연재해로 인해 흉년이 계속되자 홍경래는 10년에 걸쳐 치밀한 준비와 계획을 세워 정부 전복을 목적으로 반란을 일으켰다.
  자신을 평서대원수, 김사용을 부원수로 하고 일반군졸들은 상인들이 운산의 금광에서 일할 광부들을 구한다는 구실로 임금을 주어 농민이나 임금노동자들을 모집하였다. 그러나 초기의 승리와 달리 관군에 패퇴하여 정주성으로 이동하여 전투를 계속하였으나 관군이 땅굴을 파고 화약을 설치하여 성곽을 폭파함으로써 패퇴하게 되었다.

- 홍경래의 난은 피폐한 조선 민가의 생활 불안과 억울한 감정에서 오는 위정자에 대한 반항이었고 단순한 계급적 저항이 아니라 계급의식을 기초하여 일어난 최초의 봉기였다. 하지만 봉건적 사회의 모순을 서북민에 대한 차별로 여겨 삼남지방과의 연대 가능성을 스스로 봉쇄함으로써 실패하게 되었다.

라. 민보체제

1) 민보의 개념

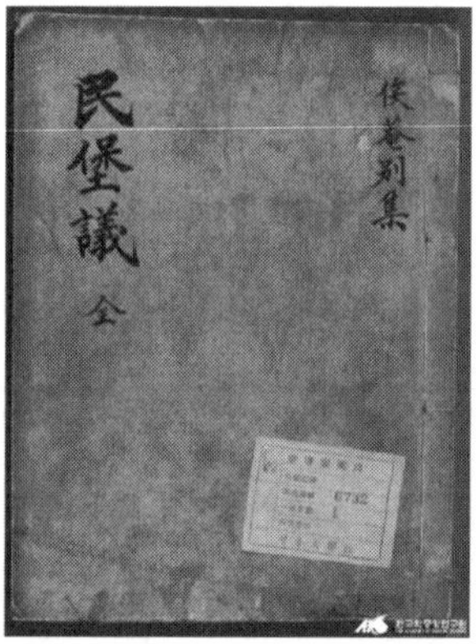

〈그림 2〉 민보의

민보(民堡)란 정약용이 그의 저서 『민보의(民堡議)』에서 주장한 향토방위조직을 말한다. 민보란 민간인으로 구성된 지역별 자위조직으로서 유사시에 촌락단위로 방어전을 펼치는 방어체계를 의미하며, 『민보의』는 민보제도를 논한 조선 후기의 병서로서 여기에는 방어준비와 자원 편성, 숙식의 방법과 신상필벌 등에 대해 상세하게 정리되어 있다.

민보는 산성을 거점으로 하는 민간의 자위체제로서 지역별 요충지에 산성을 쌓고 병란이 일어나면 농민들이 이곳에 집결하여 장기 저항전을 전개하는, 민간 중심의 산악방어전략이라고 할 수 있다. 민보는 오늘날의 예비군 또는 민방위조직과 유사하다고 할 수 있는데, 지역방위를 위하여 관과 양반계급 그리고 농민이 서로 협력하여 다른 지역과 네트워크를 형성하면서 지역방위를 담당하는 협력체의 형태를 띠고 있다.

『민보의』는 정약용이 천주교 박해사건인 신유사화(辛酉士禍)에 연루되어 강진에 유배 중이던 순조 12년(1812년)에 중국 명나라 윤경(尹耕)의 『보약(堡約)』과 모원의(茅元儀)가 저술한 『무비지(武備志)』를 참조하여 조선의 실정에 맞게 작성한 한국 최초의 민간방위론이라 할 수 있는데, 그림에서 보다시피 표지에는 『사암별집(俟菴別集) 민보의(民堡議)』라고 적혀 있다.

순조 11년(1811년) 홍경래의 난이 일어났을 때 봉기군과 관군의 전투는 정약용이 『민보의』를 작성하는 데 커다란 영향을 미쳤다. 반란군의 진압과정에서 드러난 관군의 무력함과 무기체계의 낙후, 국방 경제력의 파탄, 해이한 국방체제 등의 실상을 개탄한 정약용은 민간방위체제의 편성이 시급함을 통감하고 이듬해인 1812년 『민보의』를 저술하였다.[70] 그는 지방 내란 때도 전국이 경동하는데 만약에 왜적의 침입을 당하면 국가 방위가 크게 어려울 것으로 여겼던 것이다.

『민보의』에는 민보의 설치장소, 방어시설, 각종 방어기구, 편성 및 근무요령, 상벌규칙 등을 포함하고 있어 오늘날의 예비군체제와 유사하면서도 당시의 시대상과 사회상을 반영하여 향토방위체제를 집대성한 방위전략서임을 알 수 있다. 조선시대 예비군 또는 민방위제도를 제안한 『민보의』는 실제 국가정책으로 연결되지는 못했지만 이와 같은 민군총력방어체제의 구상은 매우 구체적이면서도 획기적인 것이었다. 정약용의 민군총력방어체제인 『민보의』는 이를 국가정책으로 구현하기 위해 신관호가 저술한 『민보집설(民堡輯說)[71]』을 포함하여 어부와 초부(樵夫)의 문답형식을 빌어서 저술한 『어초문답』, 주희상이 1872년 저술한 『민보신편』 등 다수의 국방 · 안보 관련 서적의 작성에 큰 영향을 미쳤다.

2) 민보의 편성 및 운용

민보는 크게 민보방어의 전술 · 무비(武備)부분과 민보방위의 조직 · 내규로 구성되어 있다. 민보는 5명을 단위로 하여 1개 오(伍)를 편성하고, 2개 오를 1개 대(隊)로 하되, 3개 대는 1개 기(旗)로 편성된다. 1개 기로 편성된 보를

70) 정주직(1983), 전게논문, p. 84.
71) 조선 말 무신이자 외교가인 신헌(1810~1884)이 정약용의 민간자위체제인 민보방위론을 계승발전시켜 고종 4년(1867년) 저술한 병서이다. 민보집설의 주요내용은 민보의 편제를 다룬 오갑(伍甲), 민보가 방어거점을 활용하는 문제를 다룬 보제(堡制), 민보에서 사용할 무기와 장비를 설명하는 보기(堡器), 민보에서 준수해야 할 규정을 설명한 보약(堡約), 민보의 식량 조달문제를 다룬 보량(堡糧) 등 다섯 개의 항목으로 구성되어 있다.

요보(幺堡), 2개 기로 편성된 보를 소보(小堡), 3개 기로 편성된 보를 중보(中堡), 4개 기를 대보(大堡), 5개 기를 원보(元堡)라고 칭하였다. 보는 30명부터 150명으로 구성하되, 30명 이하일 경우에는 인접 보에 통합 편성하고, 150명을 초과하면 우수자원을 선별하여 편성한다.

현재의 편제와 비교하면 1개 오는 지금의 조(組), 1개 대는 분대(分隊), 1개 기는 소대(小隊), 3개 기로 편성된 중보는 중대(中隊), 5개 기에 해당하는 원보는 증강된 중대규모로 상정할 수 있다. 민보의 편성과 현재의 예비군 편제를 비교해보면 〈표 16〉과 같다.

〈표 16〉 민보의 편성과 예비군 편제 비교

구 분	민보 편성	예비군 편제
편 성	伍 (5명)	조(組)
	隊 (2개 伍, 10명)	분대
	旗 (3개 隊, 30명)	소대
	요보(幺堡)－(1개 旗, 30명)	소대
	소보(小堡)－(2개 旗, 60명)	-
	중보(中堡)－(3개 旗, 90명)	중대
	대보(大堡)－(4개 旗, 120명)	-
	원보(元堡)－(5개 旗, 150명)	중대(+)
대 상	* 16~55세 인원 * 15세 이하 弱, 56세 이상 老	* 40세(45세) * 군복무 후 8년차까지

출처 : 이정희, 「조선시대 민보 고찰을 통한 향토방위 재조명」, 『군사평론』 제399호(대전 : 육군대학, 2009), p. 146.

민보는 8세 이상의 남녀 전원이 포함되는 보(堡) 단위의 총력전투체제로 이해되어야 하며 간부, 정군(丁軍), 아군(牙軍), 노군(老軍), 산군(散軍)으로 편성되어 있다. 나이에 따라 15세 이하는 약(弱), 56세 이상은 노(老)로 분류하고, 8세 이상 15세 미만의 남아는 아군, 56세 이상의 남자는 노군, 편제에서 제외된 자들은 산군이라고 칭하였으며, 여자의 경우에도 10명 단위로 방장을 두고 나이와 신분에 맞는 역할을 부여하였다.

보 내의 16세 이상 55세 이하의 남자는 신분에 관계없이 민보의 핵심 전투력에 해당하는 정군에 편성하되 불구자, 병약자, 방어전에 도움이 되는 목공 등의 전문 기술자는 정군 편입을 면제하였다. 민보는 보장(堡長), 보총(堡總), 보사(堡史), 관고(官庫), 감작(監作), 장약(掌藥) 등 간부들의 수와 업무내용도 상세히 기술하는 한편, 편성된 보 내에서 구성원의 성격과 체력을 파악하여 전투요원과 전투근무지원 요원으로 구분하여 배치한 것이 특징이다. 지금까지 살펴본 내용을 기초로 민보의 편성과 오늘날의 읍 · 면 · 동대 본부 편성을 비교하면 〈표 17〉과 같다.

〈표 17〉 민보 간부와 읍 · 면 · 동대 본부 편성 비교

민 보			읍 · 면 · 동대 본부		
직책	인원	임 무	직 책	인원	임 무
보장	1	보 내의 질서유지, 식량연료관리분배, 보무 전반을 지휘통할	중대장	1	자원관리 및 작전통제
보총	1	군비/전투 등 군무를 전관	부중대장	2	향방 및 동원업무
보사	1	문서관리/행정업무	행정보급관	1	행정업무
관고	2	금전/식량의 출납	보급부사관	1	보급업무
감작	1	병기/장비의 제조 및 수리	병기취급병	2	병기관리 및 취급
장약	1	질병치료 등 의무를 전담	의무병	2	질병 및 치료
※ 읍 · 면 · 동대본부 : 행정병 2명, 통신병 2명, 운전병 2명, 동원병 5~10명 편성					

출처 : 이정희, 「조선시대 민보 고찰을 통한 향토방위 재조명」, 『군사평론』 제399호(대전 : 육군대학, 2009), p. 147을 수정 보완.

민보의 편성이 현재의 향토예비군 편성과 매우 유사하다는 것을 알 수 있다. 즉, 민보가 간부로 편성된 점, 사회발전과 작전환경의 변화를 고려하여 예비군 읍 · 면 · 동대 본부에 통신병이나 운전병, 동원병 등 직책별 병사가 추가로 편성된 점 이외 그 수행임무가 비슷하다는 것을 알 수 있다.

민보의 방어거점은 거주지역 주변의 산성이 이용된다. 정약용은 규모가

큰 성보다는 병력을 충분히 분산하거나 집중 배치할 수 있는 작은 성이 오히려 방어에 유리하다고 판단하고, 유사시에 민간인들을 수용할 수 있는 시설을 사전 구축해야 한다고 주장하였다. 해도(海島)는 섬 전체를 한 개의 요새로 하여 민보를 설치하거나 몇 개의 민보로 나누어 설치하고, 선박도 9등급으로 편성하여 그 지역에 거주하는 호족을 보장 또는 보총으로 임명하였다. 이는 현재의 어민예비군[72]이나 선박예비군[73]과 유사한 것으로 평가된다. 또한 임진왜란 때 승려인 유정(사명당), 영규 등이 휴정(서산대사)의 가르침에 의해 의병을 일으킨 것처럼 사찰에도 민보 설치를 강조하였다.

민보는 개별조직의 전투력이 미약한 만큼 하나의 민보가 공격을 받았을 때에는 다른 민보가 게릴라전 방식으로 상호 지원하는 등 민보끼리의 협동작전을 구상했다. 즉, 지역적으로 인접해 있는 민보끼리 짝을 만들어 유사시에 서로 긴밀히 협조하도록 하는 우보(藕堡)를 편성하였는데, 이는 오늘날 예비군들이 관할구역에 관계없이 서로 직무응원을 하는 것과 유사한 개념이라고 하겠다.

오늘날의 예비군 체제와 매우 유사한 것으로 평가되는 조선시대의 민보체제가 예비전력분야에 시사하는 바는 다음과 같다.

첫째, 조선시대 민보체제는 오늘날의 예비군 및 민방위제도와 같이 신분의 귀천이 없고 민과 군의 구분이 없는 총력방어체제를 지향하고 있다는 점이다. 정약용이 고민한 가장 적절한 향토방위체제는 병농일치에 의한 민보운용이었다. 이는 "일하면서 싸우고 싸우면서 일한다"는 현재의 예비군 운

72) 어민예비군은 어업을 생업으로 하는 5톤 이상 동력어선의 선주 및 승선원 중 예비군 편성대상자와 지원자, 수산업협동조합 직원 중 예비군 편성대상자와 지원자 등으로 본부, 행정대, 조합대로 편성된다. 국방부, 『예비군 실무편람 2014』, p. 41.

73) 선박예비군은 지방해양항만청 직원 중 예비군 편성대상자와 지원자, 선적지 단위로 지방해양항만청에 등록된 선박의 선원으로서 예비군 편성대상자와 지원자 등으로 본부, 행정대, 선박대로 편성된다. 상게서, p. 44.

영 개념과도 일치하고 있다.

둘째, 민보의 편성 및 운용은 현재의 예비군중대의 임무 및 편성과 유사하므로 조직편성 및 병무행정제도를 발전시키는데 참고할 수 있다.

셋째, 민보체제는 중국, 일본 등 주변국들로부터 외침을 받아 온 한민족이 산악지형을 적극 활용한 방어전략이라 할 수 있다. 이는 지리적 특성의 활용 측면에서 첨단무기가 사용되는 미래 전장환경에서도 향토방위작전 수행시에는 유의미한 것으로 평가된다.

넷째, 민보체제는 민과 관이 서로 네트워크를 형성하여 상호지원체제를 구축하고 있다는 점에서 예비군 상호간의 직무응원이나 장차 위기관리를 위한 기능별 거버넌스 구축에 참고할 수 있는 제도로 판단된다.

다섯째, 정약용은 민보에서 사용할 무기체계에 대해서도 구체적으로 기술하였는데 이는 과학문명이 발달하고 무기체계가 발전된 오늘날 예비군들로 하여금 어떠한 무기 · 장비 · 물자를 갖추고 임무를 수행토록 해야 하는지를 판단하는데 참고할 수 있다.

4. 정부수립기의 예비전력과 향토예비군

가. 독립군과 광복군

일본은 청일전쟁(1894~1895년)과 러일전쟁(1904~1905년)에서 승리한 이후 조선의 주권을 제한하기 시작하였다. 군사문제도 일본의 수중으로 넘어가고 1907년에는 헤이그 특사사건을 구실로 삼아 고종을 강제 퇴위시키고 대한제국의 군대도 해산시키고 말았다. 훈련원 대대장 민승환이 자결하자 많은 병사들이 봉기하였으며 지방의 진위대(鎭衛隊)[74] 병사들도 의병 투쟁에 참가

74) 진위대는 갑오개혁의 일환으로 고종 2년(1895년) 9월 지방의 질서유지와 변경수비를 목적으

하게 되었다.

비록 군대가 해산되고 국권(國權)까지도 강탈당했으나 한민족은 이에 굴하지 않고 의병항쟁을 전개하였고, 독립군을 조직하여 항일 무장투쟁을 계속하였다. 민족의 독립을 쟁취하려는 투쟁활동은 국내보다 오히려 국외에서 더욱 활발하였다. 대표적인 것이 서북간도와 시베리아 지방을 세력 근거지로 삼아 일제와의 전쟁을 준비한 독립군의 활동이다. 신흥 · 밀산 · 동림무관학교를 설립하여 독립군을 양성하였으며, 항일세력을 조직화하고 무장화하였다. 비록 초기에는 자금난과 병력부족으로 두드러진 군사활동을 하지 못했지만 1919년 3 · 1운동을 계기로 무장투쟁의 기운은 더욱 고조되었다.

독립군들은 1920년 홍범도 장군의 지휘아래 행해진 봉오동전투(1920. 6. 7), 김좌진 장군의 청산리전투(1920. 10. 21~26) 등을 통해 전과를 올렸다. 그러나 독립군은 일제의 간도토벌정책과 집요한 군사 공격으로 러시아로 이동하였다가 그곳에서 무장해제를 당하게 된다. 결국 1930년 말에는 만주지역에서의 독립군 활동도 대부분 종식되고, 이들은 공산당 조직으로 흡수되어 중공군의 일부로 활동하거나 임시정부를 따라 이동하여 광복군의 주역이 되기도 하였다.[75)]

대한민국 임시정부는 1940년 8월 4일 중국 충칭(重慶)에서 '광복군 총사령부'를 설치하고 동월 17일 충칭 가릉빈관(嘉陵賓館)에서 창설식을 거행하였다. 광복군 총사령에는 지청천(池青天)장군이, 참모장에는 이범석(李範奭)장군이 취임하였다. 광복군은 창설당시 약 70명으로 출발하였으나 적극적인 모집 활동으로 꾸준히 인원이 증가하였다. 특히 일본과 전쟁을 시작한 이후에 많은 인원이 지원하여 대략 1,000여 명이 되었을 것으로 추산하고 있다.[76)]

로 설치된 근대적 지방군대를 말한다.

75) 이재 · 강성문 · 이현수 · 백기인 · 김대중 · 강석화(1997), 전게서, pp. 300~302.

이들은 중공군 · 영국군과 연합작전을 수행하였으며, 미군 전략사무국(OSS : Office of Strategic Service)과 국내 진공작전을 계획하던 중 일제의 무조건 항복으로 계획은 무산되고 말았다. 당시 미군정 당국은 임시정부를 인정하지 않았고 광복군에 대해서도 무장해제를 요구하였다. 결국 임시정부 요인들은 개인 자격으로 귀국할 수밖에 없었고 광복군은 1946년 6월 해체되었다. 그러나 1945년 일본의 무조건 항복으로 해방을 맞이하기까지 한민족의 자주권과 생존권 수호를 위한 불굴의 무장투쟁정신은 국군 창설이념으로 계승되었다.

이상에서 살펴본 바와 같이 한일합방이후 정규군이 없던 시기의 독립군과 광복군은 대한민국 군대의 정통성을 잇는 가교 역할을 수행하였다. 대한민국 국군은 건군기(1945. 8~1950. 6), 한국전쟁기(1950. 6~1953. 7), 전쟁 피해복구 및 재건기(1953. 7~1961. 5), 국방체제 정립기(1961~1971), 자주국방 기반조성기(1972~1980), 자주국방 강화기(1981~1990), 국방태세 발전기(1991~현재)로 구분할 수 있다.[77]

나. 호국군

1948년 대한민국 정부수립 이후 정규군 이외 예비군 또는 예비전력이라 할 수 있는 호국군, 대한청년단, 청년방위대 그리고 국민방위군과 향토예비군 창설에 대해 살펴보기로 하자.

1948년 정부수립 후 국군조직법(법률 제9호, 1948. 11. 30)에 의해 국군은 육군과 해군으로 조직되었고, 각 군은 정규군과 예비군인 호국군으로 이뤄졌다. 호국군은 대한민국 최초의 예비군으로서 주한 미군의 철수에 사전 대비하

76) 국방부 군사편찬연구소, 『6 · 25전쟁 여군 참전사』(2012), pp. 55~57.
77) 국방부, 『국군50년사 화보집』(1998), p. 15.

기 위하여 1948년 11월 30일 창설되어 1949년 8월 31일 해체되기까지 9개월간 존속하면서 조직 · 편성 · 기능면에서 오늘날의 전형적인 예비군 제도의 기초를 형성하였다.[78]

1949년 1월 20일 공포된 「병역임시조치령」은 병역법이 시행될 때까지 적용되는 한시적 법령으로서 미군 철수에 대비하여 예비군을 확보할 목적으로 취해진 대통령의 긴급조치라고 할 수 있다. 호국군은 이를 근거로 창설되었다가 대한민국 최초의 「병역법」(법률 제41호, 1949. 8. 6)에 의해 폐지되었다. 이 병역법은 독일 · 프랑스 · 자유중국 등 여러 나라 병역제도의 장점과 우리나라의 현실을 고려하여 제정된 것으로 전문 8장 81조 부칙으로 구성되어 있다. 이 법의 특징은 남자는 의무병제를, 여자는 지원제를 채택하고 있다는 사실이다. 이 병역법 제3조에 의하면, 병역은 상비병역, 호국병역, 후비병역, 보충병역 및 국민병역으로 구분한다. 또한 상비병역은 현역 및 예비병역으로, 보충병역은 제1보충병역 및 제2보충병역으로, 국민병역은 제1국민병역 및 제2국민병역으로 각각 구분한다. 현역 복무기간은 육군은 2년, 해군은 3년이고 현역을 필한 후에도 예비병역, 후비병역, 그리고 마지막으로 제1국민병역에 편입된다. 예비병역은 현역이나 호국병역을 필한 자가 편입되고(복무기간은 육군 6년, 해군 5년), 후비병역은 예비병역을 필한 자가 편입하며(복무기간은 육 · 해군 공히 10년), 호국병역은 실역에 적합한 자로서 현역에 소집되지 않고, 호국병으로 징집된 자이다.[79]

호국군은 시 · 군 · 면 등 행정구역단위로 중대 · 대대를 편성하였는데, 그 조직을 현역부대에 준하여 연대는 3개 대대, 대대~소대까지는 각각 4개 제대로 편성하였으며, 분대는 12명이었다. 연 · 대대장은 주로 군사경험이 있는 자를 임명하였고, 예하 지휘관 및 참모요원은 호국군 소위 또는 사관

78) 남정옥, 『6 · 25전쟁시 예비전력과 국민방위군』(경기 파주 : 한국학술정보, 2010), p. 51.
79) 상게서, p. 31.

학교 입교 대기 중인 간부후보생들로 보직되었다. 일반병사는 병역 임시조치령에 의거 본인의 지원에 의하여 초모구(招募區)에서 신체검사에 합격한 자 중에서 현역이나 호국병역으로 입대하였다. 호국군은 장병 모두 육군의 예비역 신분으로서 과거의 방위병이나 현재의 공익근무요원과 같이 거주지에서 생업에 종사하면서 필요한 군사훈련을 받았다.

호국군 창설과 함께 이들을 편성, 관리하기 위하여 1948년 11월 20일 육군본부에 호국군무실(護國軍務室)을 설치하고 이미 편성된 현역 10개 연대에 호국군 고문부(護國軍 顧問部)를 설치하였다. 동년 12월 29일 국방부직제령(대통령령 제37호)에 의해 호국군무실을 호군국(護軍局)으로 확대 · 개편하였다. 1949년 1월에는 4개 여단, 10개 연대를 창설함으로써 병력도 2만 명에 달하였다. 1949년 4월 1일에는 호군국을 해체하고 육군 총참모장 직속으로 호국군사령부를 설치하였으나 1949년 8월 6일 병역법이 공포 · 시행됨에 따라 1949년 8월 31일 해체되었다. 호국군 간부 양성을 위해 1949년 3월 4일 호국군 간부훈련소를 서울 용산 이태원에 설치하였는데 이는 4월 1일에 호국군 간부학교로, 7월 16일에는 호국군 사관학교로 개칭되었다가 8월 15일 폐교되었다. 호국군 사관학교는 4개 기에 걸쳐 1,080명의 호국군 장교를 배출하였다. 호국군은 이후 창설되는 청년방위대, 국민방위군에도 영향을 미쳐 조직과 편성면에서 서로 유사한 점이 많이 발견된다.

호국군은 향토예비군의 효시로서 9개월의 짧은 기간 동안 눈부신 발전을 이룩하였으나 헌법에 명시된 국민개병의 원칙에 따라 1949년 8월 병역법이 제정됨으로써 지원제는 폐지되고 징병제가 채택되었으며, 호국군도 해체되기에 이르렀다.

다. 대한청년단과 청년방위대

대한청년단은 대한민국 건국 직후인 1948년 12월 19일 결성된 우익청년단체로서 좌익청년단체인 민주청년동맹(후의 조선민주애국청년동맹)에 대항하고 군경의 보조역할을 수행하기 위해 설치된 준군사조직이라 할 수 있다.

대한청년단은 1948년 10월 19일에 발생한 여 · 순 반란사건이 직접적인 동기가 되어 대동청년단 등 5개 우익청년단체와 약 20여 개의 군소 청년단체를 하나로 통합하여 결성되었으며, 1949년 1월 20일에는 이범석 장군이 이끄는 조선민족청년단까지 합류하게 되었다. 대한청년단은 이승만 대통령을 총재로 6개 우익단체의 간부들이 두루 포진되었으며 200만 명에 달하는 단원이 규합되었다. 이들은 1953년 9월 17일 해산될 때까지 약 4년 9개월 동안 모병업무, 공비소탕작전, 치안유지 등과 같은 군과 경찰의 업무를 보좌하는 등 준군사조직으로서의 역할을 수행하였으며, 이들은 청년방위대와 국민방위군 창설에도 주도적인 역할을 하였다.

청년방위대는 1949년 8월 31일 호국군이 해체된 이후 1949년 11월 초 대한청년단을 주축으로 창설되어 리(里)단위까지의 전국 조직망이 1950년 4월 편성 완료되었다. 육군에서는 1949년 12월 15일 청년방위대를 육성하기 위해 육군본부 교도국을 청년방위국으로 개편하고, 각 단 · 지대 · 편대에도 고문단을 설치하여 교육훈련에 임하였다. 청년방위대 조직편성을 완료하고, 총 20개의 청년방위단을 창설하여 소령~대령급 현역장교로 하여금 이곳의 청년방위대원에 대한 훈련지도를 담당케 하였다.[80] 청년방위대 간부훈련학교는 1949년 12월 1일 창설되어 6 · 25전쟁 발발 2주 전인 1950년 6월 10일 폐교되었다.

청년방위대는 처음에는 순수한 청년단체에서 출발하였으나, 점차 군사

---

80) 상게서, pp. 68~71.

적인 성격을 띠어 가다가 6 · 25전쟁이 발발하자 그 임무가 모병과 공비소탕 등 군사적 업무를 수행하는 과정에서 청년방위군으로 개편되었다. 청년방위대는 국민방위군이 창설되기 전에 장정 후송 등의 임무를 수행한 국민방위군의 전신이라고 할 수 있다.

라. 국민방위군

국민방위군은 6 · 25전쟁 이전에 설치된 호국군, 대한청년단, 청년방위대 등의 조직과 인맥을 하나로 통합시키고, 국민방위군설치법(법률 제172호, 1950. 12. 21)이라는 법적 뒷받침 아래 제2국민병이라는 거대한 인적 자원을 바탕으로 창설된 '후방예비부대' 성격을 지닌 군사조직이다.

6 · 25전쟁 당시 국민병역은 제1국민병역과 제2국민병역으로 구분되는데, 제1국민병역은 모든 병역을 필한 현역과 호국병역, 그리고 보충역이 이에 해당되고, 제2국민병역은 상비병역, 호국병역, 후비병역, 보충병역, 제1국민병역을 필하지 않은 만 17~40세까지의 남자를 말한다. 따라서 국민방위군으로 소집된 자들은 모두 제2국민병역으로서 군 복무경험이 전혀 없는 자들이었다.

국방부는 국민방위군설치법에 의하여 국민방위군사령부와 예하 52개 교육대를 경북 · 경남 · 제주지역에 설치하여 68만여 명의 제2국민병을 수용하고자 하였고, 육군본부는 1951년 1월 1일부로 설치된 국민방위국을 통해 국민방위군을 지도 · 감독하였다.

국민방위군은 그 수적인 규모나 조직이 방대함에도 불구하고 당시 1 · 4 후퇴라는 불리한 전장상황으로 인하여 국방부, 육군본부의 관심조차 부족하였으며, 방위장교 출신의 국민방위군 간부들에 의해 운영되었다. 방위장교들은 현역장교와 임관과정부터 달랐다. 이들은 대부분 대한청년단 출신으로 온양에 있는 방위사관학교에서 약 2주간의 기초군사교육을 받고 임관된 자들로 군대 경험이 전혀 없거나 현역에 비해 군대 경력이 일천한 자들이었다.

국민방위군의 가장 주된 업무는 주로 제2국민병들의 교육대로의 집단이동 및 수용 · 훈련, 신병훈련소 및 전선부대로의 병력보충 등이었다. 그러나 국민방위군 제3연대를 비롯한 일부부대는 전투부대에 편성되어 연대 규모의 정규작전에 참가하기도 하였고, 후방지역에서 정규군에 배속되어 공비토벌과 주요 작전도로 · 보급로의 경계 임무 등을 수행하기도 하였다.[81]

6 · 25전쟁기간 동안 활동한 북한의 비정규전 병력은 약 25,000명 정도로 이들은 산악 및 해안지역에 은거하여 군 보급로의 차단, 군사시설 및 관공서 습격, 식량 약탈 등 비정규전을 수행하면서 국군의 후방지역을 교란하였다. 이에 국군과 유엔군은 후방지역에서 준동하는 비정규전 부대에 대한 소탕의 필요성을 깊이 인식하고, 국민방위군 제3연대를 비롯하여 국군과 경찰 등 총 9개 사단, 6개 유격대대, 10개 경비대대, 경찰 29개 대대를 동원하여 이들에 대한 대대적인 소탕작전을 실시하였다.[82]

국민방위군 사건은 6 · 25전쟁 당시 중공군이 개입한 불리한 전황을 타개하기 위하여 만 17~40세까지의 제2국민병역 장정 68만여 명을 소집하여 경남 · 경북 · 제주지역에 편성된 52개 교육대로 이동 · 수용 · 관리 · 훈련하는 과정에서 발생한 국민방위군의 부실 운영 및 간부들의 군수품 부정처분 사건을 말한다.[83] 이로 인해 수많은 사상자가 발생함으로써 국민들이 분노하였고 부정을 저지른 간부들은 사형에 처해졌다.[84] 급기야 국민방위군 사

81) 상게서, p. 117.
82) 상게서, p. 125.
83) 국민방위군 예산은 약 210억 원으로서 간부의 부정액수는 국회조사 결과 약 72억여 원, 군 헌병수사결과 현금 24억여 원과 군량미 1,887가마였다.
84) 1951년 7월 19일 군법회의에서 국민방위군 사건의 핵심간부인 전 국민방위군사령부 사령관

건으로 인해 1951년 4월 30일 국민방위군 폐지법안이 국회에서 통과되고 출범 5개월째인 1951년 5월 12일 정부가 국민방위군폐지법을 정식으로 공포함으로써 공식 해체되었다.

1951년 1월, 정부가 국민방위군의 예산으로 요구한 규모는 1~3월까지의 3개월분 약 210억 원이었다. 이 액수는 제2국민병 장정 50만 명을 예상하여 산출한 금액이다. 국민방위군 사건에서 징집된 제2국민병역의 숫자는 매우 중요하다고 할 수 있다. 왜냐하면 국회에서는 인원 비례에 의해 예산을 심의하였기 때문인데, 국민방위군 간부들이 가장 많은 부정을 저지른 것이 바로 인원수의 허위 보고에 따른 예산 횡령이었다. 국민방위군 고위간부들은 횡령한 금액을 대부분 유흥비, 정치자금, 무마비 등의 명목으로 사용한 것으로 밝혀졌다. 국민방위군 사건은 단순한 경리부정사건이 아니라, 창설 · 운영 과정에서 보여준 정부의 무계획성과 준비부족, 빈한한 국력, 국민방위군의 부실 경영과 간부의 횡령, 전시상황의 악화 등이 복합적으로 작용하여 발생한 6 · 25전쟁이 낳은 대단히 불행한 사건이었다. 물론 국민방위군 해체의 가장 직접적인 요인은 국민방위군 사건이지만 그 당시 농촌 및 산업인력의 부족과 전선 상황의 안정도 영향을 미쳤다고 할 수 있다.[85)]

국방부는 국민방위군의 업무를 대행할 부대로 '예비 5군단'을 창설하여 향토방위, 치안확보, 잔적소탕 및 신병수송업무를 수행토록 하다가 이마저도 예산관계로 1951년 11월 1일 해체하게 되었다.

국민방위군 창설은 6 · 25전쟁 중의 전황을 고려하여 정부가 취한 시의적절한 조치였음에도 불구하고, 국민방위군 사건과 미흡한 사후 조치로 인해

준장 김윤근을 비롯한 5명에게 근무태만, 정치관여, 군수물자 부정처분, 횡령, 문서위조 등 비상조치법 위반으로 사형이 언도되었고, 약 2주일만인 1951년 8월 13일 대구 교외에서 공개 총살되었다.

85) 남정옥(2010), 전게서, p. 155.

실패했다는 평가를 받고 있다. 그러나 국민방위군이 창설되기 이전의 대한청년단이 정부의 공식기구도 아니었고, 청년방위대도 법적인 근거가 미약했기 때문에 국민방위군설치법에 따라 국민방위국과 국민방위군사령부를 설치하여 제2국민병을 관리하고, 정당한 예산편성을 할 수 있도록 한 점은 긍정적으로 평가할 수 있을 것이다.

국민방위군은 6 · 25전쟁이라는 국가 위기시에 창설되어 많은 문제점을 남겼지만 한편으로는 예비전력에 관한 제도 및 조직발전에 기초를 제공하였다. 또한 68만여 명의 장정들을 소개(疏開)하여 북한군으로부터 보호하고자 한 정부의 조치는 급박한 전장상황 하에서의 불가피한 조치였다고 생각된다. 국민방위군의 창설은 중공군의 개입에 따라 국군과 유엔군이 철수하는 상황 하에서 북한군에게 활용되는 것을 방지하고 이들의 신변을 보호함과 동시에 제2국민병을 동원하여 국민총력전으로 전환하기 위한 조치였던 것이다. 참고로 북한군은 6 · 25전쟁시 남한지역에서 약 60만여 명을 동원하여 최전선의 총알받이로 투입하거나 탄약 및 식량운반, 교량과 도로보수 등에 동원하였다.[86]

국민방위군의 군번

- 국민방위군 중 현역으로 편입되어 군 복무를 한 인원들에게 군번이 부여되었는데 군번 앞에 예비군을 의미하는 Reserve의 약칭인 'R'자를 붙였다.
- 장교는 RO 900001번부터 시작되고, 사병은 RO 1000001번부터 시작된다. 그래서 이들 방위군을 일명 'RO'군번이라고 하였으며, 1953년 7월 1일 국방부는 이들에게 새로운 군번을 부여하였다.

86) 상게서, p. 46.

마. 향토예비군

앞에서 살펴본 바와 같이 대한민국 육군에서는 1949년을 전 · 후하여 약 9개월 동안 보조전력으로서 상설 예비군 조직인 호국군을 잠시 운용한 바 있다. 호국군은 1949년 8월 해체되어 한국전쟁 도중에 정규군과 완전히 통합되었다.

북한은 6 · 25전쟁을 통해 실패를 했음에도 불구하고 남한을 무력으로 적화통일하기 위해 침투 · 도발을 계속해 왔으며, 1962년에는 이른바 '4대 군사노선'[87]을 채택하여 그 활동을 더욱 강화하였다. 1966년부터 활발해지기 시작한 무장공비의 침투는 1967년에는 급격히 증가하여 전년도의 10배에 달했다. 1968년 1월 21일에는 31명의 무장공비를 남파하여 청와대 습격을 시도하였고, 2일 후인 1월 23일에는 미 해군의 푸에블로호를 동해에서 납치하였다.

대한민국은 1 · 21청와대기습 미수사건과 같은 무력도발에 대하여 어떤 군사적 보복이나 응징을 취하지 않으면 이것이 선례가 되어 공비의 남파가 계속될 것이고, 수동적으로만 대처한다면 전략 · 전술상 불리한 처지에 놓이게 될 것이므로 강경한 제재방법에 의하여 북한의 도발을 억제할 필요성이 절실히 요구되었다.

1968년 2월 7일 박정희 대통령은 경남 하동에서 열린 경전선(慶全線) 개통식 연설에서 향토예비군 창설의지를 밝히며 250만 향토예비군의 무장화를

---

87) 1962년 12월 북한이 조선노동당 제4기 5차 전원회의에서 국방력 강화를 위하여 채택한 군사노선으로서 ① 전 인민의 무장화, ② 전 군의 간부화, ③ 전 국토의 요새화, ④ 전 군의 현대화 등 4개항으로 구성되어 있다. 북한이 이 노선을 채택하게 된 요인으로는 당시 미국의 월남전 개입, 쿠바 미사일 배치에 대한 무력적인 시위, 사회주의권의 분열 등과 같은 국제정치의 긴장고조와 5 · 16군사혁명, 한 · 일회담 진행 등의 정세변화를 들 수 있다. 이러한 주변정세의 변화는 북한의 국방력 강화를 서두르게 하는 요인이 되었으며, 이 노선은 1992년 헌법 개정시 4대 군사노선을 명문화함으로써 헌법차원으로 격상시켰으며, 아직까지도 북한의 기본 군사노선으로 남아 있다.

역설했다. 이를 계기로 1968년 2월 18일 향토예비군 조직을 위한 법령제정에 착수하여 3월 31일 예비군 편성과 조직을 완료하였다. 그리하여 1968년 4월 1일 대전 공설운동장에서 대통령이 참석한 가운데 예비군 창설식이 거행됨으로써 향토예비군이 공식적으로 조직되었으며, 5월 29일 '향토예비군 설치법'이 공포되면서 체계가 완성되었다.

1968년 창설 초기의 예비군 임무는 '일하면서 싸우고, 싸우면서 일한다', '내 고장은 내가 지킨다'는 슬로건을 통해서 알 수 있듯이 전시 동원을 통한 전력 강화보다는 향토방위를 위한 시민 자위조직으로서의 성격을 띠고 있었다. 예비군의 무장을 위해 처음에는 취약지구 예비역 중대에 M-1 소총, 칼빈 소총, 기관총 등 개인화기를 군에서 대여 · 지급하였고, 주요 산업시설 직장예비군에게는 경찰구입 무기를 지급하였으며 부족한 무기는 연차적 계획에 따라 무기 지급을 확대해 나갔다.

현재의 예비군 편성 및 운영에 대해 알아보면 다음과 같다. 예비군 자원은 예비역, 보충역, 지원자로 구성되는데 예비역은 현역 또는 상근예비역 출신이고, 보충역은 공익근무요원, 전문연구요원, 산업기능요원으로 복무를 마친 자이며, 지원자는 지원에 의해 예비군에 편성된 자로서 남녀 공히 편성이 가능하다.

예비군 편성은 법령 및 방침에 따라 국방부장관이 정하며, 지역예비군은 관할지역 지방병무청장이 행하고, 직장예비군은 지방병무청장 감독하에 해당 직장의 장이 편성한다. 예비역 장교 · 준사관 · 부사관은 「군인사법」상 현역 연령정년까지, 병사는 전역 후 이듬해부터 8년 차까지 예비군에 편성된다. 예비군에 편성되지 않은 사람이라도 18세 이상 대한민국의 남녀는 누구나 향방예비군으로 지원할 수 있다.

예비군은 임무에 따라 동원예비군과 향방예비군으로 구분되며, 동원예비군은 전역 후 1~4년차에 해당하는 예비군으로서 정규군의 증·창설이나 손실병력에 대한 보충요원으로 동원되어 정규작전 임무를 수행하고, 향방예비군은 전역 후 5~8년차에 해당하는 예비군으로서 책임지역별로 향토방위작전을 수행한다.

예비군은 소속에 따라 지역예비군과 직장예비군으로 구분한다.

지역예비군은 거주지 단위로 편성함을 원칙으로 하며 자원을 기준으로 하여 추가로 편성할 수 있고, 지역대 및 기동대는 시·군·구 단위로 단일부대를 편성한다. 수임군부대장은 지역예비군부대 편성사유가 발생한 때에는 관할 지방병무청장이 지역예비군부대를 편성할 수 있도록 예비군 편성계획을 통보한다. 지역예비군 지휘관은 효율적인 자원관리와 유사시 전력발휘가 용이하도록 예하제대를 편성한다. 참고로 예비역 간부들의 연령정년은 현역계급별 상한 연령을 그대로 적용하는데 중사는 45세, 상사는 53세, 원사는 55세, 준위 55세, 위관 43세, 소령 45세, 중령 53세, 대령 56세이다. 행정구역단위로 편성된 읍·면·동대 현황은 지역대 및 기동대를 포함하여 3,500여 개에 이른다.

직장예비군은 자원 규모에 따라 분대~여단까지 편성하며, 지역과 직장의 특성에 따라 일반·대학직장 및 어민·선박예비군 등으로 구분 편성한다. 지방병무청장은 직장의 장이 직장예비군 편성승인을 신청하였을 때에는 관할 수임군부대장과 협의하고, 승인을 할 경우에는 직장예비군 편성승인서를 해당 직장의 장에게 교부한다. 직장의 장(대학 총·학장 포함)은 지방병무청장이 시달한 예비군 편성계획에 의하여 직장예비군을 편성한다. 직장예비군 지휘관은 직장조업과 예비군 교육훈련 등을 고려하여 유사시 전력발휘가 용이하도록 예하제대를 편성한다. 현재 직장예비군부대의 수는 일반직장·통합직장·대학직장예비군 등을 포함하여 총 1,100여 개에 이른다.

Part Ⅱ

외국의 예비전력 운영

Chapter 1 **미국**

Chapter 2 **이스라엘**

Chapter 3 **스위스**

Chapter 4 **북한**

Chapter 5 **평가 및 시사점**

국가가 전쟁에 대비하기 위해서는 평시부터 대규모의 상비전력을 유지하는 것이 가장 좋은 방법이지만, 이를 위해서는 막대한 군사비가 소요되어 국민 부담의 증가와 함께 경제성장을 저해하는 요소로 작용하게 된다. 따라서 국가경제 발전과 안보문제를 동시에 대비해야 하는 국가 차원에서는 평시 적정 규모의 상비전력을 유지하면서 유사시 동원을 통해 예비전력을 강화할 수 있는 법적, 제도적인 시스템을 갖추는 것이 필요하다. 오늘날 대부분의 국가들은 국방재원을 효율적으로 운용하기 위해 최소한의 규모로 상비전력을 운용하면서 예비전력의 비중을 점차 늘려나가고 있는 추세이다.

Part II에서는 예비전력을 효율적으로 운영하고 있는 미국, 이스라엘, 스위스 등 외국의 예비군 제도와 운영사례, 그리고 북한의 예비군 운영에 대해 알아보고자 한다. 외국의 동원 및 예비군 제도를 연구함에 있어서 그 대상이 될 수 있는 국가는 수없이 많이 있지만 가급적 국방환경이 한국과 유사한 국가를 선정하여 분석한다면 그 유용성은 더욱 높아질 것이다. 한국과 유사한 국방환경이란, 협소한 국토와 적은 인구 그리고 적대적인 집단 · 국가와 대치하고 있거나 분단된 상황을 들 수 있고, 주변에 자국의 안보에 영향을 미치는 강대국이 위치하고 있는 상황을 고려할 수 있으며, 많은 전쟁을 경험한 자유민주주의 국가라는 점 등도 생각할 수 있다. 따라서 세계의 분쟁지역에서 지금도 전쟁을 수행하면서 예비전력을 직접 전투에 투입시켜 효율적으로 운용하고 있는 미국, 한반도 안보상황과 유사한 국가인 이스라엘과 스위스, 현존하는 위협세력인 북한의 예비군 제도와 운영사례에 대해 알아보기로 하자.

이러한 국가들의 동원조직체계와 동원준비태세, 보상체계 등을 상호 비교 · 평가해 봄으로써 한국 예비전력의 효율적 운영방안을 도출하는 데에도 많은 도움이 될 것이다.

Chapter 1

미 국

〈그림 1〉 미국의 지도

미국은 세계 곳곳의 분쟁지역에서 마치 국제경찰의 역할을 하듯이 지금도 전쟁을 수행하고 있는 국가이다. 숱한 전쟁에도 불구하고 미국은 1776년 독립된 이후 현재에 이르기까지, 진주만 기습공격(1941년)과 9 · 11테러(2001년)로 공격을 받은 적은 있지만 미국 본토에 많은 병력이 투입되어 전쟁을 치른 적은 없다.

미국의 기본적인 군사사상은 민병에 기초를 둔 동원사상으로, 이는 독립전쟁 당시 미국 민병들이 영국의 정규군에 대항하여 싸워 승리했다는 역사적 사실과 평상시 상비군은 적정수준만 유지하고 나머지 전력은 국가경제발전에 투입한다는 경제적인 관점, 그리고 동서가 대서양과 태평양에 둘러싸여 적의 직접적인 위협이 적다는 지정학적 환경 조건 등으로 인해 발전하게 되었다.

1. 예비전력 운영제도

가. 병역제도

미국의 병역제도는 평시에는 지원병제를 채택하고 있지만 전시에는 징집제도로 전환하여 병력을 원활하게 충원할 수 있는 융통성을 가지고 있다. 미국의 모든 남성과 영주권을 획득한 남성은 병역의무 등록을 해야 한다. 이러한 미국의 병역제도는 현역과 예비군 근무기간이 연계된 복무제도로서 군에 지원할 수 있는 연령은 18~35세이며 특별한 경우는 55세까지 가능하다. 미국의 병력규모는 전 세계에서 중국에 이어 두 번째로 크며, 2013년 기준으로 현역 146만 명, 예비군 83만 7천 명(연방예비군 37만 7천 명, 주방위군 46만 명)으로 구성되어 있다.[1)]

미군은 현역(Active Duty), 주방위군(National Guard), 연방예비군(Reserve)으로 구성되어 있으며, 현역을 제외한 주방위군과 연방예비군이 예비군에 해당한다. 현역 의무복무를 마친 뒤 예비군에 편제되는 한국과 달리 입대 희망자가 세 개의 병종(兵種) 중 하나를 선택하여 지원할 수 있다. 즉, 지원자는 현역, 연방예비군 또는 주방위군 중 하나를 선택하여 복무하는 선택적 지원제 방식을 적용하고 있으며, 일정기간 복무를 마친 뒤 심사를 통과하면 다른 병종 또는 역종(役種)으로 소속을 옮겨 복무할 수 있다.

미국의 예비군은 대체로 두 가지 형태로 복무하게 된다. 그 하나는 18세에 3~6개월 동안의 신병교육을 마치고 현역복무 없이 6~8년간 예비군으로 복무하는 것이고, 다른 하나는 2~4년 동안의 현역복무를 마치고 6년의 복무기간 중 현역으로 복무한 나머지 기간(2~4년)을 예비군으로 복무하는 것이다. 이러한 미국의 복무제도를 정리하면 〈표 1〉과 같다.

---

1) 한국국방연구원, 『2012 동북아 군사력과 전략동향』(서울 : KIDA, 2013), p. 199.

〈표 1〉 미국의 복무제도

구 분		현역사병 4년 복무	현역사병 3년 복무	현역사병 2년 복무	6개월 단기 복무	특기소지자 3개월 복무
계		6년	6년	6년	6년	8년
현 역		4년	3년	2년	6개월	3개월
예비군	긴급	-	1년	2년	3.5년	-
	대기	2년	2년	2년	2년	8년

출처 : 육군본부, 야교 8-0 『동원업무』(2002), p. 부10-11.

나. 예비군 제도

미국은 남북전쟁시 워싱톤(J. Washington) 대통령이 "소수의 상비군과 다수의 시민군 육성은 신생국가에 적합한 군대육성"이라고 강조하면서 국가를 방위하기 위해서는 국민생활의 일부를 희생하여 봉사해야 한다는 애국정신을 기초로 시민군을 조직하게 되었고, 이것이 오늘날 미국 예비군의 전신이 되었다.

미국의 예비전력은 현역의 보조전력 개념이 아니라 현역과 대등하게 미 군사력의 일부를 구성하는 구성군 개념으로서, 모든 군사작전계획에 있어서 직접 임무를 부여하는 대상이라고 할 수 있다.

선진국일수록 상비전력과 예비전력을 적절히 배합하여 총체전력을 최대화하고 있다. 미국은 군사변혁을 통하여 '안보(Security) = 기타 모두(All Else) + 방위(Defense)'[2]라는 사고를 강조하면서 군사부문과 비군사부문 능력의 유기적인 결합을 지속적으로 강조하였다. 전통적인 정규전에서는 미군만으로

---

2) Ronald O'Rouke, *Defense Transformation : Background and Oversight Issuses for Congress*, CRS Report for Congress RL 32238(Washington D.C : The Library of Congress, Nor. 9, 2006), p. 14.

도 승리를 보장할 수 있으나 아프간 전쟁이나 이라크 전쟁에서 보는 바와 같이 비대칭적인 전술을 구사하는 적에 관해서는 군사력만으로는 이길 수 없다는 것, 다시 말하면 국가 모든 역량의 통합과 역할 분담 없이는 전쟁을 평화로 전환시킬 수 없다는 사실을 인식하였기 때문이다.[3)]

미국의 예비군은 지휘체제 및 임무수행 내용에 따라 연방예비군과 주방위군으로 구분된다. 이 중 연방예비군은 전형적인 의미의 예비군이라 할 수 있고, 주방위군은 현역과 예비군의 특성을 동시에 지니고 있지만 넓은 의미에서 예비전력의 일종이라고 할 수 있다. 연방예비군은 각 군 장관의 지휘를 받으며, 평시에는 미합중국의 방위전력으로서의 임무를 수행하다가 전시에는 현역군으로 전환된다. 주방위군은 전 · 평시 지휘체계가 이원화되어 평시에는 주지사, 전시에는 각 군 장관의 지휘를 받는다.

〈표 2〉 연방예비군과 주방위군 비교

구 분	연방예비군	주방위군
지휘체제	각 군 장관	평시 : 주지사, 전시 : 각 군 장관
구성	육 · 해 · 공군, 해병대, 해안경비대	육군, 공군
평시 임무	미합중국 방위전력	주방위전력
전시 임무	현역군 전환	(필요시 현역 업무)

출처 : 예비군 홈페이지(외국의 예비군 제도).

연방예비군은 동원계획에 의거 부대확장에 따른 부대 및 개인보충 자원으로 동원하게 되고, 주방위군은 사단, 연대 등 부대단위로 동원하게 된다. 연방예비군은 국방부에 예비군담당 차관, 육군본부에 예비군 참모부와 예비군사령부를 두어 예비군에 대한 전반적인 육성, 지휘 · 통제를 실시하고

3) 박휘락, 『정보화시대 국방개혁의 이론과 실제』(경기 파주 : 법문사, 2008), p. 114.

주방위사령관은 주지사가 임명한다.

미국의 예비전력 조직은 국방부 예하에 있는 연방육군예비군사령부, 연방해군예비군사령부, 연방공군예비군사령부, 연방해병대예비군사령부가 핵심을 이루고 있으며, 육군주방위대, 공군주방위대, 해안경비대 등도 예비전력에 포함된다.

예비군은 동원순위에 따라 구분할 수 있는데 먼저 긴급예비군(Ready Reserve)은 전쟁초기 부대확장 임무를 수행하는 핵심자원으로서, 가장 먼저 소집되어 전개되므로 단기간 내에 전투준비태세를 갖출 수 있도록 훈련장비 및 인력면에서 다른 예비군들에 비해 우선적으로 지정한다. 이들에게는 봉급이 지급되며, 주말집중훈련대상이거나 현역군에서 전일 근무지원하는 데 종사한다. 개인 긴급예비군(Individual Ready Reserve)은 현역군부대나 선발예비군에 복무한 경험이 있는 훈련된 요원으로 구성되며, 국가비상사태나 전쟁초기단계에 상비군 또는 예비군부대 증편이나 손실 보충시 활용하기 위한 예비군이다. 이들에게는 제한된 봉급이 지급된다. 비현역 주방위군(Inactive National Guard)은 육군 주방위군과 비현역 신분에 놓인 긴급예비군으로 되어 있다. 이들은 주방위군 부대에 소속되어 있으나 훈련활동에는 참여하지 않고 1년에 1회씩 소집점검을 받는다. 훈련보충관리역(Training Pipeline)은 현역복무 기본훈련을 마치지 않았거나 훈련대기 중인 사람들로 구성되어 있다.

대기예비군(Stand-by Reserve)은 현역으로 4년 이상 군 복무를 마쳤거나, 긴급예비군을 필한 자 및 예비군 지원자 중 3개월 신병교육 이수자로 편성된다. 이들은 평시에는 본업에 종사하고, 한국의 7~8년차 동원 미지정 예비군들처럼 대부분 훈련도 받지 않으며 부대지정도 되지 않는다.

퇴역예비군(Retired Reserve)은 20년 이상의 예비군 복무 및 현역 복무를 마치고 퇴역상태에 놓여 있는 장교와 부사관을 포함하고 있다. 이들은 평시에는 일체의 교육훈련 의무를 부과하지 않으나 전쟁이나 국가비상사태가 선포되면 현역으로 복귀명령을 받고 긴급예비군 또는 대기예비군에 소속되어 장교 및 부사관으로 근무하게 된다.

미국의 예비군 현황은 2012년을 기준으로 847,100여 명이었으나 2013년에는 837,400여 명으로 소폭 감소하였으며, 2017년에는 825,600명 수준으로 감축 운영할 예정이다.[4)]

〈표 3〉 미국의 예비군 현황

(단위 : 천 명)

예비군별	FY 2012	FY 2013 요구안	FY 2017 계획
육군 예비군	205.0	205.0	205.0
해군 예비군	66.2	62.5	57.1
해병대 예비군	39.6	39.6	39.6
공군 예비군	71.4	70.5	69.5
육군 주방위군	358.2	358.2	353.2
공군 주방위군	106.7	101.6	101.2
합계	847.1	837.4	825.6

출처 : DoD Comptroller/Chief financial Officer, "Overview : Fiscal Year 2013 Budget Request" (2012. 2), p. 4-15, 〈표 4-4〉에서 재인용 ; 한국국방연구원, 『2012 동북아 군사력과 전략동향』 (2013), p. 199.

다. 교육훈련

예비군 교육훈련은 훈련유형에 따라 신병훈련과 연례훈련으로 구분할 수 있으며 예비군 사령부에서 하달한 훈련지침에 따라 예비군부대 지휘관 책임하에 훈련을 실시한다.

---

4) 한국국방연구원(2013), 전게서, p. 199.

〈표 4〉 예비군 교육훈련

구 분	내 용
신병훈련	•기초 전투 훈련 8주, 주특기 훈련 13~16주
연례훈련	•소집훈련과 동원훈련 -소집훈련(주말훈련) : 특기 숙달훈련은 연 182시간(24일) 실시 -동원훈련(연간훈련) : 부대훈련으로 14일 실시(장교는 17일)

출처 : 예비군 홈페이지(외국의 예비군 제도)

예비군 교육훈련은 현역복무기간에 따라 차이가 있다. 3년 이상 현역복무를 마친 자는 예비군 복무와 훈련의무가 없으며, 2년간 현역복무를 마친 자 중 긴급예비군부대에 소속된 자는 2년간 매년 48회(1회 4시간)의 집체교육과 연간 14일간의 동원훈련에 참여해야 하며, 2년 현역복무 후 3년간 긴급예비군의 소집통제단 요원이 된 자는 연간 30일 간의 현역 근무훈련을 받아야 한다.

6개월간 기초훈련을 마치고 예비군으로 편입된 자는 4년간 긴급예비군으로서 연간 48회의 집체교육과 14일간의 동원훈련을 받아야 하며, 3개월간 기초훈련을 받고 예비군으로 편입된 특기요원은 8년간 특기와 관련된 직장근무를 계속하면서 전문특기를 배양한다.

또한 학군단 출신 예비역 간부후보생, 임관장교는 긴급예비군 의무기간에 매년 48회의 집체교육과 17일간의 동원훈련에 임해야 한다. 이처럼 복무형태별 훈련의무는 현역복무기간에 따라 훈련의무 부과기간이 서로 다르다.[5)]

---

5) 정남균, 「예비군훈련 향상방안」, 육군 교육사령부 군사학술용역 연구보고서(2002), p. 10.

〈표 5〉 복무형태별 훈련의무

복무형태별		3년 이상 현역 복무자	2년 현역복무자		6개월 기초 훈련 이수자 (4년간)	3개월 기초 훈련 이수자 (8년간)	학군단 출신장교	
			선발 예비군 (2년간)	소집 통제자 (3년간)			장학생 (8년간)	비장학생 (3년간)
훈련의무	집체 교육 (연간)	–	192시간	현역 근무 훈련30일	192 시간	직장에서 특기훈련	192시간	192시간
	동원 훈련 (연간)	–	14일	–	14일	–	17일	17일

출처 : 정남균, 「예비군훈련 향상방안」, 육군교육사령부 군사학술용역 연구보고서(2002), p. 10.

라. 동원제도

오랜 전통을 지닌 미국의 동원제도는 상시준비태세가 잘 확립되어 있다. 이는 부서별 · 기관별 동원계획관을 최대한 활용하여 동원의 연계성이 매우 발달되어 있다는 점과 동원에 관한 사전 권한규정이 명확하다는 점에서 이해할 수 있다. 의회는 대통령의 전쟁선포에 대한 승인권을 갖고 대통령의 동원권을 통제하고 있으며, 대통령은 의회의 사전 승인없이 선별동원 또는 부분동원 할 수 있는 권한을 가지고 있다.[6)]

미국의 동원형태는 위기상황에 따라 심각한 상황의 경우에는 선별동원, 재래전 상황시 부분동원과 완전동원, 전면전시 총동원의 형태로 분류된다.

선별동원은 국내 · 외 비상사태 또는 국가비상사태가 미선포된 상황하에서 단기간의 최소동원이 이루어진 경우로 1967년의 월남전과 1992년도 L.A 흑인폭동시 주방위군이 동원된 사례가 있으며, 국방비를 국민총생산(GNP : Gross National Product)의 10%까지 증가시킬 수 있고 병력은 50만 명까지 동원할

---

6) 국무총리 비상기획위원회, 『세계 동원의 역사』(서울 : 전광인쇄정보, 2004), p. 799.

수 있다. 이 경우 대통령은 의회의 승인없이 20만 명을 270일간 작전소집, 즉 선별동원할 수 있는 특별권한을 갖는다.

부분동원은 우발사태에 의한 작전 또는 국가비상사태가 선포된 상황으로 국지전에 대비하기 위한 것으로 국방비는 GNP의 15%까지 증가가 가능하며 병력은 500만 명을 동원할 수 있다. 대통령 또는 의회의 권한으로 병력 100만 명을 24개월간 부분동원할 수 있으며, 이를 통하여 사태가 수습되지 않을 경우 정부가 선전포고나 비상사태를 선포함으로써 모든 예비군을 동원할 수 있는데 이를 완전동원이라 한다.

〈표 6〉 미국의 동원형태

종 류	내 용
선별동원 (Selective Mobilization)	•국방비를 GNP의 10%까지 증가 가능 •대통령이나 의회요구에 의해 국내 비상사태 발생시 일부 군사력을 동원 •작전소집(Call-up for Oper. Misson)[7] : 비상사태의 선포 없이 270일의 범위 내에서 선발예비군 20만 명을 대통령이 소집할 수 있는 권한 •심각상황(예 : 월남전, L.A 폭동)
부분동원 (Partial Mobilization)	•국방비를 GNP의 15%까지 증가 가능 •대통령 또는 의회의 권한으로 선발예비군과 개인 긴급예비군을 24개월 동안 100만 명까지 동원 •재래전 상황(예 : 한국 전쟁, 아프간 전쟁)
완전동원 (Full Mobilization)	•의회의 승인을 얻어 선전포고나 비상사태를 선포하여 현 군조직을 충족시키는 대기예비군, 선발예비군을 포함한 모든 예비군을 동원
총동원 (Total Mobilization)	•국방비를 GNP의 30%까지 증가 가능 •선전포고시나 비상사태 선포시 현 군구조 및 자원 외에 추가로 요구되는 자원까지를 동원 •전면전 상황(예 : 제2차 세계대전)

출처 : 국무총리 비상기획위원회, 『세계 동원의 역사』(서울 : 전광인쇄정보, 2004), p. 800을 재구성.

총동원은 제2차 세계대전과 같은 전면전에 대비하기 위한 것으로 국방비는 GNP의 30%까지 증가가 가능하고, 병력은 소요의 100%를 동원할 수 있다. 이러한 미국 동원제도의 특징은 부분동원 형태의 제도가 발달되어 있고, 작전소집 등 상황에 따른 대통령의 권한행사가 제도적으로 잘 갖추어져 있다는 점이다.

마. 보상제도

미국의 병역등록 의무자는 모든 시민과 미국 정부에 의해 합법적으로 영주권을 획득한 남자로 되어 있으며, 이들 중 18~35세는 군 지원이 가능하다. 군 지원자는 현역병, 연방예비군 또는 주방위군 중 하나를 선택하여 복무할 수 있으며, 이들은 규정에 의한 보수를 받게 된다.

미국의 동원예비군에 대한 보상은 충분 급여형으로 일정기간 소집된 자에게 현역계급과 복무기간에 상응한 급여를 지급하고 있다. 소집기간 중에도 본래의 직업을 유지하고 있기 때문에 사회보장제도, 가족수당 등은 직장에서 지급하며, 군에서는 예비군의 계급, 호봉, 주특기 등을 고려하고 동원기간 및 복무여건에 따라 현역과 비슷한 봉급 및 수당을 지급하고 있다. 즉, 상근 예비군(Full-time Reserve)은 현역과 동일한 수준의 봉급 및 각종 수당, 의료보험, 각종 장려금 지급 등의 복지혜택이 부여되며, 시간제 예비군(Part-time Reserve)의 경우도 근무시간 또는 파병시간에 비례하여 봉급 및 파병수당 등을 지급받고 있다. 미국 예비군의 훈련수당은 〈표 7〉과 같다.

---

7) 작전소집은 대통령 고유권한으로 의회에는 권한이 없는 다른 종류의 동원과 구별되는 형태로서 의회에 통보를 하게 되어 있으나 승인사항은 아니다.

〈표 7〉 미국 예비군의 훈련수당

구 분			훈련수당(달러)		
계급		복무(년)	연간 총수당	주말훈련	동원훈련
병	상병	3	3,698	2,863	835
	병장	4	4,231	3,276	955
	하사	6	4,970	3,848	1,122
장교	중위	4	8,250	6,387	1,863
	대위	6	9,842	7,620	2,222
	소령	8	11,218	8,685	2,533
	중령	10	12,633	9,780	2,853

출처 : 김경래, 「상비군 수준의 전투력 발휘를 위한 예비군 교육훈련발전 방향」, 『제43주년 예비군의 날 기념 공모 우수논문 및 지휘성공사례집』(대전 : 육군본부, 2011), p. 56.

미국의 예비군은 1일 훈련시 병사의 경우 10.9만원~14.7만원, 장교의 경우 24.3만원~37.3만원의 훈련수당을 받으므로, 생계에 대한 부담 없이 훈련에 참가할 수 있다. 미국 예비군은 3년 단위로 재계약을 실시하며 예비군으로 20년 이상 복무하게 되면 연금혜택이 주어져서 60세부터 현역의 40%에 달하는 연금을 수령하게 된다.[8)]

2. 운영사례 : 이라크 전쟁

미국은 테러와의 전쟁, 평화유지, 민주주의 확대, 시장경제 성숙 등을 위해 예비전력이 상비군과 함께 분쟁지역에 적극 참여하고 있다. 2003년에 발생한 이라크 전쟁은 미국의 일방적 선전포고로 시작된 21세기의 첫 전쟁으로서 2003년 3월 20일부터 2010년 8월 31일까지 7년 5개월간 진행되었다.[9)]

8) 김경래, 「상비군 수준의 전투력 발휘를 위한 예비군 교육훈련발전 방향」, 『제43주년 예비군의 날 기념 공모 우수논문 및 지휘성공 사례집』(대전 : 육군본부, 2011), pp. 55~56.

이라크 전쟁 간 미국의 예비전력의 운영사례를 알아보면 다음과 같다.

가. 전쟁 배경

2001년에 발생한 9 · 11 테러사건이 미국 사회에 미친 영향은 상상을 초월한 것으로서, 새로운 위협에 대한 인식과 대응방식에도 커다란 변화를 초래하였다. 9 · 11 테러는 적이 언제, 어디서, 어떻게 공격할지 모른다는 점에서 새로운 전쟁의 한 패러다임으로 대두하게 되었으며, 미국의 테러리즘 대응개념을 봉쇄 · 억제개념에서 필요하다면 위협을 제거하기 위해 선제공격을 감행해야 한다는 선제공격개념으로 전환하게 하였다.

부시 행정부는 중동지역[10]에 대한 영향력을 복원하는 것이 미국의 국익과 세계의 평화를 위하여 필요하다고 생각하게 되었고, 국방비를 증액하여 강력한 군사력을 건설하기 위한 정책을 수립하였다. 이듬해인 2002년 1월, 부시 대통령은 북한, 이란, 이라크를 '악의 축'으로 분류하고, 힘의 정치를 통해 대량살상무기(WMD) 확산 방지를 골자로 하는 부시 독트린을 추진하기에 이르렀다. 미국의 이라크 무장해제 요구에 대해 이라크측이 거부하자 2003년 3월 20일 '이라크 자유작전(Operation Iraq Freedom)'으로 명명된 이라크에 대한 전면적인 군사작전을 개시하였다.

미국이 이라크를 공격한 직접적인 배경은 공식적으로 이라크의 무장해제와 사담 후세인(Saddam Hussein)의 23년 철권통치를 종식하는데 있었다고 하지만 사실은 국제관계에 있어서 미국과 유럽(EU)간의 중앙아시아 및 중동지역 패권경쟁이었고, 국제경제 측면에서는 미국의 이라크 석유개발권[11]

---

9) 육군군사연구소, 『이라크 전쟁』(2012), p. 325.

10) 중동지역이란 유럽인이 동양을 구분할 때 유럽과 가까운 쪽을 근동(近東), 먼 쪽을 극동(極東), 그 중간지역을 중동(中東)으로 부른데서 연유한다. 일반적으로 동쪽의 아프가니스탄으로부터 서쪽의 서남아시아와 아프리카 북동부의 이집트, 때로는 리비아까지를 포함하여 중동이라고 부르며, 이슬람권, 아랍권과 같은 뜻으로 사용되는 경우도 있다.

을 획득하려는 자원패권의 전쟁이었으며, 미 국내정치적 측면에서는 2004년 11월 대선에 대비하여 국민의 지지율을 만회하기 위한 조치였다.

결론적으로 2003년에 일어난 이라크 전쟁은 안정적인 석유자원 확보와 군사 대국화라는 미국의 세계전략에서 비롯된 것이라 할 수 있다. 이로 인해 미국은 명분보다는 자국의 실리와 국제정치사회에서 군사 패권을 유지하기 위해 침략을 감행했다는 주장이 끊임없이 제기되고 있는 것이다.

나. 전쟁 경과

미국의 군사전략은 이라크의 정치 · 군사조직을 제거하고, 이라크 내에 친미정부 수립 및 석유의 안정적 수입이라는 미국의 국익을 달성하여 종전처리를 하는 것이었다. 이를 위해 압도적인 군사력을 이용, 조기에 전쟁을 종결하고 이라크 내 안전한 안보환경을 확립하여 민간정부에 책임을 이양하고자 하였다.

반면, 이라크는 바그다드를 사수하여 후세인 정권을 유지함으로써 군사적 승리보다는 정치적 승리를 달성하고자 하였다. 이를 위해 연합군의 인명피해를 최대한 강요하면서 장기 · 지구전을 모색하였으며, 인간방패전술을 전개하여 연합군[12]측의 인명중시 전쟁수행방식을 역이용하고자 하였다. 즉, 공습 표적에 민간인을 배치하여 방어선을 구축하는 등 범세계적 반미 · 반전 여론을 확산하고자 하였다. 이라크 자유작전은 3단계로 구분되어 시행되었으며 작전경과는 다음과 같다.

---

11) 이라크의 석유매장량은 약 1,120억 배럴로 사우디아라비아에 이어 세계 2위이며, 전 세계 매장량의 9.1%를 차지하고 있다.

12) 미국의 이라크전에 대한 각국의 군사적 지원은 전투병력 지원 3개국(영국, 호주, 폴란드), 후방지원 15개국(한국, 스페인, 덴마크 등), 편의 제공 30개국(터키, 사우디, 카타르 등)으로 총 48개국이 참여하였다.

〈표 8〉 이라크 자유작전 경과

구 분	내 용
1단계 (전쟁준비)	•미국의 일방주의적 행동에 대한 부정적 여론 전환 •이라크 내부분열 유도, 이라크군 점진적 약화 •특수부대 사전 투입하여 작전여건 조성
2단계 (결정적 작전)	•후세인 제거작전('03. 3. 20) •'충격과 공포'작전('03. 3. 20~4. 16)
3단계 (안정화 작전)	•바그다드에 다국적군 사령부 설치('03. 5. 1) •주민지원, 치안유지 활동 •이라크 정부재건 : 임시정부 구성('03. 9)→정부수립('06. 5)

출처 : 합동참모본부, 『이라크 전쟁 종합분석』(2003), pp. 47~75.

2002년 겨울과 2003년 봄 내내 주방위군과 연방예비군부대가 이라크 자유작전을 위해 동원되었다. 이 부대들의 대부분은 전투근무지원부대나 군수부대들로서, 이들은 항구를 운용하고 유류를 수송하며 장비를 정비하는 등 전구유지의 임무를 수행했다.[13] 이라크 작전간 미국은 예비군을 별도의 부대로 편성하여 운용하지 않고 현역과 함께 운용함으로써 예비군 동원 후 빠른 시간내 임무수행이 가능토록 조치하였다.

다. 작전결과

이라크 전쟁양상은 효과중심의 초정밀 타격전과 초고속 기동전, 신속결정작전(RDO : Rapid Decisive Operation)과 효과중심작전(EBO : Effect-Based Operation) 개념을 실전에 적용한 것으로 이라크전 수행과정(2단계 : 결정적 작전)에서 5일간 400km를 진격하였고, 공군은 지상전 타격임무에 80%의 비중을 두었다. 즉, 공중 · 지상작전을 동시에 병행하여 수행함으로써 충격효과가 배가되

13) 육군교육사령부, 『최전선에서(On Point)』(대전 : 육군교육사령부, 2006), p. 2-64.

었다.[14)]

〈표 9〉 걸프전과 이라크전의 전쟁지표 비교

구 분	걸프전(1991)	이라크전(2003)
해외투사기간	6개월	2개월
기동속도(1일)	40km	80km
정밀유도무기(사용비중)	7.8%	80%
지휘통제속도	1시간~1일	수 분~1시간
표적탐지율	15%	70%

출처 : 합동군사대학 교육자료, 『이라크 전쟁 분석』(2012).

이라크 자유작전에서 미군은 예비군을 전투임무에 효과적으로 운용하였다. 예비군을 직접 전투에 투입하거나 후방지역에서 전투근무지원 요원으로 활용하였고, 미 본토에서는 연합군 협조 및 경계임무 등에 가담하였다. 연방예비군 및 주방위군 동원현황은 다음과 같으며, 공군은 예비군 항공기 70대 및 주방위군 항공기 236대를 동원하였고, 해안경비대 예비군 3,636명은 해군에 포함되어 있다.[15)]

〈표 10〉 연방 예비군 및 주방위군 동원현황

(단위 : 명)

구 분		계	육군	공군	해군	해병대
작전 초기	계	40,400	19,552	9,291	2,056	9,501
	연방예비군	24,327	10,686	2,084	2,056	9,501
	주방위군	16,073	8,866	7,207		
주요작전 종결시		212,617	148,612	3,783	13,511	19,711

출처 : 합동참모본부, 『이라크 전쟁 종합분석』(2003), p. 222를 수정 정리.

14) 권태영 · 노훈, 『21세기 군사혁신과 미래전』(서울 : 법문사, 2008), pp. 113~129.
15) 합동참모본부, 『이라크 전쟁 종합분석』(2003), p. 222.

한편, 2003년 12월 13일 티크리트의 한 민가 땅굴집에 숨어있던 사담 후세인이 미군에게 체포되어 2006년 12월 30일 형장의 이슬로 사라졌지만 이라크 전쟁의 명분이었던 대량살상무기는 아직도 발견하지 못했고 사담 후세인과 알 카에다가 연관되어 있다는 증거도 확인할 수가 없다.[16)]

3. 소결론

미국의 예비군은 병력과 장비면에서 결코 현역에 뒤지지 않으며, 이들을 원활히 운용할 수 있도록 각종 제도를 운용하고 있다. 미국 예비군 제도의 주요 특징은 다음과 같다.

첫째, 상비군과 예비군을 긴밀히 결합시켜 총체전력을 편성하고 있으며, 복무경로와 기간을 긴밀하게 연동시켜 6~8년간 복무토록 함으로써 병역의 형평성을 유지하고 있다.

둘째, 동원 우선순위에 따라 긴급, 대기, 퇴역예비군으로 구분하고 임무수행 구분에 따라 연방예비군, 주방위군으로 편성 · 운용하고 있다.

셋째, 예비군 육성 · 발전을 위한 정책조정기구를 운용하고 예비군사령부를 설치하여 예비군부대에 대한 지휘통제, 지원 및 동원준비태세를 보강하였다.

넷째, 전시 병력동원에 있어서 총동원과 부분동원을 구분하여 시행함으로써 융통성있는 동원제도를 발전시키고 향토방위의 1차적 책임을 주지사에게 부여하고 있다.

다섯째, 예비군이 상비군과 함께 작전하기 위해 평시부터 현역과 같이 훈련하고, 장비 · 예우 · 보상문제도 현역과 대등한 수준으로 해주고 있다. 이 덕분에 걸프전과 이라크전에서 예비군이 실전에 참여하여 중요한 역할

---

16) 유달승, 『중동은 불타고 있다』(서울 : 나무와 숲, 2011), p. 133.

을 해냈다.

여섯째, 탈냉전과 9 · 11 테러를 통해 계획에 의한 동원체제가 능력 기반의 동원체제로 전환되고 있다.

일곱째, 예비군은 전쟁의 신속한 승리를 뒷받침하기 위해 10개 지역예비군사령부를 4개의 지역예비군 지원사령부로 개편하는 등 과거 동원의 '상황적 적합성'보다 동원의 '시간적 적합성'을 중시하고 있다.

Chapter 2

이스라엘

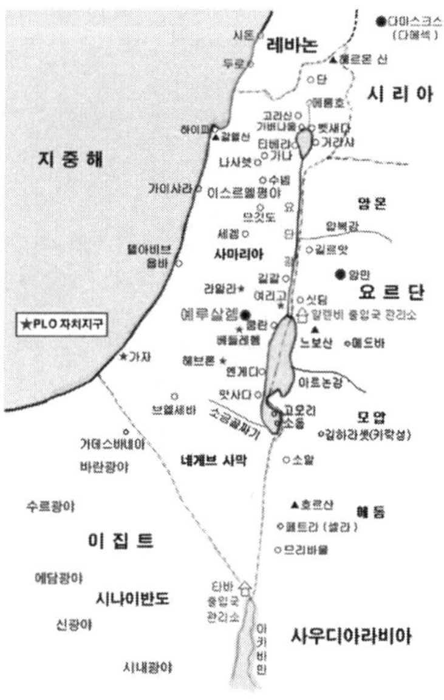

〈그림 2〉 이스라엘 지도

이스라엘은 중동지역에 위치한 국가로, 북쪽으로는 레바논과 시리아, 서쪽으로는 지중해에 접하고 있으며, 남쪽은 이집트, 남동쪽은 요르단과 국경을 접하고 있다. 로마 제국과 오스만 제국, 영국 등으로부터 지배를 받아오다가 1948년 독립한 이스라엘은 남한 면적의 약 1/5, 즉 경상도 정도 크기의 영토에 인구는 740만여 명으로서 주변의 잠재 적국과 비교하여 인구, 병력 등에서 절대적으로 열세한 실정이다. 인구는 아랍국의 약 3.8% 수준이며, 병력은 현역과 예비역을 전부 포함시 약 9.9% 수준이다.[17]

이스라엘은 지정학적으로 강력한 아랍세력에 의해 3면이 포위되어 있다. 국토가 남북으로 길게 뻗어 있고 동서의 폭이 좁기 때문에 조기경보가 거의

---

17) 조규호, "이스라엘의 예비군 제도를 배우다(중)", 『향방저널』 통권 174호(2010), p. 45.

불가능한 상태에서 외부로부터 침략을 당하면 일거에 치명적인 타격을 당할 수밖에 없는 취약성이 있으며, 인적 · 물적 자원도 부족한 나라이다.

〈표 11〉 이스라엘과 한국의 닮은 점과 다른 점

닮은 점	다른 점
	•유일신 대 다신교 국가
•협소한 국토와 '섬 아닌 섬'	•단일 민족
•부족한 지하자원	•모계사회 대 부계사회
•우수한 인재와 높은 교육열	•시공에 대한 개념 차이
•첨단기술 보유	•이중국적(허용, 불허)
•높은 국방비 비중	•군복무에 대한 시각 차이
•군대 의무복무제	•외국어(영어) 구사 수준
•동일한 건국연도(1948년)	•규율 준수
•고유언어(히브리어, 한글)	•이성과 감정
•높은 경제 성장률	•수평 대 수직 문화
•미국과의 전략적 동맹	•강력한 해외동포조직
•할례와 포경수술	•핵 보유
•음력달력 사용	•도전과 실패에 대한 관점
	•자선과 기부 전통

출처 : 이윤석, 「전격해부! 이스라엘 vs. 한국－닮은 점과 다른 점」, 삼성전자 지역 전문가 칼럼 (2014. 3. 28).

이스라엘에서는 군대를 '이스라엘 방위군'(IDF : Israel Defense Forces)[18]이라고 하며, 히브리어로는 '짜할'(Tzahal)이라고 부른다. 이스라엘 방위군은 전 세계에서 첨단무기로 무장한 '작지만 강한 군대'이다. 특히, 이스라엘은 미국, 러시아, 중국에 이어 세계 4위의 공군력을 자랑하고 있으며, 미국에서 만든

18) 이스라엘 방위군(IDF)은 1949년에 스위스 시민군체제 개념을 인용하여 창설하였으며 케바(Keva), 호바(Hova), 밀루임(Miluimm) 3가지로 구성된다. 케바란 직업군인으로 구성된 소수 상설 케드리 시스템 부대를 말하며, 호바란 징집병 및 남녀로 구성된 상비군부대를 지칭하고, 밀루임은 상비군 의무를 마친 모든 예비군으로 구성된 대규모 부대를 말한다. 이중 밀루임이 IDF의 핵심을 이루어 총 전력의 60%를 차지하며, 전체부대 수의 65%를 차지하고 있다. 호바에서 현역을 마치게 되면 모든 남녀는 밀루임에 속하게 된다.

최신예 무기를 구매하여 사용하고 있기 때문에 주변국과 전쟁시에는 강력한 제공권을 확보하여 필요시 선제공격을 할 수가 있다.

1. 예비전력 운영제도

가. 병역제도

이스라엘의 복무제도는 크게 가드나, 상비군, 예비군, 민방위로 구분할 수 있다. 이스라엘은 국민개병제에 의한 시민군 제도를 채택하고 있기 때문에 남녀 모두 병역의무를 부여받고 있다. 따라서 모든 국민이 전투원이라 할 수 있다. 이스라엘 국민들은 입대 전 14세부터 17세에 이르는 소년·소녀들까지 애국심을 함양하고 국토방위의 사명감을 고취시킬 목적으로 준군사단체인 가드나에 편성하여 군사훈련을 시키고 있다. 가드나는 군 참모총장 산하에 설치된 준군사적 훈련기관으로서 병사에게 필요한 정신적 교양 및 기초훈련을 실시하고 있으며, 평시에는 소정의 군사훈련을 받다가 전시에는 징집되어 연락·통신·간호·보급 등의 분야에서 보조적인 역할을 수행하게 되는데 국방부와 교육부에서 공동으로 교육훈련을 담당하고 있다.[19] 이들은 전시보조부대로 관리되다가 고등학교를 졸업하고 만 18세가 되면 남녀 구분없이 모두 현역으로 군에 입대하게 된다.

이스라엘은 740만여 명의 적은 인구로 18만여 명에 달하는 남녀상비군을 유지하기 위해 군 소요인력을 최대한 충원해야만 한다. 따라서, 병역법에 의거 남녀를 불문하고 17세가 되면 의무적으로 전국의 5개 충원센터에 등록하여 고등학교 졸업연령인 18세에 징집되어 병역의무를 수행하게 된다. 이와 같이 이스라엘 젊은이들은 고등학교 졸업 후 가장 중요한 시기에 수

19) 국무총리 비상기획위원회(2004), 전게서, p. 823.

년 동안을 군사활동으로 보내게 되며, 그것도 최소의 금전적 보수를 받고 많은 시간과 에너지를 투입하게 된다.

이스라엘에는 유대인을 비롯하여 아랍인, 드루즈인, 베두인 등 다양한 민족이 거주하고 있다. 다수를 차지하고 있는 유대인과 드루즈인은 의무복무를 해야 하지만 아랍인과 베두인, 기독교인, 무교자 등은 의무복무가 아니며 자원입대는 가능하다. 아랍인들에 대해서는 아직까지 믿을 수 없다는 의식이 깔려 있는 것이다.[20)]

의무 복무기간은 남자는 3년, 여자는 2년이지만 여자의 경우에도 항공의무병 · 방공포병 · 조종 · 항법 · 국경수비 · 탐색구조 · 헌병 등의 병과는 남자들과 동일하게 3년을 복무해야 한다. 의무복무기간 중 장교로 신분이 바뀌는 남자는 1년을 추가하여 총 4년을 복무해야 하며, 군복무 기간에는 어떤 외부활동도 완전히 배제된다.[21)]

이러한 이스라엘도 2015년 7월부터 남자 군인은 3년에서 2년 8개월로, 여군은 2년에서 2년 4개월로 복무기간을 변경하도록 추진하고 있다. 남자 군인의 복무기간을 줄이는데 비해 여군의 복무기간을 남자 군인과 비슷하게 연장하는 이유는 그렇게 해야 여군의 전투부대 복무를 '지원'에서 '자동배치'로 변경하기 용이하기 때문이다. 이스라엘 군의 복무형태는 대부분이 병영생활을 하는 한국과 달리, 현역 병사들의 70% 정도가 출 · 퇴근하는 것이 특징이며, 이때 이들이 부담해야 하는 대중교통 요금은 무료이다.

이스라엘은 현역과 예비군을 상비군 개념으로 운용하고 있으며, 현역복무를 마치면 예비군으로 편성되어 남자 병사는 40세(장교는 45세)까지 복무해야 한다. 여자는 원칙적으로 38세까지 복무해야 하지만, 임신을 하게 되면 복무가 면제된다. 여자 예비군은 전체 예비군의 약 10% 정도이며, 남녀 모

20) 이윤석, 「이스라엘 방위군」, 삼성전자 지역전문가 칼럼(2013. 11. 8).
21) 국무총리 비상기획위원회(2004), 전게서, p. 824.

두 본인이 원할 경우 의무복무기간이 만료된 이후에도 계속 복무할 수 있다. 최근 들어 여성예비군들의 참여는 더욱 확대되고 있으며, 복무분야도 종전에는 주로 후방 전투근무지원이나 행정분야가 주종을 이루었으나, 2000년대 들어서면서 항공이나 함정, 포병 등 전투분야로 그 범위가 확대되고 있다.

〈표 12〉 이스라엘의 병역제도

구 분	연 령	임무 및 기능	비 고
가드나	남녀 14~17세	준군사훈련, 유사시 전투근무지원	학교, 직장, 공군가드나로 구분
현 역	18~20세	억제전력 역할	•남자 : 36개월 •여자 : 24개월
제1예비역	남 : 21~39세, 여 : 21~34세	동원예비군으로 국방 주력군	공수, 기갑, 기계화부대, 돌격공병부대
제2예비역	40~44세	•제1예비역을 필한 자 •보병/지원부대 편성	후방지역방어
민방위대	45~54세 (지원자 포함)	경계, 치안보조, 방공, 유사시 완충군 역할 및 재해 복구	•예비역 필한 자 •지원자

출처 : 양병선, 『동원발전론』(경기 파주 : 교육과학사, 2010), p. 293.

여자의 경우(남자는 극소수) 종교적으로 독실하다면 군 입대 대신에 사회복무로 군복무를 대체할 수 있다. 사회 대체복무를 하기 위해서는 본인이 종교적으로 독실하고 신실하다는 것을 서류심사, 심층 인터뷰, 시험 등을 통과해 증명해야 하며, 만약 허위사실이 적발될 경우에는 처벌을 받기 때문에 허위로 신청하는 경우는 거의 없다고 한다.

전쟁 등 유사시에만 동원되는 다른 나라와 달리 이스라엘의 예비군은 전체 예비군 병력 중 1/10~1/12 정도는 평시에도 교대로 작전임무에 투입되어 주요 전력으로 활동하고 있다는 점에서 큰 차이가 있다.

나. 예비군 제도

이스라엘의 국방조직은 직업군인 5%, 상비군 22%, 예비군 73%의 비율로 구성되어 있으며,[22] 총인구 740만여 명 중 현역은 17만 6,500명, 예비군은 44만 5천 명 규모를 유지하고 있다.

〈표 13〉 이스라엘군 전력현황

• 병력구조 (단위 : 명)

구분	육군	해군	공군	계
정규군	13만 3,000	9,500	3만 4,000	17만 6,500
예비군	38만	1만	5만 5,000	44만 5,000

• 예비군 복무기간

구분	병사	부사관	장교	작전배치
복무기간	연 54일 (40세까지)	연 70일	연 84일 (45세까지)	3년 1회 (25일 이상)

출처 : 이윤석, 「이스라엘 방위군」, 삼성전자 지역전문가 칼럼(2014. 3. 28).

이처럼 이스라엘은 적은 인구로 주변 아랍국가에 대응하기 위해 소규모의 현역은 전쟁억제 및 경계를 담당하고, 예비군을 주전력화함으로써 경제적이면서도 합리적인 국방운영을 하고 있는 것이다. 그들은 예비군에 대한 평시 훈련을 강화하고 전문성 함양에도 많은 노력을 기울임으로써, 동원예비군이 국방의 주력 역할을 수행토록 하고 있다.

이스라엘의 예비군 역할은 전력차원에서 두 가지 측면이 있는데, 그 하나는 긴 국경선과 소규모 현역으로 인한 인적 자원의 부족분을 보충하는 작전적 측면이고, 다른 하나는 이스라엘군의 주전력으로서 전비태세를 담당하

---

22) 김경래(2011), 전게논문, pp. 62~63.

고 있다는 측면이다.[23] 이스라엘의 예비군 제도를 정리하면 다음과 같다.

〈표 14〉 이스라엘의 예비군 제도

구 분	내 용
동원 예비군	•제1, 2 예비역 중심으로 공격 주력군 •여단단위 부대편성 •지상 주력군 : 40만 명 수준 동원
지역 예비군	•집단농장, 협동농장, 기타 요원을 부락단위 중대 편성 •담당지역 방어 및 동원부대에 대한 제한적 지원임무 수행 •역종 구분없이 국경전략촌, 내륙취약지, 민방위를 통합편성
민방위대	•HAGA사령부 예하 지역별 조직(지역-지구-반-세포-가호) •적 공격 지연, 정보수집, 평시 산업군 임무수행
후방 긴요요원	•전 · 평시 국가 주요산업기관 종사자의 필수요원은 동원면제 (전기, 급수, 소방, 운수, 식품생산, 군수공장)

출처 : 양병선, 『동원발전론』(경기 파주 : 교육과학사, 2010), p. 295.

이스라엘 예비군 지휘구조상의 특징은 전투와 작전위주로 편성하고, 지휘 관리체계는 현역 지휘계통에서 예비전력 지휘 기구를 통합하여 운용하고 있다는 점이다. 예비전력의 운용과 관리를 일원화하여 총참모장 책임하에 징병, 자원관리, 교육훈련, 전시동원 및 작전운용 등을 관장하고 있으며, 예비전력 관리를 위하여 훈련사, 나할사, 가드나 등의 기능사령부를 설치하고, 지역사령부를 별도로 설치하여 예비군을 지휘통제하고 있다. 또한 동원여단 행정관리를 목적으로 중대 및 대대 연락장교실을 운용하고 있다.[24] 이스라엘의 동원령은 전 · 평시 상비군과 예비군이 동일하게 '국방상-총참모장-지역사령관-동원여단'으로 이어지는 단일지휘체제로 되어 있는 것이 특징이다.

23) 양병선, 『동원발전론』(경기 파주 : 교육과학사, 2010), p. 298.
24) 정남균(2002), 전게논문, p. 20.

〈그림 3〉 이스라엘군 체계도

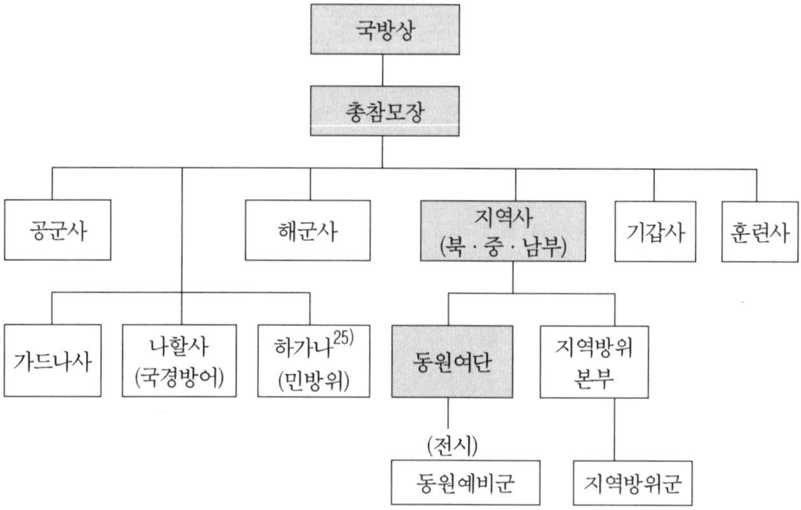

출처 : 정남균, 「예비군훈련 향상방안」, 육군교육사령부 군사학술용역 연구보고서(2002), p. 20.

다. 교육훈련

이스라엘의 예비군훈련 제도는 2010년 1월 1일 수정된 예비군복무법에 의해 3년 단위의 교육훈련모델을 적용하는 것에 추가하여 3년에 1회 실시하는 작전임무와 연계된 총량제 개념을 적용하고 있다. 따라서 3년간 사병은 54일, 부사관은 70일, 장교는 84일까지 동원훈련을 실시하며 3년째 훈련 후에는 25일 정도의 실제 작전임무를 수행한다.[26)]

좀 더 세부적으로 살펴보면, 이스라엘의 모든 예비군은 1년에 한 번씩 5

25) 하가나(Haganah)는 1920년부터 1948년까지 영국 위임통치하에서의 유대인 방위군을 말한다. 각자 생업에 종사하다가 일단 유사시 즉각 소집되어 외침에 대응하는 자위조직체, 즉 팔레스타인의 유대인 지하 민병조직이라고 할 수 있다. 이들은 1948년 이스라엘 임시정부의 명령에 의해 해체된 후 이스라엘 군대의 공식명칭인 이스라엘 방위군에 포함되었다.

26) 김경래(2011), 전게논문, pp. 64~65.

일간 지역 사 · 여단별 예비군 훈련장과 남부 사막지역에 위치한 말리 지상군 훈련장(NGTC : National Ground Forces Training Center)에서 동원훈련을 받고, 3년에 한 번씩 25일 동안 작전부대에 소집되어 실제 근무하는 독특한 복무 시스템을 갖고 있는 것이다.[27] 예비군의 보조전력 역할을 하는 14~17세로 구성된 가드나는 273시간의 교육과 병영체험 훈련을 실시한다.

이와 같이 이스라엘 군인들은 평상시에는 자유롭게 생활하다가도 동원훈련에 소집된 이후에는 실전적인 훈련을 통해 전투능력을 배양한다. 지속적인 훈련을 통해 예비군 전원이 일등사수의 자격을 갖추고 있으며, 유격과 고공강하, 침투, 공격 · 방어, 실전 모의훈련 등도 훈련내용에 포함되어 있다. 공군의 경우, 예비군도 현역과 똑같은 수준의 비행훈련을 하고 있는데, 실제로 예비역 공군 조종사는 매주 1회 이상 비행훈련을 실시하고 있다.

라. 동원제도

이스라엘은 1949년 9월 방위복무법을 선포하고 국민 총동원제도를 확립하였다. 전 국민을 가드나, 현역, 예비군, 민방위 요원으로 구분하여 국방의무를 수행하도록 함으로써 전 국민이 시민군의 임무수행과 동시에 예비군의 임무를 수행토록 한 것이다. 이후 1953년 10월, 3개년 방위계획을 수립하였는데 이 계획이 오늘날 이스라엘 동원체제의 기본이 되었다.

이스라엘은 스위스의 동원체제를 모델로 민 · 군동체(民軍同體)의 시민군 개념을 발전시켜 '시민생활을 하는 현역', '귀가중인 현역' 개념으로 국민 총동원체제를 유지하고 있으며, 1개 대대 규모를 동원하는데 최장 1시간 반이 소요될 정도로 체계적으로 동원계획이 수립되어 있다.[28]

이스라엘의 국가 총동원령은 각료회의 의결에 의하여 선포하게 되는데,

27) 조규호, 「이스라엘의 예비군 제도를 배우다」(하), 『향방저널』 통권 제175호(2011), p. 42.
28) 국무총리 비상기획위원회(2004), 전게서, pp. 828~830.

동원방법은 매스컴을 통한 공개동원과 군사목적상 관계부대 요원들에게만 개별 연락하는 비밀동원으로 구분하여 발령한다. 비밀동원제도는 조종사, 공수부대요원 등 핵심자원에 대해 실시하는 제도로서 전투준비에 매우 유용한 제도라고 할 수 있다. 동원의 종류는 전국적으로 실시하는 총동원과 특정부대단위로 실시하는 부분동원으로 구분된다.

예비군 자원관리는 총참모부에서 일원화하여 관리하고 있는데 현역군에서 보수교육, 보직, 진급, 주특기 변경 등 질적 관리에 중점을 두고, 지정자원은 동원여단 및 혼성부대 지휘관이, 미지정자원은 지역사령부에서 관리한다. 부대단위 동원은 여단장 책임하에 실시되며, 보병여단은 지역자원지정, 기갑공수여단은 전국자원지정을 한다. 이를 위해서 여단단위 동원구, 동원반을 편성하여 운영한다. 동원반은 분대 규모로서 10~15명으로 구성하여 먼저 동원을 한다. 그리고 동원구에서는 10개 동원반을 모아서 100~150명 규모의 중대를 편성한다. 이 동원구에서 물자와 장비를 보유하고 관리하고 있기 때문에 여기서 무장을 하게 된다. 동원지역은 이 10~30개 동원구를 모아서 3,500~4,000명 규모의 보병여단을 편성하게 된다. 이러한 복잡한 절차를 반복 숙달 훈련함으로써 24시간 내에 45만 명을 동원하고 72시간 내에 동원완료후 전개하도록 되어 있으며, 이러한 동원능력은 이미 중동전쟁에서 입증된 바 있다.[29)]

이스라엘의 동원지정방법은 현역으로 복무한 부대를 중심으로 동원부대를 지정하는 체계를 유지하고 있다. 정규사단의 A대대는 예비군 1~2개 대대와 연계하여 지정함으로써 동일 부대에서 전역하는 자원은 대부분 동일한 예비군 부대에 편성하게 되는 것이다.[30)] 즉, 예비군 보직은 현역에서 전

---

29) 이백수 외, 『긴급예비군 편성 및 운용방안 연구』, 2012 국방정책 연구보고서(서울 : KRIS, 2012), pp. 106~107.

30) 조규호(2011), 전게논문, pp. 41~42.

역시 한 부대에 지정하게 되면 대략 18~20년 동안 고정된다고 할 수 있다. 연간 절반이상의 동원자원이 교체되는 한국으로서는 이를 벤치마킹하여 우리 현실에 맞게 적용할 필요가 있다.

〈표 15〉 이스라엘 동원체제

구 분	내 용
병력동원	•주관 : 총참모부 작전참모부에서 지역사령부에 하달, 직접적인 책임은 여단장에게 있음 •동원부대 구분 : 지역방위부대, 공격부대 •동원방법 : 전투개시 전 비밀동원(군사상 비밀유지), 개전 후 공개동원 •동원종류 : 총동원(전국), 부분동원(부대단위) 병행 •동원단계 : 24시간 내 45만 명, 72시간 내 동원완료 전개 •동원의 신속성 보장을 위해 행정지역 단위로 분할 동원 : 인력지역(Man Power Area)을 구획하고 이를 1개 보병여단의 동원지역으로 배정
물자동원	•필수품목 이외는 동원을 원칙으로 함 •정부관계부서 협조하에 총참모부의 동원관리계통에 따라 동원여단에서 실시(군 계통으로 단일화) •군수물자는 100% 확보 저장 : 전쟁 3일간은 추가보급 없이도 전쟁수행 가능하도록 확보
특 징	•국민 총동원 체제 •단일 지휘체제 상비군과 동일하게 총참모부 참모부서가 업무수행 •신속성 보장, 평시 편제상 중대단위 전투장비 확보 •지역단위 분할, 비밀동원제도

출처 : 이백수 외, 『긴급예비군 편성 및 운용방안 연구』, 2012 국방정책연구보고서(서울 : KRIS, 2012), pp. 103~104.

이스라엘의 동원체제는 〈표 15〉에서 보는 바와 같이 신속성과 함께 융통성도 보장되고 있다. 예를 들면 전시상황 뿐만 아니라 긴급작전수행이 요구되는 시기, 즉 국지전이나 대규모 대테러 작전시에도 동원령을 선포할 수 있도록 법률에 명시되어 있다. 이처럼 적의 활동이 활발하거나 정보분석결과 동원이 필요하다고 판단된 경우 동원령을 선포할 수 있으며, 동원

방법은 각각의 단위부대별로 자체 동원절차에 의해 실시하게 된다.

마. 보상제도

이스라엘의 병역제도는 창군시부터 국민개병제도를 채택하여 왔다. 이들에 대한 보상제도를 살펴보면, 현역복무중인 군인은 군인 급여법에 의해 계급별로 정해진 급여를 지급받게 되고 동원병력에 대한 보상은 국가보험제도를 실시하고 있으며, 예비군 급여는 현역과 동일한 봉급수준으로 수당을 지급하고 있다. 이스라엘 예비군 보상제도의 가장 큰 원칙은 실비보상제도로서 예비군의 계급 및 복무연한에 관계없이 평시 개인별 사회소득 수준으로 보상을 실시한다는 점이다.

보상재원은 전 국민이 매월 소득의 1.5~5% 수준의 보험금을 납입하여 동원보상기금을 조성하고, 직장인의 경우는 기업으로, 자영업자는 개인구좌로 보상을 실시하고 있다. 보상금은 기본급과 특별급, 추가 보조급으로 구분된다. 기본급의 경우는 1개월 이내 복무시 최저 5,259 NIS[31], 한화로 약 180만 원 상당의 금액을 지급받는데 이는 민간사회 평균임금의 약 70% 수준에 해당되며 32일 이상 근무시에는 매일 100NIS, 한화로 약 3만 4천 원을 추가로 지급한다. 또한 정해진 예비군 복무를 마치면 34만 원의 세금공제 혜택을 부여하여 국가와 국민을 위한 예비군 복무의 공헌을 추가로 인정하고 있다. 급여는 전역당시 계급에 의한 급여지급이 아니고 현재 직장에서 받는 급여를 기준으로 지급된다. 특히, 동원기간이 1개월 미만일 경우 봉급은 보험제도에 의해 보험회사에서 지급하고, 1개월 이상일 경우에는 군에서 지급한다.[32]

---

31) 이스라엘의 통화단위로 1NIS(New Israeli Shekel, 셰켈)는 약 343원에 해당한다.
32) 김경래(2011), 전게논문, pp. 66~74.

2. 운영사례 : 중동전쟁

이스라엘과 이슬람 국가들이 국경을 접하고 있는 중동지역은 '지구촌의 화약고'라고 불린다. 이질적인 종교와 민족 갈등으로 대립된 역사가 오늘날까지 지속되고 있는 것이다. 중동전쟁의 원인은 영국의 모순된 제국주의 정책으로부터 시작되었다고 할 수 있다.

제1차 세계대전 중 영국은 아랍측과는 맥마혼선언(1915년), 이스라엘과는 벨푸어선언(1917년)을 통해 유대와 팔레스타인 두 민족에게 식민지였던 팔레스타인 지역을 넘겨주겠다고 이중 약속을 하였다. 각각 2개의 독립국가 수립을 약속한 것이다. 이러한 잘못된 문제를 해결하기 위해 골머리를 앓고 있던 영국은 제2차 세계대전 후 팔레스타인 문제를 유엔에 이관하게 되었고, 유엔 팔레스타인 특별위원회는 1947년 팔레스타인 영토를 분할하는 두 가지의 중재안(연방국가안, 2개국 분리안)을 마련하였다. 이 중재안에 대해 아랍권은 두 가지 모두를 거부한 반면, 이스라엘은 분리안을 수용하고 1948년 5월 14일에 독립하기에 이른다.

우리가 흔히 말하는 중동전쟁은 1948년 5월 14일 시작한 독립전쟁으로부터 1973년 10월 24일 4차 중동전쟁이 종료될 때까지 이스라엘과 주변 아랍국가들 간에 벌어진 전쟁을 말한다. 1차 중동전쟁의 원인은 표면적으로는 이스라엘이 팔레스타인 지역에 독립국가를 수립함으로써 발생하였지만 그 이면에는 미국 등 강대국간의 패권다툼이 있어 이스라엘은 아직도 국제분쟁의 소지가 높은 곳이라고 할 수 있다.

가. 1차 중동전쟁(1948. 5. 15~1949. 2. 24)

1948년 5월 14일 팔레스타인 지역에 이스라엘이 건국되자 이집트, 요르단, 시리아, 레바논, 이라크 등 5개국의 아랍연합군이 이를 부정하며 1948년 5월 15일 이스라엘을 침공함으로써 1차 중동전쟁이 시작되었다. 1차 중동전쟁은 '이스라엘 독립전쟁' 또는 '팔레스타인 전쟁'으로 불리기도 한다.

전쟁초기 이스라엘은 고전을 면치 못하였지만 UN의 강요에 의한 1개월간의 조건부 휴전기간에 항공기, 전차, 야포 등을 해외에서 구입하여 어느 정도 전세를 회복하였다. 7월에 이집트의 공격을 물리친 이스라엘은 2차 휴전(3개월)이 끝난 10월에 아랍연합군에 대한 반격작전을 실시하여 파죽지세로 밀어 붙였다. 결국 1949년 1월에 이집트가 휴전을 요구, 2월 24일 정전협정을 체결함으로써 1차 중동전쟁은 끝나게 되었다. 그 후 레바논은 3월에, 요르단은 4월에, 시리아와는 7월에 각각 협정이 체결되었으며, 이라크는 병력만 철수시키고 협정에는 조인하지 않았다.[33]

이 전쟁을 통해 유대민족을 팔레스타인에서 축출하여 바다에 쓸어 넣어 버리겠다던 아랍연합군의 호언장담에도 불구하고 미국의 지원으로 모세 다얀 장군이 지휘하는 이스라엘이 승리함으로써 이스라엘은 팔레스타인 땅의 80%를 점령하게 되었고, 반면에 고향에서 추방당한 70여만 명의 팔레스타인 난민들은 아직까지도 분쟁을 야기하는 불안요인으로 남아 있다.

33) 노병천, 『나쁜 전쟁, 더 나쁜 전쟁』(서울 : 양서각, 2008), p. 771.

모세 다얀 장군

- 이스라엘의 전쟁 영웅으로 1915년에 태어나 1929년 14세로 유대인들의 무장조직인 '하가나'에 가입하였으며, 40년에 가까운 군생활을 하였다.
- 1939년 제2차 세계대전이 일어나자 영국군은 '하가나'를 불법화하고 다얀장군을 포함한 유대인 지휘관들을 체포 · 구금하였다. 2년 후인 1941년 석방되어 '하가나'를 이끌고 28세의 나이로 영국군과 함께 독일군을 무찌르던 도중 독일군 총탄에 눈을 맞아 심한 부상을 입었다. 이때부터 왼쪽 눈에 붕대를 달고 다녀 이 검은 안대는 모세 다얀 장군의 트레이드 마크가 되었다.
- 1948년 1차 중동전쟁 때에는 소령으로 참가하였고, 1953년 38세에 육군참모총장이 되었으며, 1956년 2차 중동전쟁 당시 시나이반도 전선 총사령관을 맡았다. 1967년 6월 3차 중동전쟁 직전 국방장관으로 복귀하여 전쟁을 승리로 이끌었으며 4차 중동전쟁도 국방장관으로서 지휘하였다.

나. 2차 중동전쟁(1956. 10. 29~11. 6)

이집트 나세르 대통령은 영국과 미국이 에스완 댐의 건설 원조를 중단한 것에 항의하여 수에즈운하의 국유화를 선언하였다. 이에 이스라엘은 영국 · 프랑스와 함께 이집트를 공격하였다. 이 전쟁은 '시나이 전쟁' 또는 '수에즈 분쟁'이라고도 하며, 아랍권에서는 '삼국침략'으로 부르고 있다.

당시 수에즈운하를 공동소유하고 있던 영국과 프랑스가 이집트의 수에즈운하 국유화에 반발하여 수에즈를 폭격하고, 이스라엘도 이들과 동맹을 맺고 이집트의 시나이반도를 침공하였다. 이스라엘은 요르단과 시리아가 동원에 2~3일간의 시간이 소요될 것으로 판단하고, 먼저 시나이 지역에서 결전을 시도함으로써 기습을 달성하고자 하였다. 또한 개전의도가 노출되지 않도록 7~8일전에 동원하는 방안이 거론되었음에도 불구하고 3일 전에 동원하는 등 동원시기를 최대한 지연한 후 동원시간을 단축하였다. 공격방향도 최초 요르단에 동원병력을 집결시킴으로써 아랍국을 기만한 후 시나이반도로 전환 공격을 실시하여 아랍권의 초기 대응을 무력화하였다.[34)]

2차 중동전이 세계대전으로 확대될 위험에 처하게 되자 미국과 소련이 압력을 가하여 유엔총회를 통해 영국 · 프랑스 · 이스라엘 3국 군대의 철수를 결의하였고, 1957년 3월 이스라엘군이 철수하였다. 전쟁결과, 군사적인 측면에서는 영국, 프랑스, 이스라엘이 수에즈운하를 점령하고 시나이반도에 진주하는 등 점령군의 일방적 승리라고 할 수 있으나, 정치적으로는 나세르가 수에즈운하의 국유화를 국제적으로 공인받은 결과를 초래하게 되었다.[35)]

다. 3차 중동전쟁(1967. 6. 5~6. 10)

'6일 전쟁'으로 더 잘 알려진 제3차 중동전쟁은 이스라엘이 이집트 등 아랍연합군을 상대로 수행한 전쟁 중 '전격전의 살아있는 신화'라고 할 수 있다. 이 전쟁은 6월 5일 월요일 아침에 공격을 개시하여 6월 10일 토요일 밤 전쟁이 종결될 때까지 불과 6일도 안 되는 짧은 시간에 아랍연합군을 대패시킨 경이적인 전쟁이다.

1967년 6월 5일 07:45에 이스라엘의 이집트에 대한 선제기습공격으로 전투가 개시되어 시리아, 요르단을 공격함으로써 전면전으로 확대되었다. 이스라엘은 6월 5일 공군기를 총출동하여 이집트 공군기지를 맹폭격하고 4일 만에 시나이반도를 점령함으로써 6월 10일 밤에 전쟁은 종결되었다. 3차 중동전에서 이스라엘은 23개 여단에 대해 동원령 하달 후 20시간 만에 동원 및 부대편성을 완료하는 놀라운 국가동원 능력을 보여주었다. 6일간의 전

34) 김경래, 「국가동원능력! 전쟁의 승패를 좌우한다」, 『우수논문 및 지휘성공사례집』(대전 : 육군본부, 2011), pp. 169~170.
35) 육군대학, 『세계전쟁사(하)』(2004), p. 7-44.

쟁 경과를 요약하면 다음과 같다.

〈표 16〉 6일 전쟁 경과

일 자	경과 요약
Day 1(6. 5)	이스라엘의 이집트 공격
Day 2(6. 6)	이스라엘의 가자지구 장악
Day 3(6. 7)	통곡의 벽(Wailing Wall)을 비롯한 유대교 성지인 예루살렘 점령
Day 4(6. 8)	이스라엘의 이집트군 격파(시나이반도 점령)
Day 5(6. 9)	이스라엘 탱크부대 골란고원으로 이동
Day 6(6. 10)	전쟁 종료

전쟁결과, 이스라엘군은 상대적으로 경미한 피해(참전군 26만 4천 명, 사상자 779명)를 입은 반면, 아랍연합군은 심대한 타격(참전군 30만 명, 사상자 2만 명)을 받아 명예와 자존심을 실추하게 되었고, 이스라엘은 요르단 서안지역과 이집트의 시나이반도 및 가자지구, 시리아 접경지역인 골란고원을 획득하여 영토를 3.5배로 확장하기에 이르렀다. 3차 중동전에서 이스라엘의 승리요인은 뛰어난 정보수집 능력을 바탕으로 한 세밀한 계획과 준비, 그리고 초전 항공 선제기습시 보여주었던 고도의 작전통제 능력 등에서 비롯된 것이라 할 수 있다.[36)]

시나이반도는 1979년도에 미국, 이스라엘 및 이집트 간에 체결한 캠프데이비드협상에 의해 이집트에 반환되었고, 2005년에는 이스라엘군이 가자지구에서 철수하였지만 현재까지 골란고원과 웨스트뱅크는 이스라엘의 영토로 남아 있다.

---

36) 한국국방연구원, 『이라크 전쟁 분석과 전망』(서울 : 한국국방연구원, 2002), p. 166.

라. 4차 중동전쟁(1973. 10. 6~10. 24)

이집트는 3차 중동전에서 빼앗긴 영토를 회복하고, 아랍인의 실추된 자존심과 명예를 회복하기 위하여 월등히 개선된 항공 및 지상전력을 바탕으로 1973년 10월 6일 14시, 200여 대의 항공기를 동원하여 이스라엘의 주요진지를 기습 공격하였다. 이집트의 선제기습공격으로 전쟁이 시작되어 이스라엘은 막대한 피해를 입었다.

4차 중동전쟁은 '10월 전쟁', '라마단 전쟁', '욤 키푸르(Yom Kippur)전쟁'[37] 등으로 불린다. 1973년 한 해 동안 이집트는 20여 회의 예비군 동원과 1971년 말부터 4차례의 대규모 동원 및 41회에 걸친 수에즈 운하 병력 전개 등을 통해 이스라엘을 기만하였다. 특히 1973년 5월 이스라엘군은 이집트의 기만활동에 속아 이에 대응하느라 잘못된 총동원령을 내림으로써 1,000만 달러 이상의 경제적 손실을 초래하기에 이르렀고, 막상 1973년 10월 개전 당시에는 경계령만 발령하고 동원령을 발령하지 않음으로써 이집트의 기습을 허용하였다. 하지만 아랍측의 눈부신 초기 공중작전 전과가 이 전쟁에서는 궁극적인 승리로 바로 연결되지 못했는데, 이는 전쟁 지휘부의 소극적인 목표 선정 때문이었다. 당시 이집트는 '공세전략'을, 이스라엘은 '수세 후 공세전략'을 취하였다. 이스라엘은 전쟁 초기의 열세를 극복하고 미국에게서 지원을 받고 체제를 정비하여 반격에 나섰다. 골란고원의 시리아군에게 승리 후 진군을 멈춘 이스라엘군은 시나이반도지역의 이집트군을 공격하여 승리를 거두었다. 미국 및 소련의 중재와 10월 22일 유엔 안보리의 정전 결의로 24일에 전투는 종식되었고, 양국군 사이에 유엔 평화유지군이 배치되기에 이르렀다. 4차 중동전은 민족전쟁과 미소의 대리전쟁 성격을 띤 축소된 세계전쟁과도 같은 양상을 보였다.

---

37) Yom Kippur는 히브리어로 사죄의 날, 속죄의 날을 의미한다.

마. 중동전쟁의 의의

4차례에 걸친 중동전쟁은 데탕트(Detente) 무드하에서의 국지전쟁으로서, 우수한 과학기술을 바탕으로 한 무기체계의 중요성이 증대되었고, 엄청난 파괴성과 소모성을 보여준 현대전이라 할 수 있다. 이를 통해 선제공격 효과가 확인되었고, 적의 공격능력과 의도판단 등 정보의 중요성이 대두되었다.

이스라엘은 4차례의 중동전을 치르면서 1차 중동전(1948~1949)은 독립직후였던 까닭에 예비전력 동원 및 활용이 미약하였으나 2차 중동전(1956)에서는 동원의 속도와 비밀동원을 통해 전쟁을 승리로 이끌었고, 3차 중동전(1967)에서는 지상군 총병력의 70%에 가까운 예비군을 동원하여 전쟁을 수행하였다. 4차 중동전(1973)에서는 이집트의 기만작전에 의해 초기동원에 실패하였으나, 기습을 당한 후 전세를 역전시켜 승리하였는바, 이는 예비전력의 효율적인 동원을 통해 전쟁에서 승리한 좋은 사례라고 할 수 있다.

4차례의 중동전쟁을 통해 이스라엘은 국가안보에 관한 한 군사적으로 주변 아랍국을 압도하는 '작지만 강한 나라'로 인식되고 있다. 무엇이 이스라엘을 이토록 강하게 만들었을까? 이스라엘 국민들은 2천 년 전에 '디아스포라'(Diaspora, 이산)로 전 세계에 뿔뿔이 흩어져 조국이 없는 실향민으로 유랑생활을 했기 때문에, 그 어느 누구보다도 나라와 조국의 소중함을 잘 알기 때문이었다. 젊은이들의 가슴 속엔 부모님이 지킨 조국을 이제는 자신들이 지켜야 하고, 또 이를 후손들에게 물려주어야 한다는 책임감과 애국정신이 몸에 배어 있다. 영국의 역사학자 토인비(A. J. Toynbee)는 "역사의 교훈을 아는 민족은 수난의 역사를 되풀이하지 않는다"고 했는데 이는 이스라엘 국민들의 역사의식과 안보의식을 잘 표현한 말이라 하겠다.

군사력 수준을 비교 · 평가할 때 어떠한 객관적 분석도구나 기준을 마련하여 이를 활용하고 있기는 하지만, 이스라엘의 예를 보면 무기의 숫자나 성능 등 겉으로 드러난 유형전력 못지않게 무형전력도 대단히 높은 비중을 차지하고 있다는 사실을 잘 알 수 있다. 4차례의 중동전쟁을 통해 살펴보았듯이, 싸워서 이기는 강한 전투기질과 단결된 국민의 민족적 특성이 이스라엘을 오늘날과 같은 군사강국으로 자리 잡게 하는 원동력이 되었던 것이다.

실제로 이스라엘은 적으로부터 도발을 받게 될 경우, 강력하게 되받아 치는 보복의 필수성을 강조하고 있다. 이스라엘의 군지휘관들은 한국군이 2010년 10월 북한의 연평도 포격도발에 대해 미온적으로 대응한 것을 도저히 이해할 수 없다고 얘기한 바 있다. 적 도발에 대한 응징 차원에서 이스라엘의 안보 및 전략 전문가들이 주장하는 내용은, 첫째로 민주주의 국가는 비민주주의적인 적의 도발에 대해 무자비하게 보복을 할 수 있는 능력과 실천력을 보유하고 있어야 한다는 점, 둘째로 전쟁을 지나치게 두려워하거나 공포심을 갖는 것은 이미 적에게 심리적으로 패배했음을 의미하며, 희생 없는 국가안보는 절대로 있을 수 없다는 점, 셋째로 한국보다 훨씬 더 복잡하고 혼란스러운 안보환경하의 이스라엘이 정부와 군, 국민이 혼연일체가 되어 안보역량을 발휘하고 있다는 점 등을 들 수 있다.[38] 이는 남북이 대치하고 있는 한국의 안보현실을 고려해 볼 때 시사하는 바가 매우 크다고 하겠다.

3. 소결론

이스라엘은 주변의 아랍국들에게 포위되어 있는 지리적 상황과 국가경제 문제를 동시에 고려해야 하는 이중의 부담 속에서도 동원 및 예비군 제

38) 송대성, 「북핵 중단 위해선 한국이 핵보유국 돼야한다」, 『월간조선』 2011년 8월호, p. 494.

도를 꾸준히 발전시켜온 결과, 4차례에 걸친 중동전쟁에서 승리함으로써 이스라엘의 국가 동원체제에 대한 우수성을 입증시킨 바 있다. 이러한 이스라엘 예비군 및 동원체제의 특징을 살펴보면 다음과 같다.

첫째, 이스라엘은 평시에는 생업에 종사하다가 유사시에는 전 국민이 총동원되는 국민 총동원제도를 채택하고 있다. 전쟁이 발발했을 때에는 상비군이 전쟁 초기 대응과 함께 예비군이 신속히 동원될 수 있도록 지원하는 역할을 하고, 예비군은 핵심전력으로서 전쟁을 수행한다. 즉, 예비군이 주력군이 되는 방위체제를 유지하고 있는 것이다. 또한 14~17세 사이의 청소년들로 가드나를 조직하여 기초 군사훈련을 받게 하고, 유사시에는 전투근무지원 분야에서 임무를 수행토록 하는 등 총력전을 수행하고 있다.

둘째, 전쟁이 임박한 것으로 판단될 경우 핵심자원을 대상으로 비밀동원을 실시하고, 전체적으로 24시간 이내에 동원을 완료할 수 있는 신속한 동원체제를 유지하고 있다. 이스라엘은 동원을 위한 별도의 동원기구를 두지 않고, 부대단위로 해당 현역 군부대 지휘관 책임하에 동원하여 즉시 부대편성을 할 수 있도록 하고 있으며, 전투장비도 중대단위로 관리하고 있다. 이렇게 하여 예비군들이 평상시에도 언제든 동원될 수 있도록 준비를 갖추고 있기 때문에 1967년의 3차 중동전쟁 당시에는 20시간 이내에 23개 여단을 동원하여 전쟁을 승리로 이끌었고, 2006년 레바논 사태 때에는 동원된 예비군 6개 여단 중 3개 여단이 소집을 완료하는데 불과 20시간 밖에 소요되지 않았던 것이다.

셋째, 예비군에 대한 지휘통제는 현역군과 통합된 단일 지휘체제를 유지하고 있다. 즉, 예비군에 대한 편성 및 자원관리, 교육훈련, 동원업무 등은 총참모장 지휘하에 현역군 지휘계통을 통해 이루어지고 있다.

넷째, 예비군에 대한 실질적인 교육훈련을 통해 높은 수준의 전투력을 유지하고 있다. 예비군들에게 각개훈련부터 여단종합훈련까지 개인 및 부대

훈련을 시키고 있으며, 현역복무와 예비군복무를 연결함으로써 전투력의 시너지 효과를 증대하고 있다.

다섯째, 동원된 예비군에 대해서는 국가보험제도라는 확실한 보상제도를 갖추고 있다. 이를 통해 국가의 부름에 자발적으로 응한 자에게는 국가 차원에서 보상을 보장함으로써 가족에 대한 걱정 없이 전투에 참가할 수 있도록 유도하고 있으며, 한 걸음 더 나아가 정해진 급여 이외에도 여단급 부대의 경우 평상시 회합과 부대교류 등 관리명목으로 연간 500만~600만 원 정도의 특별활동 예산을 지급함으로써 사기를 높이고 있다.

이스라엘이 이러한 예비군 및 동원체제의 특징을 잘 활용하여 수차례의 전쟁에서 승리한 세부요인을 살펴보면 다음과 같다.

첫째, 치밀한 사전 준비계획과 전략적 판단능력이다. 이스라엘은 안보상의 취약점을 극복하기 위해 '전 국민이 군복 입은 시민'으로서 생활할 수 있도록 병역제도를 정비하고, 자위를 위한 선제공격 개념을 발전시켰다. 그리고 미국을 비롯한 국제사회로부터 우호적 · 묵시적인 지지를 받기 위해 치밀하게 준비하였다.

둘째, 우수하고 성능 좋은 무기체계를 보유하고 있다. 대부분의 중동국가들은 러시아계열의 낡은 무기체계를 사용하였지만 이스라엘은 미국, 영국의 신형무기를 사용하였고 자체기술을 통해 개발한 비슷한 계열의 무기도 보유하고 있었다.

셋째, 이스라엘 군대의 놀라운 정비능력과 높은 사기를 들 수 있다. 예를 들면, 골란고원 전투시 이스라엘의 전차부대는 적의 전차부대와 비교하여 수적인 면에서 절대적으로 열세였지만 파괴된 장비들을 전투지역 인근지역의 후방으로 이동시켜 신속히 정비한 후 다시 전장에 투입함으로써 장비의 수적인 열세를 만회하였고, 오히려 운용 측면에서는 대등하거나 우세한 상태에서 전쟁을 수행하였다. 또한 3차 중동전쟁시에 이스라엘 공군 조종사들은 일일 평균 3~4회 출격할 수밖에 없는 기록을 깨고, 9~10회 출격을 감행함으로써 질적 우세를 통해 적 항공기의 수적 우세를 극복할 수 있었다.[39)]

넷째, 이스라엘의 최대 강점은 강인한 국민성, 민족성에서 찾아 볼 수 있다. 단적인 예로 이스라엘은 국가를 위해 싸우다 전사하거나 부상당한 군인이 사는 아파트에는 유공자가 살고 있는 곳임을 알리는 수기를 게양한다. 수기가 게양된 집은 이웃이나 주위로부터 대단한 존경을 받고 가족들도 이를 자랑스럽게 여긴다. 또한, 국가에서 전쟁으로 피해를 입은 개인에 대해 충분한 보상과 명예를 부여함으로써 국가위기시에는 죽음을 마다하지 않고 나아가 싸울 수 있는 여건을 조성해주고 있다. 그 결과 여자 또는 노인, 젊은이까지 전장에 나가는 것을 두려워하지 않는다. 이는 국가정책뿐만 아니라 종교와 민족적 특성에 기인한 영향도 있겠지만, 근본적으로는 국가가 개인을 보호하고 개인은 국가를 위해 헌신하는 나라사랑의 정신이 충만하기 때문이다.

전쟁의 산물인 '홀로코스트[40)] 박물관', '통곡의 벽', '마사다 요새'는 오늘날에도 이스라엘 국민들의 안보교육장으로 활용되고 있으며, 이를 통해 과거의 고난과 아픔을 잊지 않고 다시는 이런 슬픈 역사를 되풀이하지 않도록 하기 위해 노력하고 있는 것이다. 이스라엘이 강한 이유는 이러한 군건한

---

39) 노병천, 『나쁜 전쟁 더 나쁜 전쟁』(서울 : 양서각, 2008), p. 792.

40) 홀로코스트(Holocaust)는 '완전히 타버리다'는 뜻의 그리스어 'holokauston'에서 나온 말로, 일반적으로 인간이나 동물을 대량으로 살상하는 행위를 총칭하지만, 고유명사로 쓸 때는 제2차 세계대전(1939~1945) 중 나치 독일에 의해 진행된 유대인 대학살을 의미한다. 폴란드 남부에 위치한 아우슈비츠 수용소에서 110만 명의 유대인이 학살된 것을 비롯하여 당시 유럽에 거주하던 900만 명의 유대인 중 2/3인 600만 명의 유대인이 학살되었고, 이 중 150만 명이 아이들이었다. 이를 추모하는 날이 히브리어로는 '욤 하쇼아(Yom Hashoah)', 영어로는 '홀로코스트 및 영웅기념일(Holocaust and Heroism Memorial Day)'이다. 이스라엘 예루살렘에는 제2차 세계대전 당시 나치 독일에 의해 희생된 600만 명의 유대인들을 추모하기 위해 1953년에 건립된 '야드 바셈(Yad Vashem)'이라는 홀로코스트 역사박물관이 있다.

안보의식과 헤브라이즘[41] · 시오니즘[42]에 의한 민족정신 때문이라고 할 수 있다.

41) 헤브라이즘(Hebraism)은 히브리어의 사용, 기질, 특징을 모두 아우르는 말이며, 헤브라이 문화 또는 헤브라이 정신 모두를 아울러 이르는 말이다. 유대인과 그들의 믿음, 국가 이념, 문화를 가리키기도 하며, 유대교와 기독교 전통을 총괄하여 부르기도 한다. 헬레니즘과 함께 유럽의 정신적 전통을 형성한 2대 조류의 하나로, 헬레니즘이 이성적 · 과학적 · 미적인 것인데 비하여, 헤브라이즘은 의지적 · 윤리적 · 종교적인 것이 차이라 할 수 있다. 위키백과사전(헤브라이즘).

42) 시온(Zion)은 '예루살렘'을 가리키는 고어이며, 시오니즘(Zionism)이란 유대인이 시온의 땅, 즉 에레츠 이스라엘(팔레스타인)로 귀환하고자 하는 운동 및 그 견해를 총칭한다. 즉, 세계 각 지역에 흩어져 있던 유대인이 그들 조상의 땅인 팔레스타인에 자신의 국가를 건국하려는 유대 민족주의운동으로서, 1948년 이스라엘의 독립으로 실현되었다. 유대민족은 오랜기간 세계 각처를 방랑하면서도 그들이 신에 의해 선택받은 민족이라는 '선민'의식을 버리지 않았으며, 언젠가는 구세주가 나타나 유대민족에게 약속된 땅인 시온에 그들의 유대국가를 이룰 수 있다고 믿어왔다. 이러한 강인한 정신력은 오늘날의 이스라엘을 만든 바탕이 되었다.

Chapter 3

스위스

〈그림 4〉 스위스 지도

스위스[43]는 유럽의 중앙부에 위치한 연방국가로서 동쪽으로는 오스트리아, 서쪽으로는 프랑스, 남쪽으로는 이탈리아, 북쪽으로는 독일과 국경을 접하고 있으며, 주변 강대국들로부터 국가의 생존이나 국가이익에 대해 항상 위협을 받을 수 있는 곳에 위치하고 있다.

국토의 대부분이 산지로서 알프스산맥, 쥐라산맥이 있고, 두 산맥 사이에 중앙고원이 위치하고 있다. 스위스는 한반도의 약 1/5 크기로 경상남·북도 정도의 면적에 인구 700만 명의 작은 나라이지만 세계 최고의 복지국가로 알려져 있다.

특별한 부존자원이 없고, 지역에 따라 독일어, 프랑스어, 이탈리아어를 공용어로 사용하는 등 대외경쟁에 불리한 여건에 있는 스위스가 선진복지

43) 스위스의 정식 국가명칭은 'Swiss Confederation'이다. 간단히 CH로 표기되는 스위스의 국제적 코드는 'Swiss Confederation'의 라틴어 표기인 'Confederatio Helvetica'의 머리글자를 딴 것이다.

국가로 우뚝 설 수 있었던 원동력은 무엇일까? 스위스인의 근면성, 성실성, 근검절약하는 생활자세 등 여러 가지 요인을 들 수 있지만, 스위스만이 가지고 있는 독특한 병역제도와 이를 이행하려는 국민의 정서가 국가발전의 밑거름이 되었다는 평가는 조금도 과장이 아니다.

30년 전쟁이 끝난 1648년 스위스는 베스트팔렌 조약[44]을 통해 중립국으로 승인되었고 1815년 비엔나 협약에 의해 영세중립국으로 인정되었으며, 동년 파리조약에서 이를 재확인함으로써 스위스는 세계 최초로 국제사회로부터 영세중립을 보장받았다. 그러나 스위스는 영세중립국임에도 불구하고 군대를 보유하고 있으며, 동맹의 성격을 띤 어떠한 국제조직에도 가입하지 않고 있으나 세계평화와 안전보장, 국제분쟁의 조정에는 적극 참여하고 있다.

스위스는 중립국이라는 특징 때문에 국제회담도 많이 열리고 있다. 또한 로잔에 올림픽본부, 제네바에 유엔의 유럽본부, 난민고등판무관사무소, 아동기금, 경제위원회가 있으며, 국제적십자사, 국제기상기구, 국제노동기구, 관세무역일반협정, 세계보건기구 등 국제기구의 본부가 스위스에 위치하고 있다.

스위스의 국가권력은 연방(Bund), 주(Canton), 구(Gemeinde 또는 Commune) 등 3단계로 분산 위임되어 있으며, 각 주정부는 독자적인 행정부, 의회, 법원을 구성 · 운영한다. 연방정부는 안전보장, 외교관계 유지, 조세, 체신, 금융, 병

---

44) 독일을 무대로 신교(프로테스탄트)와 구교(가톨릭)간에 벌어진 종교전쟁인 30년 전쟁(1618~1648)을 끝마치기 위해 1648년에 체결된 평화조약으로 가톨릭제국으로서의 신성로마제국을 사실상 붕괴시키고, 주권국가들의 공동체인 근대 유럽의 정치구조가 나타나는 계기가 되었다. 주요 내용은 ① 네덜란드와 스위스는 독립을 인정받았고 프랑스는 영토를 확장하였다. ② 가톨릭, 루터파, 칼뱅파에게 동등한 지위(신앙의 자유)를 부여하였다. ③ 제후들에게 완전한 영토적 주권과 통치권을 인정하고 ④ 로마 가톨릭교회와 신성로마제국의 지배적 역할을 실질적으로 무너뜨리고 새로운 질서를 초래하였다. ⑤ 황제와 교황의 권력은 약화되었으며, 정치는 종교의 영향에서 벗어나 세속화하여 국가 간의 세력균형으로 질서를 유지하는 새로운 체제를 가져왔다. 베스트팔렌(Westfalen)은 조약이 체결된 독일 북서부에 있는 옛 프로이센의 주(州)를 말한다.

영 등의 업무를 조정 감독하고, 주정부는 연방정부의 결정사항을 시행한다. 단, 공공재산, 학교, 경찰, 소방, 보건, 민방위 운영 등 분야에 대해서는 주정부가 전권을 행사한다.

정부조직은 크게 연방각의(Federal Council)와 연방의회(National Council, Council of States)로 되어 있는데, 연방각의는 연방의회에서 4년 임기로 선출된 7명의 각료(Federal Councilor)로 구성되어 있다.[45] 또한 연방의회는 연방의 최고통치기관으로서 선거구 주민을 대표하는 200명의 하원과 26개 캔톤[46]을 대표하는 46명의 상원 등 양원으로 구성되며, 하원의장이 양원 합동의장이 된다. 연방의회는 7명의 각료 중 1명이 입각순서에 따라 매년 윤번제로 대통령직을 수행하게 되는데, 대통령은 연방각의를 주재하고 대외적으로 국가를 대표한다.[47]

1. 예비전력 운영제도

가. 병역제도

스위스의 병역제도는 국민개병주의를 채택하고 있으나, 징병제가 아니라 일정기간의 기초군사교육 후 평상시 생업에 종사하다가 유사시 동원되는 민병(Militia)체제이다. 역종에 따라 크게 민병대와 민방위대로 구분할 수

45) Park Wonhwa and Maduz Linda, *The Success Story of Switzerland : How could Switzerland's specific political institutions contribute to the country's political stability and economic wealth?*, KIEP(2006), p. 12.

46) 캔톤이라는 용어는 1798년 나폴레옹 1세가 헬베티아 공화국을 세우고 지역의 공식명칭으로 프랑스어의 Canton을 사용하기 시작한데서 비롯되었다. 스위스는 20개의 캔톤과 6개의 반(半)캔톤으로 이루어진 연합공화국이다. 반캔톤은 캔톤이 정치적 · 지리적 · 종교적 이유로 둘로 분리된 것인데 그 차이는 두 가지로서 하나는 캔톤에서는 연방 상원의원이 2명 선출되지만 반캔톤에서는 1명이 선출되는 것이고, 다른 하나는 시민투표에서 캔톤의 표는 한표로 계산되지만 반캔톤의 표가 반표로 계산된다는 것이다. 이외의 모든 면에서는 동등한 권한을 갖는다.

47) 주 스위스 대한민국 대사관 홈페이지 자료.

있으며, 연방헌법에 의거 외교적 중립과 군사 · 경제 · 심리전 방위 및 민방위 분야에 있어 방어중심의 총력전 체제를 유지하고 있다.

스위스는 일찍이 예비군 제도를 발전시키고 민병체제를 정비하여 왔다. 평시에는 상비군을 보유하고 있지 않으며, 기본적으로 모두 민병이다. 스위스가 현역 또는 예비역의 구분이 없는 민병제도를 유지하는 배경은 국제적 지위가 보장되는 영세중립국으로서 현실적으로 군사위협이 미미하고, 전 국토의 3/4이 알프스 산악지대에 위치하여 유사시에 시간적인 여유를 갖고 방어준비태세가 가능하다는 판단이 작용하였기 때문이다.[48] 이에 따라 평소 여단 및 사단급 이상 부대의 지휘부만 유지하다가 유사시에는 동원령에 의해 예하 전투부대가 편성된다. 평시에 국경경비, 영공초계, 알프스 요새 경계, 교육훈련 등에 필요한 3,800여 명의 직업군 요원만을 유지하며, 전시에는 48시간 내에 60만여 명을 동원하여 국토를 방위할 수 있는 동원체제를 유지하고 있다.

〈표 17〉 스위스 직업군 요원의 구성

(단위 : 명)

구분	계	직업군인			직업군 치안요원			계약직 군요원
		장교	부사관	장교 (조종사 등)	장교	부사관	병	
인원	3,812	830	979	224	105	613	66	995

출처 : 주 스위스 대사관 홈페이지.

스위스의 군 복무제도 중 최근 들어 변경된 사항을 살펴보면 다음과 같다.

첫째로, 스위스 연방 군대조직법 개정안이 1995년 2월 연방의회에서 통과되어 군 복무기간이 종래 30년(20~50세)에서 22년(20~42세)으로 대폭 줄어들

48) 병무청, 『세계 주요 국가의 병역제도』(대전 : 병무청, 2005), p. 40.

었고, 군 복무일수도 종래 331일에서 293~295일로 단축되었다. 그리고 과거에 연령대별로 정예군, 보충군, 후비군 등 세 가지 종류로 나누던 부대구분도 없앴다. 이어서 '21세기 국방군 지침'이 2002년 10월 연방의회에서 군사법 개정으로 가결되고, 2003년 5월 국민투표로 통과되었다. 주요내용은 20~42세이던 군 복무기간이 20~30세로 줄어들었고, 군 규모는 35만 명에서 22만 명으로 감축된 것이다.[49)]

둘째로, 구 연방헌법 제18조는 병역 의무자를 '모든 스위스 국민'이라고 규정하였지만, 1999년 전면 개정된 연방헌법 제59조는 "스위스 남성은 누구든지 병역의무가 있고, 여성의 병역은 자유의사에 따른다"고 구체적으로 명문화하였다. 또한 양심적 병역거부제를 인정하는 규정을 두는 대신 "법률은 민간대체복무를 규정한다"고 규정함으로써 양심적 징병 거부자가 대체복무로 병역의무를 대신할 수 있는 길을 터놓았다.[50)]

셋째로, 2004년 1월 1일부터 전체 민병의 20% 이내에서 300일을 계속해서 근무하고 전역하는 '계속 복무군' 제도를 시행하고 있는데, 평화유지활동(PKO : Peace Keeping Operations)부대, 국경 감시부대 등에 효율적으로 적용되고 있다.[51)]

스위스는 민병 부사관 및 장교로 계속 근무를 원하는 사람은 소정의 선발절차를 거쳐 해당 교육과정을 이수하면 대령 계급까지 근무가 가능하며, 모든 장교는 병사 생활을 거치기 때문에 장교와 병사간의 갈등이 거의 없다는 점이 장점이다.

---

49) 구니마쓰 다마찌, 이덕숙 · 노시내 역, 『다부진 나라 스위스에 가다』(서울 : 기파랑, 2008), p. 95.

50) 안성호, 「지방자치제 민군관계의 전망과 과제 : 한국과 스위스 사례의 교훈」, 『한국정책학회 기획세미나 2003』 권3호(2003), p. 53.

51) 주 스위스 대한민국 대사관 홈페이지.

나. 동원제도

스위스군의 국방통수권은 평시에는 의회가 보유하지만 전시에는 연방의회의 결의에 따라 고급장교들 중에서 한 사람을 선임하여 총지휘권을 부여한다. 스위스의 전 · 평시 국방조직 운영체계를 살펴보면, 〈그림 5〉에서 보는 바와 같이 평시에는 국방장관이 국방성을 통하여 상비군에 대한 관리와 민병의 훈련, 장비개선, 동원계획수립 및 연습 등을 통하여 유사시에 대비한다. 그러나 전쟁 또는 비상시가 되면 총동원령과 더불어 총사령관[52)]이 선임되어 내각의 관장하에 동원집행, 용병작전, 군사지휘 등 전권을 장악하게 된다. 이처럼 스위스는 전 · 평시에 따라 국방조직과 그 운영을 달리하고 있다.[53)]

---

52) 스위스연방이 구성된 이후 현재까지 3명의 총사령관이 연방의회에서 선출되었다. 스위스와 국경을 접하고 있는 프랑스와 독일이 전쟁(1870~1871)을 벌일 때의 한스 헤르조크(Hans Herzog)장군과 제1차 세계대전(1914~1917) 때의 울리치 빌레(Ulrich Wille)장군, 그리고 제2차 세계대전(1939~1945) 때의 앙리 기상(Henry Guisan) 장군이 그들이다. 안성호(2003), 전게서, p. 49.

53) 국무총리 비상기획위원회(2004), 전게서, pp. 834~835.

〈그림 5〉 스위스의 전·평시 국방조직 운영체계

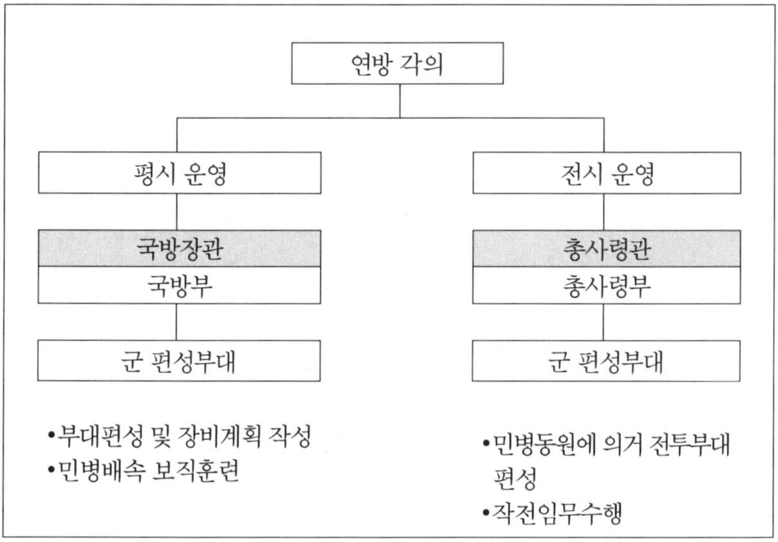

출처 : 국무총리 비상기획위원회, 『세계 동원의 역사』(2004), p. 836.

스위스는 총력방어전 개념하에 전시 영토방위 및 국민보호를 위해 국가 차원에서 평시부터 병력 및 물자를 편성 · 관리하고 있다. 이는 신속한 동원을 위한 것으로써, 관련 업무부서로는 국방부(일반참모부 및 총력방위본부), 체육민방위부(민방위청), 경제부(전시경제방위위원회), 교통부(연방철도청) 및 체신에너지부(연방체신청), 민간기업체 등이 있다.

병력동원은 전국을 수십 개의 구역으로 분할한 동원구역으로 설정하고,[54] 동원지휘부를 설치하여 동원영장의 전달과 사전교부 및 동원에 따른 지휘활동을 담당하고 있으며, 부대동원은 총사령관의 명령에 의해 동원계획에 따라 집행된다. 각급 제대는 부대편성 후 작전지역으로 이동하며, 일

54) 스위스는 전국을 7개 동원지역(Mobilization Area), 14개 구역(Mob. Sector), 60개 동원지정부대 관리소(Unit Meeting Point)로 세분화하여 행정구역별 병무담당부서에서 군부대장과 협조하여 동원을 집행 및 관리하고 있다.

반참모부는 전방참모부장을 제대장으로 하는 전방제대와 참모총장을 포함한 작전 및 군수참모부장으로 구성되는 후방제대로 구분하여 지휘기구를 편성한다.[55)]

〈표 18〉 스위스의 동원관련 업무부서 및 내용

구 분	부 서	내 용
국방, 체육 민방위부	일반참모부	•작전참모부 동원처-동원업무계획, 작성 및 시행감독 •전쟁물자 관리처-비축물자 관리
	총력방위 본부	•총력방어에 관한 연구, 정부/부서간 협조 및 조정 •목표 및 준비 수준 설정
	민방위청	•민방위 연구, 계획 및 준비, 지도 및 조정
경제부	전시경제 방위위원회	•군사 및 민간방위 공통물자(연료 및 식량)외 준비
교통, 체신 에너지부	연방체신청	•민간 통신시설의 전시동원 준비 및 군사우편 지원
	연방철도청	•철도 동원준비 및 전시 운용계획 •철도경찰의 전시 철도승무원, 철도 헌병의 편성, 훈련 및 운용준비
민간기업체		•동원담당관이 지정되어 차량/장비 동원계획 및 준비

출처 : 국무총리 비상기획위원회, 『세계 동원의 역사』(2004), p. 838.

스위스는 바다가 없는 나라이기 때문에 수출과 수입은 타국의 항구를 이용할 수밖에 없다. 특히 제1차 세계대전 때에는 겨우 2주일을 버틸 수 있는 식량 밖에 없어 쓰라린 경험을 겪어야 했다. 이러한 지정학적인 위치와 역사적인 교훈 때문에 1933년 경제방위규정을 제정하고 1938년에는 식량확보법을 제정하여 각 가정에 2개월분의 식량저장을 의무화했다.[56)]

전쟁초기 일정기간 동안 소요되는 물자를 확보하기 위해 스위스는 비축제도를 운영하고 있는데, 식량 및 연료는 12개월분, 탄약은 3개월분의 전시

55) 국무총리 비상기획위원회(2004), 전게서, p. 836.
56) 내무부, 『민방위제도 총설』(서울 : 내무부, 1990), p. 43.

비축물자를 보유하고 있다. 이러한 비축은 가정비축(2개월간의 생필품), 업체비축(전력물자 소요의 3/4), 정부보조에 의한 비축(전략물자 소요의 1/4)으로 되어 있다. 또한, 신병훈련을 마친 개인에게는 군장을 지급하여 가정에 보관, 관리토록 하다가 동원시 각자 개인별로 가정에 보관하고 있던 장구류, 피복, 탄약(탄창 1개, 탄약 24발), 비상식량 2일분을 휴대하고 지정부대로 집결한다. 동원형태는 총동원, 민방위동원 등이 있으며, 전자가 전시에 군사방위와 민방위 기능을 수행하는데 비해 후자는 부분동원 성격으로 연방정부에 의한 동원, 주(州)정부에 의한 동원, 시(읍 · 면)정부에 의한 동원 등으로 구분된다.[57]

다. 교육훈련

약 3,800명의 직업군 요원과 예비군 22만여 명을 보유하고 있는 스위스는 예비군을 국방의 주력으로 운용하고 있다. 스위스 남성들은 만 20세가 되면 21주(145일)간 신병교육을 받고, 21~26세까지 매년 114일(19일씩 6회)의 소집교육을 받으며, 27~30세까지는 예비군에 편입된다. 20세에 18주(124일)간 신병교육을 받을 경우, 21~26세까지 매년 133일(19일씩 7회)간 소집교육을 받는다.[58] 이를 도표로 표시하면 다음과 같다.

57) 정원영, 『동원행정론』(서울 : 한국국방연구원, 2009), pp. 106~107.
58) 네이버 지식사전(스위스의 군사).

〈표 19〉 스위스의 의무복무 유형

구 분	복무기간	
	제1 유형	제2 유형
최초 소집절차	3일	3일
기초훈련(20세)	21주(145일)	18주(124일)
재교육(21~26세)	매년 114일(19일×6회)	매년 133일(19일×7회)
계	262일	260일

출처 : 네이버 지식사전(스위스의 군사).

라. 민방위제도

스위스의 민방위제도는 세계에서 가장 모범적인 사례로 알려져 있다. 스위스 민방위는 국가총력방위의 일부분으로서 전쟁 후의 구조 · 복구보다는 무력충돌을 사전에 예방하는 전쟁예방이 강조되고 있다.[59] 민방위업무는 국방 · 민방위 · 체육부 산하 연방 민방위청에서 주관하는데 연방 민방위청 산하에 주 민방위국을 두고 그 밑에 시 · 군 민방위사무소를 두고 있다. 민방위제도의 목표는 무력분쟁으로 인한 제반 피해감소 활동을 통해 인명과 재산을 보호 및 구호하는 것으로서 여기에는 경보, 등화관제, 방화 및 소방활동, 인명 및 재난구조, 화생방 방호, 수해복구, 주민대피 및 문화재 보호 등이 포함된다.[60]

민방위대원은 20~40세의 스위스 시민권을 가진 남성으로 병역면제자와 민방위복무를 희망하는 외국인 또는 여성지원자로 구성된다. 민방위대원은 군 복무요원과 동일한 봉급을 받으며, 동일한 권리를 갖는다. 신규요원은 소개교육(1일)과 기초교육(5일)을 받으며, 매년 2~7일간 재교육을 받는다.

---

59) 내무부, 『외국의 민방위제도』(서울 : 내무부, 1987), p. 98.
60) 정원영(2009), 전게서, p. 107.

민방위시설은 시 · 군 단위로 지휘 · 통신 · 의료 · 주거시설 등을 지하에 구축해 놓고 있으며, 외부 차단에 대비하여 자체급수 및 자가발전시설을 구비하고 있다. 또한, 1975년 이후 모든 신축건물에는 지하대피소 건축을 의무화하고 있으며, 화생방전에 대비하여 제독장비를 정부에서 지원하고 있다. 전 거주자 약 700만여 명의 95% 이상을 소개할 수 있는 27만 개의 대피소와 3,500개의 대피시설을 완비하고 있고, 그 중 500개는 의료시설을 겸비하고 있으며 문화재보호소 280개, 경보시설(차량포함) 7,000개도 운영 중에 있다. 여기서 대피소는 무력충돌시 거주민들이 긴급히 대피할 수 있는 장소를 말하고, 대피시설은 지휘소, 비축물자, 의료시설과 병원이 갖추어져 있는 시설을 말한다.[61)]

마. 보상제도

스위스는 시민군 개념에 기초한 민병제도를 시행하고 있으므로 동원병력에 대한 보상체제는 국가보험제도를 실시하고 있다. 평소에 모든 직장인은 일정 금액(봉급의 3%)을 국립보험회사에 불입하여 보험금을 조성하며 동원시에는 현 직장의 급여수준으로 지급한다.[62)] 또한 스위스는 특별급여제도를 동시에 시행하여 특별부가금 성격으로 일당 및 가족생계비를 지급하고 있는데, 전시동원병력 지급금액은 〈표 20〉과 같다.

---

61) 주 스위스 대한민국 대사관 홈페이지.
62) 정원영 · 정주성, 「발전적인 예비전력 육성 및 관리방안」, 『2005년 육군전투발전 미래지향적 인력설계 및 정책방향』(2005), p. 464.

〈표 20〉 스위스의 보상제도

(단위 : 스위스 프랑)[63]

계급	중장	소장	준장	대령	중령	소령
일당(SFr)	30	27	25	23	20	18
계급	대위	중위	소위	준위	상사	중사
일당(SFr)	16	13	10	10	9	9
계급	하사	병장	상병	일병	이병	
일당(SFr)	8	7	6	5	4	

출처 : 송춘섭 · 조기수, 「전시 동원자원의 효율적인 보상체제 확립 방안」, 한국군사문제연구원 군사학술용역 연구보고서(2004), p. 84.

보상비 지원은 노년 및 사망시 유증보험 등 기여금 형태로 지급된다. 이 급여 외에, 개인이 소속되어 있는 직장에서는 연방정부법에 따라 기본임금의 80% 이상을 지급한다. 이처럼 스위스는 군 복무로 인한 경제적 손실이 없도록 보상대책을 강구하고 있으며, 자원하여 민병 부사관과 장교로 계속 근무할 경우에도 경제적으로 지원할 수 있는 장치를 갖추고 있다.

한편, 스위스의 남성 중 장애자를 포함한 모든 병역면제자는 일정기간까지 본인 소득의 3%를 병역세로 납부하여야 한다. 물론 전혀 소득이 없는 경우에는 별도의 세율을 부과하고 일부는 면제해 주고 있지만, 군 복무를 하지 않는다는 것은 국가에 대한 채무 불이행으로 받아들이고 있다. 따라서 이러한 세금은 스위스 국민으로서 병역의무의 미이행에 대한 규제와 병역의무 이행자에 대한 상대적 박탈감 해소 및 보상의 성격을 지니고 있다고 할 수 있다.

63) 스위스 프랑(Franc)은 스위스와 리히텐슈타인의 통화이름으로, 1프랑은 대략 한화 1,200원 내외로 산정된다.

2. 운영사례 : 제2차 세계대전시 고슴도치 국방정책

스위스는 1870년 보불전쟁시 프랑스 군대가 자국의 영토를 통과할 위협에 직면하게 되자 5개 사단을 동원하여 국경선 일대에 배치함으로써 프랑스군을 저지하였다. 그리고 제1차 세계대전 중에는 독일 · 프랑스 · 오스트리아 · 이탈리아 등 참전국들이 스위스 국경을 침범하려고 하자 25만 명의 병력을 동원하여 국경선 일대에 배치하고 수비를 강화함으로써 영토와 주권을 수호하였으며, 제2차 세계대전시에 독일이 폴란드를 침공하였을 때에는 총동원령을 발령하여 40만 명을 동원함으로써, 스위스를 공략하려는 독일군의 작전계획 변경을 강요하여 중립을 유지할 수 있었다.[64] 이 중에서 제2차 세계대전시 독일 히틀러(Adolf Hitler)의 침공을 좌절시킨 스위스의 고슴도치 국방에 대해 좀 더 상세하게 알아보고자 한다.

가. 배경

제2차 세계대전 당시 유럽 전체가 전쟁의 소용돌이에 휘말렸을 때에도 스위스는 영세중립국이라는 명목으로 전쟁에 휩쓸리지 않았다. 그러나 스위스가 단순하게 중립국이라고 선언했기 때문에 중립이 지켜진 것은 아니다. 스위스는 몇 차례 나치 독일의 공격을 받을 뻔 하였지만 한 차례도 실제로 공격을 당하지는 않았다. 이에 대해서는 다양한 원인이 제기되고 있지만 그중 하나는 바로 독일이 침략해 오면 맞서 싸우겠다는 스위스 국민들의 결연한 의지 때문이었다. 스위스는 영세중립국임에도 불구하고 '내 나라는 내가 지킨다'는 자위정신을 바탕으로 제2차 세계대전 당시 독일군이 유럽

---

64) 나태종, 「21세기 한국의 병역제도 발전방안 연구」, 충남대학교 대학원 박사학위논문(2012), p. 183.

대륙의 대부분을 유린하고 추축국(樞軸國, Axis Power)[65]인 이탈리아와의 보급로를 확보하기 위해 알프스 터널을 보유하고 있는 스위스를 침공하려 하자 준전시 동원령(1939. 8. 29)을 발령하였다.

나. 경과

스위스 연방의회는 총사령관으로 앙리 기상(Henry Guisan) 장군을 임명하여 3일 동안 전체 인구의 10%가 넘는 40만 명의 장정들을 소집하여 전투태세를 갖추었다. "탄약이 떨어질 때까지 싸워라. 총알이 떨어지면 총검으로라도 싸워라. 절대 항복은 없다. 죽을 때까지 싸워라." 제2차 세계대전이 시작되자 앙리 기상 장군이 독일 침공에 대비해 한 말이다.

스위스인들은 결코 히틀러정권과 타협하지 않았고 나치의 침공위협에 직면해 결사항전의 각오로 저항하여 자유와 독립을 지키고자 하였다. 스위스는 국경을 침범한 독일 공군기를 수차례에 걸쳐 격추시켰고, 독일은 이를 빌미로 스위스 침략계획을 세웠지만 독일이 공격해 오면 알프스 산악지역으로 후퇴하여 알프스 산맥을 중심으로 게릴라전을 펼치며 끝까지 저항한다는 전략을 수립하였다. 그리고 후퇴하면서 스위스의 철도와 교량을 스스로 폭파해 독일과 이탈리아에게도 절대적으로 필요했던 교통망을 붕괴시키겠다고 선언했다.

1940년 7월 25일 앙리 기상 장군은 군사회의시 군대를 알프스 산속의 2만 2,000여 개 지하벙커 진지에 배치하고, 이 천연요새들로 통하는 모든 접근로에 폭발물을 장치하여 최후의 순간까지 국토를 수호하는 것을 골자로 하는 국가 요새계획(Le Reduit National)을 전파하였다.

알프스 산악지역에서 작전시 부족한 식량이 문제가 되었는데 스위스 국

---

65) 제2차 세계대전 당시 미국 · 영국 · 소련 등의 연합국(聯合國, Allied Power)과 싸웠던 나라들이 형성한 국제동맹을 가리키는 말로 일본 · 독일 · 이탈리아 세 나라가 중심이었다.

민 단결의 상징인 퐁듀가 나치의 침입으로부터 스위스를 지키는데 한 몫을 하였다. 퐁듀는 원래 녹인 치즈에 빵을 찍어 먹는 스위스의 전통음식을 말한다. 이는 알프스 지역의 추운 겨울을 나기 위해 발달한 요리로 젖소 등 가축을 돌보던 스위스 목동들은 치즈 퐁듀를, 포도농장에서 일하던 이탈리아 농부들은 야채 퐁듀를 만들어 먹었다. 제2차 세계대전 당시 치즈 생산업자들의 모임인 스위스 치즈연맹에서는 자위운동의 일환으로 퐁듀를 이용한 레시피를 만들어 퍼뜨렸다. 이는 알프스 목동들이 퐁듀를 먹으며 단합한 것처럼 스위스 국민들 역시 퐁듀를 먹으며 힘을 합쳐 나라를 지키자는 것이었다. 스위스군에도 퐁듀를 공급하면서 퐁듀가 스위스 단합의 상징이 되었고, 제2차 세계대전이 끝난 후에도 스위스치즈연맹의 퐁듀 보급운동은 계속되었다. 군인들이 쉽게 먹을 수 있도록 스위스 퐁듀세트를 지원했는데, 지금 아미 나이프(Army knife)라고 불리는 스위스 칼과 함께 스위스 퐁듀세트가 유명해진 배경이다.[66)]

또한 평시 식량의 절반 이상을 수입하는 스위스의 전시 식량문제를 해결하기 위해서, 취리히공대 출신 농업전문가 바알렌(E. T. Wahlen) 교수는 국토의 토양분석에 근거해 밀 · 감자 · 보리를 심는 경작면적을 종래 18만 헥타르(ha)에서 50만 헥타르로 증대시키는 식량 자급자족계획인 바알렌계획(La Plan Wahlen)을 수립하였다. 이러한 국가요새계획과 이를 지원하기 위한 스위스 퐁듀세트 및 바알렌계획은 스위스를 위기상황에서 구하기 위한 방책이었다고 할 수 있다.

다. 결과

독일로서는 스위스 군대와 국민의 대대적인 저항, 그리고 자국도 이용하

66) 「국방일보」(2014. 8. 21. 12면)

고 있던 스위스 금융과 교통시스템의 파괴를 감수하면서까지 이 나라를 공격해 점령하기에는 부담이 적지 않았다. 결국 히틀러가 스위스를 침공해 항복시킨다 해도 엄청난 대가를 치를 수밖에 없다는 사실을 깨닫고 침공을 포기함으로써, 스위스는 나치 독일의 위협으로부터 영토와 주권을 지킬 수 있었다. 이 사례는 전쟁억제력으로서의 역할을 수행한 예비전력 운용의 모범적 사례로 잘 알려져 있다.

1940년 8월 독일군 참모부가 스위스 침공계획을 수립하면서, '스위스 병사는 강인한 전사이며 사격술이 뛰어나고, 스위스 군대는 기능적으로 조직되어 있고 신속하게 동원되는 전력'으로 평가했으며, 1942년과 1943년의 독일군 정보보고서에도 이와 유사한 내용이 포함되어 있었다. 제2차 세계대전시 스위스의 고슴도치 국방을 통해 스위스인들의 숭고한 애국심과 국방을 시민의 권리이자 의무로 간주하는 사회적 통념을 이해할 수 있다. 또한 전쟁을 예방하기 위해서는 적의 침공에 대한 철저한 대비와 무장, 그리고 국가위기시에 시민과 군인이 하나가 되는 친화적 민군관계가 대단히 중요하다는 교훈을 얻을 수 있다.[67)]

사방에 적군으로 둘러싸인 스위스의 철통 국방은 미국 · 일본 · 중국 · 러시아 네 강대국의 틈바구니에서 북한을 상대하면서 평화와 자유를 지켜야 하는 한국이 국가안보대책을 수립할 때 반드시 타산지석(他山之石)으로 삼아야 할 귀중한 사례라 하겠다.

3. 소결론

영세 중립국인 스위스는 주변국들의 위협에 능동적으로 대응하기 위하

67) 안성호, 「읍 · 면 · 동 국민자치와 향방전력의 발전방안」, 『2011년 예비전략 발전 세미나 자료집』(2011), pp. 47~52.

여 오랜 기간 동안 민병제도를 운용하면서 국가를 지켜왔다. 그들은 상비전력을 최소화하고 예비전력을 전쟁 억제력으로 활용하고 있으며, 전시에는 예비전력을 전쟁수행의 핵심전력으로 사용할 수 있도록 철저한 준비를 갖추고 있다.

이러한 스위스의 동원 및 예비군체제의 특징을 요약하면 다음과 같다.[68)]

첫째, 스위스는 현역과 예비역의 구분이 없는 오랜 전통의 민병제도를 통해 평시에는 소수의 상비군만을 유지하고, 유사시에는 민병을 동원하여 군의 주력부대를 편성하는 시민군제도를 채택하고 있다.

둘째, 스위스는 전시 작전반응속도를 단축하기 위해 평시 개인장비의 사전 지급제도를 시행하고 있다. 병사들이 신병훈련소에서 21주 또는 18주간의 기초 군사훈련을 마침과 동시에 개인화기 및 탄약, 장구류 일체를 개인에게 지급하여 가정에서 보관하게 함으로써 모든 국민들에게 '가정이 곧 병영'이라는 안보개념을 확고히 인식시키고 있다. 이에 따라 유사시 무기 · 장비의 분배에 소요되는 시간과 인력을 절약할 수 있고, 동원과 동시에 즉각적으로 작전에 투입할 수 있다는 커다란 장점이 있다.

셋째, 가정비축, 업체비축, 정부비축 등 다원화된 비축제도를 갖추고 있다. 어느 국가든 전쟁이 발발하게 되면 국내의 부존자원과 전쟁소요 물자가 부족하게 되고, 대부분의 국내기업도 전시체제로 전환되기 때문에 부족한 물자를 외국에 의존하게 된다. 스위스는 이에 대비하여 각 가정마다 일정기간 동안 전쟁을 수행할 수 있도록 모든 생활필수품을 보관하도록 하고 전시비축물자를 가정, 기업, 정부가 공동으로 분담하여 비축할 수 있도록 제도화하고 있는 것이다.

넷째, 철저한 교육훈련제도를 들 수 있다. 민병들은 21주간의 기초 군사

---

68) 김영화, 「전시 동원제도 발전방향」, 육군교육사령부 군사학술용역 연구보고서(2001), p. 3-12와 국무총리 비상기획위원회(2004), 전게서, pp. 838~839를 종합 재정리.

훈련을 받은 후 민병군에 편성되며, 민병으로 편성된 26세까지는 매년 19일간의 훈련을 6~7회씩(총 114일 또는 133일) 받고 있다.

다섯째, 동원병력에 대한 철저한 보상제도를 들 수 있다. 정부에서는 국가보험제도를 통해 재원을 확보하고 소집된 민병들에 대해서는 충분할 정도의 생계를 보장해 주기 때문에 국민들은 동원에 따른 경제적 부담 없이 민병훈련은 물론 국가의 전시동원에도 적극 참여할 수 있는 것이다.

Chapter 4

북 한

북한의 대남전략 목표는 무력에 의한 적화통일로서 한반도에 공산주의 사회를 건설하는데 있다. 북한군의 군사전략은 마오쩌둥(毛澤東)의 인민전쟁 전략과 구소련의 군사교리, 김일성의 항일유격전 경험을 토대로 하여 6·25전쟁의 경험, 월남전, 중동전쟁, 첨단무기가 동원된 걸프전과 이라크전 등을 참고하여 독자적인 군사전략을 구축해 왔으며 지금도 꾸준히 진화해 가고 있다. 2012년 4월 11일 개정된 조선노동당규약 서문을 보면 "조선노동당 당면목적은 공화국 북반부에서 사회주의 강성대국을 건설하며, 전국적 범위에서 민족해방 민주주의 혁명의 과업을 수행하는데 있으며 최종목적은 온 사회를 김일성-김정일주의화하여 인민대중의 자주성을 완전히 실현하는 데 있다"고 되어 있다.

이러한 목적을 달성하기 위한 북한의 전통적 군사전략은 크게 세 가지로 압축된다. 후방지역에 특수부대를 투입하여 제2전선을 형성함으로써 전·후방 동시 전장화를 추구하는 정규전과 비정규전의 배합전략[69]과 6·25 남

69) 배합전이란, 작전간 두 가지 이상의 전투형태 및 기능을 결합하여 실시하는 작전으로, 군사전법의 기본을 이룬다. 즉, 전투형태와 방법, 전투지역은 서로 다르나, 부대 간 상호작전(전술)적 연계를 맺고 하나의 군사적 목적을 위해 함께 싸우는 것을 말한다. 이러한 배합전의 기본형태에는 '정규전과 비정규전의 배합', '대부대작전과 소부대작전의 배합'이 있으며, 운용 제대구분에 따라서는 전략적 배합, 작전적 배합, 전술적 배합으로 구분하기도 한다. 정규전과 비정규전의 배합전략이란 주전선에서의 전투와 병행하여 후방지역에서 비정규전에 의한 또다른 전투를 강요함으로써 배후에 제2전선을 형성하여 적의 동원을 방해하고 지원 및 증원을 곤란케 하는

침 시에도 시도된 바 있는 선제기습전략 그리고 미 증원군이 한반도에 도착하기 이전에 전쟁을 종결하기 위한 속전속결전략[70]이다. 따라서 북한은 적화통일의 여건이 조성되었다고 판단될 경우에는 선제기습공격으로 전쟁의 주도권을 장악하고, 강력한 화력과 기갑 · 기계화부대로 전과확대를 실시하여 속전속결을 기도할 것이며, 정규 및 비정규전의 배합으로 전 · 후방 동시전투로 단기결전을 수행할 것이다.

북한은 평양-원산선 이남 지역에 지상군 전력의 약 70%, 해군전력의 약 60%, 공군전력의 약 40%를 전진 배치시켜 기습[71]공격을 감행할 수 있는 태세를 갖추고 있다.[72] 또한 핵 및 화생무기, 장사정포, 탄도미사일, 특수전부대, 사이버 전력, 무인 타격기 등 비대칭 전력을 적극 활용할 것이다. 따라서 예비전력도 이러한 북한의 기습과 전후방 동시 배합전술, 특수전 부대 운용, 사이버전 등에 대응할 수 있도록 대비태세를 갖추어야 한다.

북한이 속전속결전략을 추구하는 이유는 경제력이 열세인 상태에서 장기전을 수행할 경우 한 · 미 연합군과의 전쟁에서 승리할 확률이 극히 낮다고 판단하기 때문이다. 즉, 국가총력전 개념에 의거 남한의 산업구조가 전시산업구조로 전환되고, 인적 · 물적 자원이 동원된다면 북한의 경제능력으로 도저히 이를 감당하기 어려울 것이고 강력한 한미연합방위태세를 갖추고 있는 상황에서 미 증원군이 전개된다면 더 이상의 전면전은 북한에게 불리할 것이라고 보는 것이다. 이러한 판단하에 북한은 한미관계의 발전을 방해하고 남남간의 갈등을 유발하는 책동을 일삼고 있으며, '강성대국 건

등 '전 · 후방 동시 전장화'를 통해 국민의 전의를 상실케 하는 전략을 말한다.

70) 속전속결전략이란 우세한 전투력을 집중시켜 고도의 속도로 종심 깊게 기동하여 적 지상군 주력을 섬멸하고 전쟁의지를 조기에 말살시켜 우방지원 이전에 전쟁을 종결시킨다는 전략이다.

71) 기습이란 적이 예상치 않은 시간, 장소 및 방법으로 적을 강타하는 것으로서, 기습은 적이 모르도록 하는 것도 중요하지만 비록 적이 알았다하더라도 효과적으로 대처하기에는 너무 늦도록 하는 것이 더욱 중요하다.

72) 국방부, 『2014 국방백서』(2014), pp. 25~27.

설'의 기치아래 핵 · 미사일 · 화학무기와 사이버전력 등의 비대칭 전력을 증강하는데 주력하고 있다.

1. 예비전력 운영제도

가. 병역 및 예비군 제도

북한에서는 군 징병제도를 '초모제(招募制)'라 부른다. 초모(징병)절차에 따르면, 청소년은 15세가 되면 징집대상자로 등록되고 16세에 징병검사를 받으며 17세에 징집이 실시된다. 북한은 6 · 25전쟁이 끝나고 1955년까지 지원병제도를 실시하다가 1956년부터 의무병제도로 변경하였다. 그러나 1972년부터 노동당이 선발하는 자만을 군에 입대시키는 형식상의 지원병제도를 다시 실시하였다. 2003년부터는 '전민군사복무제'를 채택하고 있는데 이는 신체검사 불합격자와 성분불량자를 제외하고 모든 남자는 군에 가야하는 의무병제의 시행을 뜻한다.

군 복무기간의 변천과정을 살펴보면 1958년 북한 '내각 결정 제148호'에 의해 지상군은 3년 6개월, 해 · 공군은 4년을 복무하도록 규정되어 있으나 이 규정에 우선하여 노동당의 군사정책 결정 및 인민무력부의 방침에 따르도록 되어 있다. 그래서 실제로는 7~10년 동안 복무하고, 만 26~27세가 되어야 제대가 허용되었다. 게다가 특수부대인 경보병부대나 저격부대 병사들은 10~13년을 근무해야 한다.

복무연한이 불평등해지자 1993년에 김정일은 '10년 복무 연한제'를 실시하도록 지시했고, 1996년에는 군복무 조례를 변경해 사병의 경우 남자 30세, 여자는 26세로 기간을 연장했다. 그러나 북한의 젊은이들이 오랜 군복무로 결혼이 늦어지고, 출산율도 저하되어 사회적 문제를 야기하게 되자

2003년 3월 최고인민회의에서 전민군사복무의무와 군 복무기간을 10년으로 규정한 '군사복무법'을 채택하여 오늘에 이르고 있다.[73] 이들은 전역 후에도 교도부대와 노농적위대로 편성된다. 참고로 군관 전역연령은 위관은 40세, 영관은 50세이며, 장군은 무제한이다.[74]

북한의 최고 국방지도기관은 1972년 12월에 창설된 헌법상의 국가기관인 국방위원회이다. 국방위원회는 창설 당시 중앙인민위원회 산하기관에 지나지 않았으나, 1990년 김정일이 국방위원회 제1부위원장으로 추대되면서 중앙위원회에서 분리되었으며, 1992년 국가기구로 격상되었다. 1998년 주석직이 폐지되고 동년 9월 5일 헌법이 개정된 이후 북한의 국가 최고 권력기관으로서 북한 내 정치 · 군사 · 경제 역량의 총체를 통솔 및 지휘하고 있다. 국방위원회는 북한의 헌법상 '국가 주권의 최고 국방지도기관'으로 규정되어 있지만 현실적으로는 국방위원장의 개인 의지를 실현하는 군사부문의 군사 보좌기구라고 할 수 있다.

국방위원회 예하에는 〈그림 6〉에서 보는 바와 같이 총정치국, 총참모부, 인민무력부가 있는데 총정치국은 군내의 당 조직과 정치사상 사업을 관장하고, 총참모부는 군사작전을 지휘하는 군령권을 행사한다. 인민무력부는 대외적으로 군을 대표하면서 군관련 외교, 군수, 재정 등 군정권을 행사한다. 이들 조직은 상호 수평적 관계로 상호 견제 및 충성 경쟁을 하는 관계로 변모되었다.

73) 국방부, 『북한 · 북한군 바로알기』(서울 : 국방부, 2012), pp. 146~149.
74) 정남균(2002), 전게논문, p. 23.

〈그림 6〉 북한군 지휘체계도

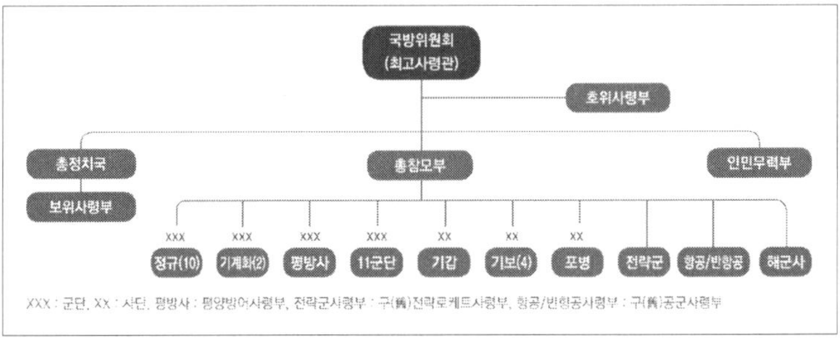

출처 : 국방부, 『2014 국방백서』, p. 25.

북한의 모든 군사력은 국방위원장에 의해 행사되며 노동당의 강력한 지도와 통제를 받는다. 북한 군사체제의 특징을 살펴보면 다음과 같다.

첫째, 육 · 해 · 공군 등으로 독립된 3군식 군제도 아니고, 한국처럼 합참이 3군을 직접 작전지휘하는 통합군식 군제도 아니다. 북한군은 총참모부 예하에 정규 및 기계화 군단과 기갑 · 기보 · 포병 사단 등이 존재하며, 역시 동격의 전략군사령부, 항공/반항공사령부, 해군사령부가 소속되어 있는 단일군식 군제를 채택하고 있다. 이와 같은 단일군제는 군사역량의 집중과 지휘가 용이하여 전시에 최고사령관의 결심 하나로 즉각적인 군사행동의 통합을 이룰 수 있다는 장점이 있다.

둘째, 군 통수권상의 모든 정점은 완전히 국방위원장 1인에게 귀일되고 있는데 이는 인민군대가 국방위원장의 군대, 김정은의 사병화 된 군대라는 것을 의미한다.

셋째, 북한은 거의 완전무결한 군사동원체제를 갖추고 있다. 전 인민의 무장화, 전 국토의 요새화 등 4대 군사노선을 아직도 추구하고 있으며, 예비사단격인 교도사단, 당중앙 군사위원회에서 직접 관장하는 노농적위대 및 붉은청년근위대의 준군사부대에 대해서는 즉각적인 현역화가 가능하도록 관리하고 있다.

넷째, 북한군의 지휘체제는 크게 정치계통과 군사계통으로 이원화되어 있다. 군대 내 정치조직인 총정치국과 예하 군단 · 사단 · 여단 · 연대 · 대대 정치부 및 중대 정치지도원에 의해 정치지휘체계를 유지하고 있고, 군사지휘체계는 군정권을 담당한 인민무력부와 군령권을 행사하는 총참모부를 통해 유지하고 있다. 북한은 권력세습을 위해 1994년 김일성이 사망하자 1998년 헌법을 개정하여 주석직을 폐지하였고, 2011년 김정일 사후에는 김정일을 영원한 당 총비서와 국방위원장으로 추대하였으며, 김정은 자신이 당 제1비서, 국방위원회 제1위원장, 조선인민군 최고사령관, 당 중앙군사위원장 등 요직을 겸직하면서 실질적인 1인자로 군림하고 있다.

북한의 국방체제는 평시에는 군 · 당의 이원적 지휘체제이나 전시에는 최고사령부에 의한 단일 지휘체제가 유지된다. 김정일은 생전에 국방위원장 겸 인민군 최고사령관 역할을 하였으며, 김정일 사망 후에는 후계자인 김정은이 최고사령관으로 추대되었다. 6 · 25전쟁 당시에 창설된 북한의 최고사령부는 전시 군령권 행사기관으로 최고사령관의 군사작전과 지휘명령을 수행하는 최고 집행기구라고 할 수 있다. 6 · 25전쟁이 끝난 지금도 북한에 최고사령관이 존속하는 이유는 북한이 현재도 한반도는 준전시상태라고 판단하고 있기 때문이다.

북한군 최고사령부가 여타 군내 각급 사령부와 근본적으로 차이를 갖는 것은 전쟁 승리를 위해 한시적으로 창설된 '전시 특수기관'이라는 점에 있다. 따라서 최고사령관은 북한 내 모든 무력기관 및 일체의 무력에 대한 최고 군사지휘관이라는 것을 의미하며, 평시에는 존재하지 않는 '전시의 특수직책'이라고 할 수 있다. 따라서 평시에 북한군 최고사령부는 독립된 부처로 존재하는 것이 아니라 일명 '최고사령부처'로 불리는 총참모부 작전국

제2처가 최고사령관의 명령을 집행하는 실무를 담당하고 있다.[75]

예비전력의 지휘관리는 인민무력부와 당 중앙군사위원회에서 담당하고 있는데, 인민무력부는 총참모부와 지구사령부를 통하여 교도사단 및 교도여단을 지휘 · 관리하고, 당 비서국 예하의 민방위부는 예비병력인 대학교도부대와 노농적위대, 붉은 청년근위대를 지휘 · 관리한다. 상비군으로서 현역복무를 마치게 되면, 의무적으로 지역군사부에 등록을 하게 됨으로써 지역 및 신분에 해당하는 준군사조직에 편성된다.[76]

나. 예비전력의 운영형태

체제유지를 위해 선군정책을 추진하고 있는 북한은 상비군뿐만 아니라 다양한 형태의 예비전력을 운영하고 있다. 이들 예비전력은 유사시 즉각 동원되어 전력화하게 되며, 현역복무를 수행하지 않는 14세부터 60세까지의 인민을 대상으로 편성하고 있다. 그 편성 대상과 기간 및 규모, 전 · 평시 임무는 서로 다르며, 세부내용은 〈표 21〉과 같다.

75) 국방부, 『북한 · 북한군 바로알기』(2012), pp. 163~164.
76) 국무총리 비상기획위원회(2004), 전게서, pp. 855~856.

〈표 21〉 북한 예비전력의 편성 및 임무

구분	대상 및 기간/규모	임 무
붉은청년근위대	•고등중학교 4학년 이상 남녀 (만 14~16세) •학교별 중대/대대규모 편성 -중대(학년별 3개 소대, 105~135명) -소대(학급별 3~5개 분대, 35~40명) -분대(8~12명) •100만여 명	•평시 : 사상확립과 군사기술배양, 대간첩작전 및 대유격전시는 노농적위대 지원, 당 민방위부 관할 •유사시 : 노농적위대와 협동, 후방과 향토를 방위하며, 필요시 청소년 결사대로서 정규군에 보충되어 전투에 참가, 인민무력부 지휘
교도부대	•현역군인과 후방 필수요원을 제외한 만 17~50세 남자 및 17~30세 미혼여자 •60만여 명	•예비전력의 핵심체로서 전시 긴급 동원예비군의 역할 수행 •전 · 평시 모두 인민무력부 예하 후방군단에서 통제
	•교도사단 •17~35세 정예자원 •정규보병사단에 준하여 편성, 초급 간부는 현역/전역군관을 재소집 임용	•전시 긴급 동원 전력 •평시 : 중요지역 및 시설 방위 •전시 : 관할지역 내 전 · 후방 군단 배속전환, 작전임무 수행
	•교도여단(17~40세, 여 : 30세) •여단단위 병력편성 •수송교도여단 •해상교도여단	•향토방위 핵심전력 •평시 : 지역방어 임무 •전시 : 정규군에 부대단위 편성, 후방지역 및 주요시설 방어와 연안 경계, 수송지원 등 정규군보충 및 증편에 동원
	•대학교도부대(고등전문학교, 종합 및 단과대학 남녀 학생)	•평시 : 군사교육 •전시 : 간부요원/전선부대 병력증강
노농적위대	•17~60세 남자 위주 •정규군 체제 모방, 기본 업무와 민방위 목적에 적합하도록 구성, 행정구역 및 직장단위 편성 •570만여 명	•평시 : 민방위부 지원, 향토경비 담당 •전시 : 군의 예비병력으로서 배정된 후방지역 방호와 지역점령시 유격대 활동
기타	•40만여 명	•호위사령부, 인민보안성, 군수동원 지도국, 속도전 청년돌격대

출처 : 국무총리 비상기획위원회, 『세계 동원의 역사』(2004), p. 855와 국방부, 『2012 국방백서』, p. 289를 토대로 재구성.

북한의 예비전력은 교도부대, 노농적위대, 붉은청년근위대, 준군사부대로 구성되어 있다. 북한은 1959년에 중국의 민병조직을 모방하여 노농적위대를 창설하였고, 1963년에 노농적위대 병력 중 제대군인을 주축으로 교도부대를 창설하였으며, 1970년에는 고등중학교 상급반을 대상으로 붉은청년근위대를 창설하였다. 북한은 1960년대 이후 4대 군사노선의 하나인 '전인민의 무장화'에 따라 14세부터 60세까지 인구의 약 30%를 전시동원 대상으로 하여 총 770만여 명에 달하는 예비전력을 확보하고 있다.

북한군 계급

- 북한군은 계급을 '군사칭호'라고 부른다. 6 · 25전쟁 중이던 1952년 12월 31일 최고인민회의 상임위원회에서 제정된 군사칭호는 군관은 원수급, 장령급, 군관급으로 대별되고, 군관이하 계급은 한국의 부사관에 해당하는 사관급과 일반병사에 해당하는 원사급으로 나뉘어진다. 현재는 아래와 같이 군관은 15종, 병사는 8종으로 나뉘어 있다.

군관(15종)	사병(8종)
·원수급 : 대원수 · 원수 · 차수 ·장령급 : 대장 · 상장 · 중장 · 소장 ·좌관급 : 대좌 · 상좌 · 중좌 · 소좌 ·위관급 : 대위 · 상위 · 중위 · 소위	·하사관 : 사관장(특무상사) · 상사 · 중사 · 하사 ·병사 : 상급 병사 · 중급 병사 · 하급 병사 · 전사

- 원수급은 북한군 최고위급이며, 계급장은 큰 별과 국장으로 표시한다. 대원수는 사망한 김일성과 김정일 두 명이고, 원수는 공화국 원수와 인민군 원수로 구분되는데 공화국 원수는 김정은, 인민군 원수는 이을설이다. 차수계급은 북한군에서만 볼 수 있는 독특한 계급체제로서 1953년 2월 최용건에게 최초로 수여한 이후 현재까지 11명이 차수 칭호를 받았다.

- 한국군은 영관 및 위관이 각각 3단계의 계급인데 비해 북한군은 좌급 및 위급군관은 한 단계 더 많은 4단계 계급체제를 갖추고 있다.

1) 교도부대

교도부대는 유사시 정규전 부대의 전투력을 보강할 수 있는 북한의 가장 핵심이 되는 예비전력으로서, 현역 군인과 후방 필수요원을 제외한 만 17~50세까지의 남자와 17~30세의 미혼 여성지원자를 대상으로 구성되며, 행정단위와 직장규모에 따라 사단 및 여단으로 편성되어 있다. 교도부대는 크게 교도사단 및 교도여단, 해상교도부대, 대학교도부대로 구분된다. 인민무력부 예하 후방군단의 관할하에 50여 개의 교도사단 · 여단과 60만여 명으로 구성되어 있으며, 교도부대의 지휘관과 공용화기사수들은 현역군인으로 편성되어 있다.

교도부대는 3급 이상의 기업소들은 종업원 수와 특수성을 고려하여 중대부터 연대규모까지 각종 병과부대 단위로 편성하고, 이를 지역단위로 통합, 교도여단 및 교도사단으로 조직하여 정규군(후방군단) 예하에 두고 인민무력부 계통의 지휘를 받아 운영된다. 즉, 3급 기업소는 중대규모, 2급 기업소는 대대규모, 1급 및 특급기업소는 연대 규모로 각각 편성하여 현역 정규군의 지휘를 받는다.[77] 만약 대학교도부대에 입대한 대학생이 훈련과정을 이수하지 못하면 졸업을 하지 못하게 되며, 2학년 중 6개월을 정규군과 동등하게 이수하면 소위 계급이 부여된다.

교도부대는 정규 보병사단 및 여단에 준하는 편제와 무장을 하고 있으며, 정규군의 현대화로 교체되는 주요 장비들을 인수하여 전력을 보강하고 있다. 전쟁발발시 정규군에 배속되어 전방전력으로 투입되거나 후방지역 방어임무를 수행하며, 개인화기는 100%, 공용화기는 70~80%가 지급되고 훈련시간도 연간 500시간에 달하는 등 현역에 준하는 훈련 및 부대 편성 그리고 장비를 보유하고 있다.[78]

---

77) 육군대학, 『북한군 군사용어사전』(대전 : 육군대학 북한군전술학처, 2007), pp. 51~52.
78) 통일부 통일교육원, 『북한 이해 2014』(서울 : 대원문화사, 2014), p. 123.

2) 노농적위대

노농적위대는 1958년 중공군 철수를 계기로 1959년 1월 14일 최초로 조직된 북한군의 준군사부대 중의 하나이다. 노농적위대는 김정은 후계구도가 공식화된 2010년 9 · 28당 대표자대회 직후인 10월 10일 행사 때 노농적위군으로 개칭되었다가 2011년 노농적위대로 환원되었다.[79]

노농적위대는 직장 및 행정구역별로 교도부대에 포함되지 않은 17~60세까지의 동원 가능한 남자와 17~30세의 교도부대에 편성되지 않은 여자로 편성된다. 노농적위대는 570만여 명의 장년층으로 구성되는데, 부대편성은 각급 직장의 부서 및 인민반별로 단위제대를 편성하고, 행정구역의 크기에 따라 사단 · 여단 · 연대 · 대대 · 중대로 편성된다. 제대별 지휘관은 해당 직장 또는 지역의 도당 책임비서가, 참모장은 지역 도당 군사부장이 담당한다. 즉, 시 · 군(구역) 또는 2급 이상 기업소(종업원 1,000명 이상)는 연대단위로, 리 · 동(2~3개) 또는 3급 기업소(종업원 300~400명)는 대대단위로, 각 리 · 동 또는 3급 미만의 직장은 중대단위로 편성하여 당 위원회의 통제를 받아 운용되고 예하에는 작업반별로 소대와 분대를 편성한다.

노농적위대의 임무는 평시에는 민방위 지원과 함께 향토 경비를 담당하고, 전시에는 예비병력으로서 직장 및 주요시설의 경계 등 후방지역방어와 대공방어 임무를 수행한다. 노농적위대는 개인화기가 100% 지급되며 공용화기도 일부 지급하고 있다.

3) 붉은청년근위대

북한 지역의 소학생은 연간 2~4주, 중학생은 4~8주 등 일정기준의 노력동원을 통해 생산 활동에 참여해야 한다. 또한 소학교 2학년이 되면 의무적

---

79) 박헌옥, 「북한정권 창건기념일과 노농적위대 열병식」, 『향방저널』 통권 제489호(2011), p. 7.

으로 소년단에 가입하고, 고급중학교 2학년이 되면 소년단 생활을 끝내고 김일성 사회주의 청년동맹과 교내 군사조직인 붉은청년근위대에 가입하여 조직생활을 하게 된다. 붉은청년근위대는 고급중학교 4~6학년 남녀학생(만 14~16세)들을 대상으로 학교단위로 중대 또는 대대급으로 편성된 준군사부대이다. 중대는 학년별 3개 소대(105~135명), 소대는 학급별 3~5개 분대(35~40명), 분대는 8~12명으로 편성된다.

이들의 주요 임무는 '반혁명적 요소'를 제거하여 북한정권을 사수하는 친위대 역할로서 평시에는 학업에 종사하면서 사상확립과 군사기술을 배양하고, 대간첩작전 및 대유격작전시에는 노농적위대를 지원하며, 당 비서국 민방위부가 관할한다. 전시에는 노농적위대와 함께 편성되어 후방지역과 향토방위를 담당하고, 필요시 청소년결사대로서 정규군에 보충되어 전투에 참가하며, 최고사령부의 지휘를 받는다. 이들은 매주 토요일에는 교내 훈련을 받고, 방학기간을 이용하여 7일 동안 붉은청년근위대 야영훈련소에 입영하여 실탄사격훈련까지 받는다. 개인화기는 100%, 공용화기는 일부 지급되어 있으며, 연간 450시간에 달하는 훈련을 받고 있다.

4) 기타 준군사부대

기타 준군사부대로는 김정은을 호위하는 국방위원회 직속의 호위사령부, 우리나라의 경찰 성격을 띤 인민보안성과 경비대, 군수물자를 지원·관리하는 군수동원지도국, 인민보안부[80] 소속의 공병총국, 경제건설현장에 투입되는 속도전 청년돌격대 등이 있다. 준군사부대 규모는 약 40만 명으로 이들은 언제라도 즉각 동원이 가능하다.

---

80) 인민보안부는 치안유지를 주임무로 하는 기구로서 한국의 경찰기구에 해당된다. 반국가·반혁명 행위의 적발 및 처벌, 주민 신원조사, 교도소 운영관리 등의 임무를 담당한다.

북한의 학교제도

- 북한 기본학제는 1975년부터 유치원 높은 반 1년, 소학교 4년, 중학교 6년의 11년제 의무교육과 대학교 2~4년제로 시행해 왔으나 김정은 체제 출범 이후 2012년부터 학교전(유치원) 교육 1년, 소학교 5년, 초급중학교 3년, 고급중학교 3년의 12년제 의무교육을 실시하고 있으며, 대학교는 4~7년제이다.
- 대학졸업생들은 남한과 달리 학위를 수여하지 않고 전문가(인문계통)와 기사(이공계통) 자격증을 부여하고 있으며, 학위는 우리의 석사에 해당하는 학사(준박사)와 박사, 그리고 명예칭호인 원사가 있다.[81)]

다. 교육훈련

북한의 예비전력에 대한 교육훈련 목표는 전시 현역화에 따른 고도의 전술전기 완성에 두고 있으며, 훈련은 인민무력부가 교도부대를 통제하고, 당 중앙군사위원회 민방위부는 노농적위대 및 붉은청년근위대를 통제하는 이원화 체제를 유지하고 있다.

일반 교도부대는 자대에서 사격훈련, 화생방 등 일반훈련과 연 1~2회의 대대 및 연대단위 종합훈련 등 총 62일간의 정기훈련을 받고, 연 30일간의 동원훈련 등 총 92일간의 훈련을 받는다. 해상교도부대는 연간 정기훈련 3일, 동원훈련 12일 등 총 15일간 훈련을 받고 있으며, 대학생 교도부대는 연간 160시간의 교내 교육과 재학 중 6개월 동안 입영 및 종합 집체교육을 받는다.

노농적위대는 매년 15일간의 자대훈련과 15일간의 동원훈련을 받고, 붉은청년근위대는 교내 교육 33일, 방학 중 반항공훈련 7일, 재학기간 중 7일간의 입영집체훈련을 받아야 한다. 교육훈련의 특징은 사격훈련을 강화하여 교도부대는 30일 훈련기간 중 14일간 사격훈련을 실시하고, 입대전 학생훈련인 붉은청년근위대 훈련을 강화한다는 점이다.

81) 신상열, 「북한의 대학입학과 학위취득」, 『향방저널』 통권 제516호(2014), pp. 32~35.

〈표 22〉 북한 예비전력의 교육훈련

구분		훈련내용	시간	실시단위
일반 교도 부대	자대 정기훈련 (연 62일)	•일반훈련 -사격훈련, 화생방 -정치학 -각개전투, 소부대 전술	주 8시간 약 420시간	중대 단위 (야외교장 파견된 현역 교관)
		•종합전술훈련 -대대/연대단위 종합훈련	연 1~2회 약 80시간	대대 또는 연대 (현역 교관)
	동원훈련 (연 30일)	•보병 -기본 및 정치교육 : 10일 -사격술/사격 : 14일 -종합전술훈련 : 6일	30일	부대단위 (지정된 군부대)
		•기술병종(포 · 공 · 수송 · 화학 · 통신) -보병훈련/주특기 훈련	30일	
해상 교도 부대	정기훈련 (육상훈련)	•기본훈련/사격술 •해상훈련 준비	연간 3일	
	동원훈련 (해상훈련)	•해상사격, 편대훈련, 지뢰부설, 통신, 선박동원 및 무장	연간 12일	
대학생 교도 부대	교내 교육	•정치학, 군사학, 국방체육, 사격술	주당 4시간 (연 160시간)	
	입영/종합 집체교육	•정치학, 일반학, 사격술, 전술학, 장애물 극복	재학 중 6개월간 1회	
노농 적위대	자대훈련 (15일)	•보병 적위대 기본군사훈련 -정치학습, 사격, 기본훈련, 중(소)대 공방 등	연간 84시간	•기본군사훈련 : 84시간 •주특기훈련 : 36~156시간
		•병종별 적위대 훈련 -고사총, 고사포, 반항공 : 주특기 훈련	연간 15일 (120시간)	
	동원훈련 (15일)	•일반학, 사격, 전술학, 행군, 야영 -기업소 실정 따라 5일간 수회 실시	연간 15일 (120시간)	
붉은 청년 근위대	교내교육 군사교육	•정치학습, 군사학습	주당 4시간 (26일)	
	교내교육 집체훈련	•자체 군사훈련(방학 중)	매년 7일	
	반항공 훈련	•대공사격술	방학 중 7일	
	입영 집체훈련	•제식, 병기, 사격술, 전술학, 야영, 행군	재학 중 1회 7일	

출처 : 정남균, 「예비군훈련 향상방안」, 육군교육사령부 군사학술용역 연구보고서(2002), pp. 25~26.

라. 동원체제

북한은 하나의 거대한 병영국가로서 전 · 평시 동원체계가 잘 구축되어 있다. 전시사태 및 동원령이 선포되면 최고사령관, 총참모장(군령권), 인민무력부장(군정권) 등이 최고사령부를 구성함으로써 전쟁수행과 병행하여 동원기능을 함께 운영한다. 다른 분야와 마찬가지로 동원제도도 철저하게 당우위 개념으로 운용되며, 동원령은 국방위원회에 의해 선포된다. 평시에는 당과 군이 이원적으로 관리하나 전시에는 최고사령부 단일계통으로 통합된다.

중앙당 비서국은 군사부와 민방위부로 편성되어 있다. 군사부는 동원정책 수립, 예비전력 동원, 주민의 전시동원 주관 및 집행을 하고 있어 실질적으로 동원기능을 주관하는 기구이다. 민방위부는 평시 교도부대를 제외한 예비전력자원, 즉 노농적위대 및 붉은청년근위대를 관장하다가 전시가 되면 인민무력부의 지구사령부에 배속시킨다. 지방 당위원회에서는 군사위원회 부위원장을 현역으로 임명하여 군사동원부를 관장하게 함으로써 평시부터 동원업무의 연계성을 유지하고 있다.

평시 당과 밀접한 협조관계를 유지하는 총참모부 산하의 지구사령부가 동원기능 중심기구로서 평시 교도부대 운영의 책임을 지고 있다. 지구사령부는 평시에는 감편 운용하다가 전시에는 정규군단으로 증편되어 교도여단 · 노농적위대 · 붉은청년근위대를 통합 지휘한다. 교도사단은 전시에 정규군단으로 배속되는데 17~35세 자원으로서 전시 긴급동원전력 임무를 맡게 된다.[82] 따라서, 교도여단이 향토방위 중심의 임무를 수행하는 점을 고려해 볼 때, 지구사령부의 역할은 후방작전에 큰 비중을 두고 있는 것으로 보인다.

82) 정원영, 「북한의 예비전력은 이렇게 추정됩니다」, 『향방저널』 통권 제493호(2012), p. 19.

북한의 동원체제는 전체적으로는 인력동원 기능에 치중하고 있다. 이는 물자비축이 상대적으로 잘되어 있고 즉시 전력화가 가능한 상태임을 의미한다. 물자동원의 경우, 내각이 그 기능을 주로 맡고 있는데, 생산수단 및 자원을 국가가 소유하고 있어 동원에 큰 어려움이 없고, 수송능력이 곧 동원능력이라고 할 수 있으며, 인민무력부 산하 수송사령부가 그 임무를 수행하고 있다.

국가안전보위부 소속 인민경비대는 경찰업무인 치안질서 유지에 치중하다가 인민무력부의 지시에 따라 현역으로 전환되며, 일반주민 동원체제는 노동당과 연계된 사회단체가 중심이 되어 수행하고 있다. 즉, 직장 노동자의 경우에는 조선직업총동맹 산하 노동근로동맹이 담당하고 14~30세의 자원은 사회주의 노동청년동맹이 담당하는 식으로 유사시 9세 이상의 전 국민이 동원 대상이 되어 있는 셈이다.[83)]

주지하다시피 북한 정권을 유지하는 큰 축은 군대이외에 한국의 국가정보원에 해당하는 국가안전보위부와 경찰에 해당하는 인민보안부 등을 들 수 있다. 국가안전보위부는 북한의 최고 공안기구로서 반체제 사범 색출 및 관리, 출입국 관리, 간첩 및 불순 적대분자 색출활동, 해외정보수집 및 공작, 국민 사상 동향 감시 등 체제 안전과 유지 임무를 수행한다. 국가안전보위부는 해방 후 북조선임시인민위원회 산하 안전국의 한 개 부서로 창설되었으며, 1948년 인민군 창건 후 내무성 정보국, 1962년 사회안전부 정치보위국, 1973년 국가정치보위부로의 변천과정을 거쳐 1993년부터는 현재의 국가안전보위부로 개칭되었다. 조직 편성은 중앙에 국가안전보위부, 도에는 안전보위국, 시 · 군 지역에는 시 · 군 안전보위부가 있으며, 철도성 · 연합기업소 등 각 기관 · 기업소에도 보위부 요원을 파견한다. 1973년부터

83) 국무총리 비상기획위원회(2004), 전게서, pp. 852~855.

군대에도 보위부가 창설되어 운영되고 있으며, 북한의 모든 정치범 수용소는 국가안전보위부 7국(농장지도관리국)이 직접 관리 · 운영하고 있다.[84)]

인민보안부는 치안유지를 목적으로 하는 북한의 내각산하 기관으로 한국의 경찰청에 해당된다. 반국가행위 및 반혁명행위 적발, 불평분자 적발 및 신원조사 등의 활동을 통해 정권 및 체제 수호는 물론, 김씨 일가의 권력체제를 안정화하는데 핵심 역할을 하고 있다. 1945년 10월 정치보안국으로 창설되어 사회안전성 · 내무성 · 사회안전부 · 인민보안성 등으로 개칭되었다가 2010년 4월에 국방위원장 산하 인민보안부로 격상되었다.

2. 소결론

앞에서 살펴본 바와 같이 북한은 사회 전체가 거대한 병영국가로서 770만 명에 달하는 대규모 예비전력을 보유하고 있으며 단기간에 소집할 수 있는 동원체제를 이미 구축해 놓고 있다. 주요 예비전력에 대한 통제부서 및 성격을 요약하여 정리하면 다음과 같다.

〈표 23〉 북한 주요 예비전력의 비교

구분	교도부대	노농적위대	붉은청년근위대
통제	인민무력부	당 민방위부	당 민방위부
성격	전투동원대상	민방위대 성격	고등학교 군사조직
대상	•현역군인과 후방 필수요원을 제외 •만 17~50세까지의 남자와 17~30세의 미혼여성 지원자	•교도부대에 포함되지 않은 17~60세까지의 동원 가능한 남자 •17~30세의 교도부대에 편성되지 않은 여자	•고급중학교 4~6학년 남녀학생(만 14~16세)

84) 국방부, 『북한 · 북한군 바로알기』(서울 : 국방부, 2012), pp. 51~53.

북한의 동원 및 예비군 제도의 특징은 다음과 같이 정리할 수 있다.

첫째, 북한은 전 인민 총동원체제로서 현역 이외에도 모든 남녀에게 병역의무를 장기간 부과하고 있으며, 상시 병력동원태세를 갖추고 있다. 교도부대는 예비전력의 핵심전력으로 타부대에 비해 정예화되어 있으며, 현역군 증강 및 후방지역방어 임무를 수행하고 있다. 또한 주민에 대해서는 거주이전 및 여행을 통제함으로써 부족한 병력을 보충할 수 있도록 제도적 장치를 갖추고 있다.

둘째, 전시체제를 완비하고 있다. 군수공장을 지하화하고 생산공장을 지방으로 분산함은 물론, 인구 및 주요기관이 지방에 분산 배치되어 있다. 또한 전쟁물자의 비축, 대공훈련 강화 및 대피시설 확장, 방독면 등 개인장구의 준비, 직장조직을 동원조직으로 편성하는 등 언제든 전시로 전환할 수 있는 체제를 구축해 놓고 있다.

셋째, 물자동원의 신속성을 보장하고 있다. 북한은 모든 자원이 평시부터 국가소유로 되어 있기 때문에 이미 동원된 상태나 마찬가지라고 할 수 있다. 따라서 물자동원도 단지 저장관리, 수송만을 의미하는 것으로 해석해야 한다. 북한은 어려운 경제사정에도 불구하고 4~6개월분의 전쟁물자를 비축하는 등 신속한 물자동원체제를 구축하고 있다.

넷째, 동원조직의 간편성을 들 수 있다. 북한의 정치체제 및 행정조직은 평시에도 전시체제를 유지하고 있다. 특히, 군사 및 행정조직은 당에서 직접 통제하고 있다. 당의 지시나 명령은 법률 이상의 효력을 발휘하고, 동원을 위한 별도의 법규 제정이나 동원집행기구를 설치할 필요가 거의 없다.

남북한 간의 동원체제를 비교해 보면, 북한은 총동원체제로서 동원관련 기구 · 구조 등이 한국과 유사하다. 그러나 정치체제 및 행정조직은 전 · 평시 동일한 기능을 갖추고 있고, 당의 지시에 의해 즉각 전시 전환체제로 전환할 수 있는 장점이 있다. 동원시 인적 자원은 남한에 비해 다소 빈약하나 물적 자원은 사전 비축되어 있어 작전을 충족시킬 수 있으며, 물자는 주로 철도에 의해 수송하게 된다. 전반적으로 북한은 초기작전간 우세를 점하겠지만 작전이 장기화될수록 경제력이 우수한 남한에 비해 열세를 면치 못할 것으로 판단된다.

〈표 24〉 남·북한 동원체제 비교

<table>
<tr><th colspan="2">구 분</th><th>남 한</th><th>북 한</th></tr>
<tr><td rowspan="9">동원
주체</td><td>동원령 발령</td><td>대통령</td><td>중앙인민위원회</td></tr>
<tr><td>동원기능 총괄</td><td>국무총리(국민안전처)</td><td>최고사령부(당 · 군)</td></tr>
<tr><td>동원관리</td><td>사용자 · 관리자 이원화
(분산기능)</td><td>사용자 · 관리자 일원화
(집약기능)</td></tr>
<tr><td>지원 대상</td><td>군수 · 관수 · 민수 균형지원</td><td>군수 중점 지원</td></tr>
<tr><td>평시기능</td><td>계획 · 조사</td><td>전시와 동일</td></tr>
<tr><td>궁극적 목표</td><td>정부기능 유지의 일환</td><td>전쟁의 일부 기능</td></tr>
<tr><td>동원방식</td><td>총동원제도</td><td>총동원제도</td></tr>
<tr><td>전시전환</td><td>지체</td><td>즉각</td></tr>
<tr><td>대외협력</td><td>활발</td><td>침체</td></tr>
<tr><td colspan="2" rowspan="6">동원기능 관련
유사기구 · 구조</td><td>동원사단</td><td>교도사단</td></tr>
<tr><td>향토사단</td><td>교도여단</td></tr>
<tr><td>통상산업부</td><td>제2 경제정책위원회</td></tr>
<tr><td>(동원)예비군</td><td>교도부대</td></tr>
<tr><td>2작전사령부</td><td>지구사령부</td></tr>
<tr><td>국민안전처
안전정책실</td><td>중앙인민위원회
국방위원회</td></tr>
<tr><td rowspan="5">동원
객체</td><td>인적 자원(양)</td><td>풍부</td><td>빈약</td></tr>
<tr><td>물적 자원(비축)</td><td>미흡</td><td>충족</td></tr>
<tr><td>자원수송</td><td>철도 · 도로 · 해운 · 항공</td><td>철도의존 심화</td></tr>
<tr><td>자원활용 관건</td><td>자원의 응소</td><td>자원의 수송</td></tr>
<tr><td>자원측면 우열</td><td>초기 열세/장기 우세</td><td>초기 우세/장기 열세</td></tr>
</table>

출처 : 정원영, 「북한의 예비전력은 이렇게 추정됩니다」, 『향방저널』 통권 제493호(2012), p. 21.

Chapter 5

평가 및 시사점

1. 동원조직체계

대부분의 선진국들은 비상시에도 평시와 동일하게 경제활동과 사회활동이 정상적으로 이루어질 수 있도록 하기 위하여 국가차원에서 동원업무를 조정 · 통제할 수 있는 동원기구를 설치 · 운영하고 있다. 또한 국가에 대한 외부위협이 높은 국가일수록 전 · 평시 군 조직을 중심으로 일원화된 국가동원체제를 운영하고 있고, 기관별 · 부서별로 민 · 관 · 군 협조체제를 유지하고 있으며, 동원자원의 소요 부처와 지원 부처가 밀접히 연계되어 있음을 알 수 있다.

미국의 경우에는 국방부를 중심으로 정부 각 부처 및 기관의 책임을 사전 규정해 놓고 있으며, 동원계획관을 활용하여 동원의 연계성을 강화하고 있다. 이스라엘은 총참모부 책임하에 군 지휘계통에 의해 단일화된 동원조직을 운영하여 물자동원까지 실시하고 있다. 스위스는 민방위업무와 동원업무를 국방부, 체육민방위부, 경제부, 교통부 및 체신에너지부 등에서 연합체제로 상호 밀접하게 발전시켜 나가고 있다. 이러한 국가들은 동원소요 및 지원 부처가 상호 밀접히 연계되어 행정소요는 크게 줄면서 동원 효율성은 증대되는 공통점을 지니고 있다.

따라서 예비전력의 운용에 관해서는 선진국들의 실상을 상호 비교평가해 보고 한국에 적용 가능한 분야를 도출하여 적극 활용해야 한다. 미국, 이스라엘, 스위스 및 북한의 동원조직을 비교해 보면 다음과 같다.

〈표 25〉 주요 국가의 동원조직 비교

구분	미국	이스라엘	스위스	북한
편성 대상	18~35세	14~44세	20~30세	17~50세
훈련 (동원)	38일(41일)	54~84일 (3년에 25일)	19일(19일)	30~62일(32일)
지휘 계통	단일화체제	군 계통 단일화체제	군 계통 단일화체제	군 계통 단일화체제
총괄 기관	연방비상관리처 (FEMA)	총참모부	•평시 : 국방부 •전시 : 총사령부	•평시 : 인민무력부 •전시 : 인민군 최고사령부
운영	•통합 비상관리 체제 •10개 지방사무소 분권화 운영	•군 지휘계통에 의한 집행 •시행부대단위(여단)책임 시행	•전 · 평시 구분한 일원화체제	•당의 결정과 군 계통에 의한 전 · 평시 일체화 병영체제
동원 준비 및 관리	•물자비축 : 3년분 •물자동원훈련 -국방성 주관 -2년 단위 14일 군 · 민합동훈련 •예비전력관리 조직 -예비군 차관보, 예비군 총사령부, 인사센터, 학교	•동원 재원 확보 -직장급여의 3% 국가보험 불입 •전시 긴요물자 100% 비축 •평시 군장비 보유 최소화(0~40%)	•개인화기/장구류/탄약(24발)/식량(2일분) 개인보관 •전시소요물자 비축 -연료/식량 : 400일분 -탄약 : 90일분 ※비축물자의 3/4 기업이 담당	•75년 10월 이후 전시동원편성 완료 -부대 재배치, 재조정만으로 즉각 전쟁수행 가능 •개인장구류/식량 개인휴대 •전시물자 비축 -3개월분

출처 : 김영화, 「전시 동원제도 발전방향」, 육군교육사령부 군사학술용역 연구보고서(2001), p. 3-16을 재정리.

2. 동원준비태세

대부분의 국가들은 평시에는 소수의 상비군을 운영하다가 유사시에는 예비전력을 동원할 수 있도록 자국의 실정에 맞는 동원체제를 유지하고 있다. 이러한 동원체제가 실효성을 발휘하기 위해서는 법적 기반을 갖춘 강제력이 뒷받침되어야 한다. 이와 관련된 각국의 실태를 살펴보면 다음과 같다.

먼저 미국은 국가위기 발생시 의회에서 제정한 법률에 의하여 의회와 대통령이 상호 견제를 하면서 동원령을 발령할 수 있도록 하고 있다. 미국은 남북전쟁, 제1·2차 세계대전, 한국전쟁, 월남전쟁과 세계 곳곳의 크고 작은 분쟁에 참가하면서 상황에 부합된 동원체제를 지속적으로 발전시켜 왔다. 이러한 오랜 전쟁 경험을 통해 미국은 평시부터 동원준비태세를 갖추고 있으며, 동원에 대한 권한이 다른 나라와 달리 비교적 명확하다고 할 수 있다. 미국은 상황에 따라 신속한 동원을 위해 선별·부분·완전·총동원 등 4종류의 동원형태를 운영 중에 있으며, 대통령은 의회의 사전 승인 없이 일정 규모의 병력을 일정기간 선별 또는 부분동원할 수 있는 권한을 가지고 있다.

이스라엘은 한 마디로 전 국민이 예비군이며 시민군이라고 할 수 있다. 이스라엘 동원체제의 기본개념은 평소에 모든 예비역들을 현역이 골간을 이루고 있는 여단급 부대에 편성·운영하고 있는데 이들은 실질적으로 '귀가해 있는 현역', '시민생활을 영위하는 현역'이라고 할 수 있다. 이스라엘은 예비군이 주력군으로서 전쟁이 임박하면 부분동원과 비밀동원을 통해 짧은 시간 내에 동원을 완료할 수 있는 체제를 갖추고 있다.

스위스는 1815년부터 약 200년 동안 영세중립국 지위를 유지해 왔음에도 불구하고, 민병제도를 채택하여 유사시 60만여 명을 동원할 수 있는 유비무

환의 대비태세를 갖추고 있는 대표적인 국가라 할 수 있다. 이를 위해 평시부터 개인장비를 사전 지급하여 동원과 동시에 작전에 참가할 수 있도록 하고 있다. 또한 가정비축, 업체비축, 정부비축 등 다원화된 비축제도를 운영하여 식량 및 연료는 12개월분, 탄약은 3개월분의 전시 비축물자를 보유하고 있다.

북한은 병영국가로서 평시부터 병력 및 물자를 국가에서 직접 편성 · 관리하고 있기 때문에 신속한 동원이 가능하다. 병력동원을 위해 거주 이전 및 여행을 통제하고 있고, 사전 전쟁물자를 비축해두고 저장관리하고 있으며 수송대책을 강구하고 있다.

이외에도 대만은 정예자원 활용측면에서 전역 역순소집제도를 운용 중이고, 이탈리아는 사전 인지를 통한 긴급동원제도를 운용 중이며, 스웨덴은 군사동원, 경제동원, 정신동원, 민방위동원 등 다양한 동원형태와 함께 비밀동원제도를 운용하고 있다.[85] 이와 같이 세계 각국은 동원제도의 실효성과 국민들의 부담, 전쟁양상의 변화 등을 고려하여 자국의 안보상황에 맞게 동원준비태세를 갖추고 있다.

3. 동원보상제도

선진국가들은 국가비상사태 발생시 국민들이 자발적으로 동원에 응할 수 있도록 하기 위해 인적 · 물적 자원에 대한 보상제도를 법으로 명시하거나 국가보험제도를 운영하고 있다. 이러한 국가들이 적용하고 있는 보상의 형태는 크게 국가 보장형, 특별 급여형, 현역수준 급여형의 세 가지가 있다.

85) 정원영 · 정주성(2005), 전게서, p. 387.

〈표 26〉 동원보상 형태

구분	국가 보장형	특별 급여형	현역수준 급여형
내용	•법적 보장형 : 중국 •국가 보험형 : 이스라엘, 스위스	•스위스	•충분 급여형 : 미국, 일본 •보통 급여형 : 한국, 대만, 러시아, 태국

출처 : 정원영 · 정주성 · 문순영 · 안석기 · 이성윤, 『예비전력, 미래 국방력 건설의 또 하나의 선택』(2005), pp. 104~109를 토대로 재구성.

먼저, 국가 보장형은 법적 보장형과 국가 보험형의 두 가지로 나눌 수 있다. 법적 보장형이란 예비군이 동원될 때 근무 중인 현 직장에서 임금과 보상금을 지급토록 법적으로 규정하는 것으로 중국의 경우가 이에 해당된다. 중국은 농촌지역에서 예비군 동원 및 훈련에 참가하여 생업에 종사하지 못할 경우, 보상 성격의 보조금을 지급하도록 하는 등 동원시 조치사항을 법으로 규정함으로써 국가 비상사태 발생시 국민들의 자발적 참여를 유도하고 있다. 국가 보험형은 이스라엘과 스위스의 보상형태가 이에 해당된다. 이스라엘과 스위스는 모든 직장인들이 평소 일정금액(1.5~5%)을 국립보험회사에 불입하여 재원을 마련하고 있으며, 예비군이 동원하게 되면 전역 당시 계급이 아니라 현 직장의 급여를 기준으로 보상금이 지급된다.[86]

둘째, 특별 급여형이 있다. 스위스는 동원된 예비군에 대해 기본적인 보상비 외에 특별부가금 성격으로 일당과 가족생계비를 지급함으로써 예비군이 가족에 대한 걱정 없이 동원에 응소할 수 있도록 여건을 마련해 주고 있다. 스위스는 국가 보험형과 특별 급여형을 함께 적용하고 있다.

셋째, 현역수준 급여형이다. 여기에는 현역급여 수준이 다른 나라에 비해 높은 충분 급여형과 그렇지 못한 보통 급여형으로 나누어질 수 있는데, 충분 급여형은 미국, 일본 등이 해당되고, 보통 급여형은 한국을 포함하여

86) 상게서, p. 464.

대만, 러시아, 태국 등 대부분의 국가가 해당된다. 보통 급여형 국가는 통상 현역과 동등한 계급별 일당과 교통비, 식비 등이 지급되는데 대부분 현역 보수가 낮기 때문에 예비군들을 동원시키기 위해서는 또 다른 대책이 요구된다. 예비군 동원시 보상수준은 다음에서 보는 바와 같이 국가별로 많은 차이를 나타내고 있다.

〈표 27〉 각국의 보상제도 비교

구 분	내 용
미국	•충분 급여형 •계급 · 복무기간 · 훈련일수 고려 현역과 비슷한 봉급/수당 지급 •소집기간 중 사회보장제도, 가족수당은 직장에서 지급 •1일 평균 수당은 병 15만 원, 장교 35만 원 수준
이스라엘	•국가 보장형 국가보험제도(봉급의 3% 적립) •동원시 현직장 급여기준 지급 •수당은 현역과 동일한 수준 •1일 평균 약 8~10만 원 수준
스위스	•특별 급여형 국가보험제도(봉급의 3% 적립) •동원시 현직장 급여수준 지급 •특별 급여로 일당과 가족생계비 지급 -일당 : 상병 7,200원, 중사 10,800원, 대위 19,200원 -가족생계비 : 독신자 32,400~97,200원, 기혼자 54,000~162,000원
한국	•보통 급여형 •동원훈련(2박 3일) : 교통비(Km당 107원), 식비(1식 6,000원), 숙박비(1박 30,000원, 401Km 이상) •동미참/향방기본훈련 : 1일당 11,000원(식비 6,000원, 교통비 5,000원) •향방작계훈련 : 6,000원

출처 : 정진섭, 「예비군 발전을 통한 대군신뢰도 증진 및 효율성 제고 방안」, 병역이행이 자랑스러운 사회분위기 구현 방안 세미나 자료집(2011), pp. 107~108을 최신자료로 수정.

Part Ⅲ

예비전력의 운영사례와 효율적 운영방안

Chapter 1

예비전력의 동원 및 운영사례

2010년도의 천안함 피격사건과 연평도 포격도발사건 등 최근 북한의 도발행태를 보면 군인과 민간인을 구분하지 않고 무차별적 도발을 자행하고 있음을 알 수 있다.

Chapter 1에서는 6 · 25전쟁 이후 북한의 대남 침투 · 도발 실태를 비무장지대 도발, 후방지역 침투, 해상에서의 도발, 미군에 대한 도발, 민간인에 대한 테러 등 도발유형별로 구분하여 살펴보자. 그리고 이러한 북한의 침투 · 도발시 예비군이 동원되어 전투를 수행한 울진 · 삼척지구 무장공비 침투사건, 강릉 해안 잠수함 침투사건, 부여지역 무장간첩사건 등 3가지 사례에 대해 예비군 동원현황 및 운용을 중심으로 알아보기로 한다.

1. 6 · 25전쟁 이후 북한의 도발

1948년 대한민국 정부가 수립된 이후 북한은 남로당에 의한 남한의 공산화가 어렵게 되자, 대남적화전략을 전면 남침전쟁으로 변경하였다. 북한은 와해된 지하조직을 재건하는 한편, 한국군의 전투력을 후방지역에 고착시킬 목적으로 6 · 25전쟁 이전까지 10여 차례에 걸쳐 2,400여 명의 무장공비를 남파시켰다. 이들은 남한의 폭도들과 합류하여 게릴라전을 벌였지만

2,000여 명이 사살 또는 생포되었고, 약 400여 명은 6 · 25전쟁 직전까지 잔류하여 유격활동을 전개하였다.

'전 한반도의 공산화 통일'이라는 정권목표를 달성하기 위한 북한 공산집단의 적화통일전략은 크게 군사전략과 혁명전략으로 구분된다. 상황에 따라서는 군사전략과 혁명전략을 배합하여 실행할 것이며, 이를 위해 북한의 혁명역량강화와 남한의 혁명역량강화, 국제적 혁명역량강화 등 3대 혁명역량강화를 기본방침으로 삼고 있다.

북한의 혁명역량강화는 정치(1인 독재체제), 경제(사회주의 건설), 사회(김일성 유일사상), 군사(4대 군사노선)분야의 혁명역량을 강화하는 것을 의미하며, 남한의 혁명역량강화는 인민민주주의 혁명노선에 따라 남한 내에 북한의 동조세력을 조직하여 혁명여건을 조성하는 것으로서 남한 내 공산당을 조직하여 주력군을 배치하고, 통일전선을 형성하며, 반혁명역량을 약화시키는 것이다. 그리고 국제적 혁명역량강화는 국제사회에서 남한을 고립시키고 북한에 대한 지원역량을 강화하는 것을 말한다. 6 · 25전쟁 이후 북한의 주요 침투 · 도발 사건을 정리하면 〈표 1〉과 같다.

〈표 1〉 대남 침투 · 도발 사건(1954~2014년)

구 분	건 수	세 부 내 용
침 투	1,960여 건	육상 960여 건, 해상 1,000여 건
국지 도발	1,070여 건	•지상도발 500여 건 (총 · 포격 90여 건, 습격 · 납치 70여 건 등) •해상도발 520여 건 (경비정 · 어선 월선 480여 건, 해상교전 40여 건 등) •공중도발 40여 건 (영공 침범 20여 건, 미사일 사격 10여 건 등)

출처 : 국방부, 『2014 국방백서』(2014), pp. 251~255.

그동안 북한은 대한민국이 대내 · 외적으로 불안정할 때 예상치 못한 방법으로 도발을 자행해 왔기에 이에 대한 철저한 대비가 필요하다. 이러한 측면에서 최근 북한의 다양한 침투 · 도발 사건을 분석해 보는 것은 의미가 있다.

가. 총괄

6 · 25전쟁 이후 북한의 침투 · 도발형태는 지상, 해상, 공중을 포함한 모든 영역에서 다양한 형태로 자행되었다. 이러한 북한의 도발실태를 연대별로 요약 정리하면 다음과 같다. 1960년대에는 1960년 8.15경축대회에서 김일성이 연방제를 제의하는 등 위장평화공세를 전개하면서 다른 한편으로는 군사적인 도발을 계속하는 화전양면전술을 구사하였다. 1968년에는 1 · 21청와대 기습사건, 미 해군 정보수집함 푸에블로호 납치사건, 그리고 무장공비 120여 명이 침투하여 양민을 학살한 울진 · 삼척 무장공비 침투사건이 있었다. 그리고 1969년에는 EC-121기 격추사건, KAL기 납북사건 등이 일어나기도 했다.

1970년대에도 북한의 화전양면전술은 계속되었다. 1972년에 7 · 4남북공동성명이 발표되고 남북대화가 진행되던 이 시기에 북한은 기습남침용 땅굴을 파 내려오기 시작하였다. 1974년 11월 고랑포 일대에서 제1땅굴이 발견된 이래 계속해서 1975년 철원, 1978년 파주에서 남침용 땅굴이 발견되었고 1990년에는 양구에서 남침용 제4땅굴이 발견되었다. 또한 북한은 1975년 10월 노동당 창건 30돌 기념대회에서 남북군대를 각각 10만 명으로 감축하자고 제의한 뒤 1976년 8월 18일 판문점 경비구역에서 유엔군 경비병을 도끼로 살해하는 8 · 18만행을 저질렀다.

1980년대 접어들어 북한은 대한민국 정부의 정통성을 약화시키고 국론분열, 사회불안을 조성할 목적으로 종전과는 상이한 지상, 해안 및 해상침투를 감행하였다. 1983년의 다대포 해안 간첩침투사건과 아웅산 폭파사건, 1989년의 서해상 어선나포사건 등이 그 예이다. 특히, 국가지도부를 무력화시켜 88서울올림픽을 방해하기 위해 참가신청 마감을 불과 50일 앞둔 1987년 11월 29일에는 KAL 858기를 공중폭파시켜 115명의 귀중한 생명을 앗아가는 만행을 저질렀다.

1990년대에는 남북한 간에 화해와 협력을 위한 기본합의서 체결, 지원과 교류 확대의 환경하에서도 1994년 '서울 불바다' 협박, 1996년 9월 18일 강릉해안 잠수함 침투사건, 1998년 6월 22일 속초인근 잠수정 침투사건, 동년 7월 12일 동해시 앞바다 무장간첩 침투에 이어 1999년 6월 15일에는 서해상에서 제1연평해전을 일으켰다.

2000년대 들어 북한은 6 · 15 남북정상회담 이후에도 매년 20여 차례 북방한계선(NLL : Northern Limit Line)을 침범했다. 2002년 6월 29일 제2연평해전으로 해군장병 6명이 전사하였고, 2009년 11월 10일에는 서해 NLL을 무력 침범하여 대청해전을 유발한데 이어, 2010년에는 천안함 피격사건과 연평도 포격도발사건을 일으켰다. 또한, 국제사회의 경고에도 불구하고 2006년, 2009년, 2013년 3차례의 핵실험을 강행했으며, 그 이후에도 수차례에 걸친 미사일 발사 실험도 계속하였다.

2010년 연평도 포격도발 사건을 계기로 「국방일보」에서 기획 연재한 "뒤돌아보는 북한의 도발"과 국방군사연구소에서 발간한 『대비정규전사』(Ⅱ, Ⅲ)를 토대로 북한의 도발 유형을 ① 비무장지대(DMZ : Demilitarized Zone) 도발, ② 후방지역침투, ③ 해상에서의 도발, ④ 미군에 대한 도발, ⑤ 민간인에 대한 테러 등 침투 · 도발 유형별로 구분하여 정리해 보면 다음과 같다.

나. 비무장지대 도발

비무장지대는 군대의 주둔이나 무기의 배치, 군사시설의 설치가 금지된 지역을 말한다. 1953년 유엔군과 공산군은 휴전을 전제로 서쪽의 예성강으로부터 중부의 철원 · 금화를 거쳐 동해안 고성에 이르는 248km(155마일)를 군사분계선으로 설정하고, 이 선을 중심으로 남북으로 각각 2km씩 너비 4km를 비무장지대로 결정하였다.

비무장지대의 도발은 군사분계선(MDL : Military Demarcation Line) 월선, 총격 도발, 땅굴 굴설, 초소 습격 및 납치 등을 들 수 있다. 땅굴은 북한이 기습작전을 목적으로 비무장지대의 북쪽에서 남쪽 방향으로 굴착한 남침용 통로로서, 전면적 기습작전과 후방지역을 공격하기 위한 목적으로 1971년 9월부터 구축되었다. 김일성은 생전에 땅굴을 핵폭탄보다 더 효과적이라고 강조한 바 있으며, 전시 대규모 병력을 침투시킬 수 있는 획기적 수단으로서 지금도 발견되지 않은 땅굴은 더 있을 것으로 추측된다. 현재까지 발견된 남침용 땅굴의 제원은 〈표 2〉와 같다.

〈표 2〉 남침용 땅굴 제원

구 분	제1 땅굴	제2 땅굴	제3 땅굴	제4 땅굴
발 견 일 시	1974. 11. 15	1975. 3. 19	1978. 10. 17	1990. 3. 3
위 치	고랑포 동북쪽 8km	철원 북쪽 13km	판문점 남쪽 4km	양구 동북쪽 26km
크 기	높이 1.2m, 폭 1m	높이 2m, 폭 2.1m	높이 2m, 폭 2m	높이 1.7m, 폭 1.7m
깊 이	지하 45m	지하 50~160m	지하 73m	지하 145m
길 이	3.5km	3.5km	1,635m	2,052m
침 투 길 이	1,000m	1,100m	435m	1,052m
굴 착 방 향	고랑포-의정부-서울(65km)	철원-포천-서울(101km)	문산-서울(44km)	• 펀치볼-서화 • 펀치볼-서울

출처 : 전쟁기념관(서울 용산 소재) 전시자료를 토대로 재구성.

다. 후방지역 침투

무장간첩은 소속부서와 임무에 따라 '공작원', '전투원' 등으로 그 이름이 달리 불리기도 한다. 북한이 무장간첩을 남파시킨 목적은 군사 및 국가중요시설[1]에 대한 정보수집 외에 용공분자 포섭 및 대동월북, 북한에 대한 찬양 및 고무, 정치사상교육 및 반정부사상 전파, 정부요인 암살 등을 통해 사회혼란을 야기하는 것이다. 무장공비의 후방지역 침투는 1960년대 후반 들어 규모와 횟수면에서 증가하였고, 그 방법은 대부분 후방지역 해안을 통해 침투하는 것이었다. 북한의 대표적인 후방지역 침투사례로는 1968년의 1 · 21 청와대기습 미수사건과 울진 · 삼척 무장공비 침투사건 등이 있다.

라. 해상에서의 도발

서해 5도(백령도 · 대청도 · 소청도 · 연평도 · 우도)는 북한의 입장에서 '목구멍의 가시'와 같은 존재로 기습남침시 수도권지역 대규모 상륙작전이나 저공침투에 결정적 장애요인이 되는 반면, 한국군의 입장에서는 북한 해 · 공군의 활동을 조기에 파악하고 기습을 방지할 수 있는 중요한 곳이다. 제1차 연평해전(1999. 6. 15.)과 제2차 연평해전(2002. 6. 29.)은 서해 연평도 인근 북방한계선을 넘어 한국 영해를 침범한 북한 경비정을 해군의 고속정이 북방 한계선 북쪽으로 퇴각시키면서 발생한 해상전투였다.

북한의 해상도발 행태를 살펴보면 먼저, 1970년대 이후 구소련으로부터 함대함미사일을 고속정에 탑재하는 등 해상전력이 강화되면서 남한의 해군력보다 우위를 확보함으로써 도발을 감행한 측면이 있고, 다음으로 1973

---

1) 국가중요시설이란 공공기관, 공항 · 항만, 주요 산업시설 등 적에 의하여 점령 또는 파괴되거나 기능이 마비될 경우 국가안보와 국민생활에 심각한 영향을 주게 되는 시설을 말한다.(통합방위법 제2조 ⑬항) 이러한 국가중요시설은 시설의 기능역할의 중요성과 가치의 정도에 따라 국가중요시설 가급, 나급, 다급으로 구분한다.(국방부훈령 제1057호 제6조 ①항)

년 12월 1일 개최된 제346차 군사정전위원회 회의 이후부터는 제1 · 2차 연평해전 등을 통해 NLL을 부정하고 정치 쟁점화하고 있다는 점을 알 수 있다. 이처럼 북한에 의한 해상도발의 중심에는 항상 서해 NLL과 서해 5도가 위치하고 있다고 할 수 있다.

마. 미군에 대한 도발

미군에 대한 대표적인 도발은 미 해군의 푸에블로호 납치사건과 8 · 18 판문점 도끼만행사건을 들 수 있다. 푸에블로호 납치사건은 1968년 1월 23일 원산항 동쪽 공해상에서 미국의 정보수집함 푸에블로호가 북한의 초계정 4척과 미그기 2대의 위협을 받아 납치된 사건이다. 미국 함정이 공해상에서 납치된 것은 미국 역사상 처음 있는 일이었다. 미국은 당시 반전여론과 러시아의 중재 거절 등으로 어려움을 겪다가 30여 차례의 비밀회담 끝에 사건 발생 11개월만인 1968년 12월 23일에 82명의 생존 승무원과 희생자 1명이 판문점을 통해 귀환하였으나 선체와 장비 등은 북한에 의해 압류되었다. 원산항에 있던 선체는 1992년 10월 김정일의 지시에 의해 대동강 '충성의 다리' 근처에 옮겨져 반미(反美) 교육자료로 활용되고 있다.

8 · 18 판문점 도끼만행사건은 1976년 8월 18일 판문점 공동경비구역 내 유엔군 측 제3초소 부근에서 전방 시야를 가리는 미류나무 가지치기 작업을 하는 노무자 5명을 경비하던 미군 6명과 한국군 5명 등 11명에 대하여 북한군이 곡괭이와 도끼 등을 휘두르며 기습공격을 실시하여 미군장교 2명을 살해하고, 9명의 경비병에게 중경상을 입힌 사건이다. 8 · 18 판문점 도끼만행사건에 대해 미국은 8월 21일 방어준비태세 'DEFCON-II'를 발령한 가운데 전투기와 B-52 폭격기, 항공모함을 전개하였다. 또한 한국군 특공부대의 엄호하에 미류나무를 절단하는 등 일전 불사의 대응을 하자 김일성이 최

초로 유감의 뜻을 표명하는 사과서한을 보냄으로써 종결되었다. 이 사건을 계기로 그 해 9월부터 판문점 공동경비구역을 남과 북으로 나누어 경비하게 되었다.

바. 민간인에 대한 테러

군사적 도발 외에 민간인에 대한 테러는 미얀마 아웅산묘소 폭발을 통한 대통령 암살기도, 대한항공 858기 납치 및 폭파, 어선 및 어민 납치, 기타 일반인 또는 학생 납치 등 다양한 형태로 자행되었다. 그 중 어선 및 어민 납치는 북한의 민간인에 대한 도발행위 중 가장 많은 유형으로 서해안보다 동해안에서 더 많이 발생하였다. 2008년까지 약 3,700명이 납북되었으며, 이 중 428명이 아직도 송환되지 않고 있다. 그리고 2010년 10월에 발생한 연평도 포격도발사건은 북한이 군인과 민간인에 대한 구분 없이 무차별적인 도발을 자행하고 있음을 잘 알려주고 있다.

2. 예비군 동원 및 전투수행 사례

북한의 침투 · 도발시 예비군이 동원되어 전투에 투입된 몇 가지 사례를 통해 그 실상을 알아보기로 하자. 예비군은 1968년 1 · 21사태를 계기로 그 해 4월 1일 창설된 이후, 1968년 5월 강원도 고성군 무장간첩 소탕작전을 시작으로 울진 · 삼척 무장공비 소탕작전, 1995년 10월의 부여지역 무장간첩 사건, 1996년 9월의 강릉 해안 잠수함 침투사건 등에서 탁월한 전투기술을 보여주었다.

예비군은 1968년 강원도 고성작전을 시작으로 1998년 여수 반잠수정 침투, 2010년 연평도 포격도발 사건에 이르기까지 총 90여 차례의 작전에 연

인원 460만 명이 참가하여 간첩 및 무장공비 85명을 사살하고 14명을 생포하는 등 빛나는 전공을 세웠으며, 전사 21명, 부상 113명이라는 값진 희생으로 국가안보의 주역으로서의 역할을 다해왔다.

또한 1986년 아시안게임에서는 성화봉송로 경계를 위한 병참선 경비 목적의 향방동원[2)]을 실시한 경우도 있고, 강원도 고성과 삼척의 산불 발생시에는 이를 진화하기 위한 민방위업무지원 목적으로 동원이 실시되기도 하였다. 이처럼 예비군은 자연재해 복구활동과 86아시안게임, 88서울올림픽, 2002한일월드컵 등 국가행사시에도 동원되어 그 임무를 수행하였다.

예비군 창설초기에는 북한의 침투가 빈번하여 예비군이 동원되는 경우가 많았으나, 점차적으로 침투규모와 횟수가 줄어들어 연간 단 한 번도 예비군이 동원되지 않은 경우도 있었다. 특히, 적의 침투가 소규모로 일부지역에 국한됨으로써 예비군 동원 역시 지역단위로 이루어져 지역 간 동원 정도에 차이가 발생하게 되었다. 강원도와 전라남도 지역에서는 예비군 동원이 상대적으로 빈번히 실시된 반면, 충청북도 지역에서는 예비군이 동원된 사례가 없었다. 예비군이 창설된 이후 작전동원[3)]되어 전투를 수행한 결과는 〈표 3〉과 같다.

---

2) 향방동원은 전 · 평시 적 또는 반국가단체의 지령을 받고 무기를 소지한 자의 침투가 있거나 그 우려가 있는 지역에서 적 또는 무장공비의 소탕과 중요시설 및 병참선 등을 경비하기 위하여 향토예비군설치법 제5조의 규정에 의하여 동원하는 것을 말한다.

3) 작전동원이란 향토예비군설치법 제5조 규정에 의하여 예비군을 동원하는 것으로서 전시 · 사변 또는 이에 준하는 국가 비상사태 하에서 현역 군부대의 편성이나 작전수요를 위한 동원에 대비하거나, 무장공비가 침투 또는 침투할 우려가 있는 지역에서 경비 또는 작전임무수행을 위하여 예비군을 동원한다. 국방부장관은 예비군이 상기의 임무수행을 위하여 출동이 필요하다고 인정할 때에는 대통령이 정하는 바에 따라 예비군대원에게 대하여 동원을 명할 수 있다.

〈표 3〉 예비군 작전동원 현황

일 자	지 역	전 과
1968. 5. 7	•강원도 고성군 현내	최초 작전참가
7. 29	•전남 무안군 허사도	2명 사살
11. 2	•강원 울진 · 삼척	107명 사살, 7명 생포
1969. 3. 16	•강원 주문진	8명 사살
6. 3	•전남 흑산도	16명 사살
6. 15	•전남 부안	3명 사살
6. 30	•강원 삼척 · 북평	2명 사살, 1명 생포
7. 9	•경기 김포	검문생포
7. 12	•전남 흑산도	3명 사살
9. 21	•경북 영일	1명 생포
1970. 6. 29	•경기 부천 · 영흥도	6명 사살, 1명 생포
7. 7	•한강 하구지역	2명 사살
9. 29	•경남 창원 가덕도	1명 사살
11. 7	•인천 율포	1명 사살, 1명 생포
1971. 9. 17	•경기 김포	3명 사살
1973. 3. 4	•제주 우도	3명 사살
5. 5	•전남 완도	2명 사살
1974. 5. 20	•제주 추자도 상주지도	3명중 1명 사살
1975. 6. 28	•전북 광산 · 임실	2명 사살
9. 3	•전북 부안	1명 사살
1980. 11. 3	•전남 황간도	
12. 2	•경남 김해	

출처 : 박병희 · 장순오, 「대침투작전 간 통합방위작전 사례에 관한 연구」, 육군교육사령부 군사학술용역 연구보고서(2011), pp. 4-1~4-2를 재구성.

가. 울진 · 삼척지구 무장공비 침투사건

1) 개요

북한은 1968년 1 · 21사태의 실패를 만회하고 남한의 후방지역을 교란할 목적으로 같은 해 10월 30일부터 11월 2일까지 북한 124군부대 소속 무장공비 120명을 1개조 15명씩 8개조로 편성하여 3차례(1차 2개조, 2차 2개조, 3차 4개조)

에 걸쳐 동해를 경유, 울진 · 삼척지구에 침투시켰다. 그러나 해안침투에 대비하여 경계 중이던 육 · 해군은 이들의 침투를 발견 · 저지하지 못하였다.[4] 야음을 이용하여 해안에 상륙한 무장공비들은 응봉산을 중심으로 4개 부락 주민들을 집합시킨 다음, 노동당 가입을 강요하면서 북한 체제우위 선전과 정치사상교육을 하고 주민들이 신고하지 못하도록 위협하였다.

무장공비들의 위협에도 불구하고, 11월 3일 울진군 북면 덕구리 고수동 주민의 신고를 통해 상황을 파악한 군경은 경북 · 강원지역에 대간첩작전 '을종사태'를 선포하고, 군경 · 예비군이 합동작전을 실시하였다. 1968년 12월 28일까지 약 2개월간의 작전을 통해 무장공비 107명을 사살하고 7명을 생포하였으며 6명은 도주하였다. 작전기간 중 평창군 속사초등학교 2학년 학생 이승복 군이 "나는 공산당이 싫어요."라고 말하여 무장공비에게 무참히 살해당한 것을 비롯하여 민간인 30명을 포함, 총 82명이 작전과정에서 희생되고 67명이 부상을 당하였다.

2) 예비군 동원현황

공비가 침투했다는 주민의 신고에 따라 11월 3일 16시에 제2군의 제5관구 산하 전 부대는 작전 비상사태에 돌입하였고, 제38사단, 공수특전단, 해병 5연대 2대대, 제37사단 2전투대대, 11사단 9연대 3대대가 제5관구에 배속되었다. 작전지역이 확대됨에 따라 11월 27일 10시에 제1군단장이 작전권을 인수하였다.[5]

울진 · 삼척지구 무장공비 침투사건에서는 창설된 지 얼마 되지 않은 향토예비군이 군경 수색대와 보조를 맞추어 부락자체 방위, 도로경계, 잠복, 수색, 정찰 등의 임무를 수행하였다. 특히, 작전이 전개되고 있는 동안 마을

4) 국방군사연구소, 『대비정규전사 II』(서울 : 국방군사연구소, 1998), p. 50.
5) 상게서, pp. 53~54.

주민들은 밤중에도 뜨거운 보리차를 끓여 작전 중인 수색대원들에게 제공하는 등 적극적으로 협조하였다. 당시 동원된 예비군들은 현역을 능가할 정도의 전투력을 발휘하였고, 장비는 비록 충분하지 못하였으나 최고 상태의 정신무장과 전투기술을 갖추고 있는 것으로 평가되었다.

3) 예비군 운용

주요 무장공비 소탕작전을 살펴보면, 36사단은 테미네골작전, 민둥산작전, 흰병산작전, 반얏골작전을 수행하였고, 38사단은 철암작전, 매봉산작전, 무능리작전, 심은골작전을 실시하였으며, 11사단은 청옥산작전, 고폭산작전, 구절리작전, 상원사작전, 마지네작전 등을 수행하였다.

예비군 운용의 주요 사례는 38사단 116연대 예하 예비군 장성중대 제6소대가 철암작전에 참가한 것이다. 1968년 11월 8일 주민신고를 받고 116연대 제12중대 1, 2소대가 출동하여 차단 및 봉쇄하고 경찰과 예비군이 합동으로 잠복근무를 실시하여 공비 1명을 생포하였다. 또한 정성군 남면 예비군 31명, 동면 예비군 20명은 11월 17~18일간 무능리작전에서 직접 교전에 참가하여 2명을 사살하였다. 심은골작전은 예비군의 신고에 따라 작전이 전개되었고, 지역예비군들도 작전에 참가하였다. 울진 · 삼척지구 무장공비 토벌작전간 예비군은 사살 17명, 생포 3명의 전과를 올렸다.[6] 당시 국방부는 무장공비 정동춘, 고등운 등을 생포하기까지 주민의 신속한 신고와 향토예비군의 활약이 컸다고 밝힌 바 있다.

---

6) 상게서, p. 58.

나. 강릉 해안 잠수함 침투사건

1) 개요

1996년 9월 18일 새벽 1시 35분경 강원도 강릉시 강동면 안인진리 도로상에서 택시기사가 얼룩무늬 복장의 거동 수상자 2명과 인근 해안 암초에 좌초된 의심스러운 선박을 목격하고 신고하였다. 군경이 출동하여 현장을 분석한 결과 북한 잠수함으로 판단하여 작전을 전개하였다. 이들은 북한 인민무력부 정찰국 소속으로, 잠수함(상어급 350t)을 이용하여 안인진리 지역으로 침투하여 정보를 수집하고, 사전 침투시켰던 정찰조와 안내조를 복귀시키기 위하여 해안으로 접근하다 좌초하게 되자 상륙하여 내륙침투를 시도하였다. 아군은 효과적인 대침투작전으로 1명을 생포하고 24명을 사살하는 한편 잠수함을 비롯한 다수의 무기를 노획하는 전과를 올렸으나 아군도 전사 11명, 부상 41명의 피해를 입었다.

2) 예비군 동원현황

강릉 해안 잠수함 침투사건은 예비군이 작전기간 동안 일일 13,684명, 총 28만여 명이 투입된 대규모 작전이었다. 작전동원령은 강릉 및 동해시에는 9월 19일 9시 40분에, 기타 지역에는 9월 19일 8시에 발령되었으나, 이때는 잠수함이 최초 발견된 시간으로부터 무려 8시간이나 지난 후였다. 작전 초기에는 예비군의 작전동원 응소율이 32.8%로 매우 저조하였으나, 기간 중 점진적으로 동원응소율은 높아졌으며, 장기간 작전에 참가한 예비군도 있었다.[7] 강릉 해안 잠수함 침투사건시 예비군 동원현황은 〈표 4〉와 같다.

---

7) 박병희 · 장순오, 「대침투작전 간 통합방위작전 사례에 관한 연구」, 육군교육사령부 군사학술용역 연구보고서(2011), p. 4-2.

〈표 4〉 예비군 동원현황(강릉 해안 잠수함 침투사건)

(단위 : 명)

구 분	계(%)	8군단	68사단	36사단
동원대상	49,529	8,031	21,302	20,196
응 소	44,955(91%)	7,888	20,909	16,158
미응소	4,484(9%)	143	393	4,038
연 동원인원	287,940	58,788	173,205	55,947

출처 : 제1군사령부, 『강릉 잠수함 침투 교훈집』(1996), p. 84.

1996년 강릉 해안 잠수함 침투사건시에 향방예비군에 대한 동원발령 당일 8%의 낮은 응소율은 이전과는 다른 사회적 현상들로서 심각한 문제점으로 지적되기도 하였다. 이것은 이완된 사회적 분위기를 단적으로 보여주는 것으로 서구문화의 유입과 다양한 직업 그리고 개인주의적 사고에 기인한 것으로 볼 수 있다.[8)]

초기에 동원 응소율이 저조한 이유는 주민등록지와 거주지가 상이한 것이 35%였으며, 작전동원 불응시 처벌 법규를 미인지한 경우가 무려 76%나 되었다. 뿐만 아니라 1년간 각자가 이수해야 할 훈련시간만 이수하면 다른 작전에 응소할 필요가 없다는 생각을 가진 예비군이 무려 90% 이상을 차지하였다. 특히, 장기 출타자 미신고, 동원절차교육 부실, 불시 작전동원에 대한 자원결산 소홀과 비상소집계획의 형식적인 작성 등의 문제점과 함께 비상소집 전파체계가 확립되지 않아 상근예비역 2~4명이 예비군 100~200명에게 공중전화로 연락하는 방법을 적용한 것이 결정적인 문제점이었다. 또한 강릉시와 동해시 이외 지역의 작전동원 하령시간이 지역 언론매체를 활용하기 어려운 출근시간 전 · 후로 설정되어 동원이 곤란하였으나 TV, 라디오, 전화 및 방문 등의 적극적인 작전동원 홍보활동을 실시한 결과, 응소율

8) 이민우, 「바꾸어야 할 예비군 교육훈련 현장」, 『향방저널』 통권 제482호(2011), pp. 90~91.

이 91%로 향상되었다.[9)]

3) 예비군 운용

강릉 해안 잠수함 침투사건에서는 지형 및 기상, 환경에 익숙한 예비군을 공세적으로 활용하지 못하고 주로 현역이 배치된 지역의 공간지역 위주로 배치하였다. 동원된 예비군은 주로 목진지 매복, 기동타격대, 수색정찰, 관공서 경계밀도를 증가하는데 운용함으로써, 부수적인 전과도 있었으나 잘못 운용된 면도 적지 않았다.

예를 들어 예비군을 수색작전에 투입하지 않고 주 · 야간 외곽 차단선 점령 위주로 운용하였고, 일부 방한피복 · 방탄헬멧 · 탄입대 · 수통 등 보급물자 지급이 미흡하였으며, 태백시 등 일부지역에서는 작전에 동원된 예비군에게 실탄을 지급하지 않고 무장공비 소탕작전과는 무관한 행정관서 등의 경계병력으로 운용하는 잘못을 범하기도 하였다.

당시 작전에 참가했던 지휘관들의 증언 및 사례를 종합해 보면, 동원소집된 예비군들의 장기간 작전에 따른 통제의 어려움, 상급부대의 불명확한 지침하달, 자기 지역이 아닌 타지역 투입에 따른 지형 미숙지, 원거리 이동에 따른 시간지체, 작전동원에 참가한 예비군들의 보상책 미흡, 예비군 지휘관들에 대한 과도한 보고 요구로 인한 예비군 통제 애로 등이 있었고, 동원된 예비군의 위상저하로 일선 예비군들의 입지도 약화되었다. 특히, 고령의 예비군 지휘관들은 예비군의 투입 및 철수, 타격대 편성, 총기수불, 장비 지급, 근무지 순찰 등의 과중한 업무로 인해 많은 어려움을 겪기도 하였다.[10)]

작전동원된 예비군들이 수색 · 매복 작전간 음주, 모닥불을 피우는 행위,

---

9) 박병희 · 장순오(2011), 전게서, p. 4-3.
10) 상게서, p. 4-5.

근무지 무단이탈, 총기방치 행위 등 전장군기를 문란하게 하는 행위가 많이 발생하였고, 심지어 10월 5일에는 양양군 일대에서 매복근무 중이던 예비군 5명이 무단음주 후에 만취상태에서 난동을 부리기까지 하였다.[11]

다. 부여지역 무장간첩사건

1) 개요

1995년 10월 24일 충남 부여군 석정면의 정각사 입구에 무장간첩 2명이 출현하여 경찰의 불심검문에 불응하고 무성권총을 발사한 뒤 도주하는 사건이 발생하였다. 이에 따라 군경 합동작전을 전개하여 잠복경찰관이 1명을 생포하였고, 인접 야산에서 은신 중이던 1명은 수색병력이 발견하여 사살하였다. 작전간 다수의 무기와 공작장비를 노획하였으나 아군도 전사 2명, 부상 1명의 피해를 입었다.

2) 예비군 동원현황

부여지역 무장간첩사건은 작전기간 동안 총 29,280명의 예비군이 동원된 작전이었다. 10월 24일 14시에 정각사 부근에서 총격전이 있었으나, 경찰의 미온적 조치로 상황발생 후 1시간이 지난 오후 3시경 무장간첩 출현 상황이 군부대에 전파되었다. 이에 따라 지역 내 예비군들과 부여, 서천, 공주, 청양지역의 예비군들에게 작전동원령이 하달되었는데,[12] 당시 작전동원된 예비군의 동원현황은 〈표 5〉와 같다.

---

11) 국방군사연구소, 『대비정규전사 Ⅲ』(2004). pp. 197~198.

12) 박병희 · 장순오(2011), 전게서, p. 4-2.

〈표 5〉 예비군 동원현황(부여지역 무장간첩사건)

(단위 : 명)

구 분	계	10월 24일	10월 25일	10월 26일	10월 27일
동원대상	45,809	15,313	14,382	12,983	3,131
응 소	29,280	10,467	9,387	8,037	1,389
응소율(%)	63.9	68.4	65.3	61.9	44.4

출처 : 제2군사령부, 『향방작전지도지침서』(2004), p. 6.

예비군의 동원면에서 볼 때 지역 내에 상주하고 있는 예비군보다는 서울, 대전, 논산 등의 외지에서 생업에 종사하고 있는 예비군들이 60%나 되었으므로 작전투입시간이 2~6시간 정도 지연되었고, 일부 예비군들은 동원령이 선포된 사실조차 알지 못하고 있는 경우도 있었다.

특히, 민간인 차량통행 금지령이 하달된 이후에는 예비군들의 기동수단이 사실상 모두 마비되어 부대소집과 배치 등에 많은 문제점이 발생하였다. 서울, 대전, 논산 등지에서 소집되는 예비군들의 이동이 차단되어 검문소에서 하차하여 도보로 응소하기도 하였지만 작전기간 중 예비군의 동원 응소율은 63.9%에 불과하였다. 따라서 예비군에 대한 신속한 향방동원을 위해 예비군들의 기동수단을 확보하고, 동원령이 지방 및 전국단위로 전파될 수 있도록 광역시 · 도 방위협의회가 중앙보도매체와 협조 · 홍보할 수 있는 대책이 필요하였다.

3) 예비군 운용

동원된 예비군들은 책임지역의 수색정찰, 매복, 목진지 점령, 차단선 점령, 해안경계의 밀도 증가, 관공서 경계 등에 운영되었다. 당시 현장지휘관들의 증언을 종합해 보면, 작전이 진행됨에 따라 상급부대의 명확한 지침 하달 미흡, 상황전파 지연에 따른 상황 미숙지, 상급지휘관의 빈번한 호출,

예비군 운용에 대한 부정적 시각, 차량통제로 인한 작전반응시간 지연, 예비군 지휘관과 대원 간의 소통수단 제한 등으로 지휘통제에 많은 어려움이 있었다.[13)]

작전결과, 총동원대상자 49,529명 중 약 9%에 달하는 4,574명이 미응소함에 따라 후속조치로 전출자, 사고자 등 1,060명을 제외한 3,514명을 고발하였다. 그 결과 고발자의 94.3%에 달하는 3,314명이 사법처리 되었는데, 2,841명(81%)에게 평균 20~30만원, 최고 70만원의 벌금이 부과되었다. 부대별 고발 · 접수 현황과 동원불응 예비군 및 고발자 현황은 다음 표와 같다.

〈표 6〉 부대별 고발·접수 현황

(단위 : 명)

부대 / 처리결과		계	0군단	0사단	00사단	00사단	00사단
계		3,514	17	246	3,217	26	8
벌 금		2,841	10	181	2,631	13	6
기소유예		340	1	30	309	·	·
기소중지		60	1	8	51	·	·
무혐의		73	·	25	35	11	2
기 소		10	1	·	9	·	·
이 첩		30	4	1	24	1	·
소환/조사	경찰	3	·	·	3	·	·
	검찰	157	·	1	155	1	·

출처 : 제2군사령부, 『향방작전지도지침서』(2004), p. 부13-2를 재정리.

13) 상게서, p. 4-13.

〈표 7〉 동원 불응 예비군 및 고발자 현황

(단위 : 명)

구 분	계	0군단	0사단	00사단	00사단	00사단
동원대상	49,529	8,031	21,302	20,196	·	·
응 소	44,955	7,888	20,909	16,158	·	·
미응소	4,574	143	393	4,038	·	·
고발의뢰	3,514	17	246	3,217	26	8

출처 : 제2군사령부, 『향방작전지도지침서』(2004), p. 부13-2.

작전기간 중 읍 · 면 · 동 단위 방위지원본부에서 지원한 내역은 〈표 8〉에서 보는 바와 같으며, 이는 예비군 동원시 전투근무지원과 관련된 개선사항을 도출하는데 참고가 될 것이다.

〈표 8〉 00부대지역 읍·면·동 방위지원본부 지원 내역

구 분	계	강릉시	동해시	삼척시
음료수	799박스	286박스	251박스	262박스
우유	18,336개	8,080개	4,820개	5,436개
빵	99,284개	43,750개	25,134개	30,400개
과일	129박스	52박스	36박스	41박스
떡	9,100명분	3,200명분	2,800명분	3,100명분
라면	275박스	120박스	70박스	85박스

출처 : 정원영, 『지방자치시대 통합방위』(서울 : 한국국방연구원, 2002), p. 48.

Chapter 2

예비전력의 발전요인과 효율적 운영방안

1. 예비전력의 발전요인

앞에서 우리는 한국 예비전력의 역사 및 운영사례와 외국의 예비전력 운영에 대해 살펴보았다. 이는 미래 한국 예비전력의 발전을 위해 무엇을, 어떻게 준비해야 하는가에 대한 해답의 기초를 제공해 주고 있다.

그동안의 연구내용을 살펴보면 예비전력 및 동원업무담당관들이 자기 업무분야에 대한 실상을 분석, 문제점과 개선방향을 제시하거나 학교 또는 연구기관의 전문가들이 역사적인 사례와 외국의 예비군 제도에 대한 연구 등을 통해 예비전력분야의 발전방향을 제시한 것들이 주류를 이루고 있다. 그 중에 예비전력 발전요인과 관련된 연구자료는 장병옥의 『국방동원의 과제와 전망』, 『통일 한국의 군사동원체제 발전방향』, 양병선의 『동원발전론』, 정원영 등의 『예비전력, 미래 국방력 건설의 또 하나의 선택』, 『동원행정론』과 육군본부에서 발간된 야전교범 8-0 『동원업무』 등이 있다.

이들이 예비전력 발전요인과 관련하여 사용하고 있는 용어는 '동원체제의 영향요인', '동원의 영향요인', '예비전력과 관련되는 환경', '동원업무수행의 영향요소' 등 연구가들의 숫자만큼이나 다양하다. 그러나 이러한 용어는 비록 조금씩의 차이가 있지만 예비전력이라는 큰 범주에 모두 포함이 되어 있고, 예비전력이 동원이라는 필수과정을 거쳐야 비로소 사용가능한 전력으로 전환되는 상호 불가분의 관계에 있다는 점, 그리고 넓은 의미에서 연구가들이 지향하고자 하는 목적이 '예비전력의 발전'으로 귀결된다는 점에서 공통점이 있다. 따라서 여기에서는 이들을 유사개념으로 판단하여 '예비전력 발전요인'이라는 용어로 통일하여 사용하기로 한다.

그동안 선행연구자 및 관련기관에서 제시한 예비전력 발전요인을 상호 비교해 보면 다음과 같이 정리할 수 있다.[14)]

〈표 9〉 예비전력의 발전요인 비교

장병옥	양병선	교범 (동원업무)	정원영
•국가 특성 -사회적 특성 -지정학적 특성 •주변강국의 역학 관계	•전략적 환경 •역사적 전통 •민족문화와 국민 의식		•주변국 정세 •국내정세
•위협의 종류 (전쟁의 양상) •위협의 강도 (위협의 실재)	•전쟁양상	•전쟁양상	•미래전쟁양상
•국방정책 -국방기본전략 -군 구조 및 역할 -무기체계	•국가목표	•전략개념	•국방정책
•동원잠재력 -동원자원의 규모와 질 -사회간접자본 -행정지원능력 •국가역량	•국력 (가용자원, 경제력)	•동원역량 (비축정도) •행정체제	•국가의 동원역량 (법, 제도)
•국가체제		•정치체제	

14) 예비전력 발전요인 도출에 대한 세부내용은 이원희, 「포괄안보시대 예비전력의 발전요인과 효율적 운영방안에 관한 연구」, 충남대 대학원 박사학위논문(2012), pp. 148~173을 참조바람.

위의 표에서 보듯이 선행연구자들이 제시한 내용 중 공통된 부분을 도출해 보면 예비전력의 발전요인으로 안보환경의 변화, 전쟁양상의 변화, 국방정책, 동원역량 등 네 가지로 압축이 가능하며, 각 요인에 포함되는 내용은 다음과 같다.

먼저, 안보환경의 변화에는 사회적 · 지정학적 특성, 전략적 환경, 주변국 및 국내정세, 주변강국의 역학관계 등이 포함된다. 특히 역사적 전통과 민족문화의 국민의식은 국가가 처한 안보환경에 따라 형성된 것으로 판단하고 이를 안보환경의 변화에 포함하였다. 전쟁양상의 변화에는 미래전의 양상과 위협의 종류, 위협의 강도를 포함하였으며, 국방정책분야에는 국가목표, 국방기본전략, 군 구조 및 역할, 무기체계분야와 함께 국방정책 구현에 필요한 국방예산도 포함하였다. 동원역량에는 비축제도와 동원자원의 규모와 질, 사회간접자본, 행정지원능력 그리고 동원을 위한 법과 제도까지 포함된다.

이와 같이 예비전력의 발전요인을 안보환경의 변화, 전쟁양상의 변화, 국방정책, 동원역량의 네 가지로 선정한 이유를 각 요인별로 조금 더 구체적으로 살펴보면 다음과 같다.

첫째, 한국의 예비전력 관련 역사를 보면, 안보환경이 변화함에 따라 예비군 제도는 임무로부터 운용에 이르기까지 변화를 거듭하였다. 또한 제1 · 2차 세계대전은 물론 현대전에서 나타난 외국의 각종 사례에서 보듯이 그 나라의 독특한 안보상황에 맞게 예비군 제도가 발전되어 왔음을 알 수 있고, 미래 안보환경의 변화가 한국의 예비전력 발전에 영향을 미칠 것임은 너무도 자명한 사실이다. 오늘날 세계의 안보정세는 미국에 대한 중국의 거센 도전이 지속될 것으로 전망된다. 단극화에 대한 혼전과 각국의 자국 이기주의 및 실리추구로 다양한 갈등이 나타날 것이다. 이러한 안보환경의 변화와 갈등 속에서 한국은 동북아지역의 주도적인 역할을 수행하도록 준비해야 한다.

둘째, 전쟁양상의 변화는 예비전력 발전에 직접적인 영향을 미치고 있는 부분이라고 할 수 있다. 앞으로 위협요인이 다양해지면서 안보개념이 확대되어 외교 · 경제분야의 중요성이 군사력 못지않게 커질 것이며, 전면전보다 테러, 국지전 등 소규모 분쟁 가능성이 증대될 것으로 예측된다. 제4세대 전쟁[15]이라는 개념도 새로이 등장하였다. 이러한 전쟁양상은 국가별로 처한 안보환경과 시대적 상황, 그리고 과학기술의 발전에 영향을 받아 변화를 거듭하였다. 미래의 예비전력 운용도 전쟁양상의 변화에 따라 운용개념을 발전시킬 수밖에 없다.

셋째, 국방정책으로서 국가 및 군사지도자가 자국의 안보를 위해 어떤 국방정책을 수립 · 추진하느냐 하는 것은, 상비전력은 물론 예비전력 발전에도 크게 영향을 미치는 요인이다. 국방정책을 추진하기 위한 국방예산, 특히 예비전력에 투자하는 국방예산의 규모는 그동안 많은 예비전력 및 동원분야 연구가들이 강조해 온 사항으로서, 이는 예비전력발전의 가장 기본적이면서도 현실적인 요인이라 할 수 있다. 개별 국가에서는 가용 예산의 제

15) 제4세대 전쟁은 윌리엄 린드(William Lind)에 의해 1989년부터 주장되어 온 전쟁개념으로 '21세기에 등장한 새로운 형태의 비정규 · 비대칭 전쟁'을 말한다. 그는 베스트팔렌 조약(1648) 이후부터의 전쟁을 3개 세대로 구분하였는데 활강식 소총이 사용되고 횡대 · 종대의 밀집대형전술 등 인력을 위주로 한 제1세대 전쟁, 강선식 소총과 화포, 기관총에 의한 화력전과 참호전이 사용된 제2세대 전쟁, 제2차 세계대전시 독일군의 전격전과 같은 기동전 양상의 제3세대 전쟁이 그것이다. 토마스 하메스(Thomas X. Hammes)는 이를 더욱 체계적인 이론으로 발전시켰다. 제4세대 전쟁은 역사적으로 약소국이 강대국에 맞서는 방법으로 많이 활용되었으며, 상대방 정책결정자들의 정치적 의지를 파괴하는데 목적을 두고 있다. 이러한 제4세대 전쟁의 특징은 전쟁수행의 주체가 주권국가뿐만 아니라 비국가행위자들이 될 수도 있고, 첨단무기뿐만 아니라 네트워크, 사이버무기 등 저비용 · 고효율의 다양한 비군사적 수단을 사용한다. 또한 전쟁의 시기나 전쟁의 범위, 전략적 중심이 무엇인지 파악하기가 곤란하고 비정규전의 형태로 장기간에 걸쳐 전개된다는 점이다. 북한은 핵과 미사일, 대량살상무기, 특수전 부대 등 비대칭전력을 보유하고 있고 사이버전, 심리전 등 제4세대 전쟁의 특성을 전략적으로 활용할 것이다. 제4세대 전쟁의 사례로는 중국혁명전쟁(1921~1949), 월남전쟁(1945~1975), 이라크전쟁, 아프가니스탄전쟁 등을 들 수 있다.

한으로 모든 전력의 상비화가 곤란하기 때문에 총체전력 차원에서 상비전력과 예비전력의 적정 배합구조를 지향하고 있다.

넷째, 동원역량은 가용자원 · 경제력과 같은 국력과 동원자원의 규모와 질 · 사회간접자본 · 행정지원능력 등의 동원잠재력, 비축정도 등을 모두 포함한다. 특히 자유민주주의 국가에서는 예비전력 역시 법과 제도의 틀 안에서 발전하기 때문에 이 역시 예비전력의 발전에 영향을 미치는 주요 요인 중의 하나라고 할 수 있다.

선행연구 및 각종 사례분석 등을 통해 진단된 한국 예비전력의 현주소 및 문제점을 정리해 보면 다음과 같이 요약할 수 있다.

첫째, 현재의 예비군 임무와 역할이 너무 복잡하고 불분명하다. 동원지정 여부와 연차에 따라 매년 많은 예비군의 소속부대와 임무가 바뀌고 있다. 또한 국가위기분야도 과거의 전통적 안보분야뿐만 아니라 재난위기, 국가핵심기반분야의 위기 등이 더해져 그 범위가 확대되고 있다. 따라서 이에 대한 대응수단으로 활용할 수 있는 예비군에 대해서도 그 임무와 역할을 명확히 재정립할 필요성이 있다.

둘째, 병력 규모면에서 볼 때, 예비군은 가용 예산에 비해 그 편성 규모가 과다하다. 이는 재래전에 기초하여 소요를 산정하였고, 양 위주로 성장된 북한의 위협에 대비한다는 점에서 그 원인을 찾아 볼 수 있다. 그러나 이는 예비군 자원관리에 대한 부담이 커지고 교육훈련의 부실로 이어질 수도 있다. 따라서 예비군도 현역 수준의 전투력을 발휘할 수 있도록 그 규모를 대폭 줄여 소수 정예화 할 필요가 있다.

셋째, 지휘체계면에서 볼 때, 통합전투력을 발휘할 수 있는 조직편성이 미약하다. 전시 예비전력의 운용주체인 합참과 각 군 본부 등의 예비전력 관련 조직과 기능이 미약하므로 실질적인 전력발휘가 용이하도록 조직을 보강해야 한다.

넷째, 전투력 발휘측면에서 예비군들에 대한 실질적인 교육훈련시간이 많이 부족하다. 그 이유는 임무수행을 고려한 군의 요구에 의해 훈련시간이 결정되었다기보다는 정치권의 요구 등 군 외적인 요소에 의해 결정되었기 때문이다. 비슷한 환경의 외국과 비교해 보더라도 훈련시간이 극히 부족하므로 교육훈련시간의 증가와 함께 성과 위주의 내실 있는 교육훈련이 요구된다.

다섯째, 예비군 동원 또는 교육훈련 참여시 경제적 보상수준이 미흡하여 동원 및 훈련 참여율을 제고시키는 데 어려움이 뒤따른다. 그러므로 예비군에 대한 보상비를 현실화하고 소요예산을 마련할 수 있도록 대책이 수립되어야 할 것이다.

여섯째, 국민들의 안보의식 제고를 위한 다양한 노력이 요구된다. 대다수의 국민들은 현역복무를 마치면 병역의무를 마친 것으로 인식하고, 예비역 복무를 부가적인 병역 의무로 간주하는 경향이 있다. 또한, 예비군의 전투사례에서 보듯이 초기 동원율 향상 등 전력 발휘에 필요한 각종 법령의 제정과 불합리한 제도의 개선이 요구된다. 이는 국민들의 안보의식 제고에도 영향을 미칠 것이다.

예비전력의 중요성은 누구나 공감하고 있지만 실질적으로 어떠한 방법으로 예비전력을 효율적으로 운영할 것인가에 대한 방법론에 대해서는 다양한 주장이 제기되고 있다. 여기에서는 앞에서 도출한 분석결과를 토대로 네 가지 예비전력 발전요인별로 구분하여 효율적 운영방안을 제시하고자 한다. 논의과정에서 제기된 주요 개선소요를 요약 · 정리하면 다음과 같다.

〈표 10〉 발전요인별 예비전력 개선소요

발전요인	개선소요
안보환경의 변화	•예비군 임무 및 지휘체제 정립 •위기관리 및 동원관련 법령 정비 •여성예비군 활용
전쟁양상의 변화	•사이버전 전문가 양성 •예비군 저격수 확보 •특전예비군 활용
국방정책	•예비전력 예산 증대 •각종 예비군 운용제도의 발전 - 현역복무부대 동원지정제도 시행 - 부분동원제도 확대 - 동원 및 훈련보류제도 개선 - 지역 및 직장예비군 운용제도의 개선 - 국방동원정보체계 운용 개선 - 보상제도의 개선
동원역량	•적정 규모의 예비전력 확보 •성과 위주의 교육훈련 강화 •무기 · 장비 · 물자의 확보

2. 안보환경의 변화에 따른 개선사항

국가 안보요소는 정치 · 경제 · 사회 · 문화 · 군사 · 외교 · 과학기술 등 다양한 요소로 구성되어 있으며 이들 각 요소는 상호 연계성을 갖고 있기 때문에 어느 하나라도 소홀히 할 수는 없다. 만약에 어느 한 요소가 부족하거나 잘못되면 다른 분야에 연쇄적인 파급효과를 미치기 때문이다. 특히 자원이 부족한 우리나라가 강력한 군사력을 보유하기 위해서는 든든한 경제력과 과학기술력의 뒷받침이 필수적이라고 하겠다. 오늘날 한국의 안보환경을 국가안보 5요소에 의거 정리해 보면 다음과 같다.

〈그림 1〉 국가안보 5요소

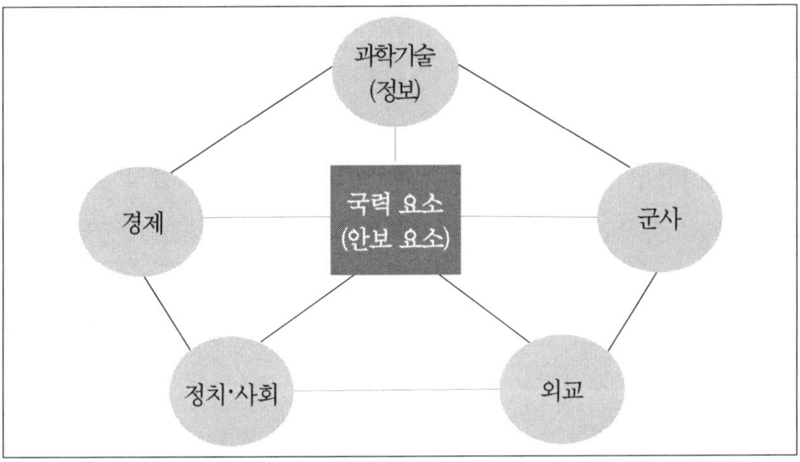

출처 : 국방대학교, 『안전보장이론』(2002), p. 193.

정치 · 사회적인 면에서 보면, 국방개혁은 장차 현역의 복무기간 단축뿐만 아니라 예비군의 수도 점차 감축시키는 방향으로 추진되고 있다. 따라서 예비전력은 유사시 국방의 중심전력으로서, 북한과 주변국가간의 군사적 위협에 대하여 양적 팽창이 아니라 질적 개선을 통해 해결할 수 있도록 해야 한다. 국민정서나 사회 발전추세를 고려하더라도 국가 재해 · 재난시 예비군과 민방위대원을 적극 활용할 수 있도록 해야 한다. 구제역 파동, AI 방역, 홍수피해, 폭설로 인한 고립사태 등 각종 재난발생시 지방자치단체장들의 요청을 받아 예비군과 민방위대원을 투입한다면 이들의 존재가치를 국민들에게 각인시킬 수 있는 좋은 계기가 될 것이며, 지방자체단체장들도 민 · 관 · 군 협조체제 유지에 호의적 반응을 보일 것이다. 그리고 재난사태 하에서 실질적으로 도움을 받은 많은 국민들은 예비군 및 민방위 조직의 필요성을 피부로 인식하고 유사시 안보도우미 역할도 마다하지 않을 것으로 기대된다.

경제적인 측면에서 보면, 국가안보와 경제문제는 국가를 운영하는 양대 축과 같은 것으로 상호 불가분의 관계에 있다. 21세기에 들어서면서 세계 각국은 군사력 재편계획을 완료하고 병력 감축을 포함한 군비축소를 가속화하고 있는 반면에 동북아지역에서는 오히려 군비경쟁이 강화되고 있다. 이는 국가별로 예산에 반영하고 있는 군사비를 통해 확인할 수 있다. 그러나 한국의 군사비는 세계 최빈국 중의 하나인 북한을 제외하고 동북아지역에서 가장 적은 예산을 투입하고 있다. 따라서 국가안보의 한 축을 담당하고 있는 예비전력을 강화하기 위해서는 경제적 뒷받침이 있어야 한다.

외교적인 면에서 볼 때, 그동안 북한은 국제사회의 반대에도 불구하고 3차례의 핵실험을 강행해 왔으며, 4차 핵실험을 준비하고 있다. 북한의 핵포기를 위한 6자회담도 '핵과 경제' 병진노선을 추구하는 북한 집단에 대해 효과를 발휘하지 못하고 있고 핵 실험에 대한 유엔의 제재도 그 실효성이 의문시되고 있다. 따라서 한국은 한미동맹을 더욱 공고히 하고 중국을 통한 압박 등 다양한 외교적 노력을 기울여야 한다.

군사적인 면에서 보면, 북한의 군사 위협도 기존의 방법과 달리 가변적이고 불확실성이 더욱 증대될 것이다. 한국은 동북아지역의 군비강화 및 세력의 개편을 고려하여 범세계적인 차원에서 대비해야 한다. 더욱이 국민들은 전통적 안보위협에서 탈피하여 포괄적 안보위협에 대응할 것을 요구하고 있다. 따라서 동맹관계를 더욱 강화하고 비군사적 위협에도 대처토록 해야 하며, 해외 파병 등 국가 이익을 보존하기 위한 다양한 활동도 전개해야 한다.

과학기술(정보)적인 면에서 볼 때, 미래전쟁은 첨단기술전쟁, 사이버전쟁, 평화유지전쟁, 그리고 더러운 전쟁 등 학자마다 보는 시각이 다양하다. 여기서 말하는 더러운 전쟁이란 일종의 비대칭전으로 첨단무기체계가 군사적 승리를 결코 보장하지 못하고, 보이지 않는 적과 싸우기 때문에 작전을 수행하기가 매우 어렵다는 특성을 지닌 전쟁이다. 대표적인 유형으로는 최근 북한이 자행하고 있는 GPS 교란이나 사이버테러 등을 들 수 있다. 이러한 비대칭전에 대비하기 위한 예비전력의 운영에 대해서도 연구해야 한다.

먼저 안보환경 변화에 따른 예비군 임무 및 지휘체제 정립방안, 관련 법령의 정비 그리고 저출산 · 고령화시대에 대비한 여성예비군 활용에 대해 살펴보기로 하자.

가. 예비군 임무 및 지휘체제 정립

향토예비군은 1 · 21사태와 미 해군정보함 푸에블로호 납치사건 등 연이은 북한의 대남 도발을 계기로 북한의 비정규전에 대비하기 위하여 1968년 4월 1일 대전에서 창설하였다. 이전에 향토예비군 설치를 위해 1961년 12월 27일 '향토예비군설치법'이 제정 · 공포되었으며, 1967년 11월 24일에는 '예비군 제도 연구위원회'가 설치되었다. 1968년 2월 27일에는 '향토예비군설치법 시행령'이 제정 · 공포됨으로써 예비군의 법적인 근거가 마련되었고 동년 3월 31일에는 예비군 편성 및 조직이 완료되어 4월 1일 향토예비군을 창설하기에 이르렀다. 창설 당시 향토예비군은 편성형태별로는 거주지 중심의 지역예비군과 직장중심의 직장예비군으로 나누고, 임무별로는 동원예비군과 일반예비군으로 나누었으며, 편성대상은 예비역과 보충역, 지원자로 구분하였다. 그리고 조직 · 편성은 최초에는 중대단위로 편성하였으나 직장예비군의 인원이 크게 증가함에 따라 제대 규모는 점차 확대되었다.

향토예비군의 창설을 계기로 정부는 국민의 안보의식을 고취시키고, 예비역 장병들로 하여금 평시에는 생업에 종사하면서 대침투작전시에는 향토방위 임무를 수행하도록 하며, 전시에는 부대 증 · 창설 및 손실 · 보충요원으로서 현역과 같이 임무를 수행하도록 하였다. 또한 정기적인 교육훈련을 통해 개인의 임무수행능력을 배양하여 북한의 비정규전 및 전면전에 대비하도록 하였다.

1) 임무의 재설정

일반적으로 국민들은 예비군 조직을 군 조직의 일부로 인식하고 그렇게 운용되는 것으로 알고 있으나, 엄밀한 의미에서는 군 조직과 약간의 차이가 있다는 사실을 알 수 있다. 이는 기본적으로 예비군에 대한 직제가 국군조직법에 포함되어 있지 않고 향토예비군설치법에 근거하여 설치되었다는 점에서 태생적 한계가 있는 것이다. 그러나 국민의 생명과 재산을 보호하고 국가를 방위하는 근본 목적은 같다고 할 수 있다. 오늘날 예비군의 임무는 전시 동원에의 대비, 적 또는 무장공비 소멸, 무장소요 진압, 중요시설 및 병참선 경비, 민방위업무 지원의 5가지로 요약할 수 있다. 이러한 예비군 임무의 변천과정을 정리하면 다음과 같다.

〈표 11〉 예비군 임무의 변천

연 도	임 무
1961년	•향토방위 •병참선 경비 •후방지역 피해통제
1968년	•적 또는 무장공비 소멸 •중요시설 및 병참선 경비
1970년	•동원에의 대비 •적 또는 무장공비 소멸 •중요시설 및 병참선 경비
1972년	•동원에의 대비 •적 또는 무장공비 소멸 •중요시설 및 병참선 경비 •무장공비 또는 천재지변 피해예방 및 복구
1980년	•동원에의 대비 •적 또는 무장공비 소멸 •무장소요 진압 •중요시설 및 병참선 경비 •민방위업무 지원

출처 : 한국전략문제연구소, 『미래지향적 인력설계 및 정책방향』(2005), p. 345.

〈표 11〉에서 보는 바와 같이 예비군의 임무는 시대적 상황과 국민적 요구

를 반영하여 변천해 왔음을 알 수 있다. 또한 예비군의 성격도 시간이 지나면서 바뀌고 부가적인 임무도 부여되었다. 1961년 최초 향토예비군설치법을 제정할 당시에는 시민군 성격의 '향토방위'가 주된 임무였으나, 1968년 1·21사태 이후 예비군을 창설하면서 '적 또는 무장공비 소멸'로 그 임무가 보다 구체화되어 후방방위대 성격으로 정립되었다. 1970년에는 '동원에의 대비'라는 임무가 새롭게 추가되어 준상비군 성격으로 발전되었으며, 1972년에는 '무장공비 또는 천재지변 피해예방 및 복구'가 포함되어 민방위대 성격까지 추가되었다. 1980년 이후에는 무장소요 진압까지 그 임무가 확장되어 준경찰 기능까지 추가되는 등 향토예비군이 창설된 이후 시대적 상황에 따라 임무 역시 많은 변화를 거듭하였다. 따라서 포괄적 안보시대를 살고 있는 오늘날, 초국가적·비군사적 위협에 대응하기 위한 한국 예비군의 임무와 역할은 다음과 같은 몇 가지 사항을 고려하여 더욱 발전시켜야 한다.

첫째, 창설 당시 예비군의 기본임무가 전시 상황에 대비하기 위해 설치된 것이 아니라, 시민군 개념의 '향토방위'를 위해 설치된 것으로 볼 때, 미국을 비롯한 외국의 예비군이 전시에 대비한 전문군 위주로 발전된 것과는 대조적인 모습을 보인다. 한국의 예비군은 외국과 달리 대적하고 있는 북한이 정규전과 비정규전을 배합한 전·후방 동시 전장화를 추구하고 있으므로 전시 상황과 함께 향토방위의 임무를 중요시할 수밖에 없다. 이를 위해 전체 예비군의 50% 이상이 향방예비군으로 편성되어 있음을 인식해야 한다. 전·후방 동시 전장화를 추구하는 북한에 대응하기 위해 예비군의 '향토방위' 임무는 대단히 중요하며 앞으로도 계속 발전시켜야 할 분야다.

둘째, 다양한 국민적 욕구를 충족할 수 있도록 예비군 조직을 적극 활용하여 전통적 안보위협은 물론 지역안정과 대테러, 재해 및 재난사태, 환경보호, 각종 방역활동 등 초국가적·비군사적위협에 대비할 수 있도록 예비군의 임무와 역할을 더욱 확대할 필요가 있다. 그러나 예비군에게 지나치게 과다한 임무는 더욱 많은 자원이 소요되고, 민방위 임무와도 중복될 수 있기 때문에 이들 간의 임무 한계를 명확히 구분할 필요가 있다. 더욱 중요한 것은 예비군들이 그 임무를 수행할 수 있는 능력을 갖추고 있는가, 즉 그러한 임무수행체계와 무기 · 장비 · 물자 그리고 교육훈련 등이 뒷받침되고 있는지를 충분히 고려해야 한다. 따라서 예비군은 동원에의 대비, 적 또는 무장공비의 소멸, 중요시설 및 병참선 경비업무를 수행할 수 있도록 소수정예화하고, 평시 무장소요 진압과 민방위업무 지원 등은 경찰과 민방위대원이 담당토록 하되 국가적 위기상황 발생시에만 예비군이 이러한 업무에 참여하는 방안도 생각해 볼 수 있다.

셋째, 예비군 자원이 풍부하고 복무기간이 충분히 길다면 이들에게 여러 가지 임무를 부여할 수 있겠지만, 앞으로 예비군 자원도 점차 감소하고 복무기간도 짧아질 가능성이 높기 때문에 예비군 본연의 핵심임무 이외의 부가적인 임무부여는 가급적 억제하여야 한다.

넷째, 앞으로 예비군은 상비군의 보조전력이 아니라 대등전력이자 전쟁수행의 핵심전력으로 운영되어야 한다. 이를 위해 최상의 전투력을 발휘할 수 있도록 훈련을 강화해야 한다. 미군의 전투수행방법을 벤치마킹하여 현역과의 합동군사작전시에는 현역은 전투임무를 수행하고 예비군은 주로 전투지원 및 전투근무지원 기능을 담당함으로써 효율성을 증대하는 방안을 검토 · 발전시켜야 한다.

다섯째, 한반도 통일 후 불확실한 주변국들의 잠재위협에 대비하기 위해서 예비군의 임무와 역할을 더욱 확대하고, 나아가 남북간 군비축소문제가 대두될 경우 대체 전력으로서 예비군을 적극 활용할 수 있도록 해야 한다.

2) 예비군 지휘체제 정립

군 복무체계와 관련하여 대부분의 국민들은 현역복무만을 병역의무로 생각하고 예비군으로 복무하는 것에 대해서는 병역의무로 생각하지 않는 경향이 있다. 이는 예비역 복무가 병역법에 명시된 복무형태의 하나라는 점을 간과하여 예비역 복무를 추가적인 복무부담으로 인식하고 있는 것이다. 현행 헌법에 국민의 4대 의무 중 하나로 병역의 의무가 명시되어 있고, 병역법 제3조(병역의무)에 '대한민국 국민인 남자는 헌법과 병역법이 정하는 바에 따라 병역의무를 성실히 수행하여야 한다. 여자는 지원에 의하여 현역으로만 복무 할 수 있다'고 명시된 내용을 자의적으로 해석하거나 간과한 데 따른 것으로 판단된다.

그렇다면 많은 국민들이 부담스럽게 생각하는 예비역 복무를 왜 해야만 하는 것일까? 한마디로 말하면, 국가방위 병력을 모두 상비군으로 편성하기에는 국가경제에 너무 부담이 되기 때문이다. 이 점에 관한 한 미국, 중국, 러시아와 같은 강대국들은 물론이고, 약소국가들도 모두 마찬가지이다. 이에 따라 전쟁의 위협이 적은 국가들로부터 이스라엘과 같이 전쟁 위협이 끊이지 않는 국가에 이르기까지 정도의 차이는 있을지라도 모두 자국의 실정에 맞게 상비군과 예비군을 혼합 운영하고 있다. 한반도 주변의 잠재적인 위협국가들도 예비전력을 강화하고 있으며, 극심한 경제난에 허덕이고 있는 북한도 무려 770만 명의 예비전력을 유지하고 있다. 그 이유는 예비전력이 최소의 경비로 최대의 안보체제를 유지할 수 있는 유용한 방안이기 때문이다.

예비군 지휘관리체제는 시대적 상황에 따라 변화와 발전을 거듭하였다. 예비군이 제 기능을 발휘하기 위해서는 관련 법령과 제도를 바탕으로 하는 효율적인 지휘체제를 갖추었을 때 더욱 효과적이다. 한국의 예비군도 창설

초기에는 예비군에 대한 지휘권은 군이 갖고, 교육훈련권은 경찰이 담당하였으나, 1971년부터 군이 지휘권과 교육훈련권을 모두 맡아 예비군 업무가 일원화되었다. 예비군 지휘관리체제의 변천과정은 〈표 12〉와 같다.

〈표 12〉 예비군 지휘관리체제 변천과정

구분	내 용
1968. 3	•군 지휘계통에 의해 예비군 지휘 및 관리 •예비군 교육훈련 : 경찰 담당 ※ 지휘관리 및 교육훈련 이원화(이원적 업무체계)
1968. 5	•예비군 지휘 및 관리권 : 경찰에 위임 •예비군 업무 감독 : 군 지역사령관 ※ 예비군 업무 일원화
1971. 7	•예비군 지휘 및 관리권 : 경찰로부터 군이 인수 (향토사단 예하대대를 각 지역으로 전개시켜 관리) ※ 후방사단 전개대대 제한 및 야전군지역 기본임무로 지휘관리 소홀
1976. 7	•전개대대가 없는 지역에 예비군 중간 지휘관리기구 설치 운용 (여단, 연대 및 관리대대 편성) •수임군부대장이 관장, 지휘감독

출처 : 육군본부, 야교 8-10 『예비군 업무』(2002), p. 부4-6.

외국의 사례를 살펴보면, 미국과 이스라엘은 현역과 예비군의 합동훈련을 강화하고 있고, 스위스는 현역이 22만 명의 예비군을 관리하고 있다. 한국도 외국과 같이 예비전력을 효율적으로 운용할 수 있도록 전문성과 능력을 갖춘 요원으로 통합기구를 편성 · 운용할 필요가 있다.

예를 들면, 국방부 산하에 가칭 '국군동원사령부'[16]를 설치하여 예비전력

16) 정원영은 2012년 국방부 주관 예비전력세미나(2012. 4. 24)에서 국군동원사령부는 억지전력의 핵심 역할 및 예비전력 대비태세 점검 등을 총괄적으로 관장하고 그 기능은 국방부 장관의 정책보좌 기능과 합참의장의 참모기능을 수행하며, 각 군 업무를 통제하고, 직장예비군 직접관리 및 호송단을 운영하는 안을 제시하였다. 또한 한석준은 『향방저널』 통권 제482호(2011)에 국군동원사령부 편성(안)을 제시한 바 있다.

업무를 조정 · 통제할 수 있도록 한다. 또한 그 산하에 전 · 평시 동원자원 관리 및 동원집행 보장을 위한 통합조정기구로서 동원센터를 편성하여 사령부의 관련부처와 수임군부대 및 병무청 · 경찰청과 연계된 업무를 수행토록 하는 방안을 고려할 수 있다. 이를 정리한 편성(안)은 〈그림 2〉와 같다.

〈그림 2〉 국군동원사령부 편성(안)

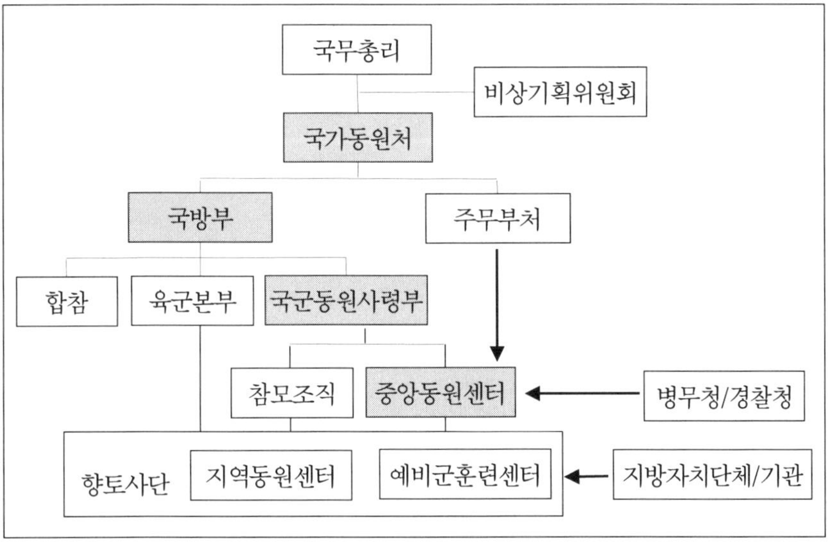

나. 위기관리 및 동원관련 법령 정비

미국의 위기관리체계는 9 · 11 테러를 계기로 변화하여 국가안전보장회의에서 국외의 전통적 안보위협을 담당하고, 국토안보부는 핵 및 화생방, 테러, 국경보안 등 국내적 안보위협을 담당하도록 하며, 연방비상관리청은 국내의 자연재해 및 인위재난을 담당하는 체계로 구성되어 있다. 한반도 주변의 강대국들과 접하고 있고, 북한으로부터 직접적인 군사적 위협을 받고 있으며, 국민은 각종 재해 · 재난문제까지 처리해 줄 것을 요구하고 있는 한국의 현실을 고려해볼 때 미국의 위기관리체계는 유용한 참고가 될 수 있다.

한국의 위기관리체계는 전 · 평시로 구분되며, 위기유형별 · 관리단계별로 주무부처가 상이하고, 관련 법령도 분산되어 있는 분권화된 구조를 가지고 있다. 위기유형별 주관부서를 살펴보면, 통합방위사태는 합참, 비상대비 및 민방위는 국민안전처 안전정책실, 재해는 중앙소방본부, 재난 분야는 국민안전처 재난관리를 주무부처의 기능을 수행하고 있다. 이외에도 국가 전시지도지침은 대통령실에서, 테러대비는 국정원에서 담당하고 있다. 따라서 전 · 평시 각종 위협을 효과적으로 관리할 수 있도록 시스템을 일원화해야 한다.

〈표 13〉 한국의 위기관리체제

전시 대비체제		평시 위기관리체제	
통합방위체제 (군사분야)	국가동원체제 (비군사정부분야)	민방위체제	재난관리체제
통합방위법 · 계엄법 · 향토예비군설치법	비상대비자원 관리법	민방위기본법	재난 및 안전관리기본법
국방부 · 합참	국민안전처 (비상대비기획과)	국민안전처 (민방위과)	국민안전처 (안전기획과)

출처 : 김열수, 『21세기 국가위기관리체계론』(2005), pp. 51~52 ; 정찬권, 『21세기 포괄안보시대의 국가위기관리론』(2010), p. 168, p. 314를 토대로 재구성.

한국 정부는 국가비상대비 업무를 전면전에 대비하는 비상대비업무, 국지도발 혹은 사회혼란 등에 대비하는 민방위업무, 향토방위를 위한 향토예비군 업무, 각종 대형 재난재해에 대비하는 재난관리업무, 이상의 업무들과 유기적인 관련을 갖는 분야를 통합하기 위한 통합방위업무로 구분하고 있다.[17] 이 중에서 민방위자원과 비상대비자원은 전시 또는 국가 위기시에

17) 길병옥, 「국가위기관리의 이론과 범위 : 개념과 적용」, 『공공행정연구』 제9권 제2호, (2008), p. 73.

사용되는 자원이라는 점에서 공통점이 있지만, 민방위자원은 평시의 중요한 재난상황하에서도 사용할 수 있는 자원이라는 점에서 비상대비자원과는 차이가 있다.

동원이란 근본적으로 국민의 기본권을 제한하고 의무를 부과하는 공권력의 행위이므로 이는 법률적으로 명시되어 실현 가능성이 보장되어야 한다. 법률로 규정되지 않은 동원은 합법성과 정당성이 보장될 수 없기 때문이다.

그런데, 현행 한국의 동원관련 법령은 평시 자원관리를 위한 준비법인 '비상대비자원관리법'과 집행법인 '전시자원관리에 관한 법률(안)'의 이중구조로 되어 있고 동원령 선포시기, 선포요건 등이 위기상황이 발생한 이후에 이루어지도록 되어 있어 적시에 동원이 행해지기 어려운 실정이다. 예컨대, '비상대비자원관리법'은 평시 준비법으로 계획수립, 자원조사, 훈련 등을 규정하고 있으나, 이 법의 목적인 동원집행에 관하여는 전혀 규정되어 있지 않다. 그리고 동원집행에 관한 규정은 '전시자원관리에 관한 법률(안)' 또는 '대통령 긴급명령(안)'에 명시되어 있지만, 이 법률은 전시관계법령으로서 평시 적용이 불가능한 제한사항이 있다. 즉, 이 법의 적용은 중대한 교전상태시에 국회의 동의를 받거나 대통령이 긴급명령으로 발할 수 있으나 발동요건이 매우 엄격하여 동원집행시기를 상실할 가능성이 높다.[18] 이러한 문제점을 해결하기 위해 충무 3종사태시에도 부분동원을 할 수 있도록 법령을 개정(2011. 7.)한 것은 국가총동원제도를 채택하고 있는 한국으로서는 비상사태 발생시 융통성 있게 대비할 수 있다는 점에서 한 단계 진전된 조치라 할 수 있다.

동원자원 관리실태를 살펴보면, 병력 및 전시근로소집은 병무청에서, 인

18) 김강녕, 「새로운 형태의 위기에 대한 효율적인 통제 및 비상기획위원회 기능 강화방안」, 『새로운 유형의 위기에 대응한 비상대비태세 발전방향』(서울 : 비상기획위원회, 2002), p. 64.

력은 국민안전처에서, 물자는 자원주무부처에서 맡고 있다. 동원집행은 병력과 전시근로소집자의 경우 중앙병무청이 지방병무청을 통하여 실시하며, 물자동원은 자원주무부처가 시 · 도, 시 · 군 · 구의 행정관서 계통으로 집행을 한다. 병력 · 물자 동시동원계획조차도 차량은 건설교통부에서, 운전병(인력)은 국민안전처에서, 노무자는 국방부(병무청)에서 처리하는 등 집행의 다원화로 인해 동시에 이루어져야 할 동원이 제대로 시행하기 곤란한 것이 사실이다.[19] 특히, 군사작전간 부대 전투력 복원을 위한 긴급 병력 및 물자동원의 경우에는 집행기관이 많아 신속한 동원이 제한될 우려가 있다. 이처럼 국가위기 발생시 전쟁의 승패를 좌우할 전시동원업무는 신속성과 일사불란한 집행체제가 무엇보다 중요함에도 불구하고, 각 부처별 동원집행에 따른 절차가 복잡하여 계획된 시간 내에 동원이 곤란할 수도 있으므로 이에 대한 개선이 필요하다.

세계 각국의 국가 동원대비 유형은 크게 세 가지 유형으로 분류할 수 있다. 의회가 제정한 법률에 의하여 의회와 대통령이 필요한 조치를 취할 수 있는 유형(미국), 전쟁지도를 하는 통수권자 또는 최고사령관에게 비상대권을 부여하고 그에 따르는 모든 필요한 조치를 취할 수 있는 권한을 위임하는 유형(영국, 스위스), 그리고 기본적인 국가동원기본법을 제정하고 이에 따른 명령에 의하여 필요한 조치를 취하는 유형(제2차 세계대전 당시의 일본)이 그것이다. 국민정서나 현행법령, 실행가능성 등을 고려한다면 한국은 앞의 세 가지의 유형 중 세 번째 유형이 가장 적합할 것으로 판단된다.

한국의 동원관련 법령을 정비하기 위해 가칭 '국가동원기본법'[20]을 제정

---

19) 정원영 · 정주성 · 문순영 · 안석기 · 이성윤, 『예비전력, 미래국방력 건설의 또 하나의 선택』 (서울 : 한국국방연구원, 2005). pp. 19~20을 수정보완.

20) 비상시 동원과 관계된 법령은 비상대비자원관리법, 전시자원동원법령/명령(안), 통합방위법, 향토예비군설치법, 병역법, 계엄법, 징발법, 민방위기본법, 재난 및 안전관리기본법, 지방자치법 등이 있다. 그러나 이들 법령은 상충되는 요소가 많고 또 적용의 우선순위 등이 모호한 실정

하여 그 안에 동원령 선포요건, 동원의 종류와 방법, 동원대상 등 개별법들을 총괄하는 내용을 포함하여야 한다. 즉, 동원령 선포시기는 한국의 지리적 특성과 남북이 대치하고 있는 상황을 고려하여 교전이 벌어지고 난 상태가 아니라 교전이 확실시 되는 상황까지도 포함하여 동원의 실효성을 상실하지 않도록 해야 한다. 동원의 범위는 기존의 총동원 개념에 상황과 여건에 따라 지역 · 시기 · 대상별로 부분동원을 추가하여 경제적 손실을 예방하고 발령권자에게 결심 시기에 융통성을 부여하도록 하며, 부분동원제도는 충무 3종사태뿐만 아니라 평시 위기에도 적용할 수 있도록 적용요건을 완화하여야 한다. 아울러 이스라엘의 비밀동원을 벤치마킹하고 동원대상에 인력 · 물자뿐만 아니라 병력, 업체지식 등도 반영하여 총체전력을 증대시키고, 자원조사는 평시부터 사용부처도 관여할 수 있도록 함으로써 전 · 평시 연계가 가능하도록 해야 한다. 또한 기존 개별법을 통 · 폐합하는 것이 아니라 기존의 법은 제정목적에 따라 개별법적 효력을 유지할 수 있도록 수정 · 보완하고, '국가동원기본법(안)'을 모체로 한 특별법적 지위를 갖도록 하는 방안을 고려할 수 있다. 이러한 논의 내용을 토대로 고려할 수 있는 국가동원기본법 구조(안)은 〈그림 3〉과 같다.

이다. 따라서 공통된 동원준거에 의한 관련 법안의 종합 조정이 필요하다. 이를 위해서는 전 · 평시 동원을 총괄할 수 있는 근거법이 제정되어야 한다.

〈그림 3〉 국가동원기본법 구조(안)

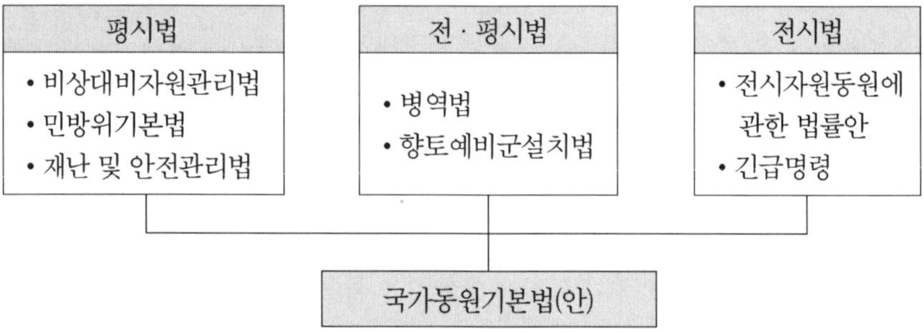

구 분	현 재	개 선
동원령 선포	중대한 교전상태	교전이 확실시되는 비상사태
동원 범위	총동원	총동원 + 부분동원
동원 방법	공개동원	공개동원 + 비밀동원
동원 대상	인력 · 물자	인력 · 물자 + 병력 · 업체지식
자원 조사	주무부처	주무부처(주) + 사용부처(부)

출처 : 정원영 외, 『예비전력, 미래국방력건설의 또 하나의 선택』(서울 : 한국국방연구원, 2005), p. 71을 토대로 재구성.

다. 여성예비군 활용

역사적으로 살펴볼 때 삼국시대에서부터 이어져 내려온 여성들의 호국 및 애국활동은 여러 가지 형태로 전해지고 있다. 대표적인 사례로, 임진왜란 3대 대첩의 하나인 행주산성 전투에서는 권율의 관군과 김천일의 의병, 영규의 승군 및 부녀자를 포함한 지역주민들은 3만 명에 달하는 왜군과 싸워 대승을 거두었다. 전투간 화살이 떨어지자 성안의 부녀자들은 앞치마(일명 행주치마)를 이용해 투석전을 도왔다. 동래부사 송상현이 지휘한 동래성 전투에서는 왜군의 공격에 대응하여 관군뿐만 아니라 남녀노소가 결사적으로 항전하였는데, 『동래부 순절도』에도 성안의 부녀자들이 지붕의 기와를 뜯어내어 적병에게 던지는 등 사력을 다하는 모습이 그려져 있다.

또한 진주성 전투 중 적장을 껴안고 강물에 투신한 논개(論介), 조방장 김경서(金景瑞)로 하여금 왜군 부장의 목을 베도록 기지를 발휘한 평양기생 계월향(桂月香), 동래부사 송상현(宋象賢)과 함께 순절한 애첩 김섬(金蟾) 등은 모두가 남성 못지않은 의기(義氣)를 보였다.

그리고 일제 강점기에 항일 여성단체를 조직 · 운영한 여성으로는 '안사람 의병단'을 조직하여 활동한 윤희순(尹熙順), 천안 아우네 장터에서 3 · 1만세운동을 주도한 유관순(柳寬順) 열사와 개성 일대에서 독립선언서를 직접 배포하고 만세운동을 주도한 어윤희(魚允姬) 선생 등을 들 수 있다. 또한 광복군 여성대원인 오광심 등 6명은 광복군 총사령부가 창설될 당시부터 조직에 편성되어 적극적인 광복운동을 전개하였다.[21]

6 · 25전쟁으로 국가가 누란의 위기에 직면하자 대한민국 여성들은 육 · 해 · 공군 및 해병대의 정규군에 자원입대하여 전·후방 각지에서 주어진 임무에 최선을 다하였다. 32명의 여자 배속장교 중 김현숙 예비역 중위와 육군에 복귀한 15명의 배속장교들이 6 · 25전쟁 최초로 참전하였고, '여자 의용군'을 양성하는 데에도 적극 참여하였다. 육군 여자의용군은 1950년 9월 1일 창설된 여자의용군교육대에서 전쟁기간 중 4개기를 배출하여 1,058명이 입대하였고, 해군의 여자해병은 제주도지역에 거주하거나 피난 온 여성 126명이 자원입대하였으며, 공군의 여자항공병은 42명이 복무하였다. 육군 및 해군간호장교는 전쟁기간 중 육군 1,257명, 해군 58명이 참전, 각각 40만여 명과 10만여 명에 달하는 전상자를 진료 및 간호하였다.

정규군으로 참전한 여성들 외에도 상당수의 뜻있는 여성들이 오로지 국

21) 국방부 군사편찬연구소, 『6 · 25전쟁 여군 참전사』(2012), pp. 38~58.

가와 민족을 위한다는 호국정신의 일념아래 군번도 없는 민간인 신분으로 참전하였다. 이들 중에는 여자학도의용군 200여 명, 민간간호사 30여 명, 유격대 여성대원 300여 명, 여자군속요원 70여 명, 위문활동 여성인 군예대(軍藝隊) 24명 등 총 600여 명이 있다.[22] 참전 여군은 현역 1,751명, 군번 없는 참전 여성 600여 명 등 2,400여 명에 달한다. 이들 여군과 여성들의 6.25참전은 오늘날 우리 여군이 육 · 해 · 공군 및 해병대는 물론이고 유엔평화유지군으로 해외파병부대에 까지 배치되어 활동하는 토대를 마련해 주었다. 이처럼 애국 여성들은 병역의 의무가 없음에도 자원하여 국가안보의 일익을 담당하였다. 전쟁 후에는 여군병과에 소속되어 주로 행정지원 임무에 국한되었으나 1990년부터 보병과 정보 등 7개 병과로 진출하였고 오늘날에는 전투부대 지휘관, 전투기 조종사, 전투함 승무원, 특수요원 등 모든 분야에서 남군과 동등하게 복무하고 있다.

〈표 14〉 참전 여군 인원 현황

구분	계	현역					군번 없는 참전 여성
		소계	육군	해군	공군	간호장교	
참전 인원	2,400여 명	1,751	986	75	26	664	600여 명

출처 : 국방부 군사편찬연구소, 『6 · 25전쟁 여군 참전사』(2012), p. 437을 재구성.

양성평등사회로 접어들면서 여성의 사회적 활동 참여가 점차 늘어나고, 최근 들어 출산율 저하로 인한 병역 가용자원의 감소와 함께 군 인력 충원체제가 징병제에서 점차 지원제로 확대됨에 따라 여군 및 여성예비군의 군 내 활용 필요성은 더욱 증대되고 있다.

여군 및 여성예비군의 활용에 대한 논의의 기본바탕에는 군 복무에 여성

---

22) 상게서, pp. 495~498.

을 참여시킨다면 전투임무수행과 관련하여 어느 범위까지 참여시킬 것인가 하는 점이 매우 중요하다. 선진국가들의 사례를 살펴보면, 미국 · 영국 · 캐나다 등 영 · 미계통의 국가들은 직접적인 지상전투를 수행하는 병과나 특기 또는 직위에는 여군의 보직을 제한하고 있고, 독일 · 프랑스 · 이태리 등 유럽의 대륙계 국가들은 여군의 활용영역에 제한을 두지 않는 경향을 보인다.

한국도 여군인력 활용의 기본원칙과 방향이 설정되어 있지만, 안보환경의 변화에 따라 그 영역을 좀 더 확대해 나가야 한다. 기본적으로 남녀의 차별 없이, 자격과 능력을 갖춘 군인에게는 모든 분야와 직책에 동등하게 활용하는 것을 원칙으로 하되 임무의 특성상 여성을 포함시키기 곤란한 분야는 전투력 발휘 등 효율성 측면을 고려하여야 한다. 여군 활용을 우선 고려할 수 있는 직위 · 부서로는 학교기관의 훈육관, 교수, 행정지원부서와 훈련소의 지휘관 및 교관요원, 정책부서 등을 들 수 있고, 제한이 되는 직위 · 부서로는 잠수함 근무, 접적부대인 전방 격오지 또는 해안소초 등을 들 수 있으나 앞에서 언급한 바와 같이 그 영역은 점차 허물어지고 있다. 한 걸음 더 나아가 특수작전을 수행하는 특수전부대나 수색대대 등은 오히려 임무수행을 위해 여군이 필요할 수 있으므로 체력적으로 뒷받침되는 소수 인원을 적극 활용할 필요가 있다.

이제 여군은 각 군 사관학교뿐만 아니라 대학의 학군단을 통해서도 배출되고 있으며, 지금까지는 이들이 복무를 마치고 나면 국가비상사태가 발생하더라도 예비역으로 복무할 수 있는 제도적 장치가 없었지만 이제는 이들을 활용할 수 있도록 법이 개정되어 국가안보측면에서 다양한 효과를 기대할 수 있게 되었다.

여성이 예비역으로 편입할 수 있는 방법은 크게 두 가지로, 첫째는 일반인들이 시 · 도 지역단위 여성예비군에 지원하는 방법이고, 둘째로는 여군 간부들이 전역 신청시 예비역으로 편성하는 방법이 있다. 기존의 군인사법과 병역법에는 여군은 지원에 의해 현역에만 근무하고 복무 후에는 퇴역하도록 되어 있었으나, 2011년부터 여군도 예비역으로 편입할 수 있도록 병역법과 군인사법이 개정되었다. 이에 따라 앞으로 예비군 지휘관과 비상계획관 등의 특정 직책에도 여성이 진출할 길이 열린 셈이다.

현재 여군 비율은 장교 6.4%, 부사관 4.5% 수준으로 질적, 양적으로 괄목할 만한 성장을 하였다. 국방부는 여군 간부 정원을 2020년까지 6.3% 수준인 1만 1천 명으로 확대할 계획이며, 이에 따라 여군 지원자도 급증할 것으로 예상된다.

이러한 측면에서 여성예비군도 그 활용 범위를 확대해 나가고 있다. 여성예비군은 1989년 4월 1일 백령도에서 최초로 창설된 이래 그 수는 매년 증가하고 있으며, 2014년 9월 기준으로 전국 160여 개 소대에 6,300여 명이 각 지역에서 활동하고 있다. 여성예비군은 시 · 군 · 구별로 1개 소대 규모로서 기동대 및 지역대, 지역예비군부대 예하에 편성하게 되는데, 소대의 조직은 의료구호분대, 급식지원분대, 기동홍보대로 편성하며, 연간 6시간의 교육훈련을 받는다.

〈표 15〉 여성예비군 편성

<table>
<tr><th colspan="2">구 분</th><th>편 성</th></tr>
<tr><td rowspan="2">임무
및
활동
범위</td><td>전시,
유사시</td><td>•동원 및 향방작전 시 작전지속지원 활동
- 급식지원, 응급환자 응급처치 및 후송
- 동원응소 독려 및 지역안정 선무 활동
•편의대 활동 : 수상한 사람 신고, 상황전파, 비상연락
•피해복구 지원</td></tr>
<tr><td>평시</td><td>•재해 · 재난 시 구호활동 및 사회봉사활동
•향방작계훈련 참여 및 선무활동
•지역 안보계도 및 군 관련 행사 참석
•임무수행능력 배양을 위한 교육훈련</td></tr>
<tr><td colspan="2">편성기준</td><td>•여성예비군부대는 시 · 군 · 구별 1개 소대(30~80명) 수준
•거주지 지역예비군중대 및 직장예비군부대에 편성하며, 지역특성에 따라 기동대 또는 지역대에 편성 가능
•소대는 의료구호, 급식지원, 기동홍보분대로 편성</td></tr>
<tr><td colspan="2">교육훈련</td><td>•훈련시간 : 향방작계훈련 6시간
•과목 : 구급법, 화생방, 서바이벌, 안보교육, 급식지원, 구호업무, 편의대 활동 등</td></tr>
</table>

출처 : 국방부 홈페이지.

여군 예비역 제도의 도입으로 우수 여성 전문인력의 예비역 활용을 통해 군 전투력 제고에도 크게 기여 할 것으로 기대되고 있다. 여군이 예비역으로 복무함으로써 기대되는 효과는 첫째, 총력전을 수행하는 현대전에서 여군이 예비역에 참여함으로써 국민들의 안보의식을 고취할 수 있다는 점에서 상징적인 의미가 있고, 둘째로는 저출산 · 고령화사회로 접어들면서 현역병과 함께 예비군이 감소되는 상황에서 여성예비군들이 어느 정도 그 공백을 메워 줄 수 있으며, 셋째로 여성예비군의 사회적 신분이 남군과 동일한 지위로 상승됨과 동시에 그동안 남성 예비역들만 할 수 있었던 예비군 지휘관이나 비상계획관 등의 직위에도 진출하여 여성 특유의 역량을 발휘할 수 있다는 점이다.

3. 전쟁양상의 변화에 따른 대비방안

가. 사이버전 전문가 양성

최근 들어 전장공간은 지 · 해 · 공 3차원에서 우주와 사이버공간까지 포함하는 5차원으로 확장되었으며, 미래 전쟁도 제4세대 전쟁의 양상으로 전개될 것이다. 현대전에 있어서 정보통신기술을 이용한 전쟁은 정보전과 전자전, 사이버전, 해커전, 네트워크통신전, 정보 · 사이버전, 전자정보전 등 다양한 용어로 사용되고 있다.

미국 국방대학의 리비키(Martin C. Libiki)는 "What is Information Warfare?"(1995)라는 기고문을 통해 정보기술전쟁을 총괄하는 의미에서 정보전을 '지휘통제전'(Command and Control Warfare), '군사정보전'(Intelligence based Warfare), '전자전'(Electronic Warfare), '심리전(Psychological Warfare), '해커전'(Hacker Warfare), '경제정보전'(Economic Information Warfare), '사이버전'(Cyber Warfare)의 일곱 가지 유형으로 분류하고 있다.

사이버전(Cyber Warfare)이란 사이버공간에서 일어나는 새로운 형태의 전쟁수단으로서, 컴퓨터 시스템 및 데이터 통신망 등을 교란, 마비 및 무력화함으로써 적의 사이버체계를 파괴하고 아군의 사이버체계를 보호하는 것을 말한다.[23] 사이버전은 사이버공격을 수행해야 할 주체인 사이버 전사, 컴퓨터와 네트워크로 구성된 사이버 전장, 공격대상이 되는 적 정보 및 정보체계 등의 사이버 표적, 그리고 사이버 무기체계[24] 등 4가지 요소로 구성된다. 이러한 사이버전은 최소의 비용으로 최대의 전쟁효과를 발생시켜서 적국의 전력을 무력화함으로써 자국의 승리를 이끌어낼 수 있는 비대칭전의 하

---

23) 엄정호 · 최성수 · 정태명, 『사이버전 개론』(서울 : 홍릉과학출판사, 2012), p. 7.

24) 사이버 무기체계는 공격대상에 적용되는 기술 방식에 따라 소프트웨어 방식(해킹, 컴퓨터 바이러스, 인터넷 웜, 이메일 폭탄 및 스팸메일, 논리폭탄 등)과 하드웨어 방식(칩핑, 나노머신, 전자기파 폭탄 등)으로 구분한다.

나이며, 21세기 전쟁의 패러다임을 변화시킬 수 있는 새로운 형태의 전쟁이라고 할 수 있다. 네트워크 중심전(NCW : Network Centric Warfare)[25)]을 수행하는 현대전에서 사이버전의 중요성은 더욱 증대되고 있다.

한국의 인터넷 사용자는 약 3,500만 명으로 전체 인구의 80%를 넘는다. 세계 최고의 IT강국인 한국은 인터넷 보급률 최상위권 국가로서 네트워크로 연결된 사회구조와 사이버공간 등이 전략적 중심의 하나로 자리매김하고 있기 때문에 상대적으로 그 위험성이 더욱 클 수밖에 없다. 그만큼 한국은 사이버전에 취약한 국가라고 할 수 있다.

사이버테러는 북한이 추구하는 비대칭전력의 하나로서 '총성 없는 전쟁'으로 불리기도 하며 그 위험성이 날로 커지고 있다. 북한은 정찰총국 주도하에 사이버테러를 통해 또 다른 대남도발을 실시하고 있다. 실례로 2009년 7.7 디도스(DDos : Distributed Denial of Service, 분산서비스거부) 공격, 2011년 3.3 디도스 공격, 2011년 4월의 NH농협 전산망 해킹사건[26)], 2012년 6월의 중앙일보 전산망 해킹, 2013년 3월의 방송 3사(KBS, MBC, YTN)와 금융기관(신한, 농협, 제주은행)에 대한 사이버공격은 모두 북한의 소행으로 추정되며, 이로 인해 국민의 불편과 함께 엄청난 비용손실을 초래한 바 있다. 최근의 각종 사례에서 보듯이 국가중요기간전산망에 대한 공격은 국가중추신경을 마비시키는 결과를 가져오며 이로 인한 파장은 그 상상을 초월한다.

북한은 1990년대 이후 경제난으로 전차, 전투기, 함정 등 재래식 전력을

25) 네트워크중심전이란 현재의 무기체계중심전에서 전쟁의 근본을 바꾼 새로운 전쟁으로서, 탐지 · 식별 · 추적체계(Sensor)와 결심권자(Decision maker)와 타격체계(Shooter)를 네트워크로 연결함으로써 같은 시간에 같은 정보를 인식하여 지휘속도를 증가시키고 빠른 작전을 구사한다. 이를 통해 적의 치사율을 높이는 반면, 아군의 생존성은 제고시키며 전투력을 동시에 구사할 수 있는 작전을 가능하게 하는 정보우위의 전쟁을 말한다.

26) 2011년 4월 12일 오후 4시 50분경 농협 전산망 서버 587대 중 273대(대부분 중계서버)에 삭제명령이 내려져 20여 시간 가까이 모든 금융거래가 중지된 해킹 사건을 말한다. 검찰과 국정원 등의 수사결과, 서버 유지 보수업체인 한국 IBM사 직원의 노트북을 통해 침입한 악성코드로 인해 공격이 실행된 북한발 사이버테러로 확인되었다.

증강하는데 큰 어려움을 겪고 있던 중 걸프전과 코소보 전쟁에서 미국의 정보전 수행능력이 공중작전, 지상작전과 결합하여 엄청난 파괴성과 효과성을 냈다는 사실을 알고 최소한의 재원 · 인원 · 수단으로 공격효과가 훨씬 파괴적이고 치명적인 사이버전력에 관심을 가지고 그 능력을 지속적으로 강화해 오고 있다.

북한은 1993년 이후로 인민군 총참모부 산하에 관련부대를 창설하여 중국, 일본, 유럽 등에서 사이버테러 실전능력을 구비하였다. 특히 1986년에 김정일의 지시로 설치된 평양의 미림대학[27]은 사이버테러요원의 산실로 소련 프룬제군사대학 출신의 러시아 교수 25명을 초빙하는 등 최고의 강사진을 구성하여 매년 100~120명의 졸업생을 배출하고 있으며, 이들은 졸업 후 정찰총국 산하 해킹 전문부대 121국(기술정책국 또는 사이버전국으로도 불림)이나 총참모부 직속의 2개의 전자전 여단에 배치된다. 평안남도 상원과 남포에 위치한 2개의 전자전 여단은 총 1,200여 명의 해킹전문가로 구성되어 있으며, 중국의 단둥(丹東)과 다롄(大連) 등에 해킹기지를 두고 활동하고 있다. 또한 전연(전방)군단에도 중대~대대규모의 사이버전 조직을 운영하고 있다.

---

27) 북한의 5년제 대학으로 '자동화대학'으로 개칭되었다가 2000년 '김일군사대학'으로 명칭이 변경되었다.

〈표 16〉 북한군 사이버전 조직

구분	총참모부 지휘자동화부	전연 군단 지휘자동화부	정찰총국 121국
규모	2개 여단(1,200명)	중대 · 대대 규모 (60~100명 내외)	규모 미상
임무	•정보수집을 위한 해킹 •역정보, 허위정보 확산 등 사이버심리전 전개 •군 지휘통신체계 교란 및 무력화	•전자전방어 •필요시 전자공격	•사이버테러와 공격 •해킹 및 인터넷대란 초래

출처 : 이원희, 「포괄안보시대 예비전력의 발전요인 분석과 효율적 운영방안에 관한 연구」, 충남대 박사학위논문(2012), p. 188을 보완.

북한의 사이버테러의 목표는 원전을 포함한 전력망, 공항 · 항만 · 지하철 등 교통망과 주민번호관리시스템, 의료보호망 등 관공서, 그리고 금융시장, 군 지휘통제시스템 등으로 예상된다. 북한은 이미 전문적인 해커들을 전략적으로 양성해 오고 있다. 북한전문가들에 따르면 북한에서 사이버전을 담당하는 인력 규모는 3,000~4,000명이며, 이중 500~600명은 최정상급 해킹요원이고, 매년 100여 명의 해킹전문요원들을 추가로 배출하고 있다고 한다.[28] 이와 같이 북한이 사이버 전력증강에 진력하고 있는 이유를 종합해 보면 다음과 같다.

첫째, 사이버전력은 구축 및 유지비용이 타 전력에 비해 적게 든다. 즉, 육 · 해 · 공군전력 등 대칭전력은 물론이고, 핵 · 미사일, 생화학무기, 특수전부대 등의 비대칭전력의 구축에는 많은 비용이 들지만, 사이버전력은 소수의 두뇌집단에 컴퓨터와 인터넷 훈련시설만 구비하면 되기 때문이다. 저비용 · 고효율의 사이버전 공격기술이 남한을 공격하기에 매우 효과적인 수단이라는 점에서 사이버전은 북한에게는 더없이 매력적인 선택이 아닐

28) 김승주, 「세계 각국의 사이버전 수행능력과 국내 피해사례」, 『군사논단』 제75호(2013), p. 20.

수 없다.

둘째, 사이버공간은 피아식별이 곤란하고 사이버테러는 전 · 평시 구분 없이 언제든지 공격이 가능하며, 공격대상으로 군과 민을 가리지 않을 뿐 아니라 그 행위가 비폭력적 수단이 배합되어 있어 도발의 주체를 파악하기도 어렵다. 즉, 익명성이라는 특성이 있기 때문에 북한의 대남 전략 실현에 가장 효과적으로 기여할 수 있는 방법이다.

셋째, 북한과는 달리 남한은 인터넷 보급률이 세계 1위로서 사이버공격을 당하면 심각한 사회혼란이 야기되기 때문에 사이버테러는 강력한 비대칭 우위를 구사할 수 있는 수단이다.

넷째, 개방구조의 인터넷 공간은 보안에 매우 취약하다. 즉 사이버 위협의 예측이 곤란하고 그 유형도 다양하기 때문에 효과적으로 대응하기가 쉽지 않다. 이에 따라 북한은 지구촌 모든 사람들이 자유롭게 관계를 맺고 정보를 공유하는 인터넷의 기술적 허점을 집요하게 파고드는 전략을 구사하고 있는 것이다.

다섯째, 한국의 인터넷상의 사이버세계는 공권력이 상대적으로 덜 미치는 공간이다. 따라서 북한이 사이버 테러를 가하더라도 그 근원지를 파악해 제재하기가 어렵다.

이러한 여러 가지 이유는 극심한 경제문제와 맞물려 있는 북한으로 하여금 사이버전을 최적의 대안으로 고려하도록 하였을 것이다. 따라서 한국은 미래 정보 · 과학전과 북한의 사이버전에 대비하기 위하여 사이버전 전문가를 적극 양성 · 활용해야 한다.

사이버 공간에서는 소수의 컴퓨터 전문가들이 결정적인 역할을 수행하게 되고 이들을 양성하는 데에는 장기간이 소요되기 때문에 이러한 사이버 작전을 수행할 수 있는 요원은 평시부터 육성 · 관리하여야 한다.

미래전에서 컴퓨터의 활용도가 더욱 증가되고 기술집약적 환경으로 변화될 것임을 고려한다면 현역뿐만 아니라 예비역들도 컴퓨터전문가들을 별도로 관리하고 활용할 필요가 있다. 국가보안목표나 중요시설 방호를 위해 사이버 전문가들은 필수요원이나 마찬가지이기 때문이다.

IT강국인 한국과 달리 북한은 사이버공간을 거의 활용하지 않기 때문에 적으로부터 사이버공격을 당한다 하더라도 그 피해가 그리 크지 않을 것이다. 하지만, 한국은 군사작전을 포함한 사회 전 분야에 걸쳐 대부분이 컴퓨터에 의존하고 있기 때문에 적이나 불순세력으로부터의 사이버테러에 대단히 취약하다고 볼 수 있다.

만약 제3차 세계대전이 일어난다면, 그것은 아마도 사이버전이 될 가능성이 크다.[29] 월스트리트 저널에 따르면 미국 국방부는 적성국으로부터 국가 기간망을 흔들 수 있는 중대한 사이버 공격을 받을 경우, 이를 전쟁 행위로 간주해 실제 무력을 사용할 방침이다. 사이버 공격이 미국의 원자력 발전소, 지하철, 송전선 등 국가 기간시설망의 심각한 피해로 이어질 수 있는 만큼 이를 선전포고로 간주하겠다는 것이다.[30]

한국은 2010년 1월 초에 국방부 직할부대로 사이버사령부[31]를 창설하여 사이버전쟁을 대비하고 있다. 그러나 현 인력은 극히 부족하여 실질적인 사이버전에 대비하기 위해서는 인력이 더욱 확충되어야 한다. 따라서 전국 4년제 대학교 대학원 사이버안보 관련 학과를 운영하는 학교는 총 34개교가 있는데 군은 이들 대학교육과 군복무를 연계하여 사이버 전문 인력을 양성하고 활용토록 해야 한다.[32] 또한 이들이 군복무 후에도 예비 사이버전력

---

29) 손영동, 「사이버심리전 전개양상」, 『군사논단』 통권 제74호(2013), p. 18.
30) 박대우, 「대한민국 국군의 사이버전 대응」, 『군사논단』 통권 제75호(2013), p. 71.
31) 사이버사령부의 본연의 임무는 사이버전 기획, 계획, 시행, 연구개발 및 개발에 충실하여 점증하는 북한군 및 북한정권, 국외 적대세력의 사이버위협에 효과적으로 대처할 수 있는 사이버작전 수행능력과 대응태세를 구비해 나가도록 하는 것이다.
32) 박대우(2013). 전게논문, pp. 50~51.

으로서 지속적으로 활용될 수 있도록 해야 할 것이다. 예비군 사이버 전문가 양성 및 활용은 장 · 단기 계획을 수립하여 목표인원을 확보하는 것이 바람직하다. 왜냐하면 한국을 목표로 사이버테러를 자행하고 있는 북한의 위협에 대응할 수 있는 전문인력을 우선적으로 양성 · 관리해 나가도록 하고, 장기적으로는 주변 잠재 위협 국가들의 사이버공격 능력을 반영해 대비해야 하기 때문이다.

나. 예비군 저격수 확보

저격수(Sniper)란 '적의 특정인에 대한 사살을 임무로 하는 소총병'을 말한다. 저격수들은 일반적인 전투임무에 우선해서 적의 지휘관 · 포병관측장교 · 기관총 사수 등의 특정인을 비교적 원거리에서 사살하는 임무를 수행하고 있으며, 이를 위해서 특수훈련을 받고 조준경이 부착된 특별한 소총을 사용하게 된다. 군에서는 통상 우수한 사수를 특등사수라고 부르는데 이들 중에서 고도로 숙달된 사격의 달인이 바로 저격수이다. 영어로는 'Sniper'라고 하는데, 이는 매우 빠르게 날아다니는 도요새(Snipe)를 사냥할 수 있을 만큼 뛰어난 명사수란 의미로서, 1770년대 영국령 인도에서 사용되기 시작하였다.

미국의 저격수는 보병부대에 편성되어 임무를 수행하는 지정사수(DM : Designated Marksman)와는 역할 · 무기 · 교전거리 · 기동성 및 위치선정 등에서 차이가 있다. 저격수(Sniper)는 독립적으로 임무를 수행하는데 비해 지정사수(DM)는 기관총사수와 같이 일반 보병소대의 구성원이고, 저격수는 고정밀 볼트액션 또는 반자동 저격총을 사용하는데 비해 지정사수는 전투소총을 사용한다. 저격수는 1,500m 내, 지정사수는 800m 내의 적을 사격하고, 저격수는 특수위장복으로 위장하고 보통 완전포복상태로 있는데 비해 지정사수는 보병과 같이 위장하며, 기동성이 있고 빠르게 위치를 바꾼다는 점에서 차이가 있다. 저격수는 원거리 목표를 식별할 수 있는 좋은 시력과 저격총의 무게를 지탱할 수 있는 강한 체력이 뒷받침되어야 하며, 사격술 외에도 위장술, 야전전술, 침투전술, 정찰기술 등의 필요한 기술요건을 갖추어야 한다. 저격용 총은 망원조준경, 긴 총신, 엎드려 쏘기에 적합한 개머리판을 함께 구비해야 하는데, 양각대를 장착 후 사격이 가능하고 유효사거리와 정확도가 높다는 특징이 있다.

최근 한국에서 양성하고 있는 예비군 저격수는 타격소대 및 향방소대별로 각각 2명으로 구성되는데 대부분 현역복무 당시 특등사수였던 우수자를 뽑아 육성하고 있다. 국방부는 수만 명이 편성된 예비군 저격수에 대해 실거리 사격 여건보장 및 사격훈련시간 확대 등 실전에서 전투력을 발휘할 수 있도록 양성훈련을 강화해 나가고 있다. 저격수에게 지급할 개인화기용 조준경은 2016년까지 연차적으로 1만 8,000여 개를 확보해 나갈 예정이다.

예비군 저격수를 효과적으로 활용하기 위해서는 다음과 같은 점에 유의해야 한다.

첫째, 도시 · 농촌 · 해안 · 산악지역 등 부대별 작전환경과 특성에 맞게 저격수 인원을 융통성 있게 편성 · 운용해야 한다.

둘째, 전역 후 8년이라는 예비군 편성기간을 고려해 볼 때 현역시절 각종 사격관련 유경험자, 사격우수자 등을 선발하고 선발된 인원은 최대한 장기간 활용할 수 있도록 관리하여야 한다.

셋째, 저격수 운용체계가 현재의 초보적 단계에서 벗어나 미래 전장상황하에서 임무수행이 가능하도록 개선되어야 한다. 저격용 소총을 지속적으로 개발하고, 조준경, 위장복 등을 확보하여 지급함과 동시에 유형별 임무수행에 적합한 훈련장에서 과학적이고 체계적으로 훈련시켜야 한다. 넷째, 저격수는 아주 경제적인 전력으로서 지휘관, 통신병, 공용화기 사수 등 적 전투력의 핵심을 골라서 '한 발로 한 명을 사살'(One Shot One Kill)함으로써 전투의 승패에 크게 기여할 수 있다. 월남전에서 1명의 적을 사살하는데 수만 발이 사용되었다고 하는데 저격수를 활용한다면 보다 경제적인 전투가 가능할 것이다.

저격수는 소수의 인원으로 편성되었음에도 불구하고 적에게 공포심을 유발하고, 행동의 자유를 박탈하여 사기를 저하시키며, 전투의지를 약화시켜 패배의식을 갖게 하는 심리적 효과가 있다. 이에 따라 현재 영국은 전 장병의 저격수화를 시도하고 있고, 일본 육상자위대와 북한도 저격수부대를 운용하고 있다. 예비군 저격수는 20만 명에 달하는 북한의 특수전부대가 후방지역 침투시 매우 효과적으로 활용할 수 있는 전력이다. 아무리 첨단과학무기가 발달하더라도 핵심요원을 골라서 제거할 수 있는 저격수는 중요한 역할을 할 수 있기 때문이다. 이러한 측면에서 저격수의 양성과 이를 위한 무기 · 장비 · 물자의 개발을 지속 추진하여야 한다.

활과 소총

- 얼마 전 「최종병기 활」이라는 영화를 통해 우리 선조들의 뛰어난 활솜씨가 묘사된 적이 있다. 화약이 발명되기 전까지 각국의 대표적인 무기로 일본은 칼(刀), 중국이 창(槍)이라고 한다면 조선시대를 상징하는 무기는 활(弓)이라고 할 수 있다. 활은 적과 직접적인 신체적 접촉이 없이 이격된 지역에서 적을 살상하는데 효과적인 무기로서, 한국의 국궁(國弓), 일본의 죽궁(竹弓), 영국의 장궁(長弓), 몽골의 각궁(角弓), 북미 인디언의 목궁(木弓) 등이 있다. 이러한 활은 원거리에서 적을 사살한다는 점에서 오늘날의 소총과 공통점이 있다.
- 한국은 미국으로부터 M1소총, CAR 소총을 인도받아 사용하다가 1974년부터 M16소총을 양산하게 되었고 1984년에는 K2소총으로 대체하여 사용하고 있다. 2013년에는 K-14저격용 소총이 개발되었는데 이 총은 900여 미터의 거리에서 지름이 2.5cm인 500원짜리 동전을 명중시킬 수 있을 정도로 정밀하게 제작되었다.

다. 특전예비군 활용

여성예비군에 이어 후방지역에 침투한 적 특수부대에 효과적으로 대응할 수 있도록 특전예비군 부대도 많이 창설되고 있다. 특전예비군 부대는 가용자원을 고려하여 시 · 군 · 구 단위의 특전예비군 중대와 광역시 · 도 단위의 특전예비군 지역대를 편성하게 된다. 편성대상은 특전사 출신의 동원 미지정 예비군(7년차~연령정년) 중 희망자와 연령정년 초과자 중 지원자들이다. 특전예비군 중대는 총 12명을 1개 중대로 하여 본부와 특전반, 의무반, 통신반으로 편성하며, 시 · 군 · 구 단위로 1~3개 중대를 편성할 수 있다. 특전예비군 지역대는 광역시 · 도 단위로 1~2개 지역대를 편성하여 수임군부대장이 기동타격부대로 운용하는데 여기에는 특전예비군 중대와 산악 및 수중구조 중대가 편성된다.

특전예비군 부대는 스스로의 힘으로 향토방위에 기여하기 위해 지원한 인원으로 편성되어 있다는 큰 장점이 있다. 이들은 특전사 출신 지원자 중 신체 건강하고 특기 자격증을 소지한 자를 대상으로 선발하는데 군 복무시절의 특기를 최대한 살려, 전시에는 기동타격, 수색 및 매복, 탐색격멸작전을 실시하고 국가 중요시설 및 병참선 방호, 저격수 임무수행 등 기타 부여된 임무를 수행하게 된다. 또 평시에는 지방자치단체장 요구에 의거 재난 발생시 구조 · 구호활동과 실종자 수색 및 수중 정화활동 등을 수행하게 된다.

〈표 17〉 특전예비군 편성

<table>
<tr><th colspan="2">구분</th><th>편성</th></tr>
<tr><td rowspan="2">임무 및
활동범위</td><td>전시,
유사시</td><td>•기동타격, 수색 및 매복, 탐색격멸
•국가중요시설 및 병참선 방호
•저격수 임무수행 등 기타 부여된 임무수행</td></tr>
<tr><td>평시</td><td>•재난시 구조 및 구호활동
•실종자 수색 및 수중 정화활동</td></tr>
<tr><td colspan="2">편성 기준</td><td>•시 · 군 · 구 단위로 특전예비군 중대와 광역시 · 도 단위 특전예비군 지역대 편성
-중대편성은 본부, 특전반, 의무반, 통신반으로 편성</td></tr>
<tr><td colspan="2">교육훈련</td><td>훈련시간 : 향방작계훈련 6시간, 1박 2일간 최기 특전여단 입영훈련(자율)</td></tr>
</table>

출처 : 국방부 홈페이지.

특전예비군 중대원들은 매년 한 번씩 특전사령부에서 1박 2일간 입영훈련을 받고, 지역예비군부대에서 6시간의 향방작계훈련도 받는다. 또 부대별 특성에 맞게 지상협동훈련 등 대(對)테러훈련에도 참가하여 향토방위작전에 기여할 수 있다.

특전예비군 중대 창설의 의미는 북한의 특수작전부대의 후방침투 활동에 대응하기 위한 전력으로서, 현역복무 당시 연마한 실력을 충분히 발휘할 수 있을 뿐만 아니라, 기존의 예비군 기동대보다 장비 및 물자, 훈련경험 등 모든 면에서 더 정예화된 요원들이기 때문에 후방지역작전시 작전의 효율성을 높여줄 것으로 기대된다. 또한 여성예비군과 같이 지원자들로 편성되어 있기 때문에 활동도 열성적이고 임무수행 능력 등 모든 면에서 우수하다고 할 수 있다. 장차 특전예비군 중대뿐만 아니라 각 군과 병과 등의 경험과 특성을 발휘할 수 있도록 예비군의 활용범위를 더욱 확대해 나가고, 제대 규모도 더욱 확장하여 정예화된 예비군이 국가 위기시에 다양한 역할을 하도록 해야 한다.

4. 국방정책분야의 개선사항

국가안전보장 정책이란 '외부의 위협으로부터 국민, 영토, 체제를 수호하기 위한 국가의 행동방책 또는 지도지침'을 말하며, 국방정책이란 '국가안전보장 정책의 일부로서 외부로부터의 위협이나 침략에 대해 국가의 생존을 보존하기 위하여 군사, 비군사에 걸쳐 각종 수단을 유지, 조성 및 운용하는 정책'을 말한다.[33] 한국의 국방목표는 국방백서에도 명시된 바와 같이 외부의 군사적 위협과 침략으로부터 국가를 보위하고, 평화통일을 뒷받침하며, 지역안정과 세계평화에 기여하는데 있다. 따라서 국방정책의 목표는 국방 선진화를 통해 국가안전을 보장하고, 성숙한 세계국가를 구현하는 다기능 · 고효율의 정예강군을 육성하는 것이다. 이를 위해 지향하는 정예강군의 구성요건은 싸우면 반드시 이기는 '강한 군대', 능률을 극대화하는 '일류국방경영', 국민으로부터 사랑과 존중을 받는 '국민의 국방'으로 함축된다.

우리는 흔히 안보를 공기에 비유하곤 한다. 공기가 없으면 삶을 영위할 수 없기 때문이다. 그러나 안보는 공기와 달리 아무런 노력과 비용의 지불이 없이 얻어지는 것이 결코 아니다. 국가안보를 위해 투입되는 재원이 국방비이고, 국방비의 지출을 통해 건설되는 인적 · 물적 기반이 바로 군사력이기 때문이다. 따라서 군사력의 한 축을 담당하고 있는 예비전력을 강화하기 위해서는 적정 수준의 국방예산이 뒷받침되어야 한다.

가. 예비전력 예산 증대

국방비는 '국가안보를 위해 쓰이는 제반 경비, 즉 안보라는 공공재를 창출하기 위해 지출되는 경비'를 말한다. 협의의 의미로는 '외부의 군사적 위

33) 합동참모본부, 『합동 · 연합작전 군사용어사전』(2010), p. 51.

협으로부터 국가의 독립과 주권을 유지하고 국민의 생명과 재산을 보호하기 위해 지출되는 비용'이고, 광의의 의미로는 '국익을 적극 수호하고 자국의 의지를 실현할 수 있는 군사 · 외교적 수단을 확보하는데 소요되는 비용'이다. 이러한 국방비 결정의 핵심요인으로는 안보위협의 정도(국방준비태세 소요)와 경제적 부담능력(국가지원 제약여건), 국제안보협력(군사동맹) 등을 들 수 있다.[34)]

국제정치에서 영향력을 행사할 수 있는 군사대국이 되기 위해서는 군사력의 양과 질적인 면에서 상대 국가를 압도해야 한다. 이러한 군사력 수준은 경제력과 밀접한 관계가 있으며 직접적인 영향을 받는다. 군사력 건설을 위해서는 막대한 자원이 소요되고, 이를 뒷받침하는 수단이 바로 그 국가의 경제력이기 때문이다. 따라서 한 국가의 경제력은 그 나라의 군사력을 형성하는 기초가 될 뿐만 아니라, 군사력 운영의 규모와 질을 결정하는 중대한 요인이 된다. 이처럼 군사대국이 되기 위해서는 경제력이 뒷받침되어야 하고, 경제대국으로서의 지위를 유지하기 위해서는 강력한 군사력이 필요하므로 군사력과 경제력은 상호 불가분의 관계에 있다.

국방예산을 산정하는 방법은 통상 안보위협 정도에 따라 소요를 결정하는 '소요중심의 방법'과 한정된 국가재정 범위 내에서 타분야 예산 등을 고려하여 결정하는 '재정부담 능력 중심의 방법'이 있는데 대개의 국가들은 이 두 가지 방법을 절충하여 적용하고 있다. 한국도 과거에는 '소요 중심의 방법'에 의해 국방비를 편성하였으나 1980년대 후반부터 '재정부담 능력 중심의 방법'을 적용함으로써 점차 국방비의 배분 우선순위가 후순위로 밀리고 있는 실정이다.[35)] 국가경제가 발전하면 국방예산도 필요한 만큼 증가시

34) 백재옥 · 성채기 · 박주현, 『국방부분의 경제적 역할 분석』(서울 : 한국국방연구원, 2003), p. 57 ; 전제국, 『지식정보화 시대의 전략환경과 국방비』(서울 : 한국국방연구원, 2005), p. 33.
35) 박주현, 「자주국방을 위한 적정군사비 규모와 필요성」, 『국방발전, 어떻게 할 것인가』(서

킬 수 있지만 그렇지 못할 경우 국방예산도 축소 운영할 수밖에 없는 것이 현실이다.

적정 규모의 국방비 확보와 이에 대한 배분의 문제는 과거부터 논란이 되어 온 사항이다. 이 문제의 해결을 위해서는 다음 사항을 고려해야 한다. 먼저 국가재정은 제한되어 있기 때문에 강력한 군사력 건설을 위한 예산 확보를 위해서는 다른 분야와의 경쟁이 불가피하다는 점이다. 또한 확보된 예산을 적절히 배분하도록 해야 하며, 국방예산사용이 단순한 소모에만 그치지 않고 국가의 경제발전에도 기여할 수 있는 정책을 개발해 나가야 한다는 점이다.

1) 남북한의 군사비 비교

남북한의 경제지표를 비교해 보면 한국의 1인당 국민총소득(GNI : Gross National Income)은 북한의 19~20배에 이르고, 무역총액은 무려 200배를 넘는다. 단순 수치만 비교해 본다면 엄청난 격차로 인해 북한은 도저히 남한의 경쟁상대가 될 수 없는 상황이다.

북한의 군사비 규모가 어느 정도인지에 대해서는 많은 논란이 있다. 이는 북한이 자신들의 군사비에 대해 정확히 밝히지 않고 있을 뿐만 아니라 일부 발표된 자료도 한국이나 기타 국가의 기준과는 달리 전력 증강비를 정부예산에 포함시키지 않고 있기 때문이다. 또한 북한의 화폐가치를 달러로 환산하여 비교하더라도 북한에서의 달러 가치가 환산치보다 훨씬 크기 때문이다.

울 : KIDA, 2004), p. 123.

〈표 18〉 북한의 경제력 규모

구분	2007	2008	2009	2010	2011	2012	2013
인구 (천 명)	23,849	23,934	24,062	24,187	24,308	24,427	24,545
명목GNI (십억 원)	24,827	27,347	28,635	30,049	32,438	33,479	33,844
1인당GNI (만 원)	104	114	119	124	133	137	138
경제 성장률 (%)	-1.2	3.1	-0.9	-0.5	0.8	1.3	1.1

출처 : 한국은행 경제통계시스템.

북한의 군사비는 매년 4월 최고인민회의에서 발표되는데 여기에는 국방위원회 산하 인민무력부의 경상유지비만을 포함하고 있다. 즉, 전력 증강비는 포함시키지 않고 있는 것이다. 북한은 1970년대 초까지 정부예산 대비 군사비 비율을 30% 수준으로 공개해 왔으나 최근에는 정부예산대비 16% 수준으로 발표하고 있다. 2012년의 경우 국방예산을 총예산의 15.8% 수준으로 공식 확정하였으며, 한국국방연구원에서는 달러 대비 북한 환율 적용 시 북한의 명목상 공표군사비는 10억 달러 수준이나 실질 군사비는 약 90억 달러 수준에 달할 것으로 추정하고 있다.[36)]

2010년 북한의 공식 발표 군사비를 미국달러로 환산하면 대략 6억 달러 수준이다. 이를 전문가들이 주장하는 바와 같이 북한 정부 및 당의 예산에 포함된 실제 군사비가 공식발표 군사비의 4~5배 정도라고 본다면 약 24~30억 달러 수준으로 추정 가능하다. 2010년 한국의 국방비 245억 달러와 북한의 24~30억 달러를 비교해 보면 북한의 군사비는 한국의 약 1/10 규모 수준이다. 그러나 북한에서의 달러 가치는 대략 한국의 3배 수준이라고 평가할 수 있다. 따라서 남북한 군사비를 실질 구매력 비교 차원에서 볼 때, 한국이

36) 한국국방연구원, 『2012 동북아 군사력과 전략균형』(2013), p. 255.

245억 달러라고 할 경우 북한은 80억 달러 내외 수준[37]으로서 한국의 1/3 수준에 근접한 것으로 볼 수 있다. 이는 남한의 GNI 규모가 북한의 19~20배임을 생각해 보면 북한의 군사비 지출이 상대적으로 많은 비율을 차지하고 있다는 것을 반증한다.[38]

위에서 추산한 북한의 군사비와 관련해 우리가 주목해야 할 사항은 다음과 같다.

첫째, 북한은 그동안 심각한 식량난과 경제난에도 불구하고 해마다 군사비 지출을 증가해 왔으며, 이는 그들의 군사정책이 바뀌지 않는 한 계속될 것이다.

둘째, 북한의 군사비 규모는 전력 증강비를 누락시키고 실질적인 구매력이 높은 점 등을 고려하여 공식발표의 4~5배 정도로 높게 판단해야 하지만, 한국의 군사비와 규모면에서 비교하면 아직도 1/3정도 수준으로, 열세인 것만은 분명하다.

셋째, 북한은 한국과의 경제력의 극심한 차이와 군사비 규모의 열세를 만회하기 위해 정상적인 방법보다는 저예산 · 고효율의 비대칭 전략을 구사할 것이다.

북한이 보유 및 강화하고 있는 비대칭 능력은 ① 핵을 포함한 대량살상무기(WMD) 능력, ② 장사정포, ③ 지대지/지대함 미사일, ④ 특수전 능력(경보병 사단 등) 및 이송수단, ⑤ 사이버공격 능력, ⑥ 잠수함/잠수정, ⑦ 기뢰, ⑧ 인공위성 항법장치(GPS) 교란체계를 포함한 전자장비 무력화 능력, ⑨ 전자기

---

37) 국방부 산하 연구기관인 한국국방연구원이 「2011년 국방예산 분석평가 및 중기정책 방향」 보고서에서 2011년 북한의 실제 군사비는 약 76억 달러(약 8조 5,000억 원)로, 가계와 기업, 정부 등 모든 경제주체가 일정기간 생산한 총 부가가치를 시장가치로 평가해 합산한 소득 지표인 국민총소득(GNI)의 16~22% 수준으로 추산한 바 있다. 「동아일보」(2012. 2. 11).

38) 이원희, 「포괄안보시대 예비전력의 발전요인 분석과 효율적 운영방안에 관한 연구」, 충남대학교 대학원 박사학위논문(2012), p. 194.

파(EMP : Electro Magnetic Pulse) 폭탄 등을 포함하고 있다. 이외에도 북한은 한국의 안보를 위협하기 위한 새로운 비대칭 능력과 방법을 적극 강구할 것으로 예상된다.[39]

이러한 북한의 비대칭 위협은 학자에 따라 다양한 의견을 제시할 수 있으며, 백승주는 북한의 비대칭 위협전력으로 다음과 같이 10가지를 제시한 바 있다. 첫째로, 우리가 갖고 있지 않고 북한만 보유한 '다른 무기체계' 때문에 우리 안보에 위협을 주는 요소로 ① 북한 최고사령관, ② 핵무기 및 WMD, ③ 땅굴 등이고, 둘째로, 남북이 모두 갖고 있지만 양적 차이로 인한 '심각한 불균형' 때문에 북한이 비대칭전력으로 사용할 가능성이 높은 요소로, ④ 특수부대원, ⑤ 70여 척의 잠수함, ⑥ 전진 배치된 야포 등이 있으며, 셋째로, 우리 군과 사회가 갖고 있는 약점을 활용하여 우리에게 피해를 강요할 수 있는 전략적 차원의 요소로 ⑦ 아측 첨단장비를 일시에 무력화시킬 전자전 능력, ⑧ 해커전, ⑨ 국가후원 테러, ⑩ 한국사회의 전쟁공포증을 이용한 제한적 군사도발 등이다.[40]

2) 예산 증강의 필요성

핵 · 미사일 공격[41]과 사이버 위협 등 증가하는 북한의 위협, 급변하고 있는 동북아 정세, 전시작전통제권 전환 문제, 장병복지향상의 필요성 등의 한반도 안보상황을 고려하여 우리의 경제규모에 걸맞는 국방비 투자가 필

---

39) 한국전략문제연구소, 『2010 동북아 전략균형』(2010), p. 51.

40) 백승주, 「북한의 비대칭 전력 위협과 대응책」, 『지상군 페스티벌 2010 군사학술 세미나 논문집』(2010), pp. 132~133.

41) 한국군은 북한의 핵미사일 공격에 대응하기 위해 Kill Chain, 한국형미사일방어체계(KAMD : Korea Air and Missile Defense)의 맞춤형 전력을 구축해 나가고 있다. Kill Chain은 북한이 핵미사일을 발사하려고 할 때 이동식 발사대 등 핵심 표적을 탐지하여 발사 전에 신속히 타격하기 위한 체계이고, KAMD는 우리 영토로 발사된 미사일을 요격하기 위한 체계이다. 이를 구축하기 위한 예산은 2022년까지 15.2조 원이 소요될 것으로 추산하고 있다.

요하다.

지난 5년간(2010~2014) 한국의 국방예산 배분 추이를 살펴보면, GDP 대비 연평균 2.51%로서 정부재정대비 연평균 14.64% 수준을 유지하고 있으며, 국방예산 연평균 증가율은 4.28%로서 매년 감소추세를 보이고 있다. 또한 국방예산의 배분은 방위력 개선분야에 연평균 70%, 전력운영에 30%로 매년 거의 동일한 배분 비율을 유지하고 있다.

〈표 19〉 연도별 국방비 배분 추이

구분	2010	2011	2012	2013	2014
국방비(억 원)	29조 5,627	31조 4,031	32조 9,576	34조 4,970	35조 7,056
국내총생산(GDP) 대비 국방비(%)	2.52	2.54	2.52	2.45	2.53
정부재정 대비 국방비(%)	14.7	15.0	14.8	14.3	14.4
국방비 증가율(%)	2.0	6.2	5.0	4.7	3.5

출처 : 국방부 홈페이지.

국방비는 '위협'과 '부담 능력'에 의해 주로 결정되며, 그 외에 '한미동맹'과 '정권의 정책의지' 변수도 주요 결정요인이다. 한국의 국방비는 북한 및 주변국 위협, 경제성장률과 정부의 재정투자정책에 따라 주로 결정되며, 한미동맹의 주요 사안인 전시작전통제권 전환(또는 연기)에 따라 영향을 받고 있다.[42]

국방 차원에서 적정 국방비 확보에 영향을 미치는 요인은 많이 있지만 크게 국방개혁 기본계획과 전시작전통제권 전환문제에 초점을 맞출 수 있다. 국방개혁 재원소요 규모는 2005년에 판단한 2006~2020계획에는 621조 원, 2009년에 판단한 2009~2020계획에는 599조 원을 산정하였으나 2012~2030계

42) 백재옥 외, 『국방예산 분석평가 및 중기 정책 방향(2013/2014)』(서울 : 한국국방연구원, 2013), p. 83.

획에는 중장기 재원판단이 부정확하므로 중기재원만 제시하였다.[43)]『국방개혁 2020』의 총 소요예산 621조 원 중 예비전력 예산은 6.3조 원으로 전체 예산의 1%에 불과하여 향후 국가안보에 있어 예비전력 역할 증대에 부합하기 위한 노후 된 장비와 물자의 개선이나 열악한 훈련장 및 시설의 현대화 등 실질적인 국가동원태세를 확립해 나가기에는 많은 제한이 따를 것으로 예상된다.[44)]

국방환경면에서 예비전력의 중요성은 시간이 흐를수록 그 비중이 커질 것으로 전망된다. 또 남북이 통일된다고 하더라도 한반도의 지정학적 특수성과 주변 강대국의 군사력 증강 등을 고려해 볼 때 예비전력은 결코 그 비중이 줄어들지 않을 것이다. 왜냐하면 통일 후에는 군사력 외에 경제력 건설을 비롯한 사회 · 문화 등 여러 분야에 대한 투자가 더욱 절실하기 때문에 상비군의 유지 · 관리에 필요한 재원은 더 줄여야 할 것이며, 부족한 상비군의 영역을 예비군으로 대치해야 하기 때문이다.

통일 등 국방환경의 변화에 대비하여 안보기회 비용으로서의 예비전력에 대한 예산투자는 지속적으로 확대해 나가야 한다. 어느 국가나 재정적인 부담 때문에 충분한 상비전력을 유지하기는 곤란하므로 유사시에 대비하여 정예화된 예비전력을 유지하기 위해 많은 노력을 하고 있다. 따라서 실질적으로 부족한 상비전력에 대한 보험 성격이 강한 예비전력에 대한 과감한 예산반영이 필요하다.

그렇다면 예비전력에 대한 국방예산은 어느 정도인가? 한국의 2013년 국방예산은 34조 3,453억 원에 이른다. 이 중 예비전력 예산은 4,033억 원으로 국방예산 대비 약 1.17%를 할당받고 있다. 이는 인건비 2,796억 원을 비롯하

---

43) 이필중, 『안보환경 변화와 한국의 국방비 수준평가』, 『합동참모대학 3차 학술세미나 자료집』(2013), p. 44.

44) 김재삼, 「예비전력 정예화 방안」, 『군사학연구』 통권 제5호(2007), p. 4.

여 사업비 1,205억 원과 특별회계 32억 원으로 대별된다. 현역병사 1명과 예비군대원 1명에게 책정된 국방예산을 단순 비교해 보면 약 300배 이상의 차이가 나는 것을 확인할 수 있다.[45] 이는 현역이 군부대에서 의 · 식 · 주문제를 모두 해결하며 생활하고 있다는 점을 고려하더라도 예비군 관련 예산은 너무도 부족하다는 사실을 잘 증명해 주고 있는 것이다. 연도별 예비전력 예산 추이는 다음 표와 같다.

〈표 20〉 연도별 예비전력 예산 추이

(단위 : 억 원)

구분		'06년	'07년	'08년	'09년	'10년	'11년	'12년	'13년
국방비		225,129	244,972	266,490	285,326	295,627	314,031	329,576	343,453
예비전력예산	계	2,897	2,974	3,181	3,270	3,475	3,749	3,970	4,033
	인건비	2,396	2,422	2,523	2,521	2,502	2,642	2,761	2,796
	사업비	501	552	658	749	973	1,107	1,209	1,205
	특별회계	-	-	-	-	-	-	59	32
국방비 대비 점유율(%)		1.29	1.21	1.19	1.15	1.18	1.19	1.20	1.17

출처 : 국방부 동원기획관실 자료.

3) 예비군 육성 및 지원 활성화 방안

'예비군 육성'이란 안보환경의 변화에 따라 향토예비군의 임무수행 능력을 최고도로 유지할 수 있도록 지속적으로 발전시켜 나가는 것을 말하고, '예비군 지원'이라 함은 예비군을 육성하고 예비군의 성공적인 임무수행을 보장하기 위한 행정 · 재정 및 역무 등의 지원을 말한다.[46]

예비군 육성 및 지원책임은 향토예비군설치법 제14조의 3(예비군의 육성 및 지

45) 이원희(2012), 전게논문, p. 193.

46) 국방부령 제650호(2008. 5. 2) 『향토예비군 육성 · 지원에 관한 규칙』 제2조.

원책임)에 의거 국가기관 및 지방자치단체의 장과 직장예비군이 편성된 직장의 장에게 있으며, 이를 위하여 각급 행정구역 및 직장단위로 방위협의회를 설치 · 운영하도록 되어 있다. 또한 향토예비군 설치법 시행령에 예비군의 육성 · 지원을 위한 세부조항이 규정되어 있는데 다음의 각 호와 같다.

- 예비군부대 사무실의 설치 · 운영 및 유지
- 예비군부대의 운영을 위한 장비 및 물자의 지원
- 예비군부대 훈련장 및 훈련시설의 유지 · 지원
- 향토방위작전과 관련된 급식 · 수송 · 의료 및 전투시설 지원
- 예비군 대원에 대한 사기앙양, 민 · 관 · 군의 유대 강화 및 홍보, 기타 필요한 사항

예비군 육성지원계획은 연도계획과 5개년계획인 중기계획으로 구분된다. 수임군부대의 장은 예비군 육성 · 지원과 관련된 지방자치단체의 예산안 편성과 지방의회 심의 등에 있어서 필요한 경우에는 관련 자료를 제출하고 설명하는 등 예비군의 육성 및 지원에 관련된 업무에 적극적으로 협조하여야 한다.

국방예산 중 예비전력 부문에 대한 예산은 크게 부족하기 때문에 지방자치단체[47]에 의존하는 바가 매우 크다. 그러나 1995년 지방자치제도가 부활되어 자치단체장이 직접선거에 의해 선출되고 지방의회가 구성된 이후 정도의 차이는 있지만 지방자치단체장 및 지방의회 의원들의 향토방위에 대한 관심도 및 인지도가 현저히 저하되어 있는 것이 오늘날의 현실이다. 이는 지방자치단체장에게 필요한 지역방위에 대한 안보책임의식과 군사적 지식, 경험 등이 부족하고 예비군 육성 · 지원 업무는 평시 업무가 아닌 전

47) 한국은 광역자치단체가 16개로 서울특별시, 6개의 광역시, 9개의 도(道)가 있으며, 기초자치단체는 72개의 시, 86개의 군, 69개의 구(區)로 편성되어 있다.

시 등 비상사태 발생시에 대비하는 업무로 인식하고 있기 때문이다. 그러다보니 지방자치단체의 장은 국민편익 위주의 지역정책을 우선시하고, 예비군 육성 · 지원 업무의 중요성을 상대적으로 낮게 판단하여 후순위로 미루고 있다. 또한 통합방위, 향토방위작전, 비상대비 등의 군사용어와 여기서 풍기는 뉘앙스로 인해 예비군 육성 및 지원을 군 고유의 업무로 생각하는 경향이 짙고, 재정 자립도가 낮은 지방자치단체가 이를 집행하기 위해서는 지방의회의 승인이 필요하다는 점도 하나의 걸림돌로 작용하고 있다.

예비군 육성 · 지원업무도 위축되어 군과 지방자치단체 간의 괴리는 점차 커지고 있는 실정이다. 이는 지방자치단체의 입장에서는 예비군 육성과 관련된 예산문제를 국방문제로 인식하여 중앙정부 차원에서 조치할 사항으로 받아들이고, 정부에서는 국가재정이 제한됨에 따라 지방자치단체가 분담하도록 하고 있기 때문이다. 2001년도부터 향토예비군 육성지원에 대한 규칙을 제정하여 정상적으로 지방자치단체 예산에 반영시키고 있으므로 장차 향토예비군 운영의 책임을 지방자치단체에 전환하고 지방자치단체에서도 필요시 예비군을 활용할 수 있는 법적 · 제도적 조치를 강구할 필요가 있다. 이 문제는 미국의 주방위군 운영을 참고하면 도움이 될 것이다.

또한 직장예비군 육성 · 지원에 대한 책임은 직장의 장에게 부여되어 있으므로, 직장예비군 지휘관은 우선 직장의 장을 대상으로 예비군 육성 · 지원의 중요성과 당위성을 이해시키고, 이를 바탕으로 체계적이고 효율적인 예비군 육성 · 지원이 이루어질 수 있도록 노력해야 한다.

예비군 육성 및 지원사업을 활성화하기 위해서는, 먼저 지방자치단체에서는 예비군 육성 · 지원에 대한 의무사항이 제대로 시행될 수 있도록 실질적인 조례를 제정하고 방위협의회 운영도 활성화하여야 한다. 또한 국방예산과 예비군 육성 · 지원예산을 명확히 구분하여 국가 지원사항과 지방자치단체 조치사항을 중기계획에 반영하여 추진하여야 한다. 둘째로 지방자치단체와 군이 상호 Win-Win하는 전략이 필요하다. 지방자치단체는 예비군도 시민의 한사람이라는 생각을 갖고 이들에 대한 예산투자를 아끼지 말아야 하고, 군도 지역단위 분권화 작전을 실시함에 있어서 지방자치단체의 지원이 절대적으로 필요하다는 사실을 인식하고 평소부터 유대관계를 돈독히 할 필요가 있다. 또한, 예비군훈련장을 안보체험장으로 활용한다거나 훈련장을 개방하여 공원화하고, 지역주민과 학생을 대상으로 안보체험행사를 실시하는 등 지속적인 민군협력관계를 유지해야 한다.

나. 각종 예비군 운용제도의 발전

1) 현역복무부대 동원지정제도 시행

동원된 예비군이 전투력을 발휘하는 데 있어 중요한 요인 중의 하나는 동원보직 고정율이다. 스위스는 동원보직이 영구적으로 고정되어 있고, 이스라엘도 현역과 동일한 인사관리를 하기 때문에 영구고정과 동일한 효과를 나타내고 있으며, 미국이나 북한도 반영구적으로 고정하여 보직고정율을 향상시키고 있다. 동원보직 고정율이 낮은 한국은 이러한 국가들의 장점을 벤치마킹하여 문제점을 해결해 나가야 한다.

국방부에서는 동원속도의 보장보다 동원 즉시 전투력을 발휘하는데 주안점을 두고 기존의 주소지 중심의 동원지정제도를 현역복무부대 동원지정제도로 개선하여 실행하도록 추진하고 있다. 현역복무부대 동원지정제도란 '수도권과 강원도 지역에 사는 예비역이 동원훈련을 거주지 인근부대가 아닌 전역한 군부대에서 받는 제도'를 말한다. 즉, 현역으로 근무했던 부대로 예비군을 동원지정하고 동원령 선포시 즉각 소집하여 임무를 수행토록 하는 제도이다. 현역복무부대 동원지정제도는 동원훈련 입소시간을 오전 9시에서 11시로 조정하고 교통비와 숙박비 등도 별도로 지급하며 2012년부터 시행할 예정이었으나 국민들의 공감대 형성 부족 등으로 인해 시행 시기는 이 제도를 심층보완 후 추후 결정하기로 하였다.

현역복무부대 동원지정제도를 시행함에 있어 4차례의 중동전쟁을 승리로 이끈 이스라엘의 예비군 제도는 유용한 참고가 될 수 있다. 이스라엘은 현역복무와 예비군 복무가 유기적으로 잘 연계되어 있을 뿐 아니라 한번 동원 지정된 부대는 특별한 경우가 아니면 예비군 임무가 종료될 때까지 변경되지 않는다. 따라서 현역 복무기간 동안 맺은 인간관계가 예비군 복무는 물론 사회생활까지 연계되며, 매년 1주일 정도 실시하는 동원훈련은 옛 전우와의 만남의 장이 되고 있다. 한국도 최근 군 전역자들의 모임이 인터넷 카페를 통해 사회생활로 이어지고 있는데 이러한 사회적 추세를 잘 활용한다면 유사시 동원전력 향상에도 크게 기여할 것이다.

현역복무부대 동원지정제도가 제대로 효과를 발휘하기 위해서는 다음 사항을 충분히 고려하여야 한다.

첫째, 동원속도에 중점을 둔 현재의 주소지 중심의 동원지정제도에 비해 현역복무부대 동원지정제도는 예비군의 임무수행 측면에서 볼 때 친숙한 주변환경, 지형 및 작계숙지, 예비군들의 동화기간 단축 등으로 초기 전투력 발휘가 용이하다는 장점이 있다.

둘째, 동원 응소시간 및 거리면에서 볼 때, 도로망과 교통수단의 발달로 이동시간은 단축되었지만, 전쟁초기 복잡하고 혼란스러운 상황으로 인하여 예비전력의 즉각적인 동원이 어려운 경우를 대비하여 우발계획을 발전시켜야 한다.

셋째, 현역복무부대 동원지정제도의 시행과 관련하여 나타난 부정적인 측면, 즉 수도권에서 강원도까지 장거리 이동에 따른 불편 해소, 비록 소수일지라도 과거 복무부대에 대한 부정적 인식을 갖고 있는 인원에 대한 대책

마련, 충분한 기간의 시험적용을 통한 문제점 도출 및 대비책 강구, 제도 적용에 대한 국민적 공감대 형성 등을 통해 제반 문제점을 해소시켜야 할 것이다.

넷째, 이 제도는 희망자를 우선 적용하는 방법도 고려할 수 있다. 이를 위해 현역복무시부터 전역 후 다시 찾을 부대라는 인식을 갖도록 평시 관리를 철저히 하고 자율적 참여 분위기를 조성해 나가는 것이 무엇보다 중요하다.

현역복무부대 동원지정제도에 대한 육군의 시험적용 결과, 현역복무부대 출신 예비군의 주특기 임무수행 능력은 현역 일 · 이병 수준보다 우수하며, 별도의 동화기간 없이도 즉각 임무수행이 가능한 것으로 나타난 점은 시사하는 바가 크다고 하겠다.

2) 부분동원제도 확대

한국은 그동안 총동원제도를 적용하여 왔기 때문에 동원령이 선포될 때에는 사전에 계획된 모든 자원을 동원하게 된다. 그러나 조기에 동원령을 선포할 경우 국민들의 불편이 가중되고 국민경제에도 커다란 영향을 미치며, 반대로 이를 우려하여 동원령 선포가 지연되었을 경우에는 전쟁수행에 막대한 차질을 초래할 수 있으므로 동원령 선포 시기는 대단히 중요하다. 제4차 중동전은 동원령 조기 및 지연 발령의 대표적인 사례라고 할 수 있다. 이스라엘은 1973년 5월, 이집트의 기만활동에 속아 조기에 동원령을 발령하였으나 전쟁 미발발로 인해 1,000만 달러 이상의 경제적 손실을 초래하였고, 같은 해 10월 개전 시에는 동원령 선포가 지연되어 초전에 대량피해를 입은 바 있다. 그러므로 동원제도가 발전된 선진국가에서는 상황진전에 따라 동원범위를 확대해 나갈 수 있도록 부분동원제도를 발전시켜 적용하고 있다.

부분동원이란 '국가비상사태시 국가자원의 일부를 동원하고 군사대응을 보장하기 위하여 특정자원 또는 일부지역의 인적 · 물적 자원을 대상으로 동원하는 것'을 말한다. 몇몇 국가의 부분동원 실태를 살펴보면, 미국은 의회의 승인 없이 대통령 권한으로 20만 명까지 동원이 가능하고, 이스라엘은 부대단위로 개별동원 · 비밀동원의 방법으로 부분동원을 시행하고 있음을 알 수 있다.

한국도 2010년에 발생한 천안함 피격사건과 연평도 포격도발사건을 계기로 부분동원제도의 필요성을 절감하고, 국가 전쟁지도지침 및 충무기본계획을 수정하여 충무 3종사태시 부분동원을 할 수 있도록, 전시대기법인 「부분동원에 관한 법률」을 제정하여 2011년 7월부터 시행하고 있다. 이를 통해 국민생활과 국가경제에 미치는 영향을 최소화하면서 평시의 국지도발 위협 등에 대비하고, 사태 진전에 따라서 동원규모를 확대하거나 해제하는 등 유연하게 대처할 수 있게 되었다.

부분동원제도는 군사적인 면에서는 위협의 정도에 따라 필요한 전력을 조기에 동원하여 적시적인 대응을 할 수 있고, 경제적인 측면에서는 일부 자원만 동원함으로써 총동원을 하는 것보다 국가예산을 절감할 수 있다. 또한 국민생활안정 측면에서는 상황에 따라 일부 지역과 일부 대상만을 동원하는 탄력적인 대응으로 국민의 생활 불편과 불안을 완화할 수 있는 장점이 있다. 즉 국가비상사태시 부분동원을 시행하면 일시 총동원에 따른 혼란과 경제적 충격을 분산하고, 초전 대비를 동시에 보장함으로써 동원의 효율성을 높이고 국가위기의 조기 극복에 기여할 수 있는 것이다.

부분동원 선포절차는 평시, 「국지전 등 위기극복을 위한 부분동원에 관한 법률」을 법제처 심사 및 국무회의 의결을 거친 상태로 관리하고 있다가 충무 3종사태 발령시 국회로 제출 · 공포한다. 이 법률이 유효화 되면 국무회의 의결을 거쳐 대통령이 부분동원령을 선포하게 된다.

부가적으로 평시에 국지도발 등 국가 위기상황 발생시 충무사태가 선포되지 않더라도 부분동원이 가능하도록 통합방위법 등 관련법령을 개정할 필요가 있다. 현재의 국가동원제도하에서는 평시 통합방위사태 선포 때 예비군과 민간 차량 등을 동원할 수 없다.

〈표 21〉 부분동원 시행절차

① 충무 3종사태 시 「부분동원에 관한 법률(전시 대기법)」이 유효화 되어 부분동원령 선포시 부분동원을 시행한다.

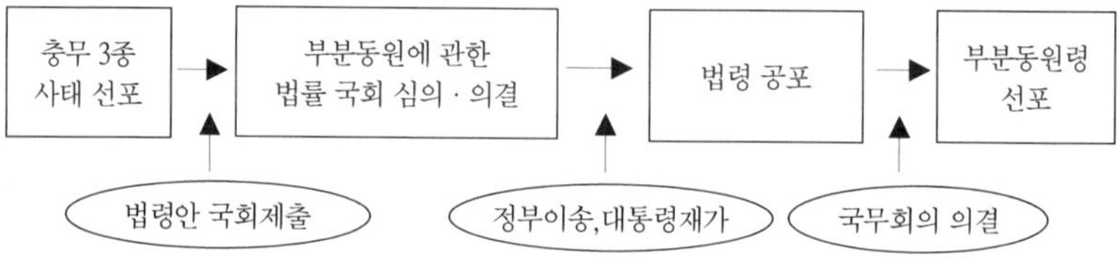

② 합참의장은 상황 발생시 소집부대, 자원의 종류, 규모, 기간 등을 포함한 부분동원 대상을 판단하여 국방부 장관에게 건의한다.
③ 국방부 및 자원 주무부처는 부분동원 관련 홍보 및 독려활동을 강화한다.
④ 병무청/지방자치단체, 소집부대 및 예비군 중대는 동원자원 대상에게 문자 메시지, 유 · 무선, FAX, 인편 등을 이용하여 전파한다.
⑤ 수임군부대장은 관할 수송이동관리실(TMO : Transportation Movements Office), 교통통제소 등을 운용하고 응소병력에 대한 차량 통제, 안내 등의 편의를 제공하며, 집결지 및 병력 이동 간 경계를 제공한다.
⑥ 소집부대장은 대상자원에 대한 인도 · 인접과 작전을 시행하고, 응소병력에 대한 숙영, 급식 등 전투근무지원계획을 작전계획에 반영한다.

출처 : 김점식, 「부분동원제도 시행에 대하여」, 『향방저널』 통권 제486호(2011), p. 14.

부분동원제도가 조기에 정착하고 제대로 시행되기 위해서는 다음과 같은 노력이 필요하다.

첫째, 동원관련 업무담당자 및 예비군대원 모두가 개정된 법의 취지와 내용을 이해하고 그 절차를 숙지하여야 한다. 특히 동원대상 예비군대원들에게 사전 홍보 및 교육을 통해 부분동원 발령시 즉각 응소하도록 하여야 한다.

둘째, 소집부대에서는 병무청에서 지정한 부분동원 대상자에 대해 지휘

서신 및 E-mail, SNS(Social Network Service) 등을 활용하여 평소 유대관계를 강화함으로써 부분동원령 선포시 응소율을 제고시켜야 한다.

셋째, 부분동원령이 선포되면 소집된 예비군들이 즉시 임무수행 가능토록 무기 · 탄약 · 물자 등을 평시부터 준비하고, 인도 · 인접절차를 숙달해야 한다.

3) 긴급예비군 및 핵심예비군 편성·운용

국방개혁과 연계하여 미래 위협에 대비하기 위해서는 첨단기술을 향토예비군에게도 적용하여 이들을 상비군 수준으로 정예화시켜야 한다. 현재의 예비군 운용체계는 병역법과 향토예비군설치법의 일부 조항을 인용하여 사전 동원 또는 작전동원의 제도로 발전시켜 동원령 이전에 변칙적으로 적용해 왔으나 이는 인원만을 동원하는 불완전한 동원으로서 전투지속지원 및 물자보급 등에 제한이 따른다. 이를 개선하기 위해 2011년 7월부로 국방부에서 충무 3종사태시에도 부분동원을 할 수 있도록 법체계를 발전시켰으나 이 또한 전시상황을 가정한 전시 법률로 평시부터 위기관리를 하는 데에는 한계가 있다.

부분동원제도는 총동원의 소모를 예방하고 한반도의 지정학적 조건으로 인한 짧은 경고시간에 적의 선제기습공격, 배합전에 신속히 대처할 수 있는 동원제도라고 할 수 있다. 그러나 이러한 부분동원제도만으로 포괄안보시대의 다양한 위협에 효과적으로 대처하기에는 어려움이 있다. 따라서 현행 총동원 및 부분동원의 문제점을 보완하기 위해 미국의 예비군 제도를 벤치마킹하여 발전시키되 한국의 안보상황과 법체계에 맞게 적용할 필요가 있다. 미국의 긴급예비군(Ready Reserve)을 한국의 동원 및 향방 지정된 예비군으로 본다면, 미국의 선별예비군(Selected Reserve)과 같은 기능을 수행할 수 있도록 긴급예비군을 편성 · 운영하는 방안이 필요한 것이다.

긴급예비군제도는 위기발생이 예측되거나 확실시 될 때 지역별, 대상별, 시간별로 동원대상의 일부를 사전 선별지정 또는 계약하여 긴급 동원하는 제도이다. 긴급예비군은 개전 초기 전투력 발휘가 긴요한 예비군으로 동원령 발령 지연을 방지하고 초기 동원속도를 보장할 수 있도록 사전 지정되고 관리되며 전 · 평시 적의 비대칭 위협에 대비하여 후방지역에서 즉각 운용할 수 있는 기동성 있는 예비군이다. 따라서 이들에 대한 편성, 장비, 훈련은 물론 보수까지 차등화 된 관리를 통하여 정예화 함으로써 전시는 물론 평시의 위기에도 효율적으로 활용할 수 있다.

긴급예비군은 전시와 평시로 구분하여 편성할 수 있다. 2011년부터 실시되고 있는 부분동원은 전시개념하 지역별, 대상별 부분동원 개념으로 충무 3종사태시 적용하게 된다. 그러나 충무 3종사태가 발령되기 이전에 상황이 긴급하다고 판단될 경우에 지역별, 대상별로 구분하여 긴급예비군을 동원할 수 있도록 해야 한다. 또한 일부 간부나 핵심특기요원을 우선 동원하여 부대 증 · 창설을 준비한다면 동원속도를 보장하고 부대 증 · 창설도 보다 체계적으로 이루어질 것이다.

다음은 핵심예비군의 편성 및 운영에 관한 논의이다. 예비군에 대한 임무부여는 창설 당시의 임무, 예비군의 역할과 규모, 민방위와의 상호관계 등을 복합적으로 고려하여 검토 · 발전시켜야 한다. 예비군들이 임무를 성공적으로 수행하도록 하기 위해서는 확실한 지휘체계를 갖춘 상태에서 필요한 무기 · 장비 · 물자를 확보하고 충분한 교육훈련을 통해 능력을 발휘할 수 있도록 시스템을 갖추어야 한다. 현재 예비군은 동원예비군과 향방예비군으로 구분되어 있으며, 동원예비군은 전시 · 사변 또는 이에 준하는 국가비상사태 발생시 군부대의 증 · 창설 소요 및 손실 보충자원으로 활용하고, 향방예비군은 향방작전을 수행토록 되어 있다. 따라서 예비군 구조 · 편성과 연계하여 향방예비군을 가칭 핵심예비군과 일반향방예비군으로 구분하여 그 임무를 수행토록 하는 방안을 고려해 볼 수 있다. 즉, 예비군 복무연차, 건강상태, 현역복무경험 등을 고려하여 예비군을 차등화하여 관리 · 운영하는 것이다.

이상의 내용을 종합하면, 동원예비군은 긴급예비군과 일반 동원예비군으로 구분하여 긴급예비군에게는 앞에서 언급한 전 · 평시 긴급 상황에 대비토록 하고, 일반 동원예비군에게는 전시동원에의 대비 임무 등을 부여한다. 향방예비군은 핵심예비군과 일반 향방예비군으로 구분하여 핵심예비군에게는 전시 임무수행에 필요한 군사적 영역의 임무와 화생방, 사이버테러 등 전문능력이 요구되는 분야에 적합한 임무를 부여하고, 일반 향방예비군에게는 동원예비군 및 핵심예비군에게 부여된 임무를 제외한 재난, 자연재해, 민방위업무지원 등의 비군사적 영역의 임무를 부여하는 방법이다. 이를 위해서는 용어 사용에 대한 검토 등 별도의 연구와 공감대 형성을 위한 충분한 의견수렴 과정이 필요하며, 필자의 제시안은 다음과 같다.

〈표 22〉 예비군의 임무구분(안)

구분	동원예비군		향방예비군	
	긴급예비군	일반 동원예비군	핵심예비군	일반 향방예비군
관련법령	병역법		향토예비군설치법	
영역구분	•군사적 · 비군사적 영역	•군사적 영역	•군사적 영역 •전문능력요구분야	•비군사적 영역
임무(안)	•전 · 평시 긴급상황 대비	•전시동원에의 대비	•적 또는 무장공비 소멸 •중요시설 및 병참선 경비	•무장소요진압 •민방위업무 지원
편성	1~3년차	1~3년차	4~5년차	6년차 이상
무기체계 · 훈련 · 보상	최상급	상급	상급	중급

4) 보류제도의 개선

예비군 동원 및 훈련 보류제도란 향토예비군설치법과 국방부 방침에 의거 예비군의 동원 및 훈련의 전부 또는 일부를 보류(면제)하는 제도를 말한다. 동원 및 훈련의 보류자는 크게 법규보류자와 방침보류자로 나누어지는데, 세부 대상 직종은 향토예비군설치법과 동법 시행령 및 시행규칙에 명시되어 있다. 향토예비군설치법 제5조 1항과 시행령 제13조, 시행규칙 제17조에 명시된 21개 직종종사자는 법규보류자로서 동원 및 훈련 모두를 전면보류하며, 시행규칙 제17조 3항에 의거 국방부장관이 방침으로 정하여 보류되는 인원은 방침 전면보류자와 방침 일부보류자로 구분하여 동원 또는 훈련을 전면적으로 또는 일부만 보류하게 된다.

예비군은 편성자 모두가 동등하게 훈련을 받아야 하나 예비군훈련의 일부 또는 전부를 면제해주는 예비군훈련 보류자는 매년 약 60여 개 직종에

70만여 명으로, 이는 전체 예비군의 약 20% 이상을 차지하고 있다.[48] 천안함 피격사건과 연평도 포격도발사건 이후 국민들의 안보의식이 향상되어 여성예비군, 특전예비군 등 지원예비군은 점차 증가하고 있으나 정작 '노블레스 오블리주'(Noblesse Oblige)[49] 정신을 실천해야 할 사회지도층 주요 인사들의 예비군훈련 면제는 공정성과 형평성을 저해하는 대표적인 사례라 할 수 있다.

역사적으로 노블레스 오블리주 정신을 잘 보여주는 대표적인 사례로 BC 216년에 발생한 로마와 카르타고의 칸네전투를 들 수 있다. 로마는 한니발 군대와의 칸네전투에서 7만여 대군이 몰살되는 참패를 당했다. 이 전투의 사망자 중에는 2명의 집정관과 2명의 감찰관, 29명의 장군, 그리고 80명의 원로원이 포함되어 있다. 이는 당시 로마 통치계급의 30%에 이르는 수치이다. 절체절명의 위기상황에서 로마의 정치지도자들은 자신의 생명을 걸고 국가를 지키기 위해 전쟁터로 나섰던 것이다. 이들의 헌신과 열정이 있었기 때문에 다른 시민들도 조국을 위기에서 구하기 위해 결연히 목숨을 바칠 수 있었다.

보류자에 대한 문제점을 해소하기 위해 가용한 방안으로 법규보류자는 국가 공공 임무수행자 이외의 사회지도층 인사들을 과감히 제외하여 노블레스 오블리주를 솔선수범하여 실천토록 하고, 방침보류자는 질병 및 심신장애자, 수감자 등 훈련임무 수행이 불가능하거나 공익을 위해 필수적인 최소 인원만 포함시키도록 할 수 있다. 또한 방침 일부보류자는 과감히 제도 자체를 폐지하거나 대상 직종을 대폭 축소함으로써 예비군 동원 및 훈련

---

48) 2014년도 예비군 동원 및 교육훈련 보류자는 법규보류자 21개 직종, 방침 전면보류자 16개 직종, 방침 일부보류자는 21개 직종이다. 비록 국가적 차원에서 그 필요성이 인정된다 하더라도 그 직종을 최소화할 필요가 있다. 국방부, 『예비군 실무편람 2014』(2014), pp. 105~108.

49) 사회 고위층에게 요구되는 높은 수준의 도덕적 의무를 뜻하는 말로서, 초기 로마시대에 왕과 귀족들이 보여준 투철한 도덕의식과 솔선수범하는 공공정신에서 비롯되었다.

에 관한 공명정대한 법적조치로 정의로운 사회를 구현해 나가야 한다.

질적으로 우수한 대학생 예비군들이 동원훈련에서 제외되어 우수자원의 활용이 제한되고 있는 것도 문제이다. 대학생은 연간 2박 3일의 입영훈련을 해야 하는 동원지정예비군과 달리 재학기간 중 연간 8시간의 향방기본훈련만 이수하고 있다. 이는 크나큰 전투력 손실일 뿐만 아니라 고등학교나 전문대 출신 예비군들과의 형평성에도 어긋나는 제도인 것이다. 국방부에서는 그동안 대학 정규과정 학습기간이 경과한 이후에도 다년간 보류대상으로 관리되던 졸업 유예자와 유급자들은 2014년부터 대학 예비군부대로 편성하지 않고 지역예비군에 편성토록 개선하였다.

대학생 보류자 문제를 해결하기 위해서는 미국의 예비군 복무형태를 벤치마킹할 필요가 있다. 미국의 예비군은 현역복무와 연계하여 예비군 복무기간을 정하고 있는데, 대학생 신분으로 예비군훈련을 얼마나 했느냐에 따라 차등을 두고 대학 졸업 후 예비군훈련의 종류와 훈련시간을 부과하고 있다. 이와 같은 개선안을 적용할 경우 고려할 사항은 예비군훈련은 신분에 관계없이 모든 국민에게 공평하게 적용되어야 한다는 점과 가능한 한 학생들의 학습여건을 보장해 주어야 한다는 사실이다. 따라서 훈련 총량제 개념을 적용하되, 학업을 고려한 자율선택제 훈련을 병행하여 실시하는 다음과 같은 방안을 고려할 수 있다.

〈표 23〉 대학생 예비군훈련 개선(안)

<table>
<tr><th rowspan="2">구분</th><th rowspan="2">1학년</th><th>2학년</th><th>3학년</th><th>4학년</th><th rowspan="2">3
년차</th><th rowspan="2">4
년차</th><th rowspan="2">5
년차</th><th rowspan="2">6
년차</th><th rowspan="2">7
년차</th><th rowspan="2">8
년차</th></tr>
<tr><th>0년차</th><th>1년차</th><th>2년차</th></tr>
<tr><td>1안</td><td></td><td>입대
복학</td><td colspan="2">방침보류훈련
(연 8시간)</td><td colspan="4">동원훈련</td><td colspan="2">잔여훈련</td></tr>
<tr><td>2안</td><td></td><td>입대
복학</td><td colspan="4">동원훈련</td><td colspan="2">향방훈련</td><td colspan="2">예비</td></tr>
</table>

출처 : 정진섭, 「예비군훈련 발전을 통한 대군신뢰도 증진 및 효율성 제고방안」, 『병역이행이 자랑스러운 사회 분위기 구현 방안 세미나 자료집』(2011), pp. 105~107을 토대로 재구성.

제시된 1안은 학생기간 중 연 8시간의 방침보류훈련을 실시하고 졸업 후 4년간 동원훈련을 실시하는 방안으로서, 전역 후 지속적인 수준유지가 가능한 장점이 있으며, 잔여 훈련시에는 학생기간 동안 이수한 훈련시간을 감소시켜 주어야 한다. 2안은 일반인들과 똑같이 전역 후 4년차까지 동원훈련을 실시하고 이후 2년간 향방훈련을 실시하는 것이다. 공정성과 형평성 차원에서 2안이 가장 바람직하지만 동원훈련기간과 학업기간이 중복될 경우에는 자율적으로 1안을 선택할 수 있도록 여건을 보장해 주면 된다.

5) 지역 및 직장예비군 운용제도의 개선

예비군은 향토예비군설치법 제2조 2항에 의거 예비군대원의 거주지나 직장을 단위로 지역예비군과 직장예비군으로 분류되며, 직장예비군은 일반적으로 일반직장예비군, 대학직장예비군, 국가기관 직장예비군, 국가중요시설 직장예비군, 어민예비군, 선박예비군 등으로 구분된다. 유사시 국가중요시설 및 산업단지에서 직장방호임무를 수행하는 직장예비군을 지휘하게 되는 예비군 지휘관의 역할은 대단히 중요하다. 예비군부대의 지휘관은 관할 군부대장 등의 지휘를 받아 소속 예비군대원을 지휘 · 통솔하고 해당 지역 또는 직장의 방위와 예비군의 조직편성 및 자원관리, 교육훈련의 실시 등을 담당한다.

가) 지역예비군 지휘관 처우 개선

지역예비군 지휘관에 대한 처우의 개선이 필요하다. 그동안 지역예비군 지휘관들은 일반직과 별정직, 계약직 군무원으로 임용되어 임무를 수행하여 왔다. 2010년부터 시행해 오던 5년 단위 계약직 군무원제도는 당사자들의 많은 불평 · 불만과 제도상의 문제점을 내포하고 있다. 물론 이러한 제도가 시행되기까지는 예비군 지휘관으로 한번 임용되면 정년시까지 근무하기 때문에 과거의 예비군 지휘관들이 대부분 소극적으로 업무를 수행해 왔다는 평가도 그 원인으로 작용하였다. 적극적인 업무수행 자세를 견지토록 하여 근무에 긴장감을 부여하고, 근무를 태만히 할 경우 해임할 수 있는 법적인 근거를 마련하였다는 점에서는 긍정적인 면도 있겠지만 인사상의 형평성 문제라든지 당사자들의 근무의욕과 사기 저하 등의 부정적 측면이 적지 않다는 사실을 인식해야 한다.

지역 및 직장예비군 지휘관의 역할이 동일함에도 불구하고 이들의 신분, 직종, 연봉, 정년에는 많은 차이가 있다. 신분상으로 보면 지역예비군 지휘관은 군무원 신분이고, 직장예비군 지휘관은 민간인 신분이다. 이는 퇴직 후 연금의 수급 대상인가 아닌가 하는 문제와 결부된다. 다음은 직종의 차이로 그동안 지역예비군 지휘관은 일반직, 별정직, 계약직 군무원으로 상이하였으나 2014년 8월부터 일반직으로 단일화 되었다. 그러나 직장예비군 지휘관의 경우, 민간인 신분으로 국방부에서 이들의 직종을 통제할 수 없으며, 대학직장예비군 지휘관은 아직도 2/3가 계약직 신분을 유지하고 있다. 또한 일반직장예비군 지휘관과 대학직장예비군 지휘관의 연봉에서도 많은 차이를 보이고 있다.[50] 정년문제도 군무원 신분인 지역예비군 지휘관은 60세 정년을 보장받지만 직장예비군 지휘관은 민간인 신분으로 해당 직장에 따라 차이가 있을 수밖에 없다. 계약직 신분의 대학직장예비군 지휘관은 재임기간 중 지속되는 계약갱신에 따른 심적 부담도 크다. 이는 예비군 지휘관의 사기를 저하시키고 근무의욕을 상실케 한다는데 문제의 심각성이 있는 것이다. 다행히 국방부에서는 2014년 8월 다양하던 예비전력 군무원들의 근무 직종을 일반직으로 통합함으로써 예비전력관리 군무원들은

---

50) 2013년 10월 국방부가 국회에 제출한 자료에 의하면 일반직장예비군 지휘관 연봉이 평균 6,100만 원이고 대학직장예비군 지휘관들의 연봉이 평균 3,800만 원으로 약 2,300만 원의 차이를 보이고 있다.

60세 정년을 보장받게 되었고, 7급에서 4급까지의 단계화된 직급에서 승진하거나 교류 등을 할 수 있게 되어 사기진작과 조직 활성화에도 크게 도움이 될 것이다.

참고로 예비전력을 효율적으로 운영하고 있는 이스라엘이나 미국을 포함하여 대부분의 국가들이 모두 예비역 간부제도인데 비해 우리나라는 군무원 또는 민간인 신분으로 예비전력을 관리하고 있는 유일한 나라라는 점도 예비군 지휘관 선발제도 및 처우개선의 필요성을 강하게 시사해 주고 있다.

지역예비군 지휘관은 향토방위의 중추적인 역군이자 관할지역의 유지로서 존경과 신망의 대상이 되어야 한다. 왜냐하면 예비군 지휘관은 기본적인 임무수행 이외에 평소 대민(對民) 접촉시 최선봉에서 국가와 군을 대변하고 지역의 안보지킴이, 재난 및 어려운 주민의 돌봄이, 병무행정 도우미 등의 역할을 수행하는 등 지역주민의 안보의식을 고취하기 위해 다양한 노력을 경주하고 있기 때문이다. 따라서 이 분야에 대한 합리적 대안을 지속적으로 개발해 나가야 할 것이다.

나) 직장예비군부대 운용제도 및 처우개선

직장예비군부대에 대한 제도의 개선 문제를 논하기 이전에 먼저 산업단지, 특히 국가산업단지와 이를 방호하는 직장예비군부대의 중요성을 먼저 알아둘 필요가 있다. 최근 산업기지, 산업단지, 공업단지 등 유사한 용어가 많이 사용되고 있는데, 산업기지란 1970년대 중반 중화학공업을 육성하기 위해 조성한 대규모 공업단지를 말하며, 산업단지란 산업과 이를 지원하기 위한 시설을 유치하기 위해 계획적으로 설치한 토지집단이라고 할 수 있다. 그리고 국가공업단지란 국가기간산업 및 첨단기술산업을 육성하기 위하여 중앙정부가 지정 · 개발 · 관리하는 공단을 말한다.

「산업입지 및 개발에 관한 법률」에 따르면 산업단지는 크게 국가산업단지, 일반산업단지, 도시 첨단산업단지, 농공단지로 구분된다. 국가산업단지는 국가 기간산업, 첨단과학기술산업을 육성하거나 개발촉진이 필요한 낙후지역이나 둘 이상의 시 · 도에 걸쳐있는 지역을 개발하기 위하여 국토해양부장관이 지정 개발하는 산업단지를 말한다. 일반산업단지는 산업의 적정한 지방 분산을 촉진하고, 지역경제를 활성화하기 위하여 시 · 도지사가 지정 개발하고, 도시 첨단산업단지는 지식 · 문화 · 정보통신산업 등 첨단산업을 육성하기 위하여 시장 · 군수의 지정 요청에 따라 시 · 도지사가 지정하여 개발하는 산업단지이다. 또한 농공단지는 농 · 어민의 소득증대를 위한 산업을 농 · 어촌지역에 유치하고자 시장 · 군수 · 구청장이 지정 개발하는 산업단지를 말한다.[51)]

1973년에 박정희 대통령은 기존의 경공업 위주의 산업구조에서 탈피하기 위해 중화학공업화 선언을 발표하였는데, 그 이유는 두 가지였다. 하나는 기존의 경공업에서 생산하는 저부가가치 상품으로는 고도성장을 달성하기가 불가능하다고 판단하여 정부의 강력한 수출드라이브 정책을 추진하기 위함이었고, 또 다른 하나는 한반도를 둘러싼 국내 · 외의 안보환경이 크게 변화하였기 때문이었다. 당시 국내적으로는 남북한 사이에 긴장이 고조되고 있었고, 국제적으로는 '아시아의 방위는 아시아인이 해야 한다'는 닉슨독트린이 선포된 상태였다. 이를 계기로 한국은 방위산업 건설에 본격적으로 착수하게 되었다. 그러나 병기를 생산하기 위해 필요한 초정밀 기술이 절대적으로 부족하였고 방위산업은 중화학공업의 기반 위에서 가능하다는 사실을 절감하게 되었다. 이처럼 '중화학공업 육성을 통한 산업구조 고도성장'이라는 경제적 목적과 '방위산업 육성'이라는 군사적 목적이 결합된 정책의 산물이 바로 「산업기지개발촉진법」이라 할 수 있다.

51) 『산업입지 및 개발에 관한 법률』 제2조 제8호.

그리하여 중화학공업 전략산업으로 철강, 비철금속, 기계, 석유화학, 조선, 전자 등 6개 분야를 선정하였다. 중화학공업 육성 대상으로 선정된 기업들에게는 내국세와 관세를 감면해 주고, 대출을 포함한 각종 금융지원과 함께 수입규제를 통한 국내 판매가격 보조 등 정부차원에서 조치할 수 있는 최대한의 지원이 이루어졌다. 한국산업단지공단에 따르면 이렇게 만들어진 한국의 산업단지는 2014년 6월 기준으로 총 7개 권역[52]에 980여 개 단지이며, 이 중 국가산업단지는 43개에 달한다.

〈표 24〉 권역별 산업단지 현황

권역	계	국가산업단지	지방산업단지	농공단지	도시첨단
계	989	43	492	444	10
수도권	130	7	121	1	1
충청권	253	8	107	136	2
호남권	177	10	57	109	1
동남권	216	9	118	86	3
대경권	142	7	68	67	
강원권	66	1	20	42	3
제주권	5	1	1	3	

출처 : e-cluster(한국산업단지공단/산업단지정보 참조).

국가산업단지만 하더라도 2014년 6월 기준으로 4만 8천여 개 업체에 107만여 명이 참가하여 국가전략산업분야에 종사하고 있다는 점에서 국가경제발전과 국민경제에 미치는 영향은 지대하다고 할 수 있다. 만약 산업단지가 제 기능을 발휘하지 못한다면 국민생활과 관계되는 주요기능이 마비

52) 수도권은 서울 · 경기 · 인천, 충청권은 대전 · 충남 · 충북, 대경권은 대구 · 경북, 호남권은 광주 · 전남 · 전북, 동남권은 부산 · 경남 · 울산, 그리고 강원권, 제주권 총 7개 권역으로 구성되어 있다.

되어 그 불편은 이루 말할 수 없을 것이다. 따라서 이러한 문제가 발생하지 않도록 하기 위하여 산업단지와 국가중요시설은 직장예비군들이 방호하고 있는 것이다.

국방백서와 국방부 자료에 의하면, 직장예비군은 총 68만여 명으로써 전체 예비군 293만 명의 약 23%를 차지하고 있다. 직장예비군 지휘관은 약 1천여 명으로 직급별로는 대대장급 이상이 약 23%, 중대장급 이하가 약 77%를 차지하고 있고, 신분별로는 일반직장예비군 지휘관이 72%, 대학직장예비군 지휘관이 28%의 비율을 차지하고 있다.[53] 이러한 직장예비군부대 및 지휘관에 대해서도 몇 가지 제도적 개선이 필요하다.

직장예비군을 지휘하는 직장예비군 지휘관 중에서 대대장급 이상은 국방부장관이 임명하고, 중대장, 독립 소대장, 독립 분대장은 수임군부대장이 임명하지만, 이들의 신분은 그 회사의 직원으로서 임명권자의 지휘와 직장 장(長)의 통제를 동시에 받아야 하는 특수한 입장이다. 특히, 국가안보를 중요시하는 군과 이윤을 추구하는 회사 간에 이해관계가 상충될 경우에는 예비군 지휘관이 처신하기가 무척이나 곤란하다. 이와 같은 이원화된 지휘체계의 제도적 문제점은 하루 빨리 시정되어야 할 사항이다. 봉급을 회사에서 받는 예비군 지휘관은 당연히 예비군 업무를 수행함에 있어서도 회사의 입장을 고려하지 않을 수 없을 것이다. 게다가 회사는 예비군 조직에 대해 직장에 예비군을 편성 · 운용함으로써 발생하는 이점을 생각하기보다는 이윤을 추구하는 회사의 경영에 크게 도움이 되지 않는 조직으로 받아들일 수도 있다. 심지어 직장예비군부대에 대한 회사의 지원은 마치 안 해도 될 것을 하고 있는 것으로 잘못 인식하고, 예비군 육성지원에 대해 미온적인 태도를 보이는 것이 엄연한 현실이다. 따라서 우리나라 예비군의 약

53) 국가기관 및 국가 중요시설 예비군 지휘관을 제외하고 어민 및 선박예비군 지휘관은 포함한 비율이다.

1/4을 차지하는 직장예비군을 지휘 · 통솔하는 직장예비군 지휘관이 임무수행을 원활히 할 수 있도록 장기적 차원에서 지휘체계를 일원화해야 한다.

일반직장 예비군부대의 임무수행을 위한 인원편성 실태를 확인한 결과, 주로 여단 · 연대는 10명 이상, 대대는 4~6명, 중대는 2~3명, 소대는 1명으로 편성되어 임무를 수행하고 있음을 알 수 있다. 업무수행의 핵심조직이라 할 수 있는 예비군 중대에는 대부분 중대장 외에 1~2명의 직원이 편성되어 예비군 및 민방위업무를 같이 수행하고 있다. 민방위업무 수행담당자는 전 부대에 편성되어 있어 부가적인 업무수행을 위한 여건을 조성해 주고 있으며, 예비군 지휘관이 이를 통제하고 있다. 또한 여성인력 활용비율은 약 16%를 차지하고 있다.

일반직장 예비군 지휘관의 업무수행은 순수하게 예비군 업무만 담당하는 곳은 불과 20% 미만이고, 80% 이상은 민방위업무와 경비 · 보안업무 등을 부가적으로 담당하고 있으며, 중대급 이하의 자원규모가 적은 부대는 기숙사관리, APT관리 등의 업무를 담당하는 곳도 있다. 근무 중 애로사항으로는 예비군 자원의 과부족에 따른 적정 제대 편성문제, 부가적인 업무부여로 인한 부담, 경제불황에 따른 불투명한 회사의 미래(구조조정, 회사도산 등), 회사의 미온적 예산지원 등이다.

대학직장 예비군부대의 근무인원은 예비군 지휘관 이외에 연대는 평균 2.4명, 대대는 1명이 편성되어 있으며, 대학직원이 50%, 학생(아르바이트)과 공익근무요원이 50%의 비율을 차지하고 있다. 따라서 예비군 업무를 학생(아르바이트)과 공익근무요원이 수행하고 있는 대대급 대학직장 예비군부대는 업무의 연속성과 효율성을 위해 대학직원이 전담할 수 있도록 개선되어야 한다.

부가적인 업무를 수행하는 곳은 순수하게 예비군 업무만 담당하는 곳과 민방위 업무를 담당하는 곳이 각각 절반이다. 그리고 대학직장예비군부대는 업무성격상 대학 총 · 학장 직속 독립기구로 편성하도록 되어 있으나, 일부 대학은 총무과, 행정실, 학생처 등에 직제를 편성하고 있다. 대학직장예비군 지휘관은 일반직보다 계약직 신분이 대부분이고 국방부에서 공개 선발한 인원과 대학자체에서 선발한 인원이 각각 절반 규모를 차지하고 있는 실정이다. 또한 성적우선순위에 의해 근무지를 배정받다보니 일부 예비군 지휘관은 개인 연고지와 무관하게 가족과 떨어져 이중살림을 하는데 따른 경제적 부담도 많은 것으로 나타났다.

다음은 산업단지 통합직장예비군에 대한 현지 방문조사결과이다. 조사는 2차례에 걸쳐, 통합직장예비군이 편성되어 있는 국가 및 지방 산업단지 통합직장 예비군부대를 대상으로 실시하였다. 앞에서 살펴본 바와 같이 우리나라 산업단지는 총 7개 권역으로 형성되어 있고, 통합직장 예비군부대는 여단 및 연대, 대대급으로 편성되어 있는데, 방문 및 설문조사한 기관의 현황은 국가산업단지, 일반산업단지, 자유무역지역 등이다. 조사결과, 산업단지 통합직장예비군이 편성된 곳은 대부분 예비군 업무만 수행하고 있으나, 일반직장이나 대학직장 예비군부대에서 찾아 볼 수 없는 두 가지 애로사항이 발견되었다.

먼저, 통합방위비 모금에 따른 어려움을 들 수 있다. 통합방위비란 산업단지 내 예비군이 편성된 직장에서 예비군 업무지원을 위해 지불하는 예산을 말한다. 향토예비군설치법 제14조의 3(예비군의 육성 및 지원책임)과 동법 시행령 제32조(예비군의 육성 · 지원) 및 제35조(구성)에 의거하여 통합직장 예비군부대에 대해서는 산업단지 직장방위협의회를 구성하여 예비군 업무를 지원토록 되어 있다. 이러한 통합방위비는 산업단지별로 큰 격차를 보이고 있다. 또한, 산업이 호조를 띠고 있는 회사는 통합방위비 모금에 아무런 문제가 없지만 그렇지 못한 곳은 애로를 느끼고 있음을 알 수 있다.

통합방위비는 공단 내 입주업체로 등록된 기업을 대상으로 부과하고 있는데, 대부분의 산업단지는 회비 징수율이 매년 감소되고 있고, 경영난에 따른 회비동결 등으로 산업단지 통합방위협의회 운영에 많은 애로가 있다고 한다. 통합직장 예비군부대는 제한된 예산으로 인해 부득이하게 매년 근무인원을 감축시켜 나가고 있으며, 불과 수년 사이에 직원이 반으로 줄어든 곳도 있다. 더욱이 방위비를 미납하는 업체에 대해서는 이를 특별히 제재할 수 있는 수단도 없을 뿐만 아니라, 이러한 잘못된 분위기가 점차 확산되면서 영세업체 또는 경기가 좋지 않은 업체 등이 방위비를 납부하지 않는데 동조하고 있다는 데에 더 큰 문제가 있다.

통합방위비는 산업단지마다 다르지만 대부분 연 단위 또는 월 단위로 모금하여 운영하고 있다. 먼저 월 단위로 산정된 방위비를 해당업체에 통보하면, 해당업체는 지정된 계좌로 이를 납부하게 된다. 방위비 산정기준도 산업단지별로 다소 차이가 있는데, 이는 산업단지별 특성을 고려하여 해당 통합방위협의회에서 결정한 규칙 또는 관례에 따라 적용해 오고 있기 때문이다.[54)]

두 번째 애로사항은 산업단지 통합직장 예비군부대에 근무하는 지휘관 및 참모, 직원들의 신분관계가 애매모호하다는 점이다. 지역예비군 지휘관의 경우는 군무원 신분이고, 일반 및 대학직장 예비군 지휘관은 소속 회사 또는 대학의 직원 신분이지만, 산업단지 통합직장 예비군부대에 근무하고 있는 인원들은 명확하게 소속된 직장이 없고 산업단지 방위협의회라는 협

54) 예를 들면, A부대의 경우 방위비 산정은 회사부지 50%, 종업원 수 50%의 비율을 적용하고, B부대는 예비군 자원 수 50%, 회사 종업원 수 25%, 회사부지 25%를 적용하고 있으며, C부대는 기본금 30%, 회사부지 50%, 예비군 및 민방위 자원 수 20%를 적용하고 있다. 또한 종업원 수가 적은 영세 용역업체 등은 방위비 분담금을 미징수하거나 감액하는 등 회사의 성격에 따라 융통성 있게 규칙을 조정 · 적용하고 있다. 따라서 산업단지 통합직장예비군 지휘관들에 대한 보수지급 및 운영비 문제는 시대적 흐름에 맞게 전면적인 검토와 대책수립이 필요하다.

의체 소속으로 있다 보니 신분 자체가 불분명하다는 문제점이 있다. 이에 대해서 국방부는 통합직장 예비군 지휘관들을 직장의 직원 신분으로 간주하고 있으나 정작 본인들은 직원으로서의 혜택을 받지 못하고 있고, 지식경제부 산하 한국 산업단지공단에서는 정원문제가 걸려있기 때문에 통합직장 예비군 지휘관을 공단소속 직원으로 포함시킬 수 없다는 입장이다.

이러한 문제점은 중앙정부(국방부, 지식경제부) 차원에서 충분한 연구 및 협의를 통해 해결해야 할 사항이라고 판단된다. 가장 바람직한 방안은 산업단지 통합직장 예비군 지휘관의 신분을 지역예비군 지휘관처럼 군무원 신분으로 전환하여 국방부의 예산을 이용하는 것이겠지만 이는 추가적인 국방비의 증액으로 이어지고, 국민들의 공감대 부족 등으로 인해 여러 가지 측면에서 실행 가능성이 낮아질 수밖에 없다. 따라서 현 제도의 미비점을 보완하여 지식경제부와 국방부의 상호 협조하에 신분은 전환하되, 소요되는 예산은 현재처럼 산업단지에 입주한 업체가 부담하도록 하고 이를 국방부에서 통합하여 집행한다면 통합직장 예비군 지휘관의 신분문제와 예산문제 모두 해결 가능하리라 판단된다.

이러한 노력은 '국가안보에 헌신하는 자는 국가가 마지막까지 책임진다'는 모습을 보여주는 하나의 좋은 선례(先例)가 될 수 있으며, 이를 통해 산업단지 통합직장 예비군부대에 근무하는 인원들은 본연의 업무에 더욱 충실할 수 있을 것이다.

6) 국방동원정보체계 운용개선

유사시 국가비상사태에 효율적으로 대처하기 위해서는 국가동원 체제를 체계적으로 운영하여야 한다. 특히 인원 · 장비 · 물자 등 동원분야에 대한 데이터 처리, 정부 부처 간의 정보공유 및 연동체계를 구축함으로써 동원준비태세를 확립해야 한다. 또한, 평시 예비군훈련과 관련된 정보체계를 구축하여 다양한 서비스를 제공하는 것은 정보화 시대로의 변화 흐름에 적극적으로 대처하는 것이라고 할 수 있다. 국방부에서는 동원환경 변화와 정보기술의 발전추세에 따라 지식 · 정보 중심의 효율적인 동원정보체계를 구축하여 동원준비태세 향상과 예비전력 극대화에 많은 노력을 기울이고 있다. 이를 통해 예비전력 업무담당자들의 행정부담을 경감시키고 업무 효율성을 높이고 있다.

국방동원정보체계(Defense Mobilization Information System)란 '방대한 동원자원에 대하여 국방부로부터 예하부대에 이르기까지 신속 · 정확한 동원계획, 자원관리, 동원집행 및 업무처리의 자동화 기능을 수행하고, 지휘관의 지휘결심을 지원함으로써 동원준비태세 향상을 통하여 예비전력을 극대화시킬 목적으로 만든 정보체계'를 말한다.[55]

국방부는 2004년부터 2010년 말까지 예비군 관리, 인원동원, 물자동원 등 예비전력 업무를 세 분야로 구분하여 국방동원정보체계를 구축하였다. 국방동원정보체계는 자원의 효율적인 관리와 업무 간소화를 통해 신속하고도 과학적인 관리가 가능토록 지원하기 위해 개발되었다. 이에 따라 예비군 자원관리와 훈련 업무를 전산화하여 예비군에 대한 서비스 증진이 가능하게 되었고, 향후 실시간 동원 능력을 분석하고 평가할 수 있는 동원모의 모델의 개발 등 국방동원정보체계를 지속 발전시켜 나갈 계획이다. 국방동원정보체계의 구성은 다음과 같다.

55) 국방부(2014), 전게서, p. 240.

〈그림 4〉 국방동원정보체계

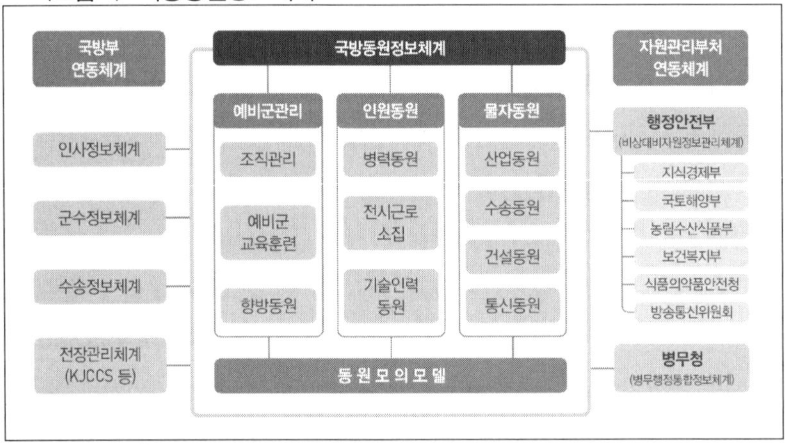

출처 : 국방부, 『2012 국방백서』, p. 131.

국방동원정보체계는 복잡 · 다양하고 방대한 자원에 대한 효율적인 관리로 정확한 정보의 흐름이 보장되는 자동화체계를 구축하여 미래지향적인 동원업무체계와 동원준비태세 향상을 실현할 수 있는 정보체계이다. 이러한 국방동원정보체계는 국방업무 영역, 예비군업무 영역, 예비군 홈페이지, 예비군 모바일 앱 영역으로 구성되어 있다.

국방부와 각 군 본부 및 예하 군부대에서 사용하는 국방업무 영역은 국방 인트라넷 망을 이용하고, 지역 및 직장예비군부대에서 사용하는 예비군업무 영역과 예비군대원들이 사용하는 예비군 홈페이지 영역은 인터넷을 사용하게 된다. 예비군 모바일 앱 영역은 예비군 홈페이지에서 제공하는 기능을 스마트폰, 태블릿 PC 등의 모바일 기기에서 제공하는 영역이다.

각각의 영역을 살펴보면, 국방업무 영역은 현역부대가 운영하며 ① 예비군 운영, ② 향방동원, ③ 인원동원, ④ 물자동원, ⑤ 동원태세, ⑥ 체계운영관리의 여섯 가지 기본메뉴로 구성되어 있고, 예비군 업무영역은 예비군부대에서 운영하는데, 여기에는 ① 부대관리, ② 자원관리, ③ 교육훈련, ④

병력동원, ⑤ 향방동원, ⑥ 체계관리의 기본메뉴가 있다. 예비군 홈페이지 영역은 예비군대원에게 필요한 사항으로 ① 나의 정보, ② 인터넷 훈련신청, ③ 휴일/전국단위훈련, ④ 훈련연기, ⑤ 보류/해소, ⑥ 자료실, ⑦ 사이버상담/참여 등 7개로 구성되어 있다. 예비군 모바일 앱 영역은 ① 나의 정보/훈련, ② 인터넷 훈련신청, ③ 휴일/전국단위훈련, ④ 훈련연기, ⑤ 보류/해소, ⑥ 자료실, ⑦ 사이버상담/참여 ⑧ 군 기관 사이트로 구성되어 있으며, 공통기능으로 공지사항, 예비군 뉴스 기능을 제공한다.

국방동원정보체계상의 업무는 현역 군부대에서 인트라넷으로 운용하는 국방업무영역(국방망)이 중심영역이며, 병무청은 정부고속망을, 국방부는 국방망을 이용하여 매일 오전 00:00~08:00시까지의 데이터 전송시간에 중계서버에 접속하여 자료를 전송한다. 예비군부대에서는 인터넷 전용 PC를 이용하여 예비군 업무영역에 접속한 후 자원현황 및 각종 정보파악과 예비군 자원 신상변동사항을 처리하게 된다. 이렇게 함으로써 기존의 과도한 각종 행정서식에서 탈피함으로써 행정 간소화를 이룰 수 있고, 예비전력 업무담당자들의 행정부담도 경감되어 업무 효율성도 증대된다.

이러한 국방동원정보체계를 운용하면서 예상되는 문제점 및 개선방안은 다음과 같다.

첫째, 국방동원정보체계 중앙서버 운용과 관련된 사항으로 현재 국방동원정보체계는 중앙서버가 다운되거나 고장시 전체 시스템을 사용할 수 없는 단점이 있다. 만약 북한의 전문 해커들에 의해 사이버테러가 감행된다면 국방동원정보체계 본연의 역할은 불가능할 수도 있다. 또한, 전시 인터넷사용 폭주로 인해 서버가 다운될 경우에도 사용에 제한을 받게 된다. 유사시 이러한 현상이 발생할 확률은 매우 높을 뿐만 아니라, 중앙 서버가 아니더라도 지역 또는 직장단위로 체계 사용이 불가능한 상황이 발생할 경우, 해당부대는 모든 업무가 정지되어 동원지원업무 및 작계임무수행 자체에 제한을 받게 될 것이다. 따라서 필요한 데이터를 일정주기로 자동으로 다운받아 PC용으로 사용 가능하도록 운용체계를 개선하는 등 우발사태에 대한 대비책을 강구하여야 한다.

둘째, 국방동원정보체계의 전산화 운용이 미흡하다. 현재의 체계로는 대부분 자료를 입력하여 전산 저장 및 공유하는데 그치고 있다. 전산화에 필요한 연산작업은 대부분 PC사용자가 작업하여 입력하는 실정으로 업무수행간 실수가 발생할 수 있고 업무량의 과다로 본래의 목적 달성이 어려울 수도 있다. 실수가 자주 발생하는 사례로는 ① 기본교육실시 결과에 따른 보충교육과정 생성을 수작업으로 입력, ② 보충교육 대상자에게 수작업으로 교육 부과, ③ 연기자 · 보류자에 대한 교육부과 및 결과를 수작업으로 입력, ④ 출 · 귀국자에 대한 연기 및 보류를 수작업으로 입력하는 경우 등을 들 수 있다.

따라서 업무담당자는 자료를 입력하면 결과를 조회할 수 있는 전산화시스템이 되도록 연산화 부분의 프로그램을 개선하여야 한다. 이러한 행정업무의 간소화를 통해 행정인력의 감소 및 효율화를 기할 수 있고, 차후 지역대 중심의 통합된 자원 및 교육관리가 가능하며, 예비군 감사 때문에 행정업무에 치중하고 있는 예비군 지휘관으로 하여금 실질적인 작전에 전념할 수 있는 여건을 보장해 줄 수 있다.

셋째, 예비군대원들에게 전시 국방동원정보체계를 이용한 문자메시지 발송시 예비군대원들이 메시지를 수신하지 못하는 경우와 수신확인이 불가능한 경우가 발생할 수 있다. 전시 또는 비상사태 발생시 휴대전화 사용자 폭주로 인해 통신마비사태가 발생할 가능성은 대단히 높다. 일반적으로 전시에도 휴대전화 사용이 가능할 것으로 인식하고 있으나, 전시에는 사용자 폭주로 모든 통신망에 과부하가 발생하여 사용이 제한될 것이다. 따라서 전시 또는 국가비상사태 발생시 통신마비 사태에 대비한 우발계획 수립 등의 조치가 필요하다.

7) 보상제도의 개선

미국, 이스라엘, 스위스 등 예비군 제도가 잘 발달된 국가와 한국과의 차이점 중 하나로 예비군에 대한 복지 및 보상체계를 들 수 있다. 예비군 동원시 보상체계는 각국이 처한 안보환경, 경제수준, 국민들의 의식, 예비군 자원수 및 훈련기간 등에 따라 다르게 적용되고 있다. 이는 제한된 국가재정으로 충분한 보상을 하기에는 어려움이 많기 때문에 재정 마련을 위한 다각적인 연구가 필요함을 말해주는 것이다.

한국의 경우, 예비군대원으로 동원되어 임무수행 또는 훈련 중에 부상을 입거나 사망한 경우에는 향토예비군설치법 제8조의 2(재해 등에 대한 보상)에 의해 재해보상금 또는 휴업보상금을 받게 되고, 제9조(보상 및 치료)에 의해 대통령령으로 정하는 바에 따라 「국가 유공자 등 예우 및 지원에 관한 법률」에 의거하여 보상대상자로 선정되며, 부상자는 국가나 지방자치단체의 의료시설에서 치료를 받을 수 있다. 또한 향토예비군설치법 제11조(실비변상)에 따라 예비군부대의 지휘관 및 동원 또는 훈련소집된 예비군대원에게는 대통령령으로 정하는 바에 따라 급식과 그 밖의 실비변상을 받을 수 있다.

예비군훈련 소집대상자에 대한 보상비는 동원훈련, 동미참훈련, 향방기본훈련 및 향방작계훈련 등 훈련 유형별로 차이가 있다. 먼저 동원훈련 입영자에게 지급하는 여비에는 교통비, 식비, 숙박비가 포함되어 있다. 교통비 산출의 기준인 거리는 거주지 시 · 군 · 읍 · 면 소재지에서 동원훈련장까지를 말한다. 여비산출은 거리에 따라 교통비와 식비, 숙박비가 전산 프로그램에 의해 자동으로 계산되며, 업무담당자는 여비지급대상자 명부를 출력하여 지급하게 된다.

2014년의 경우, 향방기본훈련 및 동미참훈련 대상자에게는 식비 6,000원과 교통비 5,000원을 포함한 11,000원이 지급되고, 향방작계훈련 대상자에게는 식비 6,000원을 지급하고 있다. 그러나 예비군훈련에 대한 보상은 위에서 언급한 교통비와 식비, 숙박비 외에 추가적으로 일당이 포함되어야 할 것이다. 왜냐하면 교통비, 식비, 숙박비는 순수하게 훈련에 참가하기 위해 소요되는 비용을 이야기하는 것이고, 훈련에 참가함으로써 발생되는 개인별 일당은 포함되어 있지 않기 때문이다.

한국의 이러한 보상비는 앞에서 연구한 바와 같이 다른 선진국가들에 비해 턱없이 부족한 것으로, 보상비라고 이야기하기가 어려운 수준이다. 따라서 훈련 또는 동원된 예비군에 대한 보상비는 현실화되어야 하며, 가용한 방안을 제시하면 다음과 같다.

첫째, 매년 동원훈련 인원과 기간 등을 판단하여 소요되는 예산을 산정하고 국방비에 반영하여 지급하는 방법을 고려할 수 있으나, 이는 국가재정의 15%를 국방비로 사용하고 있는 현실을 고려해 볼 때 국민적 공감을 얻기가 결코 쉽지 않을 것이다.

둘째, 스위스나 이스라엘처럼 국가보험제도를 이용하는 방법이다. 두 나라는 평시 봉급의 일정액을 적립하여 동원되는 예비군들에게 보상비로 지급하고 있다. 이러한 방안은 중 · 장기적인 차원에서 충분한 연구와 논의를 거쳐 국민적 공감대가 형성된 이후에 적용하는 것을 고려할 수 있다.

셋째, 스위스의 병역면제세를 벤치마킹하여 재원을 마련하는 방법이다. 스위스에서는 병역 부적격자는 일정기간 소정의 병역면제세를 내도록 법으로 규정하고 있다. 이를 참고하여 예비군 동원 및 훈련을 보류하는 자는 훈련기간을 비용으로 산정하여 가칭 '훈련면제비'를 납부토록 하여 예비군에 대한 보상 비용을 마련하는 방법이다. 납부기간은 현역복무 후 예비군

훈련을 받게 되는 6년차까지로 하되 훈련내용에 따라 금액을 달리 적용할 수 있다.

〈표 25〉 훈련면제비 산출(안)

구 분	내 용
동원훈련	•훈련기간 : 2박 3일 •도시지역 근로자의 월 평균임금의 10% 적용 또는 일당의 3배
향방기본훈련	•훈련시간 : 8시간 •도시지역 근로자의 평균임금을 시급으로 환산하여 적용 •평균시급×8시간
향방작계훈련	•훈련시간 : 6시간 •도시지역 근로자의 평균임금을 시급으로 환산하여 적용 •평균시급×6시간

예를 들어 2013년도 훈련대상인원은 353.6만 명이었고, 참석자는 334.7만 명, 불참자는 18.9만 명으로 참석률은 약 94.7%이다.[56] 따라서 2013년 예비군훈련 불참자인 18.9만 명에 대해 유형별 불참인원을 산출하여 불참인원에 불참시간과 시간당 임금을 곱하면 유형별 훈련불참인원에 따른 가칭 '훈련면제비'를 산출할 수 있다. 만약 비정규직 임금을 기준으로 산정한다면 총액은 줄어들 것이지만 형평성 차원에서 이를 통일할 필요가 있다. 고용노동부에서는 매년 1회 고용형태별 근로실태 조사를 통해 한국의 정규직 근로자의 시간당 임금과 비정규직 근로자의 시간당 임금을 산출한다. 고용노동부의 2012년도 정규직 근로자의 시간당 임금총액 16,403원(일당 131,224원)을 적용하여 훈련면제비를 산출하면 다음과 같다.

56) e-나라지표(예비군 교육훈련 현황).

〈표 26〉 훈련면제비 산출(예)

구 분	내 용
동원훈련	•1인 훈련면제비 : 131,224원/일당×3일 = 393,672원 •총액 : 1인 훈련면제비×동원훈련 불참자
향방기본훈련	•1인 훈련면제비 : 16,403원/시간×8시간=131,224원 •총액 : 1인 훈련면제비×향방기본훈련 불참자
향방작계훈련	•1인 훈련면제비 : 16,403원/시간×6시간=98,418원 •총액 : 1인 훈련면제비×향방작계훈련 불참자

국방부 내부행정자료에 의하면 최근 5년간 예비군 훈련 불참자는 2009년 44.1만 명, 2010년 33.5만 명, 2011년 19.4만 명, 2012년 26.8만 명, 2013년 18.9만 명으로 기복의 차이가 심한 편이다. 2011년 불참인원이 줄어든 것은 2010년에 발생한 북한의 천안함 피격사건과 연평도 포격도발사건이 영향을 미친 것으로 판단된다. 만약 2012년도 훈련불참자 26.8만 명에게 향방기본훈련 1일(8H) 불참시 일당을 적용해 계산해 보면 훈련면제비는 약 351억여 원이라는 금액이 나온다. 만약 근로자의 시간급 최저임금인 5,210원[57]을 적용한다면 훨씬 줄어들 것이다.

물론 이는 훈련불참자 중 '훈련면제비'라는 명목의 비용을 부여할 수 있는 대상인원이 훈련유형별로 몇 명이나 되는지, 또 비용은 적정한지 등 다양한 논의를 거쳐야 할 사항이다. 그러나 한 해의 예비전력운영 예산이 전체 국방예산의 1.5%에도 미치지 못하는 현실을 감안한다면 이러한 방법도 국방예산 운영에 도움이 될 수 있을 것이며, 이러한 예산운영 문제를 제외하더라도 적어도 병역을 기피하거나 예비군훈련을 어떻게든 피하려는 현재의 잘못된 사회분위기를 개선하는 데에는 효과가 있을 것으로 판단된다.

그러나 이러한 훈련 면제비라는 것은 과거 조선시대 방군수포(放軍收布)제,

57) e-나라지표(최저임금 일반현황).

군적수포(軍籍收布)제 등의 역사적인 사실로 비추어 볼 때 많은 부작용이 따른다는 사실을 간과해서는 안될 것이다. 조선시대 방군수포는 장정들에게서 포(布)를 거두어 이것을 재원으로 하여 군대를 양성하는 것으로 일반 양인인 농민들은 생업에 종사할 수 있어 서로가 편리한 조치로 생각되었지만 방군의 대가로 받은 포가 군사적인 목적으로 쓰이지 않고 오히려 지방수령들의 사사로운 이익에 쓰이면서 그 실효성은 사라지고, 농민들의 생활은 더 어려워지게 되었다. 이와 같이 방군수포로 인한 부작용은 조선의 방위체제를 거의 무력하게 만들었다. 건장한 청년들은 거의 군역을 피할 수 있었고, 생활력이 없는 신체 부적격자가 대역을 하는 경우가 많아 그나마도 유지되는 병력의 상태는 말이 아니었던 것이다.[58)]

5. 동원역량 향상을 통한 정예화 방안

예비전력은 동원이라는 과정을 통해 실질적인 전투력으로 전환되므로 동원역량이 전쟁의 승패를 좌우한다고 해도 과언이 아니다. 이렇게 동원된 예비전력을 정예화하기 위한 접근방법은 양적인 면, 질적인 면, 그리고 수단적인 측면에서 알아볼 수 있다. 양적인 면이란 적정예비군의 규모에 관한 문제이고, 질적인 면이란 예비군을 어떻게 훈련시킬 것인가에 대한 문제이며, 수단적인 측면이란 어떠한 무기 · 장비 · 물자를 갖출 것인가에 대한 문제라고 할 수 있다. 필자가 제시하고자 하는 적정 규모의 예비전력 확보, 성과 위주의 교육훈련, 무기 · 장비 · 물자 확보를 중심으로 한 예비전력 정예화 방안은 다음과 같다.

---

58) 국무총리 비상기획위원회, 『세계 동원의 역사』(서울 : 전광인쇄정보, 2004), p. 45.

가. 적정 규모의 예비전력 확보

북한의 대남 적화전략전술을 고려할 때 한국은 이에 대응할 수 있는 적정 규모의 예비전력을 확보하여야 한다. 예비전력의 규모와 관련하여 고려해야 할 요소는 국방목표 달성에 필요한 예비군의 소요, 점차 감소되고 있는 병역자원의 충족문제, 국방 예산문제, 미래전의 양상, 동원역량 등 여러 가지가 있다. 예비전력에 대한 세계 각국의 발전 추세를 보면, 과거와 달리 양적인 확장보다는 질적인 면에서 소수 정예화해 나가고 있다는 사실을 알 수 있다. 이러한 소수 정예화는 전력발휘 및 예산운용면에서도 효율적이고, 무기 · 장비 · 물자의 보급과 교육훈련의 실시면에서도 효과적이라 할 수 있다.

전시 병력운영은 전시 병력운영수준(평시 운용병력+전시 확장소요)에 작전이 지속됨에 따라 발생하게 되는 손실보충소요를 고려해야 한다. 따라서 병력보충소요는 전시 확장소요와 손실보충소요를 합한 것으로서, 이는 병력동원, 전시전환 그리고 징 · 모집을 통해 충원할 수 있다.

예비전력의 운용은 크게 두 가지로 구분할 수 있는데, 그 하나는 전시 · 사변이나 이에 준하는 국가 비상사태하에서 현역 군부대의 편성이나 작전소요에 대비한 동원에 의하여 상비군을 충원하는 것이며, 다른 하나는 향토예비군으로서 향방작전에 운용되는 것이다. 따라서 예비전력의 규모는 전시동원소요와 향방작전소요를 통합하여 산출할 수 있으며, 전시동원소요는 부대확장소요인 증 · 창설소요와 작전소요인 손실보충소요로 구분할 수 있다.[59] 이러한 예비군 소요산정 체계를 정리하면 〈그림 5〉와 같다.

---

59) 문정성 · 배영근 · 신관철, 「미래 예비전력 규모 및 운용개념」, 육군교육사령부 군사학술용역 연구보고서(2009), p. 4-7.

〈그림 5〉 예비군 소요산정 체계

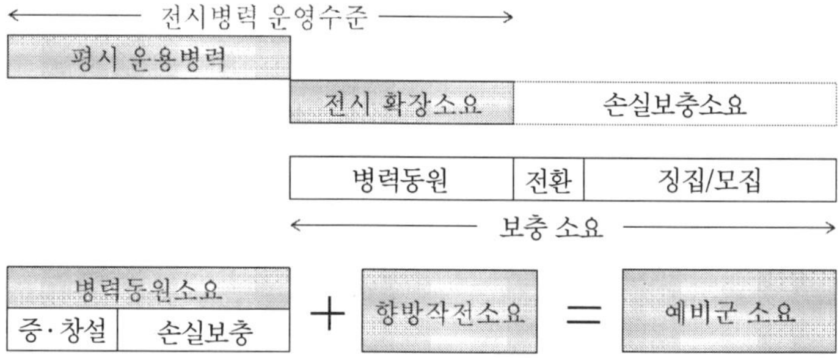

출처 : 유재근 · 함정웅, 「미래 작전환경에 부합된 향토방위작전 연구」, 육군교육사령부 군사학술용역 연구보고서(2008), p. 3-4.

예비전력의 규모는 다양한 접근법으로 신중히 판단되어야 하는데, 병력동원 소요판단 방법은 목표연도의 부대구조 변화에 따른 접근법을 주로 활용하되, 부가적으로 국가비교접근법, 군사전문가 판단 등의 방식에 따라 산출할 수 있다. 국가비교접근법은 총체적인 예비군의 규모를 결정하기 위해 징집국이면서 병력규모가 비교적 큰 국가들을 대상으로 회귀분석을 이용하여 총량적 예비군 규모를 산출하는 것으로, 투입변수는 상비병력, 경제력, 무기체계, 인구 규모, 분쟁 가능성 등이다. 군사전문가 판단은 동원분야 경험이 있는 예비역 장성들을 대상으로 동원병력소요(증 · 창설소요, 손실보충소요), 향방작전소요 등에 대한 질문을 통해 적정 예비군 규모를 도출하도록 하는 것인데, 여러 차례 조사를 통해 전체 예비군 규모와 향방작전소요를 구분하여 응답하도록 한 후, 이에 대한 평균치를 산출하는 것이다.[60]

미래 예비전력의 규모를 결정함에 있어서 고려해야 할 요소로 목표연도에 북한 및 잠재적 위협국가의 군사력 수준의 변화와 과학기술의 발전에 따

60) 유재근 · 함정웅, 「미래 작전환경에 부합된 향토방위작전 연구」, 육군교육사령부 군사학술용역 연구보고서(2008), pp. 3-5~3-6.

른 전쟁양상의 변화, 국방정책 중 국방개혁의 추진방향 그리고 경제력 등을 포함한 동원역량을 고려하되 특히 동맹국의 전력 변화 등도 고려하여야 한다.

국방정책에 의하면, 예비군은 2020년까지 현재 300만여 명의 예비군을 150만여 명 수준으로 감축할 예정이었으나, 동원사단 증편, 정밀보충대대[61], 향토사단 잔류부대 편성 등 추가 동원소요를 고려하여 185만여 명 수준으로 유지하기로 하였다. 그러나 일부에서는 미래 예비전력소요 중 전시 동원소요는 국방개혁 기본계획에서 제기(提起)한 85만 명을 적용하고, 향방작전소요는 적 위협분석을 통하여 판단한 규모에서 불용자원 등을 고려한 127만 명을 합하면 미래 예비전력 규모는 212만 명 규모가 적절하다는 연구내용을 제기하고 있다. 이는 국가비교접근법에 의한 판단과도 비슷한 규모이다.[62]

전시작전통제권의 한국군 전환과 같은 안보환경의 변화로 인한 군 소요인원의 증가도 병역자원의 감소와 함께 적정 예비군 규모산정에 영향을 미칠 것이다. 따라서 미래 전투병력 충원을 위한 다양한 대책이 마련되어야 하며, 제한된 자원으로 임무를 성공적으로 수행할 수 있도록 예비전력도 정예화해 나가야 한다. 국방부는 향후 11개 동원사단을 해체하고 향토사단의 편성을 보강하여 향방작전 수행 능력을 제고해 나갈 예정이다. 향토사단 예하 연대는 평시에는 3개 대대 규모로 편제를 조정하여 운영하며, 훈련대를 편성하여 연대단위 예비군 통합훈련장을 운용하게 된다. 현재의 현역지휘관이 지휘하는 구 · 시 · 군 단위는 대대별 지휘 폭이 커짐에 따라 향방지역대를 창설하며, 지역중대는 읍 · 면 · 동대 편성개념에서 4개 유형으로

61) 정밀보충대대란 병력, 장비 · 물자, 탄약, 훈련 등을 합하여 완전하게 편성하며, 전시 전방부대 대량손실 발생시 대대단위로 보충하게 된다. 국방부 홈페이지(동원체제 개선).

62) 문정성 · 배영근 · 신관철(2009), 전게서, pp. 4-7~4-8.

정형화되어 축소하게 된다.[63)]

병역자원이란 평시 또는 전시 · 사변 등 국가 비상사태 발생시 병역의무를 부과하기 위하여 병무청에서 관리하고 있는 인적 자원을 말한다. 병역자원 현황은 매년 1월 1일을 기준으로 산정하는데, 이러한 병역자원은 병역의무를 부과할 수 있는 인적 자원임과 동시에 병역정책을 결정하는 요소이기도 하다.

병역자원의 수급관계에 따라 병역제도도 변화하게 된다. 즉, 군 소요대비 병역자원이 충분하면 잉여자원 발생으로 군복무기간을 단축하거나 대체복무 등을 확대하여 병역의 형평성 문제를 해결해야 하고, 반대로 병역자원이 군 소요를 충족하지 못할 경우에는 부족한 자원을 충족하기 위한 노력과 함께 군복무기간을 증가하거나 대체복무제도를 축소 또는 폐지시켜야 한다. 물론 가장 바람직한 현상은 군 소요를 충원하는데 문제점이 없도록 적정 규모의 병역자원을 유지하는 것이지만 이는 현실적으로 어려움이 따른다.

한편, 최근 병역자원에서 가장 문제가 되고 있는 것 중의 하나가 바로 저출산 · 고령화 문제이다. 한국은 세계에서 가장 빠른 속도로 노인인구가 증가하고 있는 반면에 출산율은 급속하게 떨어지고 있다. 저출산 · 고령사회위원회 자료에 의하면, 1980년 2.83명이던 한국의 합계출산율[64)]은 2012년 1.29명 수준으로 떨어져 최근 30년 동안 선진국의 인구통계와 비교해 보더라도 최저수준에 도달해 있다. 이러한 고령화 사회의 도래와 출산율 저하는 병역자원 확보에 직접적인 영향을 미친다. 출산율 저하에 따라 현역병

---

63) 이백수 외, 『긴급예비군 편성 및 운용방안 연구』, 2012 국방정책 연구보고서(서울 : KRIS, 2012), pp. 54~55.

64) 가임여성(15~49세) 1명이 평생동안 낳을 것으로 예상되는 평균 출생아 수를 나타내는 국제적 지표로 합계출산율이 높을수록 한 여성이 출생하는 자녀수가 많다는 의미다.

입영자원도 지속적으로 감소할 것이며, 예비군 자원 역시 감소하게 된다. 향후 병역자원도 총인구 및 인구성장률에 영향을 받게 되는데 20세 기준으로 산출한 남자인구는 2012년을 기점으로 지속적으로 감소하고 있다. 이러한 병력자원의 감소는 앞으로 병역처분 및 병역정책 수립 등에도 많은 영향을 미칠 것이다.

결론적으로 예비전력의 규모에 관해서는 결코 다다익선(多多益善)이 최선의 방안은 아니다. 과다한 병력규모는 예비군 교육훈련의 부실, 무기 · 장비 · 물자 확보에 대한 경제적 부담 등으로 인해 실질적인 전력으로 연결되지 않는다. 한국은 현재까지 양적관리에 치중함으로써 과도한 규모를 보유하고 있어 운영 및 관리가 부실한 실정이다. 따라서 미래 전장환경 및 작전개념의 변화, 그에 따라 예상되는 부대구조의 변화에 걸맞는 적정 수준의 예비전력 규모로 축소해야 한다. 이를 위한 기본방향은 예비전력을 양적중심 전력개념에서 질적 개념으로 전환하여 소수 정예화하고, 전시 편제소요예비군 외의 전시근로 · 기술인력 등은 폐지하는 등 제도를 단순화시켜 나가야 한다. 또한 미래 부대구조와 연계하여, 예비전력도 상비전력과 동등한 전력 발휘가 가능하도록 질적 수준을 향상시키고, 부족한 병력을 충원하기 위해 여성 인력 등 대체인력을 활용하는 방안도 모색하여야 한다.

나. 성과 위주의 교육훈련 강화

정약용은 그의 저서 『목민심서』 병전(兵典) 6조에서 "군사를 훈련하는 것은 군사력 육성의 핵심이다"(練卒者, 武備之要務也)라고 하여 군사훈련의 중요성을 강조하였다. 이는 동원된 예비군이 전투력을 발휘하기 위해서는 평시 교육훈련이 무엇보다 중요함을 일깨워주는 교훈이라고 할 수 있다. 예비군이 전투임무를 최우선으로 생각하는 전투형 예비군으로 다시 태어나기 위해서는 교육훈련에 만전을 기해야 한다.

북한의 특수부대 병력은 20만 명 규모로 북한 전체 병력 117만 명의 17%를 차지하고 있는 반면, 한국의 특수전 부대 규모는 점차 감소되어 왔다. '국방개혁 2020'에 따라 1개 특공여단이 해체되었고, 특전사도 1개 부대가 해외파병 상비부대로 지정되어 본래의 임무수행에 제한이 따르고 있다. 북한 특수전 병력은 개전 초부터 지상 · 해상 · 공중을 통하여 동시에 2만여 명이 침투할 수 있으며, 향토사단 기동중대 전투실험 결과 이들은 한국의 중요시설에 90% 이상 침투할 수 있다는 주장도 제기되고 있다. 또한 전시작전통제권을 한국으로 이양하면 한미연합사도 해체되면서 북한에 대응하기 위한 한국의 부담이 커질 수밖에 없다. 이러한 안보상황과 전쟁양상의 변화에 따라 유사시 북한 특수부대 병력과 접하게 되는 예비군도 임무수행이 가능하도록 상비군에 준하는 수준까지 정예화하여야 한다.

현재 예비군대원에 대한 훈련은 법적으로 연 160시간까지 실시할 수 있는데 훈련내용과 방법, 그 밖에 훈련에 필요한 사항은 국방부 장관이 정하도록 되어 있다. 또한 예비군 복무연차별 · 신분별 · 동원지정 여부에 따라 훈련시간과 훈련내용도 서로 다르다.

〈표 27〉 신분/연차별 예비군 훈련시간

(단위 : 시간)

구분			계	동원 훈련	동미참 훈련	향방 기본 훈련	향방 작계 훈련	소집 점검	예비 시간
신규전역자(간부/병)									160
병	1~4 년차	동원지정자		2박 3일					132
		동원미지정자			24		12		124
		공군 동원미지정자			2박 3일				132
	5~6 년차	동원지정자	160			8	6	4	142
		동원미지정자				8	12		140
	7~8년차								160
간부	1~6 년차	동원지정자		2박 3일					132
		동원미지정자			2박 3일				132
	7~8년차								160

출처 : 국방부, 『예비군 교육훈련에 관한 훈령』, 국방부 훈령 제1614호(2014. 8), p. 3.

아무리 뛰어난 교육훈련체계를 만들어 놓는다하더라도 예비군들이 훈련에 아예 참가하지 않는다면 그 의미가 없다. 최근의 예비군훈련 참석 추이를 살펴보면, 총 훈련대상인원은 매년 줄어들어 최근에는 350만여 명 수준을 유지하고 있다. 훈련불참자는 2008년까지는 7만 명 이하였으나 2010년까지 33만여 명까지 늘어났다가 2010년 연평도 포격도발사건을 계기로 조금 줄어들기도 하였지만 2013년에는 18만 9천여 명 수준이다. 이처럼 예비군 훈련 불참자가 늘어난 이유는 여러 가지로 해석이 가능하지만, 무엇보다도 느슨해진 국민들의 안보의식과 훈련불참자에 대한 미온적 처리에도 그 원인이 있다고 할 수 있다.

〈표 28〉 훈련유형별 대상 및 참석률

(단위 : 천 명)

구 분		2009	2010	2011	2012	2013
훈련대상	동원훈련	584	595	579	577	523
	동미참훈련	406	346	310	253	318
	향방기본훈련	1,153	1,172	1,134	1,109	1,109
	향방작계훈련	1,995	1,864	1,679	1,617	1,584
참석률	훈련대상	4,140	3,979	3,704	3,558	3,536
	참석자	3,699	3,644	3,510	3,290	3,347
	불참자	441	335	194	268	189
	참석률(%)	89.4	91.6	94.8	92.5	94.7

출처 : e-나라지표(예비군 교육훈련 현황/국방부 내부행정자료)를 재구성.

그동안 논의된 전시 예비군의 전투력 발휘 극대화 방안으로는 예비군 훈련장의 현대화, 훈련제도의 단순화, 훈련시간 증가, 직장방호훈련 간 지휘통제대책 강구, 성과 위주의 훈련 방식 도입 등으로 세부내용은 다음과 같다.

첫째, 노후화된 예비군 훈련장 시설을 교육훈련의 목적이 달성될 수 있도록 개선해야 한다. 수년 전 예비군 8,604명과 지휘관 등 10,641명을 대상으로 예비군훈련의 저해요인에 대해 설문을 실시한 결과, 훈련장 시설 노후가 34%를 차지하고 있어 시설의 보수 및 신축보다 더 빠르게 노후화되고 있는 훈련장 시설이 성과 위주훈련에도 저해되고 예비군들의 불만을 초래하는 분야임을 알 수 있다.[65)]

둘째, 복잡한 예비군 훈련제도를 단순하게 개선해야 한다. 현재의 예비군훈련은 신분별 · 연차별 · 동원지정 여부 등에 따라 훈련체제가 너무 복잡하다. 예비군 개인은 바뀐 사항이 아무것도 없는데도 불구하고 일정 기간이 지나면서 동원예비군에서 향방예비군으로 전환되고, 또 연차별로 많

65) 정성진, 「지방자치제하의 예비전력 발전방안」, 『11년도 예비전력 발전세미나 자료집』(2011), p. 32.

은 인원의 소속부대가 바뀌고 훈련내용도 달라진다. 가급적이면 군의 임무와 역할은 간단명료한 게 좋다. 가능한 한 부대를 바꾸지 말고 훈련도 단순화시킬 필요가 있다는 것이다. 이러한 점은 현역으로 복무한 부대에서 계속 예비군훈련을 받는 이스라엘을 벤치마킹할 필요가 있다. 예비군 교육훈련방향도 상비군과 동등한 전력을 발휘할 수 있도록 현재의 동원훈련, 동미참훈련, 향방기본훈련, 향방작계훈련, 소집점검 등 복잡한 훈련제도를 통 · 폐합하여 동원훈련과 향방훈련으로 단순화시킬 필요가 있다.

셋째, 예비군 훈련시간을 증가시켜야 한다. 예비군의 훈련시간이 절대적으로 부족하다는 것은 군 관련자이면 누구나 공감하는 사실이지만 이 문제는 현실적으로 정치적 결단이 없으면 개선하기 어렵다. 그러나 최근의 경색된 남북관계나 군사력을 강화하고 있는 동북아 안보상황을 고려해 볼 때, 자주국방을 위한 적정수준의 예비군 훈련시간은 반드시 필요하다.

〈표 29〉 국가별 예비군 훈련기간 비교

구 분	기간(년)	주 요 내 용
한 국	3일	병역법상 30일 이내, 향토예비군설치법상 연간 20일 이내
미 국	38일	매년 주말훈련 월 2일, 연례훈련 2주
스위스	2주	12년 동안 3주 단위 8회, 총 24주 실시
이스라엘	55일	매년 집체 31일, 월 1일 비상소집, 분기 3일 동원
북 한	40일	매년 자대훈련 10일, 동원훈련 30일

출처 : 한국전략문제연구소, 『긴급예비군 편성 및 운용방안 연구』, 국방정책연구보고서(2012), p. 74를 재정리.

외국의 예비군 훈련시간을 보더라도 이스라엘은 55일, 미국은 38일 등으로 한국보다는 훨씬 많은 시간이고, 북한도 예비군을 연간 40일 동안 소집하여 동원훈련(30일), 자대훈련(10일)을 실시하고 있으며, 우리보다 안보위협이 적은 독일의 경우에도 24일, 대만은 8일 정도의 훈련을 실시하고 있다.

따라서 동원훈련은 현재의 2박 3일에서 기간을 연장하는 방안을 검토하고, 향방훈련은 유형을 통합하여 전 · 후반기로 구분하여 충분한 훈련시간을 확보하여야 한다.

넷째, 직장예비군의 향방작계훈련, 즉 직장방호훈련을 실시함에 있어 건제단위훈련이 제한을 받고 있다. 예비역 간부는 향토예비군설치법 제3조에 의거 현역 군 연령정년이 될 때까지 조직편성대상으로써 6년차까지 동원지정여부에 관계없이 2박 3일간 입영훈련을 하게 되어 있고 그 이후에는 편성은 되지만 훈련은 받지 않는다. 따라서 직장예비군에 편성된 간부는 직장방호를 위한 향방작계훈련은 아예 참석할 수가 없고, 7년차 이상 간부는 훈련참석 대상이 아니므로 평소 직장방호훈련은 간부 없이 하게 되어있는 제도적 문제점을 안고 있는 것이다. 이처럼 직장방호를 위한 향방작계훈련시 중 · 소대장이 훈련에 참가하지 못하게 됨에 따라 실질적인 지휘통제가 곤란하고, 건제유지훈련 자체가 근본적으로 불가능한 것이다. 또한, 지역예비군의 경우에는 임무수행에 필요한 소대장의 후순위조정[66]을 신청하여 소대장으로 활용이 가능하지만 직장예비군 간부의 경우 후순위조정 자체가 어렵다 보니 국가산업단지 등 중요시설 방호를 위한 훈련시 지휘체제 유지가 사실상 어려운 실정이다. 따라서 이에 대한 대책을 강구하여야 한다.

다섯째, 부대별, 지역별 성과 위주 예비군훈련 시스템을 적용하여야 한다. 적과 싸워 이기기 위해서는 간부의 뛰어난 용병술과 병사들의 전사적인 기질, 그리고 우수한 무기체계 등 전투임무 중심의 시스템이 구축되어야 한다. 예비군을 현역 수준의 전투력 발휘가 가능한 수준으로 정예화하기 위해 현 시점에서 필요한 것은 전투중심으로 시스템을 바꾸는 것이다.

66) 동원대상자로서 전시 국가동원 기능을 수행하는 국가기관이나 방위산업 등에 종사하는 자 중에서 특히 필요하다고 인정되는 자에 대하여 그 소집순위를 후순위로 조정하여 긴급단계에 동원하지 아니하며, 정상단계에서도 소집순위를 후순위로 조정하는 것을 말한다.

'지금 당장 싸워 이길 수 있는 전투형 예비군부대'를 육성하기 위해서는 우선 하드웨어를 갖추고, 실전적이고 성과 있는 예비군 훈련체계를 구축해야 한다. 이를 위해 실습위주의 적정 훈련인원 편성, 교보재의 세트화, 창의적인 기법 개발, 다양한 인센티브 부여 그리고 훈련기강의 확립이 요구된다.

최근 성과 위주 훈련을 위해 도입된 훈련 우수자 조기퇴소제도는 현역 조교와 예비군 지휘관들은 물론, 예비군 본인들도 긍정적 반응을 보이고 있고 훈련성과도 증대되는 것으로 나타났다. 그동안의 관행적인 훈련방법에서 과감히 탈피하여, 우수자에게 다양한 인센티브를 제공하여 동기를 부여함으로써 훈련을 마치고 돌아가는 예비군 스스로 보람을 느끼고 있다는 얘기다. 이러한 성과 위주훈련이 효과를 발휘하고 실질적으로 시행되기 위해서는 예하 지휘관에게 과감히 권한을 위임할 필요가 있다. 물론 성과에 관계없이 조기에 퇴소시키는 등의 부작용을 방지할 수 있는 대책도 동시에 마련되어야 한다.

이러한 맥락으로 볼 때, 국방부에서 2016년부터 가정에서 인터넷으로 구급법과 화생방, 재해 · 재난교육, 분대전투, 사격이론 등 예비군 기본과목을 이수하면 최대 4시간까지 훈련시간을 줄여주고, 훈련우수자 조기퇴소제도, '훈련과제별 측정식 합격제'를 적용한 성과 위주 향방훈련을 전국 예비군훈련장으로 확대하는 방안 등은 동기유발을 위한 적절한 대안으로 평가된다.

다. 무기 · 장비 · 물자의 확보

전쟁에 대비하기 위해서는 군사전략, 전술, 교리 등의 소프트웨어부문에 대한 개발과 함께 하드웨어부문의 증강이 이루어져야 한다. 무기 · 장비 · 물자는 전쟁대비의 하드웨어부문에 관한 사항으로 소프트웨어부문과 달리

준비에 많은 시간이 필요하기 때문에 모든 국가들이 이를 중요시하고 있다. 무기 · 장비 · 물자는 적의 위협과 장차전의 양상에 기초하여 증강소요를 도출해야 하지만 가용예산의 제한으로 총 소요를 그대로 반영하기는 어려운 실정이다. 결국 무기 · 장비 · 물자의 질적 개선과 소요량의 확보수준은 국방예산의 규모, 과학기술 수준, 국민들의 정서, 개발 · 획득 소요시간, 동맹국의 전력 등이 변수로 작용하게 된다. 현재 예비군들이 사용하고 있는 무기와 장비 · 물자의 개선이 필요한 사항은 다음과 같다.

1) 무기

클라우제비츠는 『전쟁론』에서 "무기와 장비는 싸움의 성격에 적합해야 하고, 반대로 싸움은 무기와 장비의 설계를 결정한다"[67]고 강조하였다. 이는 전쟁에서 승리하기 위해서는 무기체계가 그만큼 중요하다는 것을 말해준다.

실례로 몽골군이 유럽대륙을 공략할 때, 유럽의 기사단은 칼을 주무기로 사용한 반면, 몽골군은 달리는 말에서 활을 쏘아 적을 공격하였다. 칼의 사정거리와 활의 사정거리는 비교가 안 될 정도의 격차가 있고, 바로 이 차이가 몽골군의 유럽대륙 제패의 승인(勝因)이 되었다.[68] 또한 임진왜란시 조선의 관군은 활을 사용한 반면 왜군은 조총을 사용함으로써 육상에서 연승을 하며 북상하였지만, 반대로 해전에서는 일본 수군이 조총 등을 이용하며 등선 백병전을 수행할 때 이순신 장군이 이끄는 조선 수군은 각종 총통을 이용하여 원거리부터 적선을 공격하여 격파하였다. 이는 무기체계의 중요성을 알려주는 좋은 사례라고 할 수 있다.

---

67) 클라우제비츠 저, 류제승 옮김, 『전쟁론』(서울 : 책세상, 2007), p. 109.
68) 정원영 · 정주성, 「발전적인 예비전력 육성 및 관리방안」, 『2005년 육군전투발전 미래지향적 인력설계 및 정책방향』(2005), p. 325.

그렇다면 오늘날 향토방위임무를 수행하고 있는 예비군의 무장실태는 과연 어떠한가? 현재 현역 병사들이 사용하고 있는 무기는 K-2소총이지만, 안타깝게도 예비군들이 사용하고 있는 무기는 아직까지도 6 · 25전쟁 당시 사용하던 칼빈소총이 남아 있고 월남전에서 사용하던 M16소총이 주류를 이루고 있다. 예비군들은 자신이 현역 때 사용하던 총기가 아닌 성능이 떨어지는 노후화된 화기를 사용하게 됨으로써 장비조작 및 사격훈련에 많은 시간을 투자하게 되고 군 복무시절 숙달한 사격능력도 제대로 발휘하지 못하게 된다. 칼빈소총만 하더라도 자체에 총기 결함이 많이 발생하고, 영점을 잡는데도 어려움이 따른다. 비록 국방예산이 부족하여 보유하고 있는 칼빈소총 탄약 등을 활용하기 위한 측면이 있다고 하더라도 이는 빠른 시간 내 개선해야 할 사항이다. 예비군들이 사용하는 기관총(LMG30), 무반동총(57mm), 유탄발사기(M79) 등도 야전부대에서는 이미 도태된 장비이다.

다행히 국방부는 2020년까지로 예정되어 있던 향방예비군용 칼빈소총 교체시기를 앞당겨 2016년까지 M16소총으로 교체할 계획이고, 이후에는 현역들이 사용하고 있는 K-2소총으로 점차 전력화해 나갈 예정이다. 또한 예비군 통신장비는 2018년까지 주파수 공용통신망(TRS : Trunked Radio System) 등 국가통신망으로 전환하여 민 · 관 · 군 통합 신형통신체계를 구축할 예정이다.

예비군들의 전투력 발휘 측면을 고려한다면, 앞으로 예비군 무기체계는 최대한 현역과 같은 수준의 무기를 보급하는 것이 바람직하다. 또한, 무기 및 장비를 무조건 예비군 자원 수만큼 확보하기보다는 작전소요에 필요한 정확한 필수소요를 판단하고 이를 반영함으로써 국방예산도 절약할 수 있다. 전쟁에서 승리하기 위해서는 과학기술의 발전에 따라 무기 · 장비 · 물자의 질적 향상과 함께 현역과 예비역간의 무기 · 장비체계의 연동이 이루어져야 하기 때문이다.

2) 전투장비·물자

예비군이 사용하는 전투장비는 시대에 맞게 현대화되어야 한다. 울진·삼척 무장공비 침투사건 당시 동원되어 작전에 참가한 예비군의 주력은 월남전 참전용사였고, 전투장비 또한 현역과 동일하게 보급되어 작전수행에 기여하였다. 그러나 오늘날 대부분의 지역 및 직장예비군들의 방탄모와 방독면 등 전투장비 확보율은 평균 63%로 대단히 저조한 수준이다. 현역시절 사용해보지도 않은 구형 총기를 가지고 방탄헬멧과 방독면도 없이 어떻게 적 특수전 부대와 싸워 이길 수 있겠는가를 심각하게 고려해야 할 시점이다.

동원예비군의 군장품목도 현역군인과 같이 임무수행에 필요한 품목을 갖추도록 해야 한다. 조사 결과에 의하면, 현역병들은 약 20가지의 개인 군장품목을 휴대하여 전투준비를 하지만 동원예비군들은 12개 품목에 불과하다고 한다. 직장예비군의 경우, 전시에 군 계통은 물론이고 회사에서 예비군들에게 추가적으로 지급되는 군장품목은 없다. 따라서 평소 전투준비 단계에서부터 가장 기초적인 군장품목을 확보함으로써 예비군들로 하여금 유사시 전투력을 발휘할 수 있도록 해야 한다.

또한 예비군용 물자는 민수물자의 활용을 적극 확대하고, 전시 신속한 물자조달을 위해 물자의 국방규격을 완화하여 민·군공용으로 사용할 수 있도록 개선할 필요가 있다. 물자를 생산·보급하기 위해서는 생산공정에 일정기간이 소요되므로 개전초기 동원물자 부족시에 민수물자를 동원하여 활용한다면 전투근무지원 문제의 해결에 많은 도움이 될 것이다. 이를 위해 평시부터 민·군간 동일한 규격의 제품을 생산토록 하고, 민·군수물자의 호환성을 높여야 한다. 그리고 전시 조달 대상품목 중 민·군 겸용 품목은 최대한 동원으로 전환해야 하고, 민간자원중 군사용 물품과 규격, 성능 및 효능이 유사한 제품은 최대한 대체품목으로 활용하는 방안이 강구되어야 한다.

또한 군은 전투기능 중심의 필수자산만을 보유하고 나머지 지원기능은 국가 및 민간의 자원을 활용토록 지원체계를 개선해 나가야 한다. 실례로 일부 차량을 민간으로부터 임차하여 사용하는 제도를 국방부 근무지원단이 시행한 바 있으며, 앞으로 군단급 및 향토사단까지 확대해 나갈 예정이다. 또한 교육과학기술부, 지식경제부, 중소기업청 등 정부부처와 협력하여 부품 및 장비분야에서 국산화 공동사업도 확대할 필요가 있다. 현대전은 총력전이기 때문이다.

한국 예비전력의 발전방향

포괄 안보시대 한국 예비전력의 효율적 운영방안을 도출하기 위하여 역사적인 측면에서 삼국시대의 화랑도와 경당, 고려시대의 광군, 조선시대의 잡색군, 속오군 및 민보체제에 대해 살펴보고, 정부수립기의 호국군과 국민방위군 등에 대해 알아보았다. 또한 6 · 25전쟁 이후 북한의 침투 · 도발과 예비군의 전투사례에 대해 분석하였으며, 주적인 북한과 예비전력 운영의 선진국가라고 할 수 있는 미국, 이스라엘, 스위스의 예비전력 운영제도 및 사례를 소개하였다.

세계의 군사강국들은 평시 강도 높은 훈련과 함께 많은 전쟁 경험을 축적하고 있다. 지구촌 곳곳의 분쟁지역에서 지금도 전쟁 중인 미국의 예비군 운영 경험을 비롯하여 비밀동원과 현역복무부대 동원 등 자국의 실정에 맞게 예비전력을 운용하고 있는 이스라엘, 그리고 영세중립국임에도 전 국민의 결사 항전태세로 전쟁을 억제한 스위스! 세계 유일의 분단국으로서 가장 호전적인 집단인 북한과 대치하고 있는 한국은 이러한 외국의 좋은 제도나 강점을 한국의 실정에 맞게 벤치마킹할 필요가 있다.

한국 예비전력의 발전요인으로 안보환경의 변화, 전쟁양상의 변화, 국방정책, 동원역량 등 4가지를 선정하였으며, 이것이 시대별, 국가별로 예비전력 발전에 어떤 영향을 미쳤는지를 살펴보았다. 4가지 예비전력 발전요인 분석결과를 토대로 포괄적 안보시대 한국 예비전력의 발전방향을 요약하면 다음과 같다.

- 첫째, 안보환경 변화에 따른 개선사항으로, 포괄 안보시대를 맞이하여 예비군은 상비군과 동반전력으로서 전시 대비기능과 향토방위 임무를 동시에 수행할 수 있도록 임무와 역할을 재정립해야 한다. 즉, 전통적 안보위협에 초국가적 · 비군사적 위협까지 포함하는 포괄적 안보개념을 적용하여 예비군의 임무와 역할을 구분하는 것이다. 가용방안으로 동원예비군은 '긴급예비군'과 '일반 동원예비군'으로 구분하여 긴급예비군에게는 전 · 평시 긴급 상황에 대비하도록 하고, 일반 동원예비군에게는 전시동원에 대비토록 한다. 향방예비군은 가칭 '핵심예비군'과 '일반 향방예비군'으로 구분하여 핵심예비군에게는 군사적 영역 및 전문능력이 요구되는 분야에 대한 임무를 부여하고, 일반 향토예비군에게는 재해 · 재난 등 비군사적 영역의 업무를 부여하는 것이다. 아울러 예비군 유형별로 편성 및 훈련은 물론이고, 무기 · 장비 · 물자의 배분과 훈련보상비 등도 차등화 하여 적용함으로써 효율성을 더욱 높일 수 있다.

  예비전력의 효율적인 지휘체제 구축을 위해 국방부 산하에 가칭 '국군동원사령부'의 설치가 필요하고, 위기관리 및 동원관련 법체계의 일원화 및 국가동원기본법의 제정이 요구된다. 또한, 저출산 · 고령화시대의 도래로 병역자원 및 예비군자원이 감소하게 됨에 따라 여성예비군 등 지원예비군을 적극 활용함으로써 부족한 자원을 충원하는 방안을 제시하였다.
- 둘째, 전쟁양상의 변화에 따른 대비방안으로, 북한의 사이버 테러에 대비하기 위해 사이버전 전문예비군을 양성해야 한다. 최근 북한의 디

도스 공격, 전산망 해킹, 방송 및 금융기관에 대한 사이버 공격은 IT강국인 한국에게 최대의 취약부분임을 알려주고 있다. 비대칭전을 구사하는 북한이 한국의 전력망, 교통망 등에 대해 사이버 테러를 감행할 경우 엄청난 주민생활의 불편을 초래하게 되고, 유사시 군 지휘통신시스템에 대한 공격은 작전의 승패와도 직결될 수 있다. 따라서 전국에 산재되어 있는 수많은 국가 중요시설을 전부 현역 사이버 전문가들만으로 대비할 수 없기 때문에 국가안보 차원에서 예비군 사이버 전문가의 양성과 활용은 필수적이라 하겠다. 또한 예비군 저격수와 정예요원으로 구성된 특전예비군은 북한의 특수전부대가 후방지역에 침투시 효과적으로 활용할 수 있는 대응전력이다. 이들을 한국의 실정에 맞게 선발, 관리, 운용할 수 있도록 지속적으로 연구 · 발전시켜야 한다.

• 셋째, 국방정책분야 개선사항으로, 예비전력분야 예산의 확보와 각종 제도의 개선을 제시하였다. 예비전력 발전의 최대 관건인 예산을 확보하기 위해서는 지방자치단체의 장 및 직장의 장에게 예비군 육성지원의 당위성을 인식시키고 상호 Win-Win하는 전략이 필요하다.

제도에 대한 개선사항으로 현역복무부대 동원지정제도의 조기시행과 평시 부분동원이 가능한 법과 제도의 개정, 그리고 사회지도층과 대학생의 훈련보류제도의 개선 필요성을 제기하였다. 1년에 약 70만여 명으로 전체 예비군의 20% 이상을 차지하고 있는 훈련 보류자에 대해서는 병역의 공평성, 형평성 차원은 물론, 사회정의의 실현 차원에서도 개선이 되어야 한다. 이를 감안하면 2014년부터 대학생 졸업 유예자와 유급자가 훈련 보류자에서 제외된 것은 너무나도 당연한 조치인 것이다.

예비군훈련 및 동원시에 지급되는 보상비도 현실화되어야 한다. 이를 위한 재원 마련방안으로 스위스의 병역 면제비를 벤치마킹하여 가칭 훈련 면제비를 도입하는 방안을 제시하였다. 기존의 훈련보류자로부터 훈련 면제비를 납부받아 부족한 국방예산을 보충하고, 이를 예비군훈련 참가자들에게 훈련보상비로 지급한다면 공감하는 국민들도 많아질 것이고 훈련참가자와 불참자간의 훈련실시 여부에 따른 불평도 줄일 수 있다. 다만, 훈련 면제비 납부 대상자와 그 금액에 대해서는 국민들의 정서를 고려하여 충분한 연구와 논의과정을 거쳐 합의가 이루어진 후 시행하도록 하고 아울러 이러한 제도가 악용되는 것을 방지하여야 한다. 여기에서 논의하고 있는 훈련 면제비는 그 대상을 동원 및 훈련보류(면제)자로 한정한다는 점에서 누구나 일정한 양의 포를 납부하면 군역을 면제받던 조선시대의 방군수포와는 그 개념이 완전히 다르다고 할 수 있다.

그동안 군은 예비전력 정예화를 위해 지역예비군에 중점을 두고 많은 논의가 있었지만, 전체 예비군의 23%를 차지하고 있는 직장예비군에 대한 논의는 부족하였다. 따라서 전국 40개에 달하는 국가산업단지를 비롯하여 중요시설을 방호하고 있는 직장예비군에 대해서는 앞으로 많은 연구와 관심, 제도적 개선이 필요하다. 우선 직장예비군 지휘관에 대한 군과 회사의 이중지휘체계는 장기적으로 일원화되도록 추진하고, 대학직장예비군 지휘관의 처우도 개선이 요구된다. 직장예비군 지휘관에 대한 국방부 등 군기관의 통제가 실질적으로 어려운 근본적인 이유는 직장예비군 지휘관이 민간인 신분이라는 사실에 기인한다. 따라서 이를 해소하기 위하여 직장예비군 지휘관부터 군에서 통제할 수 있도록 신분의 변화를 추구해야 하며, 장기적으로 봉급과 운영비 지급 등도 일원화해 나가야 한다. 통합직장 예비군부대의 통합방호비와 신분보장문제는 당사자들이 본연의 임무에 충실할 수 있도록 중앙정부차원에서 적극 개입하여 개선해야 할 사항이다.

• 넷째, 동원역량 향상을 통한 예비군의 정예화 방안으로 양적인 면에서

적정 규모의 예비전력을 확보하여 이를 정예화 하도록 하고, 질적인 면에서는 성과 위주의 훈련을 강화하도록 하며, 수단적인 측면에서 무기 · 장비 · 물자의 질적 개선 및 소요량을 조기에 확보할 것을 제시하였다. 앞에서 언급했듯이 예비전력의 규모에 관해서는 결코 다다익선(多多益善)이 최선의 방안은 아니다. 과다한 병력 규모는 예비군 교육훈련의 부실, 무기 · 장비 · 물자 확보에 대한 경제적 부담 등으로 인해 실질적인 전력으로 연결되지 않기 때문이다.

이상에서 제시한 다양한 개선방향을 조치시기별로 구분해 보면, 단기조치사항으로는 예비군 임무 및 역할의 재정립, 현역복무부대 동원제도의 시행, 부분동원제도의 확대 시행, 예비전력사령부 또는 국군동원사령부의 설치, 예비군 동원 및 훈련보류제도의 개선, 여성 및 특전예비군 등 지원예비군제도의 활용, 예비군 저격수 양성, 성과 위주훈련의 강화 등을 들 수 있다. 반면에 충분한 논의를 거쳐 실행해야 할 중 · 장기 조치사항은 국가동원기본법의 제정, 훈련 보류자에 대한 훈련 면제비 도입방안 검토, 직장예비군 지휘관 신분 변화를 통한 지휘체제 일원화, 통합직장 예비군 지휘관 근무여건 개선, 무기 · 장비 · 물자의 질적 개선 및 소요량 확보 등을 들 수 있다.

예비전력에 대한 연구는 과거로부터 오늘날에 이르기까지 끊임없이 지속되어 왔다. 안보환경의 변화에 따라 예비전력분야에 대한 사고와 운영방식도 이제 획기적으로 변화되어야 한다. 미래 국가안보의 한 축을 담당하게 될 예비전력분야에 대한 개선과 효율적 운영방안에 대해서는 아무리 강조해도 지나침이 없다.

굴곡 많은 역사를 살아온 우리의 조상들은 반세기 동안 숱한 난관과 역경을 극복하고 대한민국을 오늘의 이 자리까지 발전시켜 놓았다. 지난 50년간 북한이 불과 4배에도 못 미치는 경제성장을 할 때 우리는 무려 270배에 달하는 고도의 경제성장을 이루었으며, 1945년 해방 이후 원조를 받던 '원조 수혜국'에서 이제는 원조를 해주는 '원조 공여국'으로 변모하여 모든 개발도상국가들의 선망의 대상이 되고 있다. 이제 대한민국은 유엔회원국 193개국 중에서 국토 면적 110위, 인구는 25위에 불과하지만 세계 13위의 경제대국으로 성장하였고, GDP 1조 달러, 수출 1조 달러를 돌파하였으며, 세계에서 7번째로 '20-50클럽'에 가입하였다. 또한 인터넷 보급률 · 반도체 · 조선기술은 물론 교육열조차도 세계 1위를 차지하고 있는 자랑스러운 국가이다.

하지만 이런 경제발전도 튼튼한 안보 없이는 더 이상 의미가 없다. 오늘날 안보와 경제문제는 마치 국가 경영의 두 수레바퀴와도 같다. 어느 것이 더 중요하다고 말하기는 어렵겠지만 경제문제는 '잘 사느냐, 못 사느냐'의 문제이고, 안보문제는 '죽느냐, 사느냐'의 문제인 것만은 틀림이 없는 사실이다.

독일의 철혈재상 비스마르크는 "힘이 있는 민족은 역사의 주인공이 되고 힘없는 민족은 역사의 제물이 된다"고 하였다. 전쟁의 역사로 점철된 인류의 역사가 이러한 사실을 잘 말해 주고 있다. 자랑스러운 조국 대한민국이 급변하는 안보상황의 변화에 민첩하게 대응하여 드넓은 세계로 뻗어가는 이 시대의 주인공이 되기를 기원한다.

주요 참고문헌

1. 국내문헌

1) 단행본

◦권양주, 『북한군사의 이해』, 서울 : 한국국방연구원, 2010.

◦권태영 · 노훈, 『21세기 군사혁신과 미래전』, 서울 : 법문사, 2008.

◦김열수, 『21세기 국가위기관리체계론』, 서울 : 오름, 2005.

◦김응수, 『변환기 북한 바로알기』, 서울 : 노드미디어, 2014.

◦김 홍, 『韓國의 軍制史』, 서울 : 학연문화사, 2001.

◦김희상, 『중동전쟁』, 서울 : 전광, 1992.

◦나태종, 『군대 기본원리와 한국의 병역제도』, 대전 : 충남대학교 출판문화원, 2012.

◦남정옥, 『6 · 25전쟁시 예비전력과 국민방위군』, 경기 파주 : 한국학술정보, 2010.

◦노병천, 『나쁜 전쟁 더 나쁜 전쟁』, 서울 : 양서각, 2008.

◦박영규, 『한권으로 읽는 고려왕조실록』, 서울 : 웅진닷컴, 2004.

◦박휘락, 『전쟁, 전략, 군사입문』, 경기 파주 : 법문사, 2005.

◦_____, 『정보화시대 국방개혁의 이론과 실제』, 경기 파주 : 법문사, 2008.

◦백재옥 · 성채기 · 박주현, 『국방부분의 경제적 역할 분석』, 서울 : 한국국방연구원, 2003.

◦백재옥 외, 『국방예산 분석 · 평가 및 중기 정책 방향(2013/2014)』, 서울 : 한국국방연구원, 2014.

◦양병선, 『동원발전론』, 경기 파주 : 교육과학사, 2010.

◦엄정수 · 최정수 · 정태명, 『사이버전 개론』, 서울 : 홍릉과학출판사, 2012.
◦유달승, 『중동은 불타고 있다』, 서울 : 나무와 숲, 2011.
◦이기백, 『고려병제사 연구』, 서울 : 일조각, 1980.
◦이덕일, 『설득과 통합의 리더 유성룡』, 서울 : 위즈덤하우스, 2007.
◦이수광, 『신라를 뒤흔든 16인의 화랑』, 서울 : 풀빛, 2010.
◦이재 · 강성문 · 이현수 · 백기인 · 김대중 · 강석화, 『한민족 전쟁사 총론』, 서울 : 교학연구사, 1997.
◦이종학, 『韓國軍事史 序說』, 경주 : 서라벌군사연구소, 1991.
◦______, 『신라 화랑 군사사 연구』, 경주 : 서라벌군사연구소, 1995.
◦이종학 · 길병옥 편저, 『군사학개론』, 대전 : 충남대학교출판부, 2009.
◦장병옥, 『국방동원의 과제와 전망 : 연파 장병옥 교수 정년기념 논문집』, 서울 : 한국국방연구원, 1996.
◦전경만 · 조기형, 『비군사적 위협과 한국군 변환』, 서울 : 한국국방연구원, 2009.
◦전제국, 『지식정보화 시대의 전략환경과 국방비』, 서울 : 한국국방연구원, 2005.
◦정원영, 『동원행정론』, 서울 : 한국국방연구원, 2009.
◦정원영 · 정주성 · 문순영 · 안석기 · 이성윤, 『예비전력, 미래국방력 건설의 또 하나의 선택』, 서울 : 한국국방연구원, 2005.
◦정주성, 『미래 국방력 요체로서의 예비전력 형성』, 서울 : 한국국방연구원, 2004.
◦정찬권, 『21세기 포괄안보시대의 국가위기관리론』, 서울 : 대왕사, 2010.
◦조영갑, 『국가위기관리론』, 서울 : 선학사, 2006.

◦1군사령부, 『강릉 잠수함 침투 교훈집』, 원주 : 1군사령부, 1996.
◦국무총리 비상기획위원회, 『세계 동원의 역사』, 서울 : 전광인쇄정보, 2004.
◦국방군사연구소, 『대비정규전사 Ⅱ』, 서울 : 국방군사연구소, 1998.
◦______________, 『대비정규전사 Ⅲ』, 서울 : 국방군사연구소, 2004.
◦______________, 『한국군사사연구 2』, 서울 : 국방군사연구소, 1999.
◦국방대학교, 『안전보장이론』, 서울 : 국방대학교, 2002.
◦국방부, 『국군50년사 화보집』, 서울 : 국방부, 1998.
◦______, 『2012 국방백서』, 서울 : 국방부, 2012.
◦______, 『2014 국방백서』, 서울 : 국방부, 2014.

◦______, 『북한 · 북한군 바로알기』, 서울 : 국방부, 2012.
◦______, 『국방비, 대한민국의 생존과 국민행복을 지키는 원동력』, 서울 : 국방부, 2013.
◦______, 『예비군 실무편람 2014』, 서울 : 국방부, 2014.
◦국방부 군사편찬연구소, 『삼국통일의 군사전략』, 서울 : 정문사, 2002.
◦____________________, 『고려시대 군사전략』, 서울 : 삼한정보기획, 2006.
◦____________________, 『조선시대 군사전략』, 서울 : 국방부 군사편찬연구소, 2006.
◦____________________, 『6 · 25전쟁 여군 참전사』, 서울 : 국방부 군사편찬연구소, 2012.
◦국방부 전사편찬위원회, 『민보의 · 민보총설』, 서울 : 국방부, 1989.
◦내무부, 『외국의 민방위제도』, 서울 : 내무부, 1987.
◦______, 『민방위제도 총설』, 서울 : 내무부, 1990.
◦병무청, 『세계 주요 국가의 병역제도』, 대전 : 병무청, 2005.
◦______, 『2014년 병력동원훈련소집 계획서(일반)』, 대전 : 병무청, 2014.
◦세종대왕기념사업회, 『국역 제승방략』, 서울 : 신흥인쇄(주), 1999.
◦육군군사연구소, 『이라크 전쟁』, 대전 : 육군군사연구소, 2012.
◦육군교육사령부, 『최전선에서(On Point)』, 대전 : 육군교육사령부, 2006.
◦육군대학, 『세계 전쟁사』(상), 대전 : 육군대학, 2004.
◦________, 『세계 전쟁사』(하), 대전 : 육군대학, 2004.
◦________, 『북한군 군사용어사전』, 대전 : 육군대학 북한군전술학처, 2007.
◦________, 『동양의 군사사상』, 대전 : 육군대학, 2009.
◦육군본부, 야교 8-0 『동원업무』, 대전 : 육군본부, 2002.
◦통일부 통일교육원, 『북한 이해 2014』, 서울 : 대원문화사, 2014.
◦통합방위본부, 『통합방위 실무지침서』, 서울 : 국군인쇄창, 2012.
◦학생중앙군사학교, 『동원관리』, 서울 : 제6지구인쇄소, 2011.
◦한국국방연구원, 『국방동원의 과제와 전망』, 서울 : 한국국방연구원, 1996.
◦_______________, 『이라크 전쟁 분석과 전망』, 서울 : 한국국방연구원, 2002.
◦_______________, 『2012 동북아 군사력과 전략동향』, 서울 : 한국국방연구원, 2013.
◦한국전략문제연구소, 『미래지향적 인력설계 및 정책방향』, 서울 : 동진문화사, 2005.

◦합동참모본부, 『이라크 전쟁 종합분석』, 서울 : 합동참모본부, 2003.
◦__________, 『합동 · 연합작전 군사용어사전』, 서울 : 합동참모본부, 2010.

◦구니마쓰 다마찌, 이덕숙 · 노시내 역, 『다부진 나라 스위스에 가다』, 서울 : 기파랑, 2008.
◦클라우제비츠, 류제승 옮김, 『전쟁론』, 서울 : 책세상, 2007.

2) 논 문

◦구진곤, 「북한의 비상비무력 운용양상」, 『2014 지상군 페스티벌 지상군 발전 세미나 자료집』, 2014.
◦길병옥, 「국가위기관리의 이론과 범위 : 개념과 적용」, 『공공행정연구』 제9권 제2호, 2008.
◦김강녕, 「새로운 형태의 위기에 대한 효율적인 통제 및 비상기획위원회 기능 강화 방안」, 『새로운 유형의 위기에 대응한 비상대비태세 발전방향』, 2002.
◦______, 「북한의 비대칭전력의 위협과 한국의 대응」, 『海洋戰略』 제150호, 2011.
◦김경래, 「상비군 수준의 전투력 발휘를 위한 예비군 교육훈련 발전방향」, 『제43주년 예비군의 날 기념 공모 우수논문 및 지휘성공사례집』, 2011.
◦______, 「국가동원능력! 전쟁의 승패를 좌우한다」, 『제43주년 예비군의 날 기념 공모 우수논문 및 지휘성공사례집』, 2011.
◦김구진 · 이현숙, 「제승방략의 북방방어체제」, 『국역 제승방략』, 1999.
◦김승주, 「세계 각국의 사이버전 수행능력과 국내 피해사례」, 『군사논단』 제75호, 2013.
◦김영화, 「전시 동원제도 발전방향」, 육군교육사령부 군사학술용역 연구보고서, 2001.
◦김재삼, 「예비전력 정예화 방안」, 『군사학연구』 통권 제5호, 2007.
◦김점식, 「부분동원제도 시행에 대하여」, 『향방저널』 통권 제486호, 2011.
◦나태종, 「21세기 한국의 병역제도 발전방향 연구 : 안보환경 변화와 외국사례 비교분석을 중심으로」, 충남대학교 대학원 박사학위논문, 2011.
◦문정성 · 배영근 · 신관철, 「미래 예비전력 규모 및 운용개념」, 육군교육사령부 군사학술용역 연구보고서, 2009.

∘박계호, 「한반도 위기발생시 미국의 역할 결정요인에 관한 연구」, 충남대학교 대학원 박사학위논문, 2012.
∘박대우, 「대한민국 국군의 사이버전 대응」, 『군사논단』 통권 제75호, 2013.
∘박병희 · 장순오, 「대침투작전간 통합방위작전사례에 관한 연구 : 강릉작전 및 부여작전을 중심으로」, 육군교육사령부 군사학술용역 연구보고서, 2011.
∘박주현, 「자주국방을 위한 적정군사비 규모와 필요성」, 『국방발전, 어떻게 할 것인가』, 서울 : KIDA, 2004.
∘박헌옥, 「북한정권 창건기념일과 노농적위대 열병식」, 『향방저널』 통권 제489호, 2011.
∘박휘락, 「사이버공간 작전의 등장과 한국의 과제」, 『신아세아』 18권 4호, 2011.
∘배용인, 「조선시대 民堡 고찰을 통한 예비전력 발전방안」, 국방대학교 합동참모대학 2013년도 연구논문, 2013.
∘백승주, 「북한의 비대칭 전력 위협과 대응책」, 『지상군 페스티벌 2010 군사학술 세미나 논문집』, 2010.
∘손영동, 「사이버심리전 전개양상」, 『군사논단』 통권 제74호, 2013.
∘송대성, 「북핵 중단 위해선 한국이 핵보유국 돼야한다」, 『월간조선』 2011년 8월호, 2011.
∘신상열, 「북한의 대학입학과 학위취득」, 『향방저널』 통권 제516호, 2014.
∘안성호, 「지방자치제 민군관계의 전망과 과제 : 한국과 스위스 사례의 교훈」, 『한국정책학회 기획세미나 2003』 권3호, 2003.
∘______, 「읍 · 면 · 동 주민자치와 향방전력의 발전방안」, 『2011년 예비전략 발전세미나 자료집』, 2011.
∘유재근 · 함정웅, 「미래 작전환경에 부합된 향토방위작전 연구」, 육군교육사령부 군사학술용역 연구보고서, 2008.
∘이민우, 「바꾸어야 할 예비군 교육훈련 현장」, 『향방저널』 통권 제482호, 2011.
∘이백수 외, 『긴급예비군 편성 및 운용방안 연구』, 2012 국방정책 연구보고서, 서울 : KRIS, 2012.
∘이원희, 「21세기 바람직한 민군관계의 발전방향」, 『군사학의 학문적 발전방향과 군사전략 연구 세미나 자료집』, 2009.
∘______, 「포괄안보시대 예비전력의 발전요인 분석과 효율적 운영방안에 관한 연구」,

충남대학교 대학원 박사학위논문, 2012.
∘이정희, 「조선시대 민보 고찰을 통한 향토방위 재조명」, 『군사평론』 제399호, 2009.
∘이필중, 「안보환경 변화와 한국의 국방비 수준평가」, 『합동참모대학 3차 학술세미나 자료집』, 2013.
∘전성병 · 김화용, 「북한 군사지휘체계 연구」, 『군사평론』 제408호, 2010.
∘정남균, 「예비군훈련 향상방안」, 육군교육사령부 군사학술용역 연구보고서, 2002.
∘정성진, 「지방자치제하의 예비전력 발전방안」, 『11년도 예비전력 발전세미나 자료집』, 2011.
∘정원영, 「우리나라 동원제도는 이렇게 운용됩니다」, 『향방저널』 통권 제487호, 2011.
∘______, 「북한의 예비전력은 이렇게 추정됩니다」, 『향방저널』 통권 제493호, 2012.
∘정원영 · 정주성, 「발전적인 예비전력 육성 및 관리방안」, 『2005년 육군전투발전 미래지향적 인력설계 및 정책방향』, 2005.
∘정찬권, 「국가위기관리분야에 시민단체(NGO)참여 확산방안 연구」, 『한국위기관리논집』 제2권 제2호, 2006.
∘정주작, 「예비군에 대한 사적 고찰」, 『군사평론』 제234호, 1983.
∘조규호, 「현역복무부대 병력동원지정제도 개선추진」, 『향방저널』 통권 제487호, 2011.
∘______, 「이스라엘의 예비군 제도를 배우다(하)」, 『향방저널』 통권 제175호, 2011.
∘합동참모대학, 「최근 한반도 안보환경 변화에 따른 적정 국방비 확보」, 『합동참모대학 3차 학술세미나 자료집』, 2013.
∘홍길선 · 송승준, 「국방개혁 2020과 연계한 미래 예비군 적정복무연차 판단에 관한 연구」, 『국방정책연구』 통권 제84호, 2009.

2. 국외문헌

1) Books

◦Aron, Raymon, *Peace and War : A Theory of International Relations*, New York : Doubleday & Company, 1966.

◦Clutterbuck, Richard., *International Crisis and Conflict*, New York : St. Martin's Press Ins, 1993.

◦Han, Yong-Sup, *Designing and Evaluating Coventional Arms Control Measures : The Case of the korean peninsula*, Santa Monica, CA : RAND, 1993.

◦Moller, Bjorn., *Common Security and Nonoffensive Defense : A Neorealist Perspective*, Boulder : Lynner Publisher, 1992.

◦O'Rouke, Ronald., *Defense Transformation : Background and Oversight Issuses for Congress*, CRS Report for Congress RL 32238, Washington D.C : The Library of Congress, 2006.

◦Walt, Stephen., *The Origins of Alliances*, Ithaca : Cornell University Press, 1987.

◦Wolf, Charles., et. al., *Long Term Economic and Military Trends 1950-2010*, Santa Monica CA : RAND, 1989.

2) Articles

◦Col. Depauw, John W., "The U.S Army Reserve : Problems and Perspecs", The 6th ROK-US Defense Analysis Seminar Preceding, KIDA, 1991.

◦Kissenger, Henry A., "Force and Diplomacy in the Nuclear Age", *Foreign Affairs*, Vol. 34 No. 3, 1956.

◦Park, Wonhwa·Linda, Maduz., "The Success Story of Switzerland : How could Switzerland's specific political institutions contribute to the country's political stability and economic wealth?", 2006.

3. 기 타

1) 일간신문/저널

◦「국방일보」, 「동아일보」, 「육사신보」, 『국방저널』, 『향방저널』

2) 인터넷 검색자료

◦국방부/예비군 홈페이지, 스위스 대한민국 대사관 홈페이지.
◦네이버 지식사전, 위키백과.
◦e-나라지표, e-cluster, 한국은행 경제통계시스템.

부 록

【부록 1】

향토예비군설치법[1)]

제1조(목적) 이 법은 향토를 방위하기 위하여 향토예비군(鄕土豫備軍)의 설치 · 조직 · 편성 및 동원(動員) 등에 관한 사항을 정함을 목적으로 한다.

제2조(임무) 향토예비군(이하 "예비군"이라 한다)의 임무는 다음 각 호와 같다.

1. 전시(戰時), 사변, 그 밖에 이에 준하는 국가비상사태하에서 현역 군부대의 편성이나 작전에 필요한 동원을 위한 대비
2. 적(敵) 또는 반국가단체의 지령을 받아 무기를 지니고 있는 사람(이하 "무장공비"라 한다)이 침투하거나 침투할 우려가 있는 지역에서 적이나 무장공비의 소멸(掃滅)
3. 무장 소요(騷擾)가 있거나 소요의 우려가 있는 지역에서 무장 소요 진압(경찰력만으로 그 소요를 진압하거나 대처할 수 없는 경우만 해당한다)
4. 제2호 및 제3호의 지역에 있는 중요시설 · 무기고 및 병참선(兵站線) 등의 경비
5. 「민방위기본법」에 따른 민방위 업무의 지원

제3조(예비군의 조직) ① 예비군은 「병역법」에 따른 다음 각 호의 사람과 대한민국 국민으로서 지원한 사람 중에서 선발된 사람으로 조직한다. 다만, 국가

---

1) 법령의 최신내용은 인터넷에서 법제처 법령정보센터를 클릭, 관련 법령을 입력하면 확인할 수 있으며, 수록된 내용은 2014년 12월 기준임.

비상사태 등 특별히 필요한 경우로서 대통령령으로 정하는 경우에는 제2호 또는 제3호에 규정된 기간이 지난 예비역(豫備役) 및 보충역의 병(兵)도 예비군으로 조직할 수 있다.

1. 예비역인 장교, 준사관(準士官) 및 부사관(副士官)
2. 현역 또는 상근예비역(常勤豫備役)의 복무를 마친 사람(현역 복무를 마친 것으로 보는 사람을 포함한다)으로서 그 복무를 마친 날의 다음 날부터 8년이 되는 해의 12월 31일까지의 기간에 있는 예비역의 병
3. 사회복무요원, 국제협력봉사요원, 예술 · 체육요원, 공중보건의사, 징병검사전담의사, 국제협력의사, 공익법무관, 공중방역수의사[공익수의사로 의무종사(義務從事)를 마친 사람을 포함한다], 전문연구요원, 산업기능요원의 복무 또는 의무종사를 마친 사람(「병역법」 제63조제2항에 따라 현역병 또는 사회복무요원으로서 보충역에 편입되거나 소집이 해제된 사람을 포함한다)으로서 그 복무 또는 의무종사를 마친 날의 다음 날부터 8년이 되는 해의 12월 31일까지의 기간에 있는 보충역의 병

② 제1항 본문에도 불구하고 「병역법」 제65조제1항에 따라 현역병(같은 법 제21조 · 제24조 및 제25조에 따라 복무 중인 사람을 포함한다), 승선근무예비역 또는 사회복무요원으로서 보충역에 편입되거나 소집이 해제된 사람은 예비군 조직에서 제외한다. 다만, 제1항 단서에 규정된 사유로 조직하는 경우에는 그러하지 아니하다.

제3조의2(예비군의 편성 및 해체 등) ① 예비군은 예비군대원의 거주지나 직장을 단위로 하여 지역예비군이나 직장예비군을 편성하되, 대통령령으로 정하는 규모 이상의 예비군자원이 있는 직장의 장(長)은 직장예비군을 편성 · 운영하여야 한다.

② 예비군의 설치 및 편성의 기준과 관할구역, 그 밖에 필요한 사항은 대통령령으로 정한다.

③ 예비군 조직대상자는 다음 각 호의 구분에 따라 예비군으로 편성한다.

1. 제3조제1항제1호 및 제2호에 따른 예비군 조직대상자: 육군참모총장, 해군참모총장, 공군참모총장, 법무부장관, 국민안전처장관 및 경찰청장이 소속 군 또는 기관에서 복무를 마친 예비군 조직대상자를 병무청장에게 통보한 후 그 거주지를 관할하는 지방병무청장(병무지청장을 포함한다. 이하 "관할지방병무청장"이라 한다)이 편성
2. 제3조제1항제3호에 따른 예비군 조직대상자: 관할지방병무청장이 편성

④ 제3항에 따른 예비군 편성에 필요한 사항은 대통령령으로 정한다.

⑤ 지역예비군대원이 거주지를 옮기면 「주민등록법」 제16조제1항에 따라 전입신고를 한 신거주지의 관할지방병무청장이 해당 지역예비군에 편성한다.

⑥ 직장예비군이 편성되어 있는 직장의 장은 예비군 편성대상자를 채용하는 경우 그 직장예비군에 편성하여야 하고, 그 직장예비군대원의 관할지방병무청장에게 직장예비군에 편성된 사실을 통보하여야 한다.

⑦ 직장예비군이 편성되어 있는 직장의 장은 직장예비군대원이 그 직장에서 퇴직하거나 전출하는 등의 사유로 그 직장예비군의 편성에서 제외된 경우에는 그 예비군대원의 관할지방병무청장에게 그 사실을 통보하여야 하고, 관할지방병무청장은 그 예비군대원을 지역예비군에 편성한다.

⑧ 예비군의 편성 및 자원 관리를 위한 예비군 편성카드 및 명부(名簿)의 작성 · 관리 · 송부 등에 필요한 사항은 대통령령으로 정한다.

⑨ 관할지방병무청장은 직장예비군이 그 편성 기준을 위반하여 운영되는 등 대통령령으로 정하는 사유에 해당하는 경우에는 그 직장의 장에게 직장예비군을 해체하도록 명할 수 있다.

제4조(업무 관장) 예비군에 관한 업무는 국방부장관이 관장한다.

제5조(동원) ① 국방부장관은 예비군이 그 임무수행을 위하여 출동할 필요가 있다고 인정할 때에는 예비군대원에게 대통령령으로 정하는 시간 이내에 지정된 장소에서 소집에 응하도록 동원을 명령할 수 있다. 다만, 국회의원,

외국에 여행 중이거나 체류 중인 사람, 국외를 왕래하는 선박의 선원 또는 항공기의 조종사와 승무원, 그 밖에 대통령령으로 정하는 사람에 대하여는 동원을 보류할 수 있다.

② 동원명령을 받은 사람이 다음 각 호의 어느 하나에 해당하는 사유가 있을 때에는 그 사람이 원할 경우 동원을 연기할 수 있다. 다만, 고의로 그 사유를 발생하게 한 사람은 그러하지 아니하다.

1. 질병이나 심신의 장애로 인하여 동원명령에 응할 수 없을 때
2. 법률에 따라 구속 중일 때
3. 관혼상제, 재해, 그 밖의 부득이한 사유로 인하여 동원명령에 응할 수 없을 때

③ 제1항에 따라 동원명령이 발령된 지역에 거주하는 예비군대원이 다른 지역으로 거주지를 옮길 때에는 대통령령으로 정하는 바에 따라 소속 예비군부대의 지휘관에게 신고하여야 한다.

④ 예비군대원은 제1항에 따라 동원되었을 때에는 지휘관(예비군 여단 · 연대 · 대대 · 중대 · 소대 및 분대의 장을 포함한다)의 정당한 명령에 복종하여야 한다.

⑤ 국방부장관은 예비군대원을 동원한 경우 그 동원 사유가 없어지면 지체 없이 동원을 해제하여야 한다.

제6조(훈련) ① 국방부장관은 대통령령으로 정하는 바에 따라 연간 20일의 한도에서 예비군대원을 훈련할 수 있다. 이 경우 국회의원과 대통령령으로 정하는 사람은 훈련하여야 한다. 다만, 법률에 따라 국민이 직접 선거하는 공직 선거기간 중에는 훈련을 하지 아니한다.

② 예비군대원은 제1항에 따른 훈련을 위하여 소집되었을 때에는 지휘관(훈련을 담당하는 교관을 포함한다)의 정당한 명령에 복종하여야 한다.

③ 제1항에도 불구하고 외국에 여행 중이거나 체류 중인 사람, 국외를 왕래하는 선박의 선원 또는 항공기의 조종사와 승무원, 그 밖에 대통령령으로

정하는 사람에 대하여는 훈련을 할 수 있다.

④ 훈련명령을 받은 사람의 훈련 연기에 관하여는 제5조제2항을 준용한다.

제6조의2(소집통지서의 전달 등) ① 예비군대원을 훈련할 때에는 대통령령으로 정하는 바에 따라 사전에 소집통지서를 본인에게 전달하여야 한다. 다만, 동원에 대비한 불시(不時) 훈련이나 점검을 할 때에는 소집통지서를 전달하지 아니하고 대통령령으로 정하는 방법으로 통지하여 소집할 수 있다.

② 예비군대원 본인이 없을 때에는 같은 세대 내의 세대주나 가족 중 성년자 또는 그의 고용주(이하 이 조에서 "세대주등"이라 한다)에게 제1항의 소집통지서를 전달하여야 하고, 세대주등은 이를 지체 없이 본인에게 전달하여야 한다. 이 경우 소집통지서는 세대주등에게 전달된 때에 예비군대원 본인에게 전달된 것으로 본다.

③ 제1항이나 제2항에 따라 소집통지서를 전달함에 있어서 특히 필요하다고 인정되어 국방부장관이 정하는 경우에는 「민사소송법」 중 송달에 관한 규정(같은 법 제189조는 제외한다)을 준용하여 우편법령에 따른 특별한 송달의 방법으로 이를 전달할 수 있다.

④ 제1항에 따른 소집통지서는 본인으로부터 동의를 받았을 때에는 대통령령으로 정하는 바에 따라 「정보통신망 이용촉진 및 정보보호 등에 관한 법률」 제2조제1항제5호에 따른 전자문서로 전달할 수 있다.

제6조의3(동원 등 보류원서의 제출 등) ① 제5조제1항 단서 또는 제6조제3항에 따라 동원이나 훈련을 보류받으려는 사람은 보류원서(保留願書)를 소속 예비군중대장에게 제출하여야 한다.

② 제1항에 따라 보류원서를 제출한 사람은 면직 · 퇴직 · 제적 등으로 그 보류 사유가 없어지면 그 날부터 14일 이내에 거주지의 지역예비군중대장(직장예비군이 편성되어 있는 직장에 근무하는 사람 또는 근무하게 될 사람은 그 직장예비군중대장)에게 그 사실을 신고하여야 한다.

③ 삭제 〈2013.3.22.〉

제7조(무장) ① 예비군은 그 임무수행을 위하여 필요한 무장을 할 수 있다.

② 예비군이 출동한 경우에는 제2조제2호부터 제4호까지의 임무수행을 위하여 무기를 사용할 수 있다. 다만, 제2조제3호의 임무를 수행하거나 같은 호에 따른 지역에서 같은 조 제4호의 임무를 수행할 때에는 무기를 사용하지 아니하고는 무장 소요를 진압하거나 중요시설 등을 경비할 수단이 없다고 인정되는 경우에만 필요한 최소한도에서 무기를 사용할 수 있다.

③ 제1항에 따른 무장을 위한 무기 · 탄약 · 장비 및 그 밖의 부속품 등의 유지와 관리에 관한 사항은 군부대의 장이 수행한다. 다만, 필요한 경우에는 대통령령으로 정하는 바에 따라 그 임무를 경찰서장에게 위탁할 수 있고, 경찰서장은 직장예비군부대의 지휘관에게 다시 위탁할 수 있다.

제7조의2(복장) 예비군대원은 동원되어 임무수행 중이거나 소집되어 훈련 중일 때에는 대통령령으로 정하는 예비군대원 복장을 착용하거나 표지장(標識章)을 달아야 한다.

제8조(긴급조치 및 보상) ① 국방부장관은 예비군의 임무수행을 위하여 필요하다고 인정하면 대통령령으로 정하는 바에 따라 필요한 범위에서 다음 각 호의 조치를 할 수 있다.

1. 주민의 소개(疏開) 또는 피난 명령
2. 교통, 조명(照明) 또는 출입의 제한 등의 명령
3. 임무수행에 지장을 주는 주민의 재산 제거

② 예비군은 작전상 필요하다고 인정하는 경우에만 작전지역을 출입하는 사람을 검문할 수 있다.

③ 국가는 제1항의 조치로 인하여 재산상의 손해를 입은 사람에게 대통령령으로 정하는 바에 따라 정당한 보상을 한다.

제8조의2(재해 등에 대한 보상) ① 예비군대원으로 동원되어 임무수행 또는 훈련 중에 부상을 입거나 사망(부상으로 인하여 사망한 경우를 포함한다)한 경우에는 재해보상금을 지급하고, 제9조제2항에 따른 치료로 인하여 생업에 종사하지 못한 경우에는 그 기간 동안 휴업 보상금을 지급한다. 다만, 다른 법령에 따라 국가나 지방자치단체가 부담하는 같은 종류의 보상금을 받은 사람에게는 그 보상금에 상당하는 금액은 지급하지 아니한다.

② 제1항에 따른 보상금의 금액과 지급에 필요한 사항은 대통령령으로 정한다.

제9조(보상 및 치료) ① 예비군대원으로 동원되어 임무수행 또는 훈련(동원 또는 훈련소집에 응하여 지정된 장소로 이동 중이거나 동원 해제 또는 훈련종료 후 귀가 중인 경우를 포함한다) 중에 부상을 입은 사람과 그 가족 및 사망(부상으로 인하여 사망한 경우를 포함한다)한 사람의 유족은 대통령령으로 정하는 바에 따라 「국가유공자 등 예우 및 지원에 관한 법률」 또는 「보훈보상대상자 지원에 관한 법률」에 따른 보상 대상자로 한다.

② 예비군대원은 임무수행이나 훈련 중에 부상을 입으면 대통령령으로 정하는 바에 따라 국가나 지방자치단체의 의료시설에서 치료를 받을 수 있다. 다만, 인근에 국가나 지방자치단체의 의료시설이 없고 응급치료가 필요한 부상인 경우에는 대통령령으로 정하는 바에 따라 인근에 있는 민간의료시설에서 치료를 받을 수 있다.

③ 제2항에 따른 치료비용은 국가의료시설 또는 민간의료시설에서 치료한 경우에는 국가가 비용을 부담하고, 지방자치단체의 의료시설에서 치료한 경우에는 그 지방자치단체가 부담한다. 다만, 국가는 치료비를 부담한 지방자치단체에 대하여 그 일부를 보조할 수 있다.

제10조(직장 보장) 다른 사람을 사용하는 자는 그가 고용한 사람이 예비군대원으로 동원되거나 훈련을 받을 때에는 그 기간을 휴무로 처리하거나 그 동원이나 훈련을 이유로 불리한 처우를 하여서는 아니 된다.

제11조(실비 변상) 예비군부대의 지휘관 및 동원 또는 훈련소집된 예비군대원에게는 대통령령으로 정하는 바에 따라 급식과 그 밖의 실비(實費) 변상을 할 수 있다.

제12조(정치운동 등의 금지) ① 예비군부대의 지휘관 또는 예비군훈련 중 외부강사의 자격으로 교육이나 강의를 하는 사람은 소속 예비군대원을 상대로 그 지위를 이용하여 다음 각 호의 어느 하나의 행위를 하여서는 아니 된다. 〈개정 2013.5.22.〉

1. 이 법에 규정된 임무 외의 업무를 하게 하는 행위
2. 예비군대원의 권리 행사를 방해하는 행위
3. 특정 정당이나 후보를 지지 또는 반대하는 행위

② 예비군은 편성된 조직체로서 정치운동에 관여할 수 없다.

제13조(「병역법」과의 관계) 제5조에 따라 동원된 사람에게는 동원된 기간에는 「병역법」에 규정된 현역입영, 병력동원소집 및 전시근로소집 외의 소집은 하지 아니한다.

제14조(권한의 위임 · 위탁) ① 국방부장관은 필요하다고 인정하면 대통령령으로 정하는 바에 따라 그 권한의 전부 또는 일부를 예하(隷下) 군부대의 장에게 위임할 수 있다. 이 경우 위임을 받은 군부대의 장은 군 편제(編制)에 의한 지휘 계통에 따라 그 권한을 행사한다.

② 국방부장관 또는 제1항에 따라 위임을 받은 군부대의 장은 필요한 경우에는 다음 각 호의 권한을 대통령령으로 정하는 바에 따라 해당 지역을 관할하는 경찰서장에게 위탁할 수 있다.

1. 제5조제1항에 따른 예비군대원의 동원
2. 제1호에 따라 동원된 예비군부대의 작전지휘 및 작전상 필요한 제8조제1항 · 제2항에 따른 조치

③ 제2항에 따른 위탁을 받지 아니한 경우라 하더라도 사태가 긴박하여 국방부장관이나 그 위임을 받은 군부대의 장에 의한 예비군 동원을 기다릴 여유가 없을 때에는 경찰서장은 그 임무수행을 위하여 예비군을 동원할 수 있다. 이 경우에는 지체 없이 군부대의 장에게 그 사실을 보고하여 승인을 받아야 한다.

④ 제2항의 경우에는 국방부장관 또는 그 위임을 받은 군부대의 장은 그 위임 또는 위탁한 사항에 관하여 경찰서장을 지휘 · 감독한다.

⑤ 예비군이 출동한 지역에 군이 출동하여 작전하는 경우 제2항에 따라 군부대의 장으로부터 권한을 위탁받은 경찰서장은 그 군부대의 장의 지휘를 받아야 한다.

제14조의2(예비군부대 지휘관의 임무 및 결격사유) ① 예비군부대의 지휘관은 지휘계통에 따라 동원되거나 소집된 대원을 지휘 · 통솔하고, 예비군대원 · 장비의 관리 및 「비상대비자원 관리법」 제10조제1항 · 제3항에 따른 자원조사 참여, 그 밖에 국방부령으로 정하는 임무를 수행한다.

② 「국가공무원법」 제33조 각 호의 결격사유 중 어느 하나에 해당하는 사람은 예비군부대의 지휘관이 될 수 없다.

제14조의3(예비군의 육성 및 지원 책임) ① 국가기관 및 지방자치단체의 장과 직장예비군이 편성된 직장의 장은 그 관할구역 또는 그 직장의 예비군을 육성 · 지원하여야 한다.

② 예비군의 육성 · 지원을 위하여 각급 행정구역 및 직장 단위로 방위협의회를 설치 · 운영하여야 하고, 그 구체적 범위 및 운영에 필요한 사항은 대통령령으로 정한다.

③ 제5조제1항에 따라 군부대의 장이 예비군의 동원을 하는 때에는 경찰서장은 동원이 원활히 될 수 있도록 지원하여야 한다.

제15조(벌칙) ① 제8조제2항에 따른 작전지역에서 동원된 예비군의 작전상 검

문에 정당한 사유 없이 응하지 아니한 사람 또는 검문하는 예비군대원을 폭행하거나 협박한 사람은 3년 이하의 징역에 처한다. 다만, 전시 · 사변이거나 적 또는 무장공비와 교전 중일 때에는 5년 이하의 징역에 처한다.

② 제6조의2에 따른 소집통지서를 전달할 수 없도록 정당한 사유 없이 「주민등록법」 제10조에 따른 신고를 하지 아니하거나 사실과 다르게 신고하여 같은 법 제8조 또는 제20조에 따라 주민등록이 말소되도록 하거나 거주불명 등록이 되도록 한 사람은 3년 이하의 징역 또는 3천만원 이하의 벌금에 처한다.

③ 제12조제2항을 위반하여 정치운동에 관여한 사람은 3년 이하의 징역 또는 3천만원 이하의 벌금에 처한다.

④ 제5조제1항에 따른 동원에 정당한 사유 없이 응하지 아니한 사람과 동원을 기피할 목적으로 거짓으로 거주지를 변경한 사람은 3년 이하의 징역 또는 3천만원 이하의 벌금에 처한다. 다만, 전시 · 사변일 때에는 5년 이하의 징역에 처한다.

⑤ 예비군의 무기 · 탄약 · 장비 및 그 밖의 부속품의 경비 임무를 수행하는 사람 또는 보관할 책임이 있는 사람이 과실로 이를 분실하거나 탈취당한 경우에는 3년 이하의 징역 또는 3천만원 이하의 벌금에 처한다.

⑥ 제12조제1항을 위반한 예비군부대의 지휘관은 2년 이하의 징역 또는 2천만원 이하의 벌금에 처한다.

⑦ 제5조제4항에 따른 지휘관의 정당한 명령에 반항하거나 복종하지 아니한 사람은 2년 이하의 징역, 2천만원 이하의 벌금이나 구류 또는 과료에 처한다. 다만, 전시 · 사변이거나 적 또는 무장공비와 교전 중일 때에는 5년 이하의 징역에 처한다.

⑧ 제10조를 위반하여 예비군대원에게 불리한 처우를 한 사람은 2년 이하의 징역 또는 2천만원 이하의 벌금에 처한다.

⑨ 다음 각 호의 어느 하나에 해당하는 사람은 1년 이하의 징역, 1천만원 이하의 벌금, 구류 또는 과료에 처한다.

1. 제6조제1항에 따른 훈련을 정당한 사유 없이 받지 아니한 사람이나 훈련받을 사람을 대신하여 훈련받은 사람
2. 제6조제2항에 따른 지휘관의 정당한 명령에 반항하거나 복종하지 아니한 사람
3. 제8조제1항에 따른 예비군의 임무수행에 필요한 명령을 이행하지 아니한 사람

⑩ 제6조의2제2항에 따라 소집통지서를 전달할 의무가 있는 사람이 정당한 사유 없이 전달하지 아니하거나 지연 또는 파기하였을 때에는 6개월 이하의 징역 또는 500만원 이하의 벌금에 처한다. 소집통지서를 수령할 의무가 있는 사람이 그 수령을 거부하였을 때에도 또한 같다.

⑪ 제5조제2항 및 제6조제3항에 따라 동원 또는 훈련을 연기할 때에 그 사유를 고의로 발생하게 하거나 거짓된 행위를 한 사람은 3개월 이하의 징역 또는 300만원 이하의 벌금이나 구류에 처한다.

⑫ 제5조제3항 또는 제6조의3제2항에 따른 신고를 정당한 사유 없이 하지 아니한 사람은 200만원 이하의 벌금이나 구류에 처한다.

제16조 삭제 〈2010.1.25.〉

부칙 [2014.12.30. 법률 제12909호]

제1조(시행일) 이 법은 공포 후 1년이 경과한 날부터 시행한다.

제2조(훈련에 관한 적용례) 제6조제1항의 개정규정은 이 법 시행 후 최초로 실시한 국회의원 총선거로 새로이 임기가 개시된 국회의원부터 적용한다.

【부록 2】

향토예비군설치법 시행령

제1조(목적) 이 영은 「향토예비군 설치법」에서 위임된 사항과 그 시행에 필요한 사항을 규정함을 목적으로 한다.

제2조(정의) 이 영에서 사용하는 용어의 뜻은 다음과 같다.

1. "예비군자원"이란 「향토예비군 설치법」(이하 "법"이라 한다) 제3조제1항 본문에 따른 향토예비군(이하 "예비군"이라 한다) 조직대상자를 말한다.
2. "수임군부대의 장"이란 법 제14조제1항 및 이 영 제28조제1항에 따라 국방부장관의 권한을 위임받은 군부대의 장을 말한다.
3. "수탁경찰서장"이란 법 제14조제2항 및 이 영 제28조제2항에 따라 국방부장관이나 수임군부대의 장의 권한을 위탁받은 경찰서장을 말한다.

제3조(예비군대원 지원) ① 법 제3조제1항에 따라 예비군대원으로 지원하려는 사람은 최종 선발예정일이 속한 해에 18세 이상이어야 한다.

② 법 제3조제1항에 따라 예비군대원으로 지원하려는 사람은 다음 각 호의 구분에 따른 사람에게 국방부령으로 정하는 예비군 편입지원서를 제출하여야 한다. 이 경우 미성년자는 친권자나 후견인의 동의서를 첨부하여야 한다.

1. 지역예비군: 거주지를 관할하는 지역예비군 중대장을 거쳐 지방병무청

장(병무지청장을 포함한다. 이하 "지방병무청장"이라 한다)

2. 직장예비군: 해당 직장의 장

③ 지원하여 예비군에 편입된 사람의 복무기간은 2년으로 한다. 다만, 본인의 신청에 따라 복무기간을 연장할 수 있다.

④ 제3항에도 불구하고 지원하여 예비군에 편입된 사람이 다음 각 호의 사유에 해당하는 경우에는 그 복무기간은 종료된다.

1. 지역예비군: 지원 당시의 동 · 읍 · 면의 관할구역 외로 거주지를 옮긴 경우
2. 직장예비군: 해당 직장에서 퇴직하거나 다른 직장으로 전출된 경우

⑤ 제3항에도 불구하고 법 제3조제1항제1호에 해당하지 아니하는 사람이 예비군부대의 지휘관 또는 「국방개혁에 관한 법률 시행령」 제16조제3항에 따른 예비전력관리기구의 참모로 임용되어 예비군에 지원한 경우에는 재직기간 동안 해당 예비군에 편성한다.

제4조(예비역 및 보충역의 병 예비군 편입) ① 법 제3조제1항 각 호 외의 부분 단서에 따라 같은 항 제2호 또는 제3호에 규정된 기간이 지난 예비역 및 보충역의 병(兵)을 예비군에 편입할 수 있는 경우는 다음 각 호와 같다.

1. 적(敵) 또는 반국가단체의 지령을 받아 무기를 지니고 있는 사람(이하 "무장공비"라 한다)의 활동 거점 및 침투로로 예상되는 해안 지역 또는 산악으로 둘러싸인 지역의 리 · 동에서 예비군자원만으로는 향토방위에 필요한 예비군부대의 편성이 곤란한 경우
2. 전시(戰時), 사변, 그 밖에 이에 준하는 국가비상사태하에서 국방부장관이 향토방위를 위하여 필요하다고 인정하는 경우

② 국방부장관은 제1항에 따라 법 제3조제1항제2호 또는 제3호에 규정된 기간이 지난 예비역 및 보충역의 병을 예비군에 편입할 때에는 미리 편입대상과 지역, 그 밖에 필요한 사항을 전국적으로 배포되는 일간신문, 방송, 그 밖에 적절한 방법으로 공고하여야 한다.

제5조(예비군의 편성) ① 법 제3조의2제1항에서 "대통령령으로 정하는 규모 이

상의 예비군자원이 있는 직장"이란 다음 각 호의 직장을 말한다.

1. 중대 규모 이상의 예비군자원이 있는 직장
2. 「통합방위법」 제21조에 따라 국방부장관이 지정하는 국가중요시설 중 소대 규모 이하의 예비군자원이 있는 직장

② 지역예비군은 거주지를 단위로 하여 연대 · 대대 · 지역대 · 중대 · 소대 · 분대(이하 "부대"라 한다)로 편성하며, 다음 각 호의 기준에 따라 부대를 설치한다. 다만, 예비군자원과 작전지역의 여건을 고려하여 국방부장관이 정하는 기준에 따라 부대를 통합하거나 분리하여 설치할 수 있다.

1. 연대 · 대대 · 지역대: 특별자치시 · 시(「제주특별자치도 설치 및 국제자유도시 조성을 위한 특별법」에 따른 행정시를 포함한다. 이하 같다) · 군 · 자치구 단위. 다만, 국방부장관이 필요하다고 인정하는 경우에만 설치한다.
2. 중대: 동 · 읍 · 면 단위
3. 소대 · 분대: 통 · 리 단위

③ 제2항에도 불구하고 다른 지역의 예비군자원이 부족하거나 그 밖에 불가피한 사유가 있는 경우에는 법 제3조제1항제1호에 해당하는 예비군대원을 시 · 군 · 자치구 내 인접지역의 부대로 편성할 수 있다.

④ 제2항에도 불구하고 국방부장관은 향토방위를 위하여 특별히 필요한 경우에는 지역예비군대원 중에서 선발된 사람을 다음 각 호의 구분에 따른 예비군부대로 편성할 수 있다.

1. 특전예비군지역대: 광역시 · 특별자치시 · 도 및 특별자치도 단위
2. 특전예비군중대 · 기동대: 특별자치시 · 시 · 군 · 자치구 단위
3. 타격대: 동 · 읍 · 면 단위

⑤ 직장예비군은 직장을 단위로 그 소속 예비군자원으로 다음 각 호의 기준에 따라 여단 · 연대 · 대대 · 중대 · 소대 또는 분대로 편성한다.

1. 여단: 7천201명 이상
2. 연대: 1천601명 이상 7천200명 이하

3. 대대: 401명 이상 1천600명 이하
4. 중대: 81명 이상 400명 이하
5. 소대: 41명 이상 80명 이하
6. 분대: 9명 이상 40명 이하

⑥ 제5항에도 불구하고 다음 각 호의 어느 하나에 해당하는 경우에는 직장예비군을 통합하여 편성 · 운영할 수 있다. 다만, 제1호 및 제4호의 경우에는 국방부령으로 정하는 바에 따라 편성하여야 한다.

1. 같은 산업단지(「산업집적활성화 및 공장설립에 관한 법률」에 따른 산업단지, 「자유무역지역의 지정 및 운영에 관한 법률」에 따른 자유무역지역 및 산업통산자원부장관이 지정하는 중요산업시설을 말한다. 이하 같다)의 예비군자원을 단일 직장예비군으로 통합하여 편성할 필요가 있는 경우
2. 같은 건물이나 구내(構內)의 예비군자원을 단일 직장예비군으로 통합하여 편성할 필요가 있는 경우
3. 같은 직장 또는 같은 계열의 직장이 같은 지역[시(특별시 · 광역시 및 특별자치시를 포함한다) 및 군(광역시의 군은 제외한다)을 말한다]에 있는 경우에 직장 단위로 편성된 직장예비군을 수임군부대의 장이 관할하는 구역 단위로 통합하여 운영할 필요가 있는 경우
4. 직장예비군이 설치된 지역의 지리적 조건이나 예비군자원에 따라 특히 필요한 경우에 해당 지역의 지역예비군을 직장예비군에 편입하게 할 필요가 있는 경우

⑦ 제5항에도 불구하고 국방부장관은 필요하다고 인정하는 경우에는 항구 · 포구의 지구별 수산업협동조합 또는 업종별 수산업협동조합을 단위로 하여 지구별 수산업협동조합 또는 업종별 수산업협동조합의 직원과 해당 항구 · 포구에 거주하는 어선의 선주와 승선원(선원이나 그 밖에 어업을 생업으로 승선하는 사람을 말한다)으로 직장예비군인 어민예비군을 편성할 수 있다. 이 경우 같은 항구 · 포구에 여러 개의 지구별 수산업

협동조합 또는 업종별 수산업협동조합이 있을 때에는 이를 통합하여 편성하며, 편성 대상 인원이 많은 지구별 수산업협동조합 또는 업종별 수산업협동조합의 장을 직장의 장으로 한다.

⑧ 예비군은 국방부령으로 정하는 바에 따라 예비군대원이 예비군 조직대상자로 된 해를 기준으로 연차별로 구분하여 편성한다.

⑨ 직장예비군을 편성한 직장의 장은 예비군부대의 지휘관이 예비군대원을 쉽게 지휘 · 통솔하고 예비군대원의 관리 · 운영에 전념할 수 있도록 예비군부대의 지휘관에게 적정한 직급과 적절한 직책을 부여하여야 한다.

⑩ 예비군부대 지휘관의 선발 · 임면(任免) 및 자격 기준 등에 관한 사항은 국방부령으로 정한다.

제6조(관할구역) ① 지역예비군의 부대별 관할구역은 제5조제2항의 편성기준에 따른 행정구역으로 하고, 직장예비군의 관할구역은 해당 직장의 구내로 하며, 지역예비군과 직장예비군은 그 소재지를 관할하는 상급 예비군부대에 예속(隷屬)된다.

② 지역예비군 또는 직장예비군이 그 임무수행을 위하여 필요하다고 인정할 때에는 제1항의 관할구역에 관계없이 서로 직무 응원(應援)을 한다.

제7조(예비군 편성절차 등) ① 육군참모총장 · 해군참모총장 · 공군참모총장 · 법무부장관 · 국민안전처장관 및 경찰청장(이하 "소속 기관장"이라 한다)은 소속 군 또는 기관에서 복무를 마친 사람(이하 "전역자"라 한다)의 전역인사명령서나 소집해제인사명령서(이하 "인사명령서"라 한다)를 전역일 또는 소집해제된 날부터 7일 이내에 병무청장에게 보내야 하고, 병무청장은 전역자의 거주지를 관할하는 지방병무청장에게 이를 보내야 한다. 이 경우 소속 기관장은 전역자의 병적(兵籍)을 직접 관리하는 부대 또는 기관의 장으로 하여금 병무청장에게 인사명령서를 보내게 할 수 있다.

② 소속 기관장은 전역자의 주민등록표상 주소를 확인하여 인사명령서를 작성하고, 인사명령서를 보낼 때에는 원칙적으로 등기우편으로 보내야 한

다. 다만, 공문서의 송수신 체계가 갖추어진 경우에는 그에 따라 보낼 수 있다.

③ 지방병무청장은 제1항에 따라 받은 전역자의 인사명령서와 직접 병적을 관리하고 있는 사람 중 법 제3조제1항제3호에 해당하는 사람의 인사명령서를 근거로 예비군을 편성한다.

④ 지방병무청장은 제3항에 따라 편성된 예비군대원의 명부(名簿)를 전산자료로 관리하고, 예비군 편성카드를 작성하여 해당 예비군대원의 거주지를 관할하는 지역예비군 중대장에게 보내야 한다.

⑤ 육군참모총장 · 해군참모총장 및 공군참모총장은 「병역법」 제46조제1항에 따른 병력동원소집을 해제하였을 때에는 병력동원소집이 해제된 사람의 명부를 지방병무청장에게 보내야 하고, 지방병무청장은 병력동원소집이 해제된 사람 중 법 제3조제1항제1호부터 제3호까지의 규정에 해당하는 사람을 다시 예비군에 편성하여야 한다.

⑥ 지방병무청장은 국방부장관이 법 제3조제1항 각 호 외의 부분 단서에 따라 같은 항 제2호 또는 제3호에 규정된 기간이 지난 예비역 및 보충역의 병을 예비군에 편입하였을 때에는 이들에 대한 예비군 편성카드를 작성하여 거주지의 지역예비군 중대장에게 보내야 한다.

제8조(예비군대원의 신상변동 관리) ① 지방병무청장은 지역예비군대원이 거주지를 옮겼을 때에는 해당 예비군대원의 거주지를 관할하는 지역예비군 중대장에게 예비군 편성카드 및 관련 서류를 보내야 한다. 이 경우 지방병무청장은 예비군 편성카드 및 관련 서류를 이전(以前) 거주지의 지역예비군 중대장으로 하여금 보내게 할 수 있다.

② 직장예비군이 편성되어 있는 직장의 장은 소속 예비군대원에게 전입 · 전출 · 퇴직 · 사망 등의 신상 변동 사유가 발생하였을 때에는 그 사유를 해당 사유가 발생한 날부터 3일 이내에 해당 직장을 관할하는 지방병무청장에게 통보하여야 한다.

③ 제2항에 따라 직장예비군에 편성된 사실을 통보받은 지방병무청장은 그 내용을 해당 예비군대원의 거주지를 관할하는 지방병무청장에게 통보한다.

④ 제3항에 따라 직장예비군에 편성된 사실을 통보받은 지방병무청장은 해당 예비군대원의 예비군 편성카드 및 관련 서류를 해당 직장의 장에게 보내야 한다. 이 경우 지방병무청장은 예비군 편성카드 및 관련 서류를 이전 직장의 장으로 하여금 보내게 할 수 있다.

제9조(직장예비군의 해체 등) ① 법 제3조의2제9항에서 "대통령령으로 정하는 사유"란 다음 각 호의 어느 하나에 해당하는 경우를 말한다.

1. 해당 직장예비군의 예비군자원이 제5조제5항에 따른 편성기준에 부족한 기간이 1년 이상인 경우
2. 제5조제10항에 따른 자격을 갖춘 예비군부대의 지휘관을 6개월 이상 임용하지 아니하는 경우
3. 제31조에 따른 정기감사에서 최근 5년간 3회 이상 불합격 판정을 받은 경우

② 직장예비군을 편성한 직장의 장은 예비군자원이 제5조제5항에 따른 편성기준을 초과하거나 부족한 기간이 1년 이상 계속된 경우에는 해당 직장예비군을 편성기준에 맞는 부대로 조정하거나 해체할 것을 관할 지방병무청장에게 신청할 수 있다.

③ 제2항에 따라 신청을 받은 지방병무청장은 수임군부대의 장과의 협의를 거쳐 해당 직장의 장에게 부대를 조정하거나 직장예비군의 해체를 명하여야 한다.

④ 수임군부대의 장은 직장예비군부대가 제1항제1호부터 제3호까지의 어느 하나에 해당하게 된 경우에는 관할 지방병무청장에게 직장예비군의 해체를 요구할 수 있다.

제10조(군인 등의 배치) 국방부장관은 예비군의 지휘 · 감독을 위하여 필요하다고 인정하면 예비군부대에 군인과 군무원을 배치할 수 있다.

제11조(동원의 방법 등) ① 법 제5조제1항에 따라 수임군부대의 장이 예비군을 동원할 때에는 예비군부대의 지휘 계통에 따라 동원을 명하거나 수탁경찰서장에게 동원을 요청하여야 한다.

② 수임군부대의 장 또는 수탁경찰서장이 예비군을 동원할 때에는 전국적으로 배포되는 일간신문, 방송, 전화, 확성기, 사이렌, 그 밖에 국방부령으로 정하는 방법에 따라 예비군대원에게 동원을 명하여야 한다.

③ 국방부장관은 작전 임무수행에 대비하여 필요하다고 인정할 때에는 수임군부대의 장으로 하여금 국방부령으로 정하는 바에 따라 동원명령서를 미리 예비군대원에게 송달하게 하고 제2항의 방법에 따라 동원을 명하게 할 수 있다.

④ 제3항에 따라 동원명령이 발령되었을 때에는 동원명령서를 받은 예비군대원은 지정된 일시에 동원명령서에 적힌 장소 또는 제2항에 따라 동원을 명한 신문이나 방송 등으로 지정한 장소에 집결하여야 한다.

⑤ 특별자치시장, 시장(「제주특별자치도 설치 및 국제자유도시 조성을 위한 특별법」에 따른 행정시장을 포함한다. 이하 같다), 군수 및 구청장(자치구의 구청장을 말한다. 이하 같다)은 제2항에 따라 예비군대원의 동원명령이 발령된 경우에는 수임군부대의 장 또는 수탁경찰서장이 확성기 · 게시판 · 유선방송 또는 반상회 등의 방법을 통하여 그 동원명령의 내용을 예비군대원에게 알릴 수 있도록 협조하여야 한다.

⑥ 수임군부대의 장과 수탁경찰서장은 법 제2조에 따른 예비군의 임무수행 외의 다른 사유로 예비군을 동원해서는 아니 된다.

제12조(동원 응소시간) 법 제5조제1항 본문에서 "대통령령으로 정하는 시간"이란 다음 각 호의 구분에 따른 시간을 말한다.

1. 동원명령 발령 지역 및 인접 특별자치시 · 시 · 군 · 자치구에 있는 사람: 동원명령 발령 후 6시간
2. 제1호의 지역 외의 육상 지역에 있는 사람: 동원명령 발령 후 24시간

3. 동원명령 발령 당시 섬 지역에 있거나, 출어(出漁) 중인 어선에 승선하고 있는 사람 등: 동원명령 발령 후 48시간

제13조(동원의 보류) ① 법 제5조제1항 단서에서 "대통령령으로 정하는 사람"이란 다음 각 호의 사람을 말한다.

1. 경찰관, 교도관, 소방관
2. 군부대에 근무하는 군무원
3. 주한 외국군부대에 근무하는 종업원
4. 항로표지 담당 공무원(항로표지정비 담당 공무원 및 등대나 항로표지용 선박에서 근무하는 공무원만 해당한다)
5. 항공기정비사, 항공교통관제사 및 항공무선표지소에 근무하는 사람
6. 해안무선국에 근무하는 통신사 · 정비사
7. 「민방위기본법」에 따라 민방위 대장으로 임명된 사람
8. 그 밖에 국방부령으로 정하는 사람

② 법 제5조제1항 단서에 따라 동원을 보류받으려는 사람이 법 제6조의3제1항에 따른 동원 보류원서(保留願書)를 본인이 제출할 수 없는 경우에는 본인의 세대주나 가족 중 성년자 또는 본인의 고용주로 하여금 제출하게 할 수 있다.

제14조(동원의 연기) ① 법 제5조제2항에 따라 동원을 연기하려는 사람은 동원명령을 받은 날부터 2일(제11조제3항에 따라 동원명령서를 받은 사람은 같은 조 제4항의 지정된 일시) 안에 동원 연기원서(延期願書)를 소속 예비군중대장에게 제출하여야 한다. 다만, 동원 연기원서를 본인이 제출할 수 없는 경우에는 본인의 세대주나 가족 중 성년자 또는 본인의 고용주로 하여금 제출하게 할 수 있다.

② 제1항에도 불구하고 천재지변이나 그 밖의 부득이한 사유로 동원 연기원서를 제출할 수 없을 때에는 구술이나 그 밖의 방법으로 동원 연기를 신청할 수 있다. 이 경우 동원 연기원서를 제출할 수 없는 사유가 종료되었을

때에는 지체 없이 동원 연기원서와 그 사유를 증명하는 서류를 제출하여야 한다.

③ 제1항 및 제2항에 따라 동원 연기의 신청을 받은 예비군중대장은 동원명령을 발령한 수임군부대의 장 또는 수탁경찰서장에게 지체 없이 그 사실을 알려야 한다.

④ 법 제5조제3항에 따라 동원명령이 발령된 지역에 거주하는 예비군대원이 다른 지역으로 거주지를 옮길 때에는 전출목적, 전출지 및 전출일을 적은 신고서를 소속 예비군중대장에게 제출하여야 한다.

제15조(훈련) ① 법 제6조제1항에 따른 예비군대원의 훈련은 복무 연차에 따라 연 160시간 이내에서 실시하며, 훈련의 내용과 방법, 그 밖에 훈련에 필요한 사항은 국방부장관이 정한다.

② 법 제6조제3항에 따른 훈련의 보류 및 연기 신청에 관하여는 제13조제2항 및 제14조를 준용한다.

제16조(소집통지서의 전달 등) ① 수임군부대의 장은 법 제6조의2제1항 본문에 따라 소집통지서를 훈련소집일 7일 전까지 본인에게 전달하여야 한다.

② 제1항에 따른 소집통지서의 서식은 국방부령으로 정한다.

③ 수임군부대의 장은 법 제6조의2제1항 단서에 따라 동원에 대비한 불시(不時) 훈련이나 점검을 하려는 경우에는 전화 또는 방문 통보의 방법으로 예비군대원에게 소집통지를 하여야 하고, 소집통지를 받은 예비군대원은 제12조 각 호의 구분에 따른 시간 이내에 지정된 장소에 응소(應召)하여야 한다.

④ 수임군부대의 장은 법 제6조의2제4항에 따라 소집통지서를 「정보통신망 이용촉진 및 정보보호 등에 관한 법률」 제2조제1항제5호에 따른 전자문서(이하 "전자문서"라 한다)로 전달하려면 미리 예비군대원에게 전자우편 주소와 수신 동의를 받아야 하며, 훈련소집일 30일 전에 인터넷을 이용하여 훈련 일정을 공시하여야 한다.

⑤ 예비군대원이 제4항에 따라 수임군부대의 장이 공시한 훈련을 받겠다는 의사를 훈련소집일 12일(훈련소집일이 휴일인 경우에는 3일) 전까지 전자문서로 통지한 경우에는 본인의 동의를 받아 소집통지서를 전자문서로 전달한 것으로 본다.

⑥ 제4항 및 제5항에서 규정한 사항 외에 소집통지서를 전자문서로 전달하는 방법 및 절차에 관한 사항은 국방부장관이 정한다.

제17조(전국 단위 훈련) ① 수임군부대의 장이 제16조제4항에 따라 훈련 일정을 공시한 경우 관할지역 외의 예비군대원은 훈련소집일 3일 전까지 전자문서로 또는 수임군부대를 직접 방문하여 훈련 참가를 신청할 수 있다.

② 제1항에 따라 예비군대원이 훈련 참가를 신청한 경우에는 본인의 동의를 받아 소집통지서를 전자문서로 전달한 것으로 본다.

③ 제1항에 따른 훈련 참가를 신청할 수 있는 훈련의 종류, 신청절차, 그 밖에 필요한 사항은 국방부장관이 정한다.

제18조(무기 및 탄약 등의 관리) ① 법 제7조제1항에 따라 예비군이 무장하는 경우에 무기 · 탄약 · 장비와 그 밖의 부속품 등은 군의 보급절차에 따라 보급한다.

② 군부대의 장은 법 제7조제3항에 따라 예비군의 무장을 위한 무기 · 탄약 장비와 그 밖의 부속품 등을 수임군부대의 장이 지정하는 장소에 분리 · 보관하여야 한다.

③ 법 제7조제3항 단서에 따라 예비군의 무기 · 탄약 · 장비와 그 밖의 부속품 등의 관리에 관한 사항을 위탁받은 경찰서장은 「군수품관리법」 제6조제3항에 따른 물품관리관으로 본다.

제18조의2(예비군복의 종류) 법 제7조의2에 따라 예비군대원이 착용할 복장 및 표지장(이하 "예비군복"이라 한다)은 다음과 같다.

1. 예비군모

2. 예비군제복
3. 예비군화
4. 예비군표지장: 모표 · 명찰 · 흉장 · 휘장 · 견장(휘장 및 견장은 지휘관만 해당한다)
5. 예비군특수복: 야전상의 · 점퍼 · 근무복[점퍼 · 근무복은 지휘관만 해당하고, 근무복은 하복(夏服)과 동복(冬服)으로 구분한다]
6. 부속품: 요대

제18조의3(예비군복의 제식) 예비군복의 제식은 다음 각 호의 구분에 따른다.
1. 예비군모 · 예비군제복 · 예비군화: 「군인복제령」에 따른 전투모 · 전투복 · 전투화의 제식
2. 예비군표지장: 별도 1
3. 예비군특수복
가. 야전상의 · 점퍼: 별도 2
나. 근무복: 「군인복제령」 제10조에 따라 육군참모총장 · 해군참모총장(해병대는 해병대사령관을 말한다) · 공군참모총장이 국방부장관의 승인을 받아 정한 특수군복 중 근무복의 제식
4. 부속품: 「군인복제령」에 따른 요대의 제식

제18조의4(예비군복의 착용) ① 예비군복은 예비군대원이 동원되었거나 교육훈련을 위하여 소집되었을 때에만 착용한다.
② 예비군제복을 착용할 때에는 예비군모 · 예비군화 및 예비군표지장을 함께 착용하여야 한다. 다만, 여성 예비군대원은 국방부장관이 정하는 바에 따라 예비군모가 아닌 모자를 착용할 수 있다.
③ 예비군복을 착용할 때에는 복장과 용모를 단정히 하고 예비군대원으로서의 품위 유지에 노력하여야 한다.
④ 예비군특수복의 착용 시기는 다음 각 호의 구분에 따른다.
1. 야전상의 · 점퍼: 10월 1일부터 다음 해 4월 30일까지 기후에 따라 필요

한 경우 착용

2. 근무복: 다음 각 목에 따른 하기(夏期)와 동기(冬期)의 구별에 따라 구분하여 착용. 다만, 국방부장관은 기후, 장소, 그 밖의 특별한 사유가 있을 때에는 그 착용 시기를 달리 정할 수 있다.

가. 하기: 5월 1일부터 9월 30일까지

나. 동기: 10월 1일부터 다음 해 4월 30일까지

제18조의5(예비군표지장 제식 등의 변경) 국방부장관은 전시, 사변, 그 밖에 특별한 사유가 있는 경우로서 향토를 방위하기 위하여 필요하다고 인정할 때에는 예비군표지장의 제식과 그 착용방법에 관하여 이 영의 규정과 다르게 정할 수 있다.

제19조(긴급조치) ① 수임군부대의 장 또는 수탁경찰서장은 다음 각 호의 어느 하나에 해당하는 경우에만 법 제8조제1항에 따른 조치(이하 "긴급조치"라 한다)를 할 수 있다.

1. 적 · 무장공비 또는 무장폭도가 마을에 침투하거나 민가에 침입하였을 경우 그 적 · 무장공비 또는 무장폭도를 소멸하거나 체포하기 위하여 작전상 긴급하고 부득이하다고 인정되는 경우
2. 적 · 무장공비 또는 무장폭도가 침투하였거나 은신하고 있는 지역 또는 도주로로 예상되는 지역에서 적 · 무장공비 또는 무장폭도를 고립시키기 위하여 전술상 다른 방법이 없다고 인정되는 경우

② 수임군부대의 장 또는 수탁경찰서장은 긴급조치를 하려면 긴급조치의 내용 · 기간 · 구역 등을 주민에게 통지하거나 게시하여야 한다. 다만, 주민의 재산을 제거하려는 경우에는 그 사유를 본인에게 통보하여야 한다.

③ 수임군부대의 장은 긴급조치를 하였을 때에는 그 조치 내용을 지휘 계통에 따라 국방부장관에게 보고하여야 한다.

④ 수탁경찰서장은 긴급조치를 하였을 때에는 그 조치 내용을 수임군부대의 장에게 보고하거나, 특별시장 · 광역시장 · 특별자치시장 · 도지사 또는

특별자치도지사에게 통보하여야 한다. 이 경우 수임군부대의 장은 그 보고받은 사항을 지휘 계통에 따라 국방부장관에게 보고하여야 한다.

제20조(긴급조치에 따른 보상) ① 수임군부대의 장 또는 수탁경찰서장은 긴급조치로 인하여 주민에게 재산상의 손실을 입혔을 때에는 그 형상, 가격(시가를 말한다), 그 밖에 국방부령으로 정하는 사항을 적은 손실증명서를 본인에게 발급하여야 한다.

② 법 제8조제3항에 따라 긴급조치로 인하여 재산상의 손실을 입은 사람이 보상을 받으려면 국방부령으로 정하는 바에 따라 보상금 지급신청서를 국방부장관에게 제출하여야 한다.

③ 국방부장관은 제2항에 따른 보상금 지급신청서를 받았을 때에는 신청을 받은 날부터 30일 이내에 보상심의회의 심의를 거쳐 보상금액을 결정하고 보상금 지급통지서를 지체 없이 신청인에게 보내야 한다.

④ 제3항의 보상금액에 관하여 이의가 있는 사람은 보상금 지급통지서를 받은 날부터 30일 이내에 국방부장관에게 재심을 청구할 수 있다. 이 경우 국방부장관은 보상심의회의 심의를 거쳐 재심 청구를 받은 날부터 60일 이내에 재심 결정을 하여야 한다.

⑤ 보상심의회의 구성과 운영, 그 밖에 필요한 사항은 국방부령으로 정한다.

제21조(재해보상금의 지급) ① 법 제8조의2에 따른 재해보상금은 사망보상금과 장애보상금으로 나누고, 그 지급액과 지급에 관하여는 「군인연금법」 제31조 및 제32조를 준용한다. 이 경우 「군인연금법」 제31조제2항제3호 및 제32조제1항에 따른 기준소득월액은 해당 예비군대원의 전역 당시의 계급 및 호봉과 같거나 유사한 현역 군인의 기준소득월액에 상당하는 금액으로 하고, 제3조에 따라 지원하여 예비군에 편입된 사람은 병의 기준소득월액으로 한다.

② 장애보상금을 받은 사람이 그 상이(傷痍)로 인하여 사망하였을 때에는 이미 지급한 장애보상금을 공제한 금액의 사망보상금을 지급한다.

제22조(휴업 보상금의 지급) 법 제8조의2에 따른 휴업 보상금의 지급액은 통계청이 해마다 조사 · 공표하는 도시가계비와 농가가계비를 평균한 금액의 100분의 70에 상당하는 금액을 일할(日割)로 계산한 금액에 치료로 인하여 생업에 종사하지 못한 기간을 곱한 금액으로 한다. 다만, 그 지급기간은 2년 이내로 한다.

제23조(보상) ① 법 제9조제1항에 따른 보상 대상자는 다음 각 호와 같이 구분한다.

1. 전투 또는 이에 준하는 임무수행 중 부상을 입은 사람과 그 가족: 「국가유공자 등 예우 및 지원에 관한 법률」 제4조제1항제4호의 전상군경(戰傷軍警)과 그 가족
2. 임무수행 또는 훈련 중 부상을 입은 사람과 그 가족
   가. 국가의 수호 · 안전보장 또는 국민의 생명 · 재산 보호와 직접적인 관련이 있는 임무수행 또는 훈련 중 부상을 입은 경우: 「국가유공자 등 예우 및 지원에 관한 법률」 제4조제1항제6호의 공상군경(公傷軍警)과 그 가족
   나. 국가의 수호 · 안전보장 또는 국민의 생명 · 재산 보호와 직접적인 관련이 없는 임무수행 또는 훈련 중 부상을 입은 경우: 「보훈보상대상자 지원에 관한 법률」 제2조제1항제2호의 재해부상군경과 그 가족
3. 전투 또는 이에 준하는 임무수행 중 사망(부상으로 인하여 사망한 경우를 포함한다)한 사람의 유족: 「국가유공자 등 예우 및 지원에 관한 법률」 제4조제1항제3호의 전몰군경(戰歿軍警) 유족
4. 임무수행 또는 훈련 중 사망(부상으로 인하여 사망한 경우를 포함한다. 이하 이 호에서 같다)한 사람의 유족
   가. 국가의 수호 · 안전보장 또는 국민의 생명 · 재산 보호와 직접적인 관련이 있는 임무수행 또는 훈련 중 사망한 경우: 「국가유공자 등 예우 및 지원에 관한 법률」 제4조제1항제5호의 순직군경(殉職軍警)의 유족

나. 국가의 수호 · 안전보장 또는 국민의 생명 · 재산 보호와 직접적인 관련이 없는 임무수행 또는 훈련 중 사망한 경우: 「보훈보상대상자 지원에 관한 법률」 제2조제1항제1호의 재해사망군경의 유족

② 법 제9조제1항에 따라 보상을 받으려는 사람은 수임군부대의 장이 발급한 사망증명서 또는 부상증명서를 첨부하여 「국가유공자 등 예우 및 지원에 관한 법률」 제6조 또는 「보훈보상대상자 지원에 관한 법률」 제4조에 따라 등록 신청을 하여야 한다.

③ 수임군부대의 장은 제2항에 따른 사망증명서 또는 부상증명서를 발급하였을 때에는 그 사실을 지체 없이 지휘 계통을 거쳐 국방부장관에게 보고하여야 하며, 보고를 받은 국방부장관은 사망확인서 또는 부상확인서를 작성하여 국가보훈처장에게 통보하여야 한다.

제24조(부상자의 치료) ① 예비군대원이 소속된 군부대의 장 또는 수탁경찰서장은 법 제9조제2항에 따라 임무수행 또는 훈련 중에 부상을 입은 예비군대원을 지체 없이 국가나 지방자치단체의 의료시설[국공립 병원, 특별자치시 · 시 · 군 · 자치구의 보건소 및 군(軍)의 의료시설을 말한다. 이하 같다] 또는 민간의료시설에서 치료를 받을 수 있도록 하여야 한다.

② 법 제9조제2항 단서에 따른 민간의료시설에서의 치료는 3일 이내로 하며, 3일을 초과하여 계속 치료할 필요가 있는 경우에는 해당 예비군대원이 소속된 군부대의 장 또는 수탁경찰서장은 국가나 지방자치단체의 의료시설의 장에게 요청하여 국가나 지방자치단체의 의료시설로 후송하여 부상을 입은 예비군대원이 계속 치료를 받을 수 있도록 하여야 한다. 다만, 해당 예비군대원이 소속된 군부대의 장 또는 수탁경찰서장은 국가나 지방자치단체의 의료시설로 후송하면 부상이 악화되거나 국가나 지방자치단체의 의료시설에서 적절한 치료를 할 수 없다고 인정되는 경우에는 민간의료시설에서의 치료기간을 연장할 수 있다.

제25조(치료비의 지급) ① 법 제9조제2항 단서에 따라 치료를 한 민간의료시설

의 장은 해당 예비군대원이 소속된 군부대의 장 또는 수탁경찰서장에게 치료비용 명세서를 첨부하여 치료비의 지급을 청구하여야 한다.

② 제1항에 따라 치료비 지급청구서를 받은 군부대의 장 또는 수탁경찰서장은 부상 사실 및 치료기간 등을 확인한 후 수임군부대의 장에게 치료비 지급청구서를 보내고, 수임군부대의 장은 관할 군사령관에게 치료비의 지급을 요청하여야 한다.

③ 관할 군사령관은 수임군부대의 장으로부터 제2항에 따른 치료비의 지급 요청을 받았을 때에는 해당 민간의료시설의 장에게 치료비 지급 통지를 하고, 수임군부대의 장에게 치료비 지급을 명하여야 한다.

④ 제3항에 따라 치료비 지급명령을 받은 수임군부대의 장은 지체 없이 치료비를 해당 민간의료시설의 장에게 지급하여야 한다.

제26조(사망자 또는 부상자 발생 등의 보고) ① 예비군대원이 임무수행 또는 훈련 중에 사망하거나 부상을 입은 경우에는 해당 예비군대원이 소속된 군부대의 장 또는 수탁경찰서장은 그 사실을 지체 없이 수임군부대의 장에게 보고하여야 한다. 이 경우 부상자에 대한 보고에는 제24조제1항에 따라 예비군대원이 치료를 받은 의료시설의 장이 발급한 진단서를 첨부하여야 한다.

② 제24조제2항에 따라 부상을 입은 예비군대원을 민간의료시설에서 국가나 지방자치단체의 의료시설로 이송하였을 때에는 해당 예비군대원이 소속된 군부대의 장 또는 수탁경찰서장은 지체 없이 그 사실을 수임군부대의 장에게 보고하여야 한다.

제27조(실비변상 등) ① 법 제11조에 따라 동원 또는 훈련소집된 예비군대원에게 예산의 범위에서 급식비 · 교통비 등 실비(實費) 변상을 할 수 있다. 이 경우 지급액의 산정방법 및 지급절차 등에 관하여 필요한 사항은 국방부장관이 정한다.

② 지역예비군 중 중대 이상의 부대(국방부장관이 지정하는 소대를 포함한다)와 직장예비군 중 어민예비군 중대 이상의 부대에 대해서는 부대운영

을 위한 부대운영비를 지급하고, 그 부대의 장에게는 직무수행에 따르는 실비를 예산의 범위에서 지급할 수 있다.

제28조(권한의 위임 · 위탁) ① 법 제14조제1항에 따라 예비군의 관리 · 운용에 관한 국방부장관의 권한은 해당 지역을 관할하는 여단급 이상의 군부대의 장 중에서 국방부장관이 지정하는 군부대의 장에게 위임한다.

② 제1항에 따라 위임받은 수임군부대의 장은 필요한 경우에는 다음 각 호의 사항을 경찰서장에게 다시 위탁할 수 있다.

1. 예비군의 임무수행을 위한 중대 이하의 예비군부대의 동원과 예비군의 작전지휘, 작전상 필요한 긴급조치에 관한 권한
2. 무기 · 탄약 · 장비와 그 밖의 부속품 등의 유지와 관리에 관한 사항
3. 동원 중에 있는 예비군대원의 복무규율에 관한 사항

③ 제2항에 따라 위임을 받은 경찰서장은 예비군대원을 동원하였을 때에는 지체없이 그 사실을 수임군부대의 장에게 보고하여야 한다. 동원을 해제하였을 때에도 또한 같다.

④ 경찰서장은 법 제14조제3항에 따라 예비군을 동원한 후 수임군부대의 장의 승인을 받지 못하였을 때에는 즉시 동원을 해제하여야 한다.

제28조의2(고유식별정보의 처리) 국방부장관(제28조에 따라 국방부장관의 권한을 위임받은 자를 포함한다)은 다음 각 호의 사무를 수행하기 위하여 불가피한 경우 「개인정보 보호법 시행령」 제19조제1호에 따른 주민등록번호가 포함된 자료를 처리할 수 있다.

1. 법 제3조의2에 따른 예비군의 편성에 관한 사무
2. 법 제5조, 제6조, 제6조의2 및 제6조의3에 따른 동원 및 훈련에 관한 사무
3. 법 제8조 및 제9조에 따른 보상에 관한 사무

제29조(예비군부대기) ① 국방부장관은 예비군부대를 상징하고, 그 존엄성과 명예를 표시하기 위하여 중대 이상의 예비군부대에 예비군부대기(豫備軍部隊

旗)를 수여한다.

② 예비군부대기의 종류 · 제식(制式) · 수여방법과 그 밖에 필요한 사항은 국방부령으로 정한다.

제30조(표창) 국방부장관, 수임군부대의 장 및 수탁경찰서장은 우수한 예비군대원, 예비군부대 및 예비군의 육성에 현저한 공적이 있는 자(단체를 포함한다)에 대하여 표창할 수 있다.

제31조(감사) ① 국방부장관은 예비군의 운영 실태를 확인 · 점검하고 예비군의 임무수행 능력을 평가하기 위하여 예비군부대 및 예비군 관계기관에 대하여 감사(監査)를 실시할 수 있다.

② 제1항의 감사는 정기감사와 특별감사로 구분한다.

③ 정기감사는 수임군부대의 장이 주관하여 1년에 한차례 실시함을 원칙으로 하고, 특별감사는 국방부장관이 필요하다고 인정할 때에 실시하며, 각 군 예하 예비군부대와 예비군 관계기관에 대한 특별감사는 각 군 참모총장으로 하여금 실시하게 할 수 있다.

제32조(예비군의 육성 · 지원) ① 법 제14조의3제1항에 따른 예비군의 육성 · 지원에 관한 사항은 다음 각 호와 같다.

1. 예비군부대 사무실의 설치 · 운영 및 유지
2. 예비군부대의 운영을 위한 장비 및 물자의 지원
3. 예비군훈련장 및 훈련시설의 유지 지원
4. 향토방위작전과 관련된 급식 · 수송 · 통신 · 의료 · 장비 · 물자 및 전투시설 지원
5. 예비군대원에 대한 사기앙양, 민 · 관 · 군 간의 유대 강화 및 홍보, 그 밖에 예비군의 육성을 위하여 필요한 사항

② 동원된 지역예비군에 대한 급식은 작전지역을 관할하는 지방자치단체의 장이 지원하고, 직장예비군에 대한 급식은 해당 직장의 장이 지원한다.

제33조(방위협의회의 종류) ① 법 제14조의3제2항에 따른 방위협의회(이하 "협의회"라 하다)는 지역방위협의회와 직장방위협의회로 나눈다.

② 지역방위협의회는 특별시 · 광역시 · 특별자치시 · 도 · 특별자치도 · 시 · 군 · 자치구 · 읍 · 면 · 동(각급 출장소를 포함한다) 단위로 설치 · 운영하고, 직장방위협의회는 직장(제5조제6항제1호에 따라 직장예비군을 통합하여 편성한 경우에는 산업단지를 말한다) 단위로 설치 · 운영한다.

제34조(기능) 협의회는 다음 각 호의 사항을 심의한다.

1. 향토방위작전 시 차량 · 선박 및 시설의 지원에 관한 사항
2. 향토방위작전에 참가한 예비군의 급식 지원에 관한 사항
3. 향토방위작전 및 훈련에 참가한 예비군의 사기 앙양과 민 · 관 · 군 간의 유대 강화에 관한 사항
4. 향토방위작전 동원명령 발령의 전파에 관한 사항
5. 통합직장예비군의 육성 · 지원에 관한 사항(산업단지 직장방위협의회에만 해당한다)
6. 그 밖에 협의회의 의장 또는 위원이 제출한 안건

제35조(구성) ① 협의회의 의장(이하 "의장"이라 한다)은 다음 각 호의 사람이 된다.

1. 지역방위협의회: 특별시장 · 광역시장 · 특별자치시장 · 도지사 · 특별자치도지사 · 시장 · 군수 · 구청장 · 읍장 · 면장 · 동장(출장소장을 포함한다)
2. 직장방위협의회: 직장의 장. 다만, 산업단지 직장방위협의회는 산업단지를 관리하는 대표자가 된다.

② 협의회의 위원은 다음 각 호의 사람이 된다.

1. 지역방위협의회: 해당 지역방위협의회의 관할구역의 각급 국가기관의 장, 지방자치단체의 장, 군부대의 장 및 주민 중에서 의장이 위촉하는 사람

2. 직장방위협의회: 직장예비군부대의 지휘관 및 해당 직장의 간부급 직원 중에서 의장이 임명하는 사람. 다만, 산업단지 직장방위협의회는 산업단지 통합직장예비군부대의 지휘관, 산업단지 방위관련 기관의 관계관(關係官), 그 밖에 산업단지에 있는 기업체의 대표 중에서 의장이 위촉하는 사람

제36조(의장) ① 의장은 협의회를 대표하고, 협의회의 업무를 총괄한다.

② 의장이 부득이한 사유로 직무를 수행할 수 없을 때에는 의장이 미리 지명한 위원이 그 직무를 대행한다.

제37조(회의) ① 의장은 협의회의 회의를 소집하고, 회의의 의장이 된다.

② 협의회의 회의는 정기회의와 임시회의로 구분하며, 정기회의는 분기별로 한 차례 개최하고, 임시회의는 의장이 필요하다고 인정할 때에 수시로 개최한다.

③ 협의회의 회의는 재적위원 과반수의 출석으로 개의(開議)하고, 출석위원 과반수의 찬성으로 의결한다.

제38조(운영세칙) 이 영에서 규정한 사항 외에 협의회의 운영에 필요한 사항은 국방부장관이 정한다.

부칙 [2014.11.19. 대통령령 제25751호(행정자치부와 그 소속기관 직제)]

제1조(시행일) 이 영은 공포한 날부터 시행한다. 다만, 부칙 제5조에 따라 개정되는 대통령령 중 이 영 시행 전에 공포되었으나 시행일이 도래하지 아니한 대통령령을 개정한 부분은 각각 해당 대통령령의 시행일부터 시행한다.

【부록 3】

향토예비군설치법 시행규칙

제1조(목적) 이 규칙은 「향토예비군 설치법」 및 같은 법 시행령에서 위임된 사항과 그 시행에 필요한 사항을 규정함을 목적으로 한다.

제2조(지원자의 예비군 편입 등) ① 지방병무청장(병무지청장을 포함한다. 이하 같다)과 직장의 장[「향토예비군 설치법」(이하 "법"이라 한다) 제3조의2제1항에 따른 직장의 장(長)을 말한다. 이하 같다]이 「향토예비군 설치법 시행령」(이하 "영" 이라 한다) 제3조제2항에 따라 향토예비군(이하 "예비군"이라 한다)대원으로 지원하려는 사람으로부터 별지 제1호서식의 향토예비군 편입 지원서를 받았을 때에는 그 편입 여부를 결정하여 본인에게 통지하여야 한다.

② 영 제3조제3항 본문에 따른 복무기간은 지방병무청장과 직장의 장이 제1항에 따라 편입 결정을 한 날부터 계산한다.

③ 예비군으로서 복무기간을 마친 사람이 영 제3조제3항 단서에 따라 복무기간 연장 신청을 하려는 경우에는 별지 제1호서식의 향토예비군 복무연장 지원서를 다음 각 호의 구분에 따라 제출하여야 한다.

1. 지역예비군: 거주지의 지역예비군 중대장을 거쳐 지방병무청장에게 제출
2. 직장예비군: 해당 직장의 장에게 제출

④ 지방병무청장과 직장의 장은 제3항에 따른 향토예비군 복무연장 지원서

를 받았을 때에는 그 연장 여부를 결정하여 본인에게 통지하여야 한다.

제3조(예비군 편성기준) ① 영 제5조제8항에 따른 예비군의 연차별 편성은 다음 각 호의 기준에 따른다.

1. 법 제3조제1항제1호에 따른 예비역인 장교 · 준사관 및 부사관(본인의 지원에 의하지 아니하고 임용된 부사관은 제외한다): 군복무를 마친 날이 속하는 해를 해당 연도차로 하고, 그 다음 해를 1년차로 하여 순차적으로 연차를 구분하여 편성. 다만, 군복무를 마치지 아니한 예비역인 장교 및 부사관은 국방부장관이 정하는 연차별 편성기준에 따라 편성한다.
2. 본인의 지원에 의하지 아니하고 임용된 부사관, 법 제3조제1항제2호에 따른 예비역인 병(兵)과 같은 항 제3호에 따른 보충역인 병: 군 또는 보충역의 복무를 마친 날이 속하는 해를 해당 연도차로 하고, 그 다음 해를 1년차로 하여 순차적으로 연차를 구분하여 8년차까지 편성
3. 제2조제1항에 따라 지원에 의하여 예비군에 편입된 사람과 같은 조 제3항에 따라 예비군 복무를 연장한 사람: 국방부장관이 정하는 연차별 편성기준에 따라 편성
4. 영 제4조제1항 및 제2항에 따라 예비군에 편성된 사람으로서 법 제3조제1항제2호 또는 제3호에 따른 기간이 지난 예비역 및 보충역인 병: 국방부장관이 정하는 연차별 편성기준에 따라 편성

② 법 제3조의2에 따라 지방병무청장이 지역예비군을 편성하는 경우에는 수임군부대의 장과 협의를 거쳐 편성하고, 직장의 장이 직장예비군을 편성하는 경우에는 지방병무청장이 수임군부대의 장과 협의하여 작성 · 통보하는 예비군 편성계획에 따라 편성하여야 한다.

제4조(직장예비군의 편성) ① 영 제5조제5항에 따라 분대급 이상의 직장예비군을 편성하는 직장의 장은 제12조제2항에 해당하는 예비군부대 지휘관 임명 대상 자격자를 보유하고, 무기고 · 탄약고 등의 시설과 훈련을 위하여 필요한 보조자료 및 피복(被服)과 그 밖의 장비를 보유하여야 한다.

② 영 제5조제6항제1호에 따라 같은 산업단지(「산업집적활성화 및 공장설립에 관한 법률」에 따른 산업단지, 「자유무역지역의 지정 및 운영에 관한 법률」에 따른 자유무역지역 및 산업통상자원부장관이 지정하는 중요산업시설을 말한다. 이하 같다)의 예비군자원을 단일 직장예비군으로 통합하여 편성할 경우에는 해당 산업단지를 관리하는 자의 책임 하에 편성하며, 영 제5조제6항제4호에 따라 지역예비군을 직장예비군에 편입하게 하려는 경우에는 해당 직장의 장이 관할 지방병무청장의 승인을 받아야 한다.

③ 수임군부대의 장은 2개 이상의 직장예비군부대를 영 제5조제6항제2호 및 제3호에 따라 통합하여 운영하는 경우에는 해당 직장예비군 지휘관 중에서 선발한 통합지휘관을 둘 수 있다.

④ 수임군부대의 장은 영 제5조제5항에 따라 소대급 또는 분대급 직장예비군으로 편성된 부대가 운영 실적이 부진한 경우에는 직장 소재지 관할 지방병무청장에게 해당 부대의 해체를 요구할 수 있으며, 수임군부대의 장으로부터 해체요구를 받은 지방병무청장은 해당 직장의 장으로 하여금 지체 없이 해체하도록 조치하여야 한다.

⑤ 제4항에 따라 직장예비군을 해체한 직장의 장은 해체한 날부터 3일 이내에 그 결과를 직장 소재지 관할 지방병무청장에게 통보하여야 하며, 해체한 날부터 1년이 경과하지 아니하면 그 직장에 직장예비군을 다시 편성할 수 없다.

제5조(직장예비군의 편성 승인) ① 법 제3조의2에 따라 직장의 장이 직장예비군을 편성하려는 경우에는 별지 제2호서식의 직장예비군 편성 승인신청서에 다음 각 호의 서류를 첨부하여 직장 소재지 관할 지방병무청장에게 제출하여야 한다.

1. 별지 제3호서식의 직장예비군 편성요건 충족 현황서 2부
2. 별지 제4호서식의 편성대상자 연명부 2부

② 지방병무청장은 제1항에 따라 직장예비군 편성 승인신청서를 받았을 때

에는 지체 없이 관할 수임군부대의 장에게 별지 제5호서식의 직장예비군 편성에 대한 의견요청서를 보내고, 관할 수임군부대의 장은 의견요청서를 받은 날부터 10일 이내에 직장예비군의 편성요건을 검토하여 별지 제6호서식의 직장예비군 편성에 대한 의견회신서를 직장 소재지 관할 지방병무청장에게 보내야 한다.

③ 지방병무청장은 제2항에 따라 관할 수임군부대의 장으로부터 의견회신을 받았을 때에는 받은 날부터 10일 이내에 그 의견을 고려하여 직장예비군 편성의 타당성을 검토한 후 해당 직장의 장에게 승인 여부를 통보하여야 한다.

제6조(선박에 대한 예비군 편성) ① 어선단(漁船團)을 이루어 출어(出漁)하는 경우에는 그 출어기간 중 승선한 예비군대원을 통합하여 어선단예비군을 편성 · 운영할 수 있다.

② 연해(沿海)를 항해하는 여객선 · 화물선 또는 국방부장관이 지정하는 선박(이하 "선박" 이라 한다)의 경우에는 그 항해 중 승무원으로 선박예비군을 편성 · 운영할 수 있다.

③ 제1항 또는 제2항에 따라 어선단예비군 또는 선박예비군에 편성된 사람이 귀항(歸航)하였을 때에는 소속 지역예비군 또는 직장예비군에 복귀한다.

④ 어선단예비군 또는 선박예비군은 그 예비군 간의 식별을 쉽게 하기 위하여 표지 및 신호를 미리 약정(約定)하고 어로(漁撈) 또는 항해 중 어선단장이나 지정된 지휘자의 지휘통제를 받아야 한다.

제7조(예비군 편성 확인서의 발급) 예비군대원이 예비군 편성 확인서 발급을 신청하면 지역예비군의 경우에는 거주지 예비군부대의 장이나 지방병무청장이, 직장예비군의 경우에는 소속 직장의 장이 별지 제7호서식의 향토예비군 편성 확인서를 발급하여야 한다.

제8조(예비군 편성카드 등의 송부) ① 직장예비군이 편성되어 있는 직장의 장

은 다음 각 호의 어느 하나에 해당하는 사유가 있을 때에는 그 사유를 분명히 밝혀 별지 제8호서식의 향토예비군 편성카드를 해당하는 사람의 거주지 지역예비군 중대장에게 지체 없이 보내야 한다.

1. 소속 직장예비군대원이 해당 직장에서 퇴직하거나 전출한 경우
2. 소속 직장예비군대원이 역종(役種) 변경으로 예비군 편성대상에서 제외되거나 실종 또는 사망한 경우
3. 해당 직장예비군부대가 해체된 경우

② 병무청장은 「병역법 시행령」 제143조제1항에 따라 행정자치부장관으로부터 예비군대원의 거주지 이동에 관한 정보화자료를 통보받았을 때에는 이를 지방병무청장에게 보내야 한다.

③ 제2항에 따라 예비군대원의 거주지 이동에 관한 정보화자료를 받은 지방병무청장은 지역예비군대원의 경우에는 예비군 편성카드를 이전(以前) 거주지의 지역예비군 중대장으로 하여금 새로운 거주지의 지역예비군 중대장에게 보내게 하여야 한다.

제9조(편성 현황 보고) ① 직장예비군이 편성되어 있는 직장의 장은 다음 각 호의 구분에 따라 예비군 편성 현황 등을 직장 소재지 관할 지방병무청장에게 보내야 한다.

1. 직장예비군부대를 새로 편성한 때: 별지 제9호서식에 따른 예비군 편성 현황과 별지 제10호서식에 따른 예비군 편성 명부를 작성하여 편성을 완료한 날부터 3일 이내에 제출
2. 분기별: 매 분기 말일을 기준으로 별지 제9호서식에 따른 예비군 편성 현황을 작성하여 해당 분기 말일이 속하는 달의 다음 달 3일까지 제출

② 지방병무청장은 매 분기 말일을 기준으로 별지 제9호서식에 따라 관할 예비군 편성 현황을 종합 · 작성하여 해당 분기의 다음 달 20일까지 병무청장, 각 군 참모총장 및 수임군부대의 장에게 보고 또는 통보하여야 한다.

③ 지방병무청장은 매년 2월 말일을 기준으로 별지 제11호서식에 따라 예비

군자원 현황을 작성하여 3월 20일까지 병무청장, 각 군 참모총장 및 수임군부대의 장에게 보고 또는 통보하여야 한다.

④ 병무청장은 제2항 및 제3항에 따른 보고를 받은 때에는 이를 종합하여 예비군 편성 현황은 그 달 말일까지, 예비군자원 현황은 3월 31일까지 국방부장관에게 보고하여야 한다.

⑤ 예비군중대장(독립소대의 소대장 및 독립분대의 분대장을 포함한다)은 별지 제12호서식에 따라 소속 예비군대원 명부를 작성하여 매 연도 훈련 시작 20일 전까지 수임군부대의 장에게 보내야 한다.

제10조(복무선서) 예비군대원으로 편입된 사람은 수임군부대의 장 또는 그 위임을 받은 사람에게 복무선서를 하여야 한다.

제11조(부대명칭) 예비군부대의 명칭은 지역예비군에는 해당 부대설치 단위로 행정구역의 명칭을, 직장예비군에는 해당 직장의 명칭을 붙인다.

제12조(지휘관의 임명 등) ① 예비군부대의 지휘관은 국방부장관이 임명한다. 다만, 국방부장관은 중대장 또는 소대장의 임명권을 수임군부대의 장에게, 분대장의 임명권을 대대장 또는 중대장에게 각각 위임할 수 있다.

② 예비군부대의 지휘관은 「예비전력관리 업무담당자 선발 규칙」에 따라 예비전력관리 업무담당자로 최종 선발된 사람을 임명하여야 한다.

③ 소속 예비군대원 전부가 법 제6조제3항 및 영 제15조제2항에 따라 훈련의 일부를 보류할 수 있는 직장예비군부대의 여단장 · 연대장 및 대대장은 「예비전력관리 업무담당자 선발 규칙」 별표 2의 해당 계급보다 한 계급 아래 계급의 사람 중에서 임명할 수 있다.

④ 제1항에 따라 예비군부대의 지휘관이 임명되었을 때에는 수임군부대의 장은 5일 이내에 별지 제13호서식에 따라 지방병무청장 · 경찰서장 및 지역 또는 직장방위협의회 의장에게 그 임명 사실을 각각 통보하고, 매 분기 말을 기준으로 해당 분기의 다음 달 20일까지 별지 제14호서식(1)[국

가 · 지방자치단체의 행정기관 및 대학 직장예비군부대의 경우에는 별지 제14호서식(2)]에 따라 소속 각 군 참모총장에게 보고하여야 한다.

⑤ 각 군 참모총장은 제4항에 따른 보고를 받았을 때에는 이를 종합하여 그 달 말일까지 국방부장관에게 보고하여야 한다.

제13조(지휘관의 해임) ① 지역 또는 직장 방위협의회의 의장은 제12조에 따라 임명된 예비군부대의 지휘관 중 다음 각 호의 어느 하나에 해당하는 사람이 있을 때에는 수임군부대의 장에게 지체 없이 그 사실을 통보하여야 하며, 이를 통보받은 수임군부대의 장은 국방부장관에게 해당 예비군부대 지휘관의 해임을 건의하여야 한다.

1. 법 제14조의2제2항에 따른 결격사유에 해당하는 사람(「국가공무원법」 제33조제5호에 해당하는 사람은 제외한다)
2. 「군무원인사법」 제28조제1항에 따른 직권면직 사유에 해당하는 사람
3. 근무성적 종합평가 결과 예비군부대의 지휘관으로서 적당하지 않다고 인정된 사람

② 국방부장관은 제1항에 따른 해임건의가 있는 경우에는 해당 예비군부대 지휘관을 해임하여야 한다. 다만, 중대장 또는 소대장은 수임군부대의 장, 분대장은 대대장 또는 중대장으로 하여금 해임하게 할 수 있다.

③ 수임군부대의 장은 제2항에 따라 예비군부대의 지휘관이 해임되었을 때에는 5일 이내에 별지 제13호서식에 따라 지방병무청장 · 경찰서장 및 지역 또는 직장 방위협의회 의장에게 그 해임 사실을 통보하여야 한다.

제14조(지휘관의 임무 등) ① 예비군부대의 지휘관은 관할 군부대의 장 및 영 제28조제2항에 따라 위탁받은 경찰서장의 지휘를 받아 소속 예비군대원을 지휘 · 통솔하고, 다음 각 호의 임무를 수행한다. 다만, 제4조제3항에 따른 통합지휘관은 제1호 · 제2호 · 제6호 · 제7호 및 제11호의 임무를 수행한다.

1. 해당 지역 또는 직장의 방위와 그 대비
2. 동원된 소속 예비군대원의 지휘 · 통솔

3. 소속 예비군자원의 유지와 관리
4. 시설 및 장비와 그 밖의 비품의 유지와 관리
5. 동원명령의 통지 및 훈련 소집통지서의 전달
6. 훈련참가자의 확인과 감독
7. 예비군대원의 훈련의 실시(위임받은 경우로 한정한다)
8. 예하(隷下) 지휘관의 임명 또는 임명 추천
9. 파견 상근예비역의 지휘와 감독
10. 소속 예비군대원의 포상 추천
11. 그 밖에 부대 운영에 필요한 사항

② 예비군부대의 사무는 해당 부대의 사무소에서 수행하되, 사무소가 없는 경우에는 읍 · 면 · 동의 사무소나 그 밖에 해당 예비군부대의 관할구역에 있는 국가 또는 지방자치단체의 다른 사무소에서 수행할 수 있다. 다만, 작전 시에는 지구대, 파출소 또는 군부대의 장이 지정하는 장소에서 수행한다.

③ 예비군부대 상호간 또는 예비군부대와 수임군부대 간의 통신은 경찰 및 행정관서의 기존 통신시설망을 활용한다.

제15조(동원명령 방법 등) ① 영 제11조제2항에서 "국방부령으로 정하는 방법"이란 다음 각 호의 방법을 말한다.

1. 미리 정한 비상소집망을 통한 구두(口頭) 전달
2. 마이크나 확성기를 통한 가두방송
3. 공고문의 게시
4. 전산망을 통한 공고

② 영 제11조제3항에 따른 동원명령서의 사전교부 대상자는 「병역법」에 따라 동원이 지정된 사람으로 하되, 동원명령서는 별지 제15호서식과 같다.

③ 수임군부대의 장 또는 수탁경찰서장은 영 제11조제2항에 따라 동원을 명한 경우에 동원된 사람(집결한 사람)의 명부를, 수임군부대의 장은 같은

조 제3항에 따라 동원명령서를 미리 교부한 경우에 그 교부된 사람의 명부를 시(「제주특별자치도 설치 및 국제자유도시 조성을 위한 특별법」에 따른 행정시를 포함한다. 이하 같다) · 군 · 구별로 작성하여 지방병무청장에게 통보하여야 한다.

④ 수임군부대의 장은 해당 지역에 적합하도록 그 동원절차를 확립하고, 예비군대원이 자세히 알도록 하여야 한다.

제16조(훈련계획) ① 각 군 참모총장은 다음 해의 예비군의 훈련계획을 작성하여 매년 12월 31일까지 국방부장관의 승인을 받아 관할 수임군부대의 장에게 시달(示達)하여야 한다.

② 각 군 참모총장은 국방부장관에게 매년 12월 31일까지 별지 제16호서식에 따른 해당 연도의 예비군 교육훈련 실시결과와 별지 제17호서식에 따른 다음 해의 예비군 교육훈련 대상 인원을 각각 보고하여야 한다.

제17조(동원 또는 훈련의 보류) ① 영 제13조제1항제3호에 따른 주한 외국군부대에 근무하는 종업원은 다음 각 호의 어느 하나에 해당되는 사람으로 한정한다.

1. 「대한민국과 아메리카합중국 간의 상호방위조약 제4조에 의한 시설과 구역 및 대한민국에서의 합중국 군대의 지위에 관한 협정」에 따라 주한 미군부대에 고용된 종업원
2. 「대한민국과 미합중국 간의 한국노무단의 지위에 관한 협정」에 따라 주한 미군부대에 고용된 고용원
3. 주한 미군부대의 경비를 위하여 주한 미군부대와 용역계약을 체결한 국내 기업체에 소속된 주한 미군부대 경비요원

② 다음 각 호의 어느 하나에 해당하는 사람은 영 제13조제1항제8호 및 영 제15조에 따라 동원이나 훈련을 보류한다.

1. 차관급 또는 동급 이상의 국가공무원
2. 지방의회의원, 광역지방자치단체의 장, 시장 · 군수 · 구청장(지방자치

단체가 아닌 시 또는 구의 장을 포함한다) 및 교육감

3. 특별시의 부시장(지방공무원으로 한정한다)
4. 철도종사원(기관사, 차량 · 장비 관리원, 시설관리원 및 전기원)
5. 지하철종사원[승무사무소의 기관사, 시설사업소의 보선원(補線員) 및 철도토목사무소의 철도토목원]
6. 외교부 외신업무 담당 공무원
7. 어업지도선 승선요원

③ 국방부장관은 제2항에 따라 동원 또는 훈련이 보류되는 사람 외에 국가기관 등에 종사하는 사람으로서 그 임무수행을 위하여 특히 필요하다고 인정되는 사람에 대해서는 동원 또는 훈련의 일부 또는 전부를 보류할 수 있다.

제18조(동원 등의 보류 또는 연기 원서의 제출 등) ① 법 제5조제1항 단서, 영 제13조제1항, 이 규칙 제17조제2항 및 제3항에 따른 보류대상자는 별지 제18호 서식의 예비군 동원(교육훈련) 보류원서에 다음 각 호의 구분에 따른 서류를 첨부하여 소속 예비군중대장에게 제출하여야 한다. 다만, 외국에 여행 또는 체류하기 위하여 동원을 보류하려는 사람은 국방부 홈페이지를 통하여 보류원서를 제출할 수 있다.

1. 주한 미군부대 종사원: 소속 부대 인사처장, 미군부대 노무지원단장, 도급업체 대표 또는 미군부대 경비업체 대표가 발행한 재직증명서 1부
2. 제1호에 해당하는 사람 외의 보류대상자: 소속 기관 등의 장 또는 학교의 장이 발행한 재직증명서 또는 재학증명서 1부

② 제1항에 따라 보류원서를 받은 담당 공무원은 「전자정부법」 제36조제1항에 따른 행정정보의 공동이용을 통하여 출입국에 관한 사실을 확인하여야 한다. 다만, 신청인이 확인에 동의하지 아니하는 경우에는 출입국사실증명을 첨부하게 하여야 한다.

③ 영 제14조 또는 영 제15조에 따른 동원 또는 훈련 연기원서는 별지 제19호 서식에 따르되, 다음 각 호의 구분에 따라 해당 서류를 첨부하여 소속 예

비군중대장에게 제출하여야 한다.

1. 질병이나 심신의 장애로 인한 경우: 의사의 진단서 1부
2. 법률에 따라 구속 중인 경우: 교도소장 또는 수사기관의 장의 확인서 1부
3. 관혼상제, 재해, 그 밖의 사유로 인한 경우: 행정관서장이 발행한 사실증명서 또는 사실을 증명할 수 있는 서류 1부

④ 예비군중대장은 제1항에 따른 보류원서를 받았을 때에는 이를 확인하고 별지 제12호서식의 소속 예비군대원 명부를 정리한 후 지체 없이 수임군부대의 장에게 통보하여야 한다.

⑤ 제4항에 따라 보류원서를 통보받은 수임군부대의 장은 예비군중대장을 통하여 본인 또는 그 가족에게 지체 없이 보류된 사실을 통보한다.

제19조(동원 또는 훈련 보류 사유 해소자의 신고 등) ① 법 제6조의3제2항에 따른 동원 또는 훈련의 보류 사유의 해소신고는 별지 제18호서식에 따른다.

② 법 제6조의3제2항에 따른 신고를 받은 예비군중대장은 중대에 보관된 별지 제12호서식의 소속 예비군대원 명부를 정리하고 수임군부대의 장과 지방병무청장에게 신고된 사람의 명단을 매월 15일과 말일을 기준으로 작성하여 그 작성기준일부터 5일 이내에 보고 또는 통보하여야 한다.

③ 법 제6조의3제3항에 따른 기관 등의 장은 별지 제20호서식에 따른 동원 또는 훈련의 보류 사유가 해소된 예비군대원의 명단을 소속 예비군중대장을 거쳐 수임군부대의 장에게 그 보류 사유가 해소된 날이 속한 달의 다음 달 5일까지 통보하여야 한다.

제20조(장비 등의 관리) ① 영 제28조제2항에 따라 경찰서장이 예비군의 무기·탄약·장비 등의 유지와 관리에 관한 사무를 위탁받거나, 법 제7조제3항 단서에 따라 직장예비군부대의 지휘관이 해당 사무를 다시 위탁받은 경우에는 다음 각 호의 구분에 따라 처리한다.

1. 경찰서장은 해당 예비군의 무기·탄약·장비 등의 사용통제 및 보관과 무기고 및 탄약고의 경비에 관한 업무를 수행하고, 무기고 및 탄약고는

다음 각 목의 장소에 서로 분리하여 설치하되, 특히 필요하다고 인정되는 경우에는 다른 적당한 장소에 이를 설치할 수 있다.

가. 지역예비군의 경우: 경찰서 또는 지구대, 파출소

나. 직장예비군의 경우: 수임군부대의 장 또는 경찰서장이 지정하는 해당 직장 내의 장소

2. 직장예비군부대의 지휘관은 해당 예비군의 무기 · 탄약 · 장비 등의 사용통제 및 보관과 무기고 · 탄약고 및 장비고 등의 경비에 관한 업무를 수행하되, 무기 및 탄약의 사용에 관하여는 경찰서장의 통제를 받아야 한다.

② 직장예비군부대의 지휘관은 매월 말일을 기준으로 해당 예비군의 무기 · 탄약 · 장비 등의 유지 · 관리 상황을 예비군업무 통합관리용 전산시스템 양식에 입력한 후 다음 달 5일까지 관할 경찰서장에게 서면 또는 전산시스템을 통하여 보고하여야 한다. 다만, 무기 · 탄약 · 장비 등을 소모하거나 망실(亡失)한 경우에는 그 사실을 지체 없이 보고하여야 한다.

③ 경찰서장은 직장예비군부대의 지휘관에게 위임하지 아니한 무기 · 탄약 · 장비 등에 관한 유지 · 관리 상황과 제2항에 따라 보고받은 유지 · 관리 상황을 별지 제21호서식에 따라 작성하여 다음 달 10일까지 수임군부대의 장(경찰서 관할지역에 수임군부대가 2개 이상 있는 경우에는 해당 무기 · 탄약 · 장비 등의 관리에 관한 권한을 위임한 수임군부대의 장을 말한다)에게 보고하여야 한다. 다만, 무기 · 탄약 · 장비 등을 소모하거나 망실한 경우에는 그 사실을 지체 없이 보고하여야 한다.

④ 수임군부대의 장은 제3항에 따른 보고를 받았을 때에는 지체 없이 지휘계통을 거쳐 각 군 참모총장에게 보고하여야 한다.

⑤ 각 군 참모총장은 제4항에 따른 보고를 받았을 때에는 무기 · 탄약 · 장비 등의 유지 · 관리 상황의 경우에는 매 분기말을 기준으로 이를 종합하여 다음 달 20일까지, 무기 · 탄약 · 장비 등의 소모 · 망실 상황의 경우에는 지체 없이 각각 국방부장관에게 보고하여야 한다.

제21조(군수품관리 사무위탁) 영 제28조제2항에 따라 예비군의 무기 · 탄약 · 장비 등의 유지와 관리에 관한 사무를 위탁받은 경찰서장은 「군수품관리법」에 따른 분임물품관리관이 되고, 경찰서의 경비업무를 담당하는 과장은 분임물품운영관이 되며, 분임물품관리관이 그 소속 직원 중에서 지정하는 사람은 분임물품출납공무원이 된다.

제22조(군수지원) 예비군에서 필요로 하는 무기 · 장비 · 병참(兵站)과 이의 정비 등 일반 군수지원에 관한 세부 사항은 각 군 참모총장이 정한다.

제23조(보상금 지급 신청) ① 수임군부대의 장 또는 경찰서장은 예비군의 작전상 필요한 긴급조치로 주민에게 재산상의 손실을 입혔을 때에는 다음 각 호의 사항을 적은 별지 제22호서식의 손실증명서를 피해자에게 발급하고 그 부본(副本)을 보관하여야 한다.

1. 형상 : 재산 상태와 그 피해 상황을 상세히 기록하되, 기록이 곤란한 경우에는 사진으로 보존한다.
2. 가격 : 인근의 시가를 기준으로 한 일반가격과 과세표준을 조사하여 기록한다.
3. 구조 : 재산의 내용 · 조성 · 건립 또는 제조 연월일 · 증축 · 개축 사실 유무 및 부속물건 유무 등을 정확히 조사하여 기록한다.
4. 부수(附隨)되는 피해재산의 목록과 그 밖에 필요하다고 인정되는 사항

② 수임군부대의 장 또는 경찰서장의 긴급조치로 재산상의 손실을 입은 사람이 영 제20조제2항에 따라 보상금을 지급받으려면 별지 제23호서식의 보상금 지급신청서에 수임군부대의 장 또는 경찰서장이 발급한 손실증명서를 첨부하여 손실을 입은 날부터 60일 이내에 국방부장관에게 제출하여야 한다.

③ 국방부장관은 제2항에 따른 보상금 지급신청서를 받았을 때에는 「징발법」에 따른 징발보상심의회의 심의를 거쳐 보상금액 등을 결정하고 별지 제

24호서식에 따른 보상금 지급통지서를 신청인에게 보내야 한다.

제24조(부대기의 종류와 제식) ① 영 제29조에 따른 예비군부대기(이하 "부대기"라 한다)는 예비군기 · 예비군여단기 · 예비군연대기 · 예비군대대기 및 예비군중대기로 나눈다.

② 부대기의 제식은 별도 1과 같다.

제25조(부대기의 수여) 부대기는 예비군부대가 창설될 때에 국방부장관이 수여한다. 다만, 필요한 경우에는 영 제28조제1항에 따라 예비군의 관리 · 운용에 관한 사항을 위임받은 군부대의 장(이하 "군부대의 장"이라 한다)으로 하여금 예비군대대기 및 예비군중대기를 수여하게 할 수 있다.

제26조(부대기의 사용) ① 부대기를 사용할 수 있는 경우는 다음 각 호와 같다.

1. 예비군대원이 동원되어 부대단위로 임무를 수행하는 경우
2. 예비군대원이 소집되어 부대단위로 훈련하는 경우
3. 예비군부대로서 각종 기념일이나 그 밖의 행사에 참가하는 경우

② 제1항에 따라 부대기를 사용하는 경우에는 예식띠를 착용할 수 있다.

③ 제2항에 따른 예식띠의 제식은 별도 2와 같다.

제27조(부대기의 관리) ① 부대기는 받침다리에 세우거나 보관상자에 넣어 관리하여야 하고, 훼손되거나 잃어버리지 않도록 하여야 한다.

② 제1항에 따른 받침다리 및 보관상자의 제식은 별도 3과 같다.

제28조(부대기의 반납 및 처리) ① 예비군부대의 장은 다음 각 호의 어느 하나에 해당하는 경우에는 제25조에 따른 부대기 수여자(이하 "부대기수여자"라 한다)에게 해당 부대기를 반납하여야 한다.

1. 예비군부대가 해체된 경우
2. 예비군부대가 개편되어 부대의 명칭이 변경된 경우
3. 부대기의 제식이 변경된 경우

② 제1항에 따라 부대기를 반납받은 부대기수여자는 그 부대기를 일정한 장소에 보관하거나 기념관 등에 영구 보관하여야 하며, 제1항제2호 및 제3호에 해당하는 경우에는 새로운 부대기를 수여하여야 한다.

③ 제1항에 따라 부대기를 반납받은 부대기수여자는 필요하다고 인정할 때에는 그 부대기를 폐기할 수 있다. 다만, 군부대의 장이 부대기를 폐기할 때에는 국방부장관의 승인을 받아야 한다.

제29조(부대기의 손실 · 망실 보고) 예비군부대의 장은 부대기가 훼손되어 사용할 수 없게 되었거나 부대기를 잃어버렸을 때에는 지체 없이 부대기수여자에게 그 사실을 보고하여야 한다. 이 경우 훼손된 부대기는 반납하고 새로운 부대기를 받아야 한다.

제30조(감사반의 편성) ① 국방부장관이 영 제31조에 따른 특별감사(이하 "감사"라 한다)를 실시할 때에는 국방부 소속 공무원으로 감사반을 편성하고, 각 군 참모총장이 감사를 실시할 때에는 각 군 본부 소속 장교 및 군무원으로 감사반을 편성한다. 다만, 각 군 참모총장이 필요하다고 인정할 때에는 병무청 소속 7급 이상 공무원을 감사반원으로 위촉할 수 있다.

② 제1항에 따른 감사반은 감사반장과 감사반원으로 구성하며, 국방부장관이 편성하는 감사반(이하 "국방부 감사반"이라 한다)의 감사반장은 국방부 소속 서기관 또는 대령 중에서 국방부장관이 지명하고, 각 군 참모총장이 편성하는 감사반(이하 "각 군 감사반"이라 한다)의 감사반장은 각 군 본부 소속 영관급 장교 중에서 각 군 참모총장이 지명한다.

③ 각 군 참모총장은 제1항 단서에 따라 병무청 소속 공무원을 감사반원으로 위촉할 때에는 병무청장과 협의하여야 한다.

제31조(감사대상기관 등) 감사대상이 되는 부대 및 기관(이하 "감사대상기관"이라 한다)은 다음 각 호와 같다.

1. 동원업무 및 예비군업무를 관장하는 군부대

2. 지역예비군 및 직장예비군 부대
3. 직장예비군이 설치되어 있는 직장
4. 예비군업무와 관계되는 행정관서

제32조(감사지침 등) ① 감사는 다음 각 호의 지침에 따라 하여야 한다.
1. 예비군의 건전한 육성과 전력증강에 역행하는 각종 저해요소 파악 및 개선
2. 제도상의 문제점을 도출하여 경제적 · 효율적인 운영방안 제시
3. 각종 법규 등의 준수상태 확인
4. 예비군업무의 현지 지도 및 시정

② 감사반장과 감사반원(이하 "감사관"이라 한다)은 다음 각 호의 사항에 관하여 감사를 하여야 한다.
1. 예비군의 편성 및 자원관리
2. 예비군의 동원
3. 예비군의 교육훈련
4. 예비군의 무기 · 탄약 및 장비의 관리
5. 그 밖에 예비군의 운영에 관한 사항

제33조(감사관 준수사항) 감사관은 다음 각 호의 사항을 준수하여야 한다.
1. 감사를 할 때에는 별지 제24호의2서식의 감사관증을 제시할 것
2. 공명정대하게 감사를 실시할 것
3. 직권을 남용하지 아니할 것
4. 위법 · 부당한 사실을 발견한 경우 이를 묵인하지 아니할 것
5. 감사와 관련된 비밀을 외부에 누설하지 말 것

제34조(감사방법 등) ① 감사는 계획감사와 불시감사로 구분하여 실시한다.

② 국방부 감사반의 감사반장 및 각 군 참모총장은 계획감사를 실시하려는 경우에는 다음 각 호의 사항이 포함된 감사계획을 수립하여 국방부장관에게 보고하여야 한다.

1. 감사의 목적 및 필요성
2. 감사대상기관
3. 감사시기 및 기간
4. 그 밖에 감사 실시에 필요한 사항

③ 계획감사는 감사계획을 감사대상기관에 미리 통보하여 수감(受監) 준비를 하게 한 후에 실시하며, 이미 통보한 감사계획을 변경한 경우에는 그 변경내용을 감사대상기관에 미리 통보하여야 한다.

④ 불시감사는 감사대상기관 및 감사내용을 미리 통보하지 아니하고 불시에 실시한다.

⑤ 감사반장은 감사 종료 후 필요하다고 인정할 때에는 감사대상기관의 장 또는 관계자에게 감사 결과를 강평할 수 있다.

제35조(감사자료 제시 등) ① 감사대상기관의 장은 감사관이 효율적인 감사를 행할 수 있도록 적극 협조하여야 하며, 감사관이 감사자료 제시 등을 요구하면 요구에 따라야 한다.

② 감사관은 감사를 위하여 필요할 때에는 관계자로 하여금 진술서·경위서·확인서 또는 질문답변서를 제출하게 할 수 있다.

제36조(감사 결과 보고) ① 각 군 감사반의 감사반장은 감사를 실시하였으면 그 결과를 감사가 끝난 날부터 2주 이내에 각 군 참모총장에게 보고하여야 한다.

② 국방부 감사반의 감사반장 및 각 군 감사반의 감사반장은 감사실시 결과에 대한 종합보고서를 작성하여 다음 해 1월 31일까지 국방부장관에게 보고하여야 한다.

제37조(결과 처리) ① 감사반장은 감사 결과 시급히 시정할 필요가 있다고 인정되는 사항에 관하여는 현지에서 피감사기관의 장에게 그 시정을 통고할 수 있다.

② 국방부장관 및 각 군 참모총장은 감사 결과 시정 또는 개선이 필요한 사항이 있는 경우에는 그 내용을 관계 부대 또는 관계 기관의 장에게 시달 또는 통보하여야 한다. 이 경우 관계자의 문책이 필요하다고 인정될 때에는 별표의 기준에 따라 문책을 명하거나 요구할 수 있다.

③ 제2항에 따른 시달 · 통보 또는 명령 · 요구를 받은 관계 부대나 관계 기관의 장은 그 내용에 따라 조치하고 국방부장관 또는 각 군 참모총장이 정하는 기일까지 국방부장관 또는 각 군 참모총장에게 그 결과를 보고 또는 통보하여야 한다. 다만, 예산사정 등으로 인하여 개선에 장기간이 소요되는 경우에는 그 개선계획을 보고 또는 통보하고, 개선이 완료되면 개선결과를 보고 또는 통보하여야 한다.

제38조(표창) 국방부장관 및 각 군 참모총장은 감사 결과 우수한 부대, 기관 또는 개인에 대한 표창을 실시할 수 있다.

제39조(서식) 영의 시행에 필요한 서식은 다음 각 호와 같다.

1. 영 제14조제4항에 따른 예비군대원 전출신고서: 별지 제25호서식
2. 영 제16조제2항에 따른 예비군 교육훈련 소집통지서: 별지 제26호서식
3. 영 제23조제2항에 따른 사망 · 부상 증명서: 별지 제27호서식
4. 영 제23조제3항에 따른 사망 · 부상 확인 보고(통보): 별지 제28호서식
5. 영 제24조에 따른 치료요청서: 별지 제29호서식
6. 영 제25조제1항에 따른 치료비 지급청구서: 별지 제30호서식
7. 영 제25조제3항에 따른 치료비 지급통지서: 별지 제31호서식
8. 영 제26조에 따른 사망자 · 부상자 발생 등의 보고: 별지 제32호서식

부칙 [2014.11.19. 국방부령 제839호]

이 규칙은 공포한 날부터 시행한다.

【부록 4】

영어약어표

◦BWC : Biological Weapons Convention (생물무기금지협약)

◦CWC : Chemical Weapons Convention (화학무기금지협약)

◦DM : Designated Marksman (지정사수)

◦DMZ : Demilitarized Zone (비무장지대)

◦EBO : Effect-Based Operation (효과중심작전)

◦EMP : Electromagnetic Pulse (전자기파)

◦FEMA : Federal Emergency Management Agency (연방비상관리청)

◦GDP : Gross Domestic Product (국내총생산)

◦GNI : Gross National Income (국민총소득)

◦GNP : Gross National Product (국민총생산)

◦GPS : Global Positioning System (인공위성 항법장치)

◦IDF : Israel Defense Forces (이스라엘 방위군)

◦IT : Information Technology (정보기술)

◦KIDA : Korean Institute for Defense Analysis (한국국방연구원)

◦KRIS : Korean Research Institute for Strategy (한국전략문제연구소)

◦MDL : Military Demarcation Line (군사분계선)

◦NCW : Network Centric Warfare (네트워크 중심전)

◦NGTC : National Ground Forces Training Center (지상군 훈련장)

◦NLL : Northern Limit Line (북방한계선)

◦NPT : Nuclear Nonproliferation Treaty (핵확산금지조약)

◦PKO : PeaceKeeping Operations (평화유지작전)

◦RDO : Rapid Decisive Operation (신속결정작전)

◦SNS : Social Network Service (소셜 네트워크 서비스)

◦TMO : Transportation Movements Office (수송이동관리실)

◦TRS : Trunked Radio System (주파수 공용통신망)

◦WMD : Weapons of Mass Destruction (대량살상무기)

군사학 총서 발간 취지

군사학은 전쟁이란 무엇이며, 전쟁의 준비·수행 및 억제와 연구방법 등에 관한 지식의 체계이다. 전쟁은 오랫동안 인류 생존의 기본 요소이며 수단으로 등장하였고, 현재뿐만 아니라 앞으로도 형태를 달리하면서 존속하리라. 그리고 전쟁은 국민의 생사·국가의 존망과 직결되는 문제이기 때문에 신중히 대처하지 않을 수 없다. 한민족의 평화적 통일·생존권의 확보 및 번영의 초석이 되는 군사학의 연구·발전을 위해 군사학 총서를 발간하였다. 독자의 지도 편달과 육성, 그리고 동참을 기대한다. (**이종학** : leechoy@daum.net)

<table>
<tr><th>번호</th><th colspan="2">책 명</th><th>저 자</th><th>발행연도</th><th>정가</th></tr>
<tr><td rowspan="2">1</td><td colspan="2">군사학 개론</td><td>이종학·길병옥 편저</td><td>2009년
(4·6배판, 594쪽)</td><td>35,000</td></tr>
<tr><td>내용</td><td colspan="4">군사학이 우리나라에서 학문으로 공식적으로 인정된 것은 2002년 12월이다. 군사학의 간략한 정의는, "전쟁의 본질과 성격 및 무력전의 준비 및 수행에 관한 통일된 지식체계"라는 점에서 그 범위도 설정되었다. 이런 관점에서 군사학의 다양성, 다차원성, 다변화성을 포괄하는 학문적 개론서로서 새로운 학문영역으로 자리 잡고 있는 군사학의 학문체계를 정리하고자 각 분야의 전문가 13명의 공동집필로 출간되었다.</td></tr>
<tr><td rowspan="2">2</td><td colspan="2">군사전략론</td><td>이종학 편저</td><td>2009년
(신국판, 450쪽)</td><td>25,000</td></tr>
<tr><td>내용</td><td colspan="4">우리 국군은 6·25전쟁과 베트남전 참전을 통해 전투경험은 했지만 전쟁을 하지 않았다는 것을 잊어서는 안 된다. 즉, 군사전략을 수립하여 전쟁을 수행해 본 일이 없는 것이다. 그래서 이 책은 군사전략 수립을 위한, 제1편 군사전략의 기초, 제2편 군사전략의 이론, 제3편 군사전략의 실제로 구성되어 있다. 군사전략은 군사목표, 군사전략개념 그리고 군사자원으로 구성되어 있는 결심사항을 간략한 문장으로 표기하며, 이것은 세 가지 기준, 즉 적합성, 가능성 및 수락성에 의해 검토된다는 것을 상세히 설명하고 있다.</td></tr>
<tr><td rowspan="2">3</td><td colspan="2">나의 학문과 인생</td><td>이종학 편저</td><td>2009년
(4·6배판, 606쪽)</td><td>30,000</td></tr>
<tr><td>내용</td><td colspan="4">평생을 군사학 분야 발전을 위해 헌신해온 이종학 교수의 八旬을 맞이하여 펴낸 책이다. 제1편은 나의 학문과 인생(이종학), 제2편은 군사학의 학문체계 및 발전방향(교수 에세이), 제3편은 군사학의 발전방향으로 군사학과의 박사과정을 이수했거나 혹은 이수 중인 피교육자들의 학위논문 주제를 요약하거나 관심을 가진 분야에 대한 간략한 에세이를 수록했다. 부록에는 공군사관학교 57기생들에게 '군사학 특강'을 실시 후 그들의 소감문을 소개했다.</td></tr>
</table>

번호	구분	서명	저자	발행	가격
4		한국군사사연구	이종학 지음	2010년 (4·6배판, 632쪽)	30,000
	내용	1981년 국방대학원에 재직할 때, 「현대 군사사의 연구방향」이라는 논문을 발표하면서 '군사사'에 대한 이론 정립을 시도했다. 즉, 군사사는 군사이론과 역사학이 결합된 학문인 동시에 군사학의 이론적 기초이며 근원이다. 이것을 기초로 하여 한국사 가운데 군사문제를 다루기 시작해 30년간의 연구 성과를 집대성한 것이며, 21편의 논문으로 구성되어 있다. 저자가 지난 반세기 동안 군사사 연구에서 얻은 결론과 기본철학을 소개하면 다음과 같다. 즉, "평화를 바란다면, 전쟁을 이해하고 이에 대비하라!"			
5		전략이론이란 무엇인가 —『손자병법』과 『전쟁론』을 중심으로—	이종학 편저	2012년(개정보완판) (신국판, 372쪽, 3판)	16,000
	내용	전략이론이란 무엇인가를 밝히면서, 원래 군사분야의 용어가 1960년대 이후 경영분야에도 활용되어 왔다는 것을 알아야 하고 군사전략뿐만 아니라, 국가전략 및 핵전략의 발전과정을 소개했다. 전략이론의 고전인 『손자병법』은 1972년 중국 산동성에서 『죽간 손자병법』이 나왔기에 그것을 삽입시켜 13편을 완역했다. 한편 클라우제비츠의 『전쟁론』은 초판본이 나왔고, 거기에서 내용이 너무 방대하기에 전술적 내용을 삭제한 抄譯을 했다. 직업군인과 최고 경영자들에게 전략이론을 알기 위한 필독서를 만들고자 꾸며 보았다.			
6		6·25전쟁이란 무엇인가	이종학 지음	2011년 (4·6배판, 623쪽)	30,000
	내용	이 책은 40여 년 간에 걸친 6·25전쟁 연구의 총 결산이자 집대성한 내용이다. 6·25전쟁에 대한 연구와 분석을 통해 그 원인을 밝혀내고 평시에 안보태세를 굳건히 하는 것이 가장 기본적인 대책이라고 해법을 제시한다. 이 책은 마치 6·25전쟁을 구석구석 현미경으로 확대해 들여다보는 듯하며 지금까지 나왔던 6·25전쟁 관련 서적과 다르게 새로운 사실들과 풍부한 사료들을 담고 있기 때문에 6·25전쟁을 연구하는 전문가들이나, 석·박사과정의 학생들에게 많은 도움이 될 것이다.			
7		현대 북한의 이해	박성규·길병옥 지음	2012년 (4·6배판, 336쪽)	25,000
	내용	탈냉전 이후 급변하는 국제상황 속에서 북한이라는 실체를 명확히 파악하고 한반도 평화통일의 기본 틀을 마련하는 데 기본적인 목적이 있다. 특히 남북한의 평화로운 통일과 기본적인 방향을 설정하는 데 있어서 가장 중요한 것은 북한을 제대로 이해하는 것이라는 점을 강조한다. 이 책은 현재 북한 관련 교재들이 북한의 실제를 제대로 파악하기에는 많이 부족하다는 점을 지적한다. 상식으로는 이해할 수 없는 북한이라는 체제 전체를 제대로 알 수 있는 교육이 절대적으로 필요하고 북한의 본질을 이해하여 그 대응책을 마련하는데 주요 초점을 두고 있다.			

<table>
<tr><td rowspan="2">8</td><td colspan="2">군사고전의 지혜를 찾아서</td><td>이종학 지음</td><td>2012년
(신국판, 537쪽)</td><td>25,000</td></tr>
<tr><td>내용</td><td colspan="4">인류의 역사는 투쟁사 혹은 전쟁사의 연속이라 할 수 있다. 그러한 급변하고 위태로운 정세하에서 어떻게 생존하며 또한 승리할 것인가 하는 그 방법과 지혜를 제시했으며, 동양의 손무가 저술한 『손자병법』(기원전 513?)과 서양의 클라우제비츠가 저술한 『전쟁론』(1832)이 군사고전에 속하며, 그것들의 시대적 배경과 철학적 기초를 밝히려고 지난 반세기 동안 시도한 에세이를 편집한 것이 이 책이다. 군사고전은 심오한 철학사상을 바탕으로 하고 있기 때문에 생명력과 실용성을 보유하고 있을 뿐만 아니라, 인생철학의 지침서요 또 경영전략의 참고서로써 최근에 와서 더 많은 각광을 받고 있다.</td></tr>
<tr><td rowspan="2">9</td><td colspan="2">군제 기본원리와
한국의 병역제도</td><td>나태종 편저</td><td>2012년
(신국판, 353쪽)</td><td>16,000</td></tr>
<tr><td>내용</td><td colspan="4">이 책은 크게 두 편으로 구성되어 있다. 제1편 군제기본원리에서는 군사제도의 중요성과 제도에 관한 역사적 교훈, 현대 국방사상이 군제에 미치는 영향, 군사제도 설정의 기본원칙을 포함하였다. 제2편 한국의 병역제도에서는 정부수립 이후로부터 현재까지의 한국의 병역제도 변화과정을 분석하고 스위스, 이스라엘의 병역제도와의 비교평가를 통해 미래 한국의 병역제도 발전방안을 제시하였다.</td></tr>
<tr><td rowspan="2">10</td><td colspan="2">현대전략론</td><td>이종학·노양규·
이성만 지음</td><td>2013년
(신국판, 457쪽)</td><td>24,000</td></tr>
<tr><td>내용</td><td colspan="4">『現代戰略論』(1972)은 40여년 전, 전략 입문서가 없었던 시절에 출간되어 그동안 전략 입문서로서의 기능을 발휘했으나, '한글세대'의 등장으로 절판되었다가 이번에 '한글화'된 개정판이 나왔다. 이번 개정판에는 전략의 기본문제를 보완하면서 미국에서의 새로운 전략연구의 추세와 한반도의 정세를 감안해서 내용을 구성했는데, 주요 내용은 '전략이란 무엇인가', '현대전쟁의 성격', '국가전략', '군사전략', '작전술', '전술' 그리고 '북한의 핵무기와 한반도 안보' 등이다. 전략을 연구하고자 하는 사관생도·일반 대학교의 군사학 전공자뿐만 아니라, 국제정치 전공자에게는 필독서이다.</td></tr>
<tr><td rowspan="2">11</td><td colspan="2">군사학 입문</td><td>송영필 지음</td><td>2014년
(신국판, 339쪽)</td><td>16,000</td></tr>
<tr><td>내용</td><td colspan="4">군사분야에 대한 입문서이다. 군사학의 정의와 연구대상으로부터 전쟁, 군사제도의 발전과정, 전쟁준비 차원에서 군사력 건설에 필요한 국방기획관리제도와 전투발전체계를 다루었다. 또한 전쟁수행 차원에서 군사력 운용의 용병술 체계와 전투수행에 대하여 방법, 수행절차를 기술하였다. 군사학을 공부하고자 하는 사람이나 군인의 길을 걷고자 하는 사람에게 기초가 되는 분야를 알기 쉽게 설명한 책이다.</td></tr>
</table>

<table>
<tr><td rowspan="2">12</td><td colspan="2">웨드마이어 회고록과 논평</td><td>이종학 편저</td><td>2014년
(신국판, 323쪽)</td><td>20,000</td></tr>
<tr><td>내용</td><td colspan="4">이 책의 제1부는 『웨드마이어는 보고한다!』는 웨드마이어 대장의 회고록이다. 그는 제2차 세계대전 당시 마셜 육군참모총장의 두뇌 역할을 수행했고, 당시 미국의 국가전략과 그 이면사를 솔직하게 밝혔다. 특히 1947년 트루먼의 특사로 중국과 한국을 방문하고 미국의 극동정책에 대해 건의한 「웨드마이어 보고서」가 수록되어 있다.
제2부는 '웨드마이어 회고록'에 대한 논평이 수록되어 있으며, 특히 6·25 전쟁의 복합적 원인에 대해 밝히고 있다. 그리고 평화적 남북통일에 대한 제안, 독도 영유권에 대한 해결방안, 한반도와 중국의 이해관계를 위한 단상 등이 수록되어 있다.</td></tr>
</table>

· 펴낸곳 : 충남대학교출판문화원

· 전　화 : 042-821-6045

· e-mail : cnupress@cnu.ac.kr